面向21世纪课程教材
Textbook Series for 21st Century

普通高等教育"十一五"国家级规划教材

高等学校市场营销专业主干课程系列教材

电子商务

（第五版）

主　编　黄敏学

副主编　陈志浩　廖以臣　王殿文

高等教育出版社·北京

内容简介

　　电子商务是一门实践性很强的交叉学科，它的发展日新月异。本书在吸收国内外已有研究成果的基础上，根据多年对电子商务的探讨和研究，从电子商务的原理、系统、应用与实现四个部分来组织编写，在介绍电子商务系统实现交易的基础上，系统介绍电子商务的不同商业模式的网络经营与管理。本书在编写时，有针对性地全面分析和研究了中国互联网的发展状况，总结了大量中国领先企业的电子商务实践和经验教训，使得本书具有本土性、系统性、实用性、生动性、前瞻性和综合性的特点。

　　本书既可以作为电子商务专业的入门课程教材，也可以作为工商管理类或其他非电子商务专业的专业课程教材，还可以作为相关学科专业和企业经营管理人员的参考书。

图书在版编目（CIP）数据

电子商务／黄敏学主编．—5 版．—北京：高等教育出版社，2017.6（2019.12重印）

ISBN 978-7-04-047631-6

Ⅰ.①电… Ⅱ.①黄… Ⅲ.①电子商务 Ⅳ.①F713.36

中国版本图书馆 CIP 数据核字（2017）第 103225 号

策划编辑	童　宁	责任编辑	童　宁	封面设计	姜　磊	版式设计	马敬茹
插图绘制	邓　超	责任校对	张小镝	责任印制	刁　毅		

出版发行	高等教育出版社	网　　址	http://www.hep.edu.cn
社　　址	北京市西城区德外大街 4 号		http://www.hep.com.cn
邮政编码	100120	网上订购	http://www.hepmall.com.cn
印　　刷	天津文林印务有限公司		http://www.hepmall.com
开　　本	787mm×1092mm 1/16		http://www.hepmall.cn
印　　张	21.75	版　　次	2001 年 6 月第 1 版
字　　数	450 千字		2017 年 6 月第 5 版
购书热线	010-58581118	印　　次	2019 年 12 月第 6 次印刷
咨询电话	400-810-0598	定　　价	41.10 元

本书如有缺页、倒页、脱页等质量问题，请到所购图书销售部门联系调换
版权所有　侵权必究
物 料 号　47631-00

总　前　言

　　面向 21 世纪市场营销专业主干课程系列教材是由教育部立项、甘碧群教授总负责的"市场营销专业主要教学内容改革研究和实践"项目组，根据 5 年来对学科发展、教学需要、社会经济对人才需求等方面的考察和研究提出的，共 13 门。在本专业主干课程和主要教学内容确定后，由教育部高教司、高等教育出版社组织全国有关专家共同编写审定了各门课程的相应教材。考虑到《市场营销学》作为工商管理类专业（包括市场营销专业）的核心课程教材已先期编写，这里只编写了余下 12 门主干课程的教材：《国际市场营销学》《市场营销调研》《消费者行为学》《销售管理》《分销渠道管理》《产品管理》《广告策划与管理》《服务营销》《绿色营销》《关系营销》《电子商务》和《营销风险管理》。另外，鉴于各校对案例教学的需要，我们还编写了专门的案例教材《中国企业营销案例》。各校在市场营销专业教学中可结合本校实际情况开设全部或其中大部分课程。

　　市场营销学是一门建立在经济学、行为科学及现代管理理论基础上的综合性的边缘应用学科。20 世纪 50 年代后，市场营销学从传统演变为现代市场营销学。随着市场营销学应用的深化与扩大，一方面市场营销学拓展为产业营销、国际营销、服务营销、绿色营销、关系营销，甚至社会营销、政治营销等学科；另一方面，基础市场营销又发展为各自独立的部分，诸如市场调研、消费者行为学、产品管理、分销管理、广告管理、销售管理、营销风险管理和营销审计等部分。现代营销理论的深化和拓展对于培养 21 世纪市场营销高级人才，以及指导与推动我国企业营销的发展具有重要的意义。上述主干课程教材就是为适应 21 世纪经济全球化、知识经济的特点及其对市场营销专业人才培养的需要而编写和出版的，是高等教育"面向 21 世纪市场营销专业主要教学内容研究和实践"项目的重要成果，其主要特色是：

　　1. 系统性。本系列教材系统和深入地拓展了基础市场营销各组成部分，诸如对市场调研、消费者行为学、产品管理、分销管理、销售管理和广告管理等理论与方法的研究。同时，对市场营销学的重要分支，诸如国际市场营销学、服务营销和绿色营销等进行了系统、深入的探索。还结合 21 世纪新时代特点，从战略观念的高度来研究关系营销和营销风险管理。

　　2. 前瞻性。本系列教材不仅涵盖了市场营销专业所应掌握的基本知识点、基础理论与基本技能，并介绍了 21 世纪某些营销理论的新领域与新观念，诸如服务营销、绿色营销、关系营销、电子商务及营销风险管理等。

　　3. 实践性。本系列教材除专设《中国企业营销案例》供开展案例教学外，其余主干教材中，每章除设有小结及习题外，还附有案例及案例分析讨论题。这既有助于学生通过案例与习题加深对有关营销理论的理解，同时有利于培养学生分析问题及解决问题的能力。

本系列教材主要供全国高校市场营销专业本科学生使用，同时也适用于经济类、管理类的学生，还可供广大企业营销管理人员阅读。

在这套主干教材的编写过程中，除得到来自主编所在的10所高校的大力支持外，还得到暨南大学何永祺教授，广东商学院罗国民教授，中南财经政法大学彭星闾教授、周肇先教授、颜日初教授、余鑫炎教授、林友孚教授，北京大学涂平教授，西安交通大学李琪教授，武汉理工大学万君康教授、汪兴民教授，北京工商大学贺名仑教授，华中科技大学田志龙教授，中国矿业大学陶树人教授等的具体指导，他们分别担任教材的主审，提出了许多精辟的见解和有益的修改意见。高等教育出版社在整个教材的编写过程中给予全面的支持和帮助，在此，我们表示衷心的感谢。

教育部"市场营销专业主要教学
内容改革研究和实践"项目组
2000年11月30日

第五版前言

"三十年河东,三十年河西",电子商务的发展从脱离并挑战传统商业模式的时代,步入了新型商务时代,即电子商务与传统商务模式有机结合的新时代,阿里巴巴的马云将之称为"新零售、新制造、新金融、新技术、新资源"。新型商务的出现,得益于移动互联网的快速发展与应用,移动互联网的三大特点"SoLoMo",即社交化(social)、场景化(local)与移动化(mobile),深刻影响并推动着电子商务和传统商务的有机融合。本次修订将着力补充完善对移动互联网和移动商务部分的增补,强调新型商务的发展特点与模式。

诚然,移动互联网与移动商务是近期比较时髦的术语和应用,但是移动商务和社会化商务的本质还是商务,其依赖的技术基础并没有实质性改变,只是在增加人与人之间交互的社交性和便利性方面进行了提升和突破,它改变更多的是商务模式和商务思维。考虑到移动商务的发展性和变革性,以及教材知识的稳定性和系统性,我们本着保留精华,吸收变化和发展的思路,在稳固已有知识体系的同时来修订教材。本次修订主要考虑下面几点:

1. 继续延续原有教材的定位,适合作为电子商务的入门课程和基础教学教材,重点定位为经济管理类学生的基础性课程的教材,同时也适合对电子商务的商业应用感兴趣的计算机通信类学生作为选修课程教材,还可以作为电子商务专业学生的入门课程教材。

2. 考虑到移动互联网的大众性和应用性,本书在原有介绍PC背景下电子商务知识的基础上,增加了移动互联网技术方面的介绍,包括移动版网页、APP等技术知识,也增加了移动商务方面的介绍,包括O2O模式、移动商务型企业案例和典型企业的移动商务化。

3. 考虑到大数据发展的普及性与前景性,本书增加了有关大数据的云服务、大数据分析等方面的知识介绍。由于大数据还处在发展中,为了与时俱进,本书将在配套的网站上提供更为丰富的大数据技术资料作为补充,方便教学使用。

4. 借鉴国外教材经验,加强对教学环节的重视。我们不断维护教学支持网站(http://www.whueb.com),为教师教学提供大量丰富的素材、合理的讲义,让老师集中精力教学,减少额外接受新事物的压力。为方便老师安排实验教学,本书增加一个附录,重点介绍实验教学的安排。相关教学材料,老师们可以到该网站下载使用。

5. 进一步增强教材的系统性和知识的内在关联性,按照学生的学习需要编排,调整后的本书知识体系如下图所示:

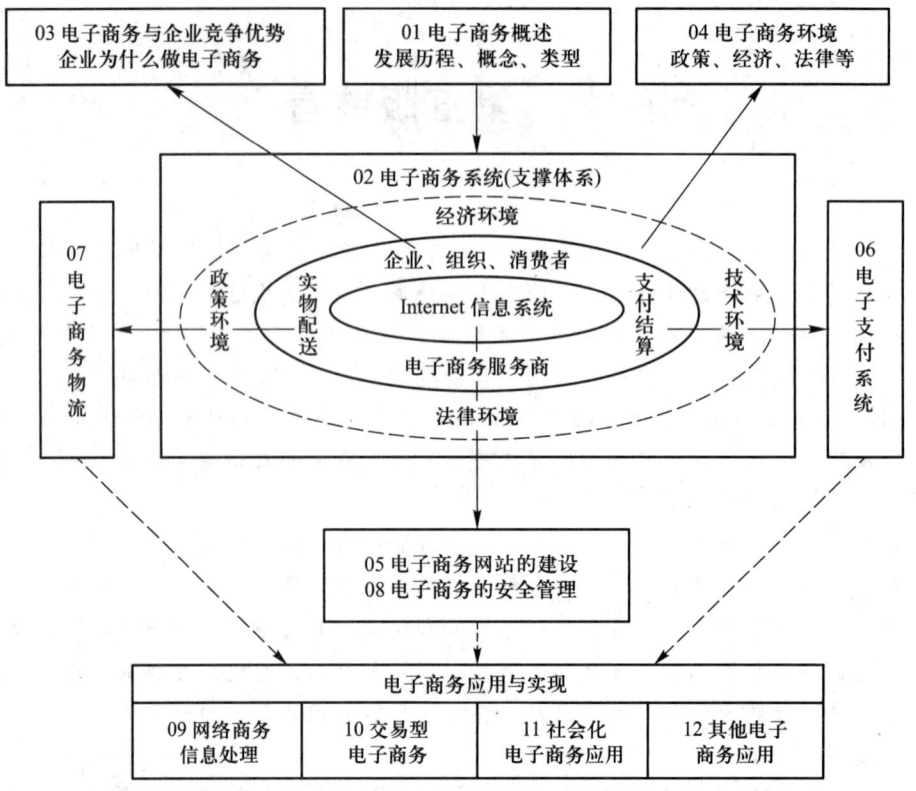

由于本书的内容丰富，涉及知识面比较宽，因此建议的教学学时为 72 学时（每周 4 学时，共 18 周），其中安排上机实践操作 24 小时。本课程最好是在学生学习了计算机基础知识后开设。如果学时安排为 54 学时，对于第十章、十一章、十二章的内容节选讲解。如果学时安排为 36 学时，可以只讲一至八章内容。本书每章都安排有案例讨论题，这些案例都选自实际的企业案例，具有很强的代表性，讨论时可以先安排学生上网了解和熟悉这些企业的情况。本书有一半章节后面安排了实践题，供学生上机操作使用。为配合本书的教学使用，本书的教学支持网站（http://www.whueb.com）里面有许多国内外电子商务发展与应用的参考资料和电子商务实习软件，以及一些来不及增补到教材的内容。

考虑到内容的连续性和简洁性，本书修订由主编黄敏学教授和副主编陈志浩教授联合负责，同时考虑到移动商务发展的前瞻性，我们吸收了一位新成员加入修改工作，他是来自于中国矿业大学的青年教师王殿文博士，他一直从事游戏行业与移动互联网方面的营销管理研究，相信他的加入可以对后续移动商务方面的教学工作带来很大的帮助。主要分工如下：黄敏学教授（武汉大学）负责第一、二、三、四、五、七、八、九、十、十一章的修订工作，陈志浩教授（中南财经政法大学）负责第六、十二章的修订工作，王殿文博士（中国矿业大学）负责移动互联网商务部分、案例、数据资料更新以及课件制作工作。武汉大学经济与管理学院的研究生高蕾参与了此次修订工作。本书最后由黄敏学教授负责全书的统稿、定稿工作。也借此机会，感谢曾经使用本教材的兄弟院校教师的肯定和批评指正，本书的完善离不开大家的支持和帮助，也请大家一如既往提出宝贵意见。最后感谢武汉大学经济与管理学院领导的大力支持！感谢高等教育出版社的鼎力帮助，特别是经管分社首席编辑童宁一直以来的大力支持和帮助！

黄敏学　于珞珈山

2017 年 3 月

第四版前言

在电子商务发展进入第 20 个年头之时，电子商务的应用从前沿时髦变成了平常生活的一部分，中国的网上零售总额超过 2 万亿元，占到零售总额的 10% 以上。支撑电子商务应用的网民也突破了 6 亿，手机网民达到 4.64 亿，互联网从 PC 时代进入了移动时代。互联网应用的热点也从信息型应用转变到社交型应用，这也推动着社会化商务的兴起和发展。最具代表性的应用是微信的兴起，它在短短的时间内改变了移动通信模式，也挑战着电子商务巨人阿里巴巴的商业王国，这一切预示着电子商务发展中新拐点的到来，电子商务需要接纳新技术、新媒体和新思维。这也是本书进行修订的出发点所在。

诚然，社会化网络和社会化商务是近期比较时髦的术语和应用，但是社会化商务的本质还是商务，其依赖的技术基础并没有实质性改变，只是在增加人与人之间交互的社交性方面进行了提升和突破，它改变的更多是商务模式和商务思维。考虑到社会化商务的发展性和变革性，以及教材知识的稳定性和系统性，我们本着保留精华和本质，吸收变化和发展的思路，在稳固已有知识体系的同时来修改教材。本次修改主要考虑下面几点：

1. 继续延续原有教材的定位，适合作为电子商务的入门课程和基础教材，重点定位为经济管理类学生的基础性课程的教材，同时也适合作为对电子商务的商业应用感兴趣的计算机通信类学生的选修课程教材，也可以作为电子商务专业学生的入门课程教材。

2. 删减了相关基础知识的介绍，比如考虑到互联网知识的普及性和现有学生对互联网的熟悉性，我们删除了第三版中有关电子商务系统中的第五章，即电子商务系统的技术基础。

3. 进一步增强教材的前瞻性和简洁性，本书对过时的知识和数据进行了彻底的更新和删减，同时对于一些比较交叉的专业内容进行了删减，增加学生对电子商务本身的关注和学习，比如删除了第三版中第十一章有关网络营销的介绍，增加了对新兴的社会化商务和移动商务的介绍。

4. 借鉴国外教材经验，加强了对教学环节的重视，制作了配套的支持教学网站（http://www.whueb.com），为教师教学提供大量丰富的素材、合理的讲义，让教师能集中精力教学，减少额外接受新事物的压力。相关教学材料，教学老师可以到网站下载使用。

5. 进一步增强教材的系统性和知识的内在关联性，按照学生的学习需要编排，调整后的本书知识体系如下图所示：

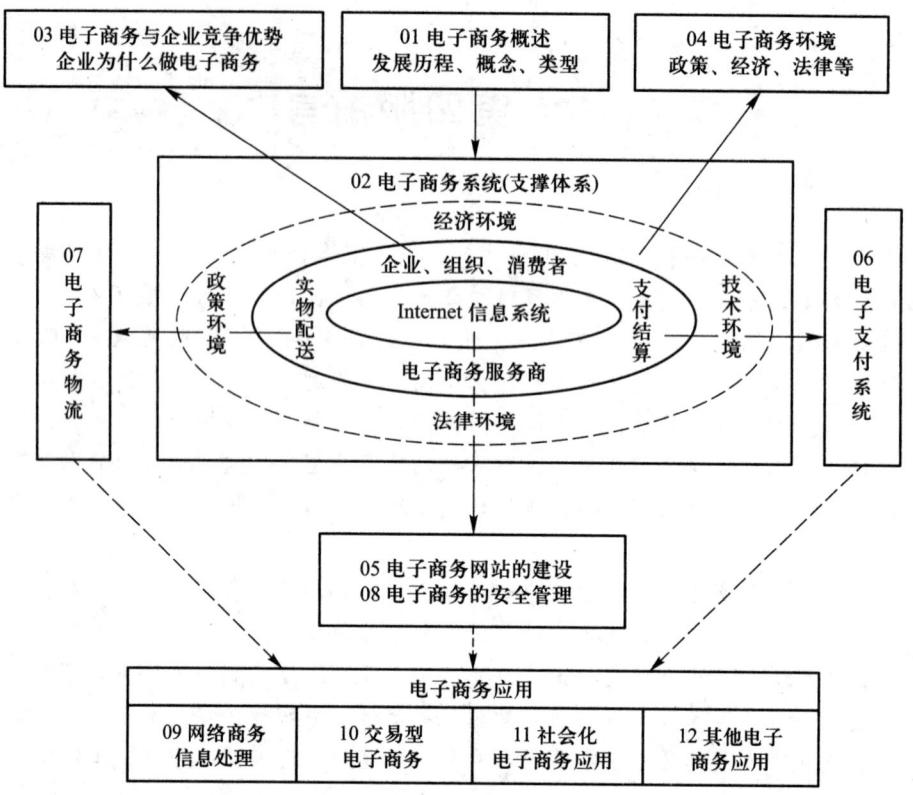

由于本书的内容丰富，涉及知识面比较宽，因此建议教学学时为72学时（每周4学时，共18周），其中安排上机实践操作12学时。对于计算机网络知识比较少的学生，在教学时可以在介绍完第一章后，提前介绍第五章的知识，然后再按顺序进行教学。对于计算机网络知识比较多的学生，在教学时可以略过第五章内容的介绍。本课程最好是在学生学习了计算机基础知识后开设。如果学时安排为54学时，对于第十章、十一章和十二章的内容节选讲解。如果学时安排为36学时，可以只讲第一至八章内容。本书每章都安排有案例讨论题，这些案例都选自实际的企业案例，具有很强的代表性，讨论时可以先安排学生上网了解和熟悉这些企业情况。本书有部分章节后面安排了实践题，供学生上机操作使用。为配合本书的教学使用，本书建设有配套辅助教学网站（http://www.whueb.com），里面有许多国内外电子商务发展与应用的参考资料和电子商务实习软件，以及一些来不及增补到教材中的内容。

考虑到内容的连续性和修改简洁性，本书由主编黄敏学教授和副主编陈志浩教授联合负责，同时考虑到社会化商务发展的前瞻性，我们吸收了一位新成员加入修改工作，他是湖南大学的青年教师王峰博士，他一直从事口碑与社交媒体的研究，相信他的加入可以给后续社会化商务方面的教学工作带来很大的帮助。第四版编写工作的主要分工如下：黄敏学教授（武汉大学）负责第一、二、三、四、五、七、八、九章的编写工作，陈志浩教授（中南财经政法大学）负责第六、十二章的编写，王峰博士负责第十章和第十一章的改写以及数据资料的更新和讲稿的制作，廖以臣副教授

（武汉大学）负责案例资料的更新和配套实验的修订。武汉大学经济与管理学院的研究生雷蕾也参与了第四版的改写工作。本书最后由黄敏学教授负责全书的统稿、定稿工作。也借此机会，感谢曾经使用第三版教材的兄弟院校教师的肯定和批评指正，本书的完善离不开大家的支持和帮助，也请大家一如既往提出宝贵意见。最后感谢武汉大学经济与管理学院领导的大力支持！感谢高等教育出版社的鼎力帮助！

黄敏学　于珞珈山

2014 年 5 月

第一版前言

当代的信息技术，特别是以 Internet 为核心的网络技术的发展与应用，使社会步入了全新的网络经济时代。在这个时代，市场竞争规则、经济增长方式乃至社会生活方式都将发生剧烈变化。可以肯定，网络经济时代带来的变革，将不亚于 18 世纪的蒸汽机发明和 19 世纪的电发明给人类社会所带来的冲击和影响。

美国 Intel 公司董事长格鲁夫说过一句名言："未来的企业都是电子商务企业，电子商务将'消失'。"可见，电子商务是企业发展的必由之路。电子商务作为网络经济时代适应网络虚拟市场发展的企业经营管理新模式，将突破传统的商务模式，改变传统的竞争规则。电子商务（E-Business）是利用现代计算机通信网络提供的信息网络平台在网上进行的商务活动。电子商务改变了传统的买卖双方面对面的交流方式，打破了旧有经营管理模式，可以使企业在世界范围内为用户提供每周 7 天，每天 24 小时的全天候服务。电子商务的规模正在逐年迅速增长，根据 Deloitte 咨询公司最近的研究，全球电子商务收入将从 1997 年的 150 亿美元上升至 2002 年的 11 000 亿美元，到 2002 年 70%的大公司将通过 Web 进行销售；eMarketer 公司也预期全世界的电子商务收入将从 1998 年的 984 亿美元增长到 2003 年的 12 000 亿美元。虽然不同研究咨询机构对电子商务的增长预测有一定差异，但电子商务的飞速增长已是不争的事实，它带来的商机是巨大而深远的。电子商务的核心是商务，作为"电子"的信息技术只是电子商务的手段。电子商务的影响将是全面的，它不但在微观上影响着企业的经营行为、组织管理模式和消费者的消费行为，而且在宏观上影响着国际贸易关系和国家未来竞争力。

电子商务作为信息技术与经营管理活动的融合，它要求学生既要懂一定的信息技术，同时更多的是要掌握企业经营管理知识。目前出版的很多教材是从技术视角来介绍电子商务知识，忽略了电子商务中最核心的问题是商务。本书从企业经营管理的角度，在吸收国内外已有研究成果基础上，根据多年对电子商务的探讨和研究，有针对性地结合我国网络虚拟市场发展状况，同时结合中国企业大量的电子商务案例对电子商务进行系统的介绍和分析。本书的特色有以下几点：

（1）商务化。本书是针对非信息技术背景学生编写的教材，从经营管理角度来介绍电子商务是如何在信息技术的基础上进行企业经营管理活动的。学生在学习过程不需要过多的信息技术的知识。

（2）中国化。本书有针对性地探讨中国企业有关案例，克服了以前一些著作照搬国外案例的通病，使读者可以对国内电子商务发展状况有一定认识。

（3）系统性。本书按照电子商务内在的体系分电子商务原理、电子商务系统、电子商务管理和电子商务实务四个部分，采用理论联系实践，技术结合商务原则系统地介绍了电子商务知识。

（4）实用性。电子商务是一门实践性很强的学科，本书通过对电子商务发展过程中出现的各种电子商务应用典范进行系统剖析，总结出成功的经验和失败的教训。

（5）综合性。本书在写作中所选择的案例覆盖了我国现有开展电子商务的多个行业，包括了国内外实际运用的电子商务策略，因而对各行业开展电子商务具有参考价值。

囿于电子商务是一门不断发展的学科，有许多理论还很不成熟，本书在编写过程中，没有直接将这些不成熟内容舍弃，而是以探讨的形式加以介绍，在教学过程中对这部分内容可以进行取舍。本书内容较丰富，涉及知识面较宽，因此建议课堂教学为72学时（每周4学时），安排上机实践操作12学时。对于计算机网络技术知识比较少的学生，教学时可以在介绍完第一章后，提前介绍第五章、第六章的知识，然后再按顺序进行。对于计算机网络技术知识比较多的学生，教学时可以略过第五章的内容。本课程最好是在学习了计算机基础知识、管理学和市场营销学后开设。教学学时安排为54学时的，可以不讲最后的第十三章和第十四章，或者简单介绍一下第十三章内容即可。本书每章都安排有案例讨论题，这些案例都选自实际的企业案例，具有很强的代表性，讨论时可以先安排学生上网了解和熟悉这些企业情况。同时本书有一半章节后面安排了实践题，供学生上机操作使用。为配合本书的教学使用，本书建设有配套辅助教学网站（http：//www.eb.whu.edu.cn），里面有许多国内外电子商务发展与应用的参考资料和电子商务实习软件，以及一些因时间关系来不及增补到教材中的内容。

本书是集体智慧的成果，得到了全国许多高校老师的支持和帮助。在大纲的讨论过程中得到武汉大学甘碧群教授、中南财经政法大学万后芬教授、西安交通大学李琪教授、清华大学经济管理学院姜旭平教授的大力支持。参加编写人员有：黄敏学副教授（武汉大学），负责第五、六、八、九、十、十一章的编写；张秦副教授（西安交通大学），负责第一、二、三、四章的编写，陈志浩副教授（中南财经政法大学），负责第十二、十三、十四章的编写，王健副教授（对外经济贸易大学），负责第七、十章的编写。本书最后由黄敏学副教授负责全书的统稿、定稿工作，李琪教授担任本书主审。最后感谢武汉大学商学院领导的大力支持，感谢高等教育出版社的鼎力帮助。

由于时间仓促，本书难免存在着疏漏和错误，请专家和读者提出修正。

编　者
2000年9月

目　录

第一篇　电子商务原理

第一章　电子商务概述……（3）
- 第一节　电子商务的发展历程……（4）
- 第二节　电子商务的概念与应用层次……（19）
- 第三节　电子商务的分类……（23）
- 小结……（27）
- 即测即评……（27）
- 思考题……（27）
- 案例：京东的互联网发展之路……（28）

第二章　电子商务系统概述……（31）
- 第一节　电子商务系统的流程与组成……（32）
- 第二节　电子商务系统的结构与功能……（37）
- 第三节　电子商务的产业价值链与服务商……（39）
- 小结……（48）
- 即测即评……（48）
- 思考题……（48）
- 实践题……（49）
- 案例：阿里巴巴及其运营模式……（49）

第三章　电子商务与企业竞争优势……（54）
- 第一节　电子商务与企业应用……（55）
- 第二节　电子商务的竞争优势……（60）
- 第三节　电子商务对企业经营管理的影响……（68）
- 小结……（73）
- 即测即评……（74）
- 思考题……（74）
- 案例：Dell公司的网上直销及其移动化发展……（74）

第四章　电子商务环境……（77）
- 第一节　电子商务法律环境……（78）
- 第二节　电子商务经济环境……（84）
- 第三节　电子商务市场环境……（92）
- 小结……（96）
- 即测即评……（97）
- 思考题……（97）
- 案例：海淘将走向何方……（97）

第二篇　电子商务系统

第五章　电子商务网站的建设……（103）
- 第一节　电子商务网站的策划……（104）
- 第二节　电子商务网站的实施……（109）
- 第三节　移动App的设计……（122）
- 小结……（124）
- 即测即评……（124）
- 思考题……（125）
- 实践题……（125）
- 案例：美国旅游网站经营模式……（125）

第六章　电子支付系统 …… (130)
- 第一节　网上支付概述 …… (131)
- 第二节　电子支付 …… (134)
- 第三节　电子银行 …… (139)
- 小结 …… (147)
- 即测即评 …… (148)
- 思考题 …… (148)
- 案例：进入移动时代的支付宝 …… (148)

第七章　电子商务物流 …… (152)
- 第一节　物流概述 …… (153)
- 第二节　电子商务与物流 …… (161)
- 第三节　现代物流技术 …… (167)
- 小结 …… (175)
- 即测即评 …… (175)
- 思考题 …… (175)
- 实践题 …… (176)
- 案例：顺丰速运的物流服务 …… (176)

第八章　电子商务的安全管理 …… (181)
- 第一节　电子商务的安全问题及要求 …… (182)
- 第二节　电子商务安全技术 …… (187)
- 第三节　电子商务安全制度 …… (196)
- 第四节　防止非法入侵 …… (202)
- 小结 …… (204)
- 即测即评 …… (204)
- 思考题 …… (205)
- 案例：购物型网站的电子商务安全 …… (205)

第三篇　电子商务应用

第九章　网络商务信息处理 …… (209)
- 第一节　网络商务信息的概念和收集 …… (210)
- 第二节　网络商务信息的处理 …… (214)
- 第三节　企业网上市场调查 …… (218)
- 小结 …… (225)
- 即测即评 …… (225)
- 思考题 …… (225)
- 实践题 …… (225)
- 案例：艾瑞市场咨询——互联网行业数据提供商 …… (226)

第四篇　电子商务实现

第十章　交易型电子商务 …… (233)
- 第一节　B2C 电子商务应用 …… (234)
- 第二节　网上商店 …… (237)
- 第三节　网上直销 …… (242)
- 第四节　B2B 电子商务应用 …… (247)
- 小结 …… (253)
- 即测即评 …… (253)
- 思考题 …… (254)
- 案例：唯品会的 B2C 模式 …… (254)
- 良品铺子的商业模式 …… (256)

第十一章　社会化电子商务应用 …… (258)
- 第一节　网上拍卖 …… (259)
- 第二节　即时通信 …… (265)
- 第三节　基于 Web 2.0 的电子商务应用 …… (272)
- 小结 …… (280)
- 即测即评 …… (280)
- 思考题 …… (280)

案例：小微信大智慧　经典微信营销案例TOP5 ……（281）

第十二章　其他电子商务应用 ……（286）
　　第一节　网络服务电子商务 ……（287）
　　第二节　网络信息与知识产品服务 ……（300）
　　第三节　网络体验式电子商务服务 ……（308）
　　小结 ……（314）

即测即评 ……（314）
思考题 ……（314）
案例：网易的游戏之道：匠人精神 ……（315）

附录 ……（319）
　　附录1：教学实验 ……（319）
　　附录2：商业网站策划书 ……（321）

参考文献 ……（324）
　　主要参考书目 ……（324）
　　主要参考网站 ……（325）

第一篇 电子商务原理

第一章 电子商务概述

Internet 的商业化发展推动了电子商务的迅速增长,联合国贸易和发展会议统计数据显示,全球电子商务销售额 1994 年仅为 12 亿美元,2006 年为 12.8 万亿美元,约占国际贸易总额的 18%。2011 年全球电子商务交易额达到 40.6 万亿美元,IDC(Internet Data Center,互联网数据中心)的数据显示,2013 年达到 16 亿亿美元。电子商务的飞速增长所带来的商机是巨大而深远的,也迫切需要对电子商务有进一步的认识和理解。本章将对电子商务的产生和发展以及电子商务的定义、应用、分类做一概述。

第一节　电子商务的发展历程

一、电子商务的起源

目前，人们所提及的电子商务多指在网络上开展的商务活动，即通过企业内部网（Intranet）、外部网（Extranet）以及 Internet 进行的商务活动。然而，电子商务还有更广的含义，即一切利用电子通信技术和使用电子工具进行的商务活动，都可以称为电子商务。广义电子商务的发展历史，可以分为三个发展阶段。

（一）电子商务的产生与起步

1. 电报

电报是最早的电子商务工具，是用电信号传递文字、照片、图表等的一种通信方式。随着社会的进步，传统的用户电报在速率和效率上不能满足日益增长的文件往来的需要，特别是办公室自动化发展的需要，因此产生了智能用户电报（Telex）。智能用户电报是在具有某些智能处理功能的用户终端之间，经公用电信网，以标准化速率自动传送和交换文本的一种电信业务。从本质上说，智能用户电报是将基于计算机的文本编辑、字处理技术与通信技术相结合的产物。

2. 电话

电话是一种广泛使用的电子商务工具。电话用途广泛，设备较便宜，所需的带宽很窄。但是在许多情况下，电话仅是为书面的交易合同或产品实际交送做准备。长期以来，电话的通信一直局限于两人之间的声音交流；但现在，用可视电话进行可视商务对话已经成为现实。然而高质量的可视电话需要大量的投资以购买设备和带宽，这造成了可视电话业务的发展相对迟缓。

3. 传真

传真提供了一种快速进行商务通信和文件传输的方式。传真与传统的信函服务相比，主要的优势在于传输文件的速度更快。但传真缺乏传送声音和复杂图形的能力，也不能实现相互通信，传送时还需要另一个传真机或电话。这使传真在个体的消费者中使用的较少。但传真的费用、网络进入、带宽需求，以及用户界面的友好方式与电话相同；这些特点使传真在通信和商务活动中显得非常重要。

4. 电视

随着电视进入越来越多的家庭，电视广告和电视直销在商务活动中越来越重要。但是，消费者还必须通过电话认购，即电视是一种"单通道"的通信方式，消费者不能积极地寻求出售的货物或者与卖家谈判交易条件。除此之外，在电视节目中插播广告的成本相当高。

由电报、电话、传真和电视带来的商业交易在过去的几十年间日益受到重视，由于它们各有优缺点，所以人们在商务活动之中互为补充地使用电报、电话、传真、电视。今天，这些传统的电子通信工具仍然在商务活动中发挥着重要作用。

（二）专用网络与 EDI 电子商务

EDI 是 electronic data interchange 的缩写，中文一般译为"电子数据交换"，有时也称为"无纸贸易"。国际标准化组织将 EDI 定义为一种电子传输方法，使用这种方法，首先将商业或行政事务处理中的报文数据按照一个公认的标准，形成结构化的事务处理的报文数据格式，进而将这些结构化的报文数据经由网络，从计算机传输到计算机。从 EDI 的定义中可以看出它显然是商务往来的重要工具，所以，EDI 系统就是电子商务系统，EDI 被认为是电子商务的早期形式，被称为 EDI 电子商务。

对于大型企业来说，EDI 从企业应用系统到企业应用系统，没有人为干涉、采用标准交易方式，对于企业降低库存、减少错误、实现高效率管理是十分有效的。传统的基于专用 VAN（value added network）的 EDI 技术使大型企业的业务发展取得了很大的成功，但中小企业使用该技术却有一定困难，因为这类用户需要一个价格较低、易操作、易接入的支持人机交互的 EDI 平台，而这些是传统的基于 VAN 的 EDI 系统所无法实现的。为了让中小型企业能够顺利使用 EDI，有关专家正在从下述两个方面进行努力。

1. 基于 Internet 的 EDI

Internet 是世界上最大的计算机网络，近年来得到迅速发展，它对 EDI 产生了重大影响。Internet 是全球网络结构，可以大大扩大参与交易的范围；相对于私有网络和传统的增值网来说，Internet 可以实现世界范围的连接，花费很少；Internet 对数据交换提供了许多简单而且易于实现的方法，用户可以使用 Web 完成交易；ISP（Internet service provider）提供了多种服务方式，这些服务方式过去都必须从传统的 VAN 那里购买，费用很大。

Internet 和 EDI 的联系为 EDI 的发展带来了生机，基于 Internet 的 EDI（简称 Internet-EDI）成为新一代的 EDI，前景诱人。用 VAN 进行网络传输、交易和将 EDI 信息输入传统处理系统的 EDI 用户，正在转向使用基于 Internet 的系统，以取代昂贵的 VAN。

2. Web-EDI

E-mail 最早把 EDI 带入 Internet，用 ISP 代替了传统 EDI 依赖的 VAN，解决了原来通信信道的价格昂贵问题。最初，简单电子邮件协议（STMP）在安全方面存在这样几个严重的问题：第一，保密性问题。E-mail 在 Internet 上传送明文，保密性较差。第二，不可抵赖问题。E-mail 很容易伪造，并且发送者可能否认自己是 E-mail 的作者。第三，确认交付问题，STMP 不能保证买卖双方正确交付了 E-mail，无法知道是否丢失。

Internet EDIINT 工作小组为了解决上述问题，发布了在 Internet 上进行安全 EDI 的标准。Web-EDI 方式随之被公认为是目前 Internet-EDI 中最好的方式。Web-EDI 的目标是允许中小企业只需通过标准化的浏览器软件和广泛应用的 Internet 去执行 EDI 交换，所以这种方式只需对现有的企业应用做很小的改动，就可以方便快速地扩展成为 EDI 系统应用。这种解决方案对中小企业来说是负担得起的。

总之，Internet 的出现使得传统的 EDI 从专用网络扩大到了 Internet，以 Internet 作为互联手段，将它同 EDI 技术相结合，提供一个较为廉价的服务环境，可以满足大量中小型企业对 EDI 的需求，使得 EDI 在当今的电子商务中仍起着重要作用。

（三）Internet 的电子商务发展

Internet 是一个连接无数遍及全球范围的广域网和局域网的互联网络。Internet 的兴起将分布于世界各地的信息网络、网络站点、数据资源和用户有机地联为一个整体，在全球范围内实现了信息资源共享、通信方便快捷，因而它已经成为目前人们工作、学习、休闲、娱乐、相互交流以及从事商业活动的主要工具。

1. 全球电子商务的发展

随着 Internet 技术的不断发展和应用，电子商务得以超速发展，同时，电子商务交易额的增长也十分迅猛。北美地区在线零售额以每年翻三番的速度增长。欧洲的电子商务虽比美国起步晚了 18 个月，但不甘落后，奋起直追。欧盟电子商务协会网站《2015 年欧洲电子商务报告》显示，2014 年欧洲电子商务（仅指企业对个人，即 B2C 电子商务，下同）销售额为 4 238 亿欧元，增幅为 14.3%，其中欧盟 28 个成员国营业额为 3 687 亿欧元。电子商务在欧洲经济中的地位正在提升，2009 年电子商务占欧洲国内生产总值的比率为 1.27%，2014 年增加近一倍，为 2.45%，2020 年将有望接近 6%。

亚太地区同样发展迅猛，日本、印度、韩国、新加坡等电子商务发展也是如火如荼。

"互联网女皇"玛丽·米克尔在发布的 2016 年的互联网趋势报告中称，全球互联网用户数已超 30 亿，比 2015 年增长 9%，互联网全球渗透率达到 42%。互联网正在迅速地渗透到我们的生活中，近几年来，无论是客户基础还是网上交易额都出现了惊人的变化，电子商务发展飞快，正成为贸易中不可或缺的一部分。这一切足可证明，电子商务代表世界贸易发展的方向，具有强大的生命力，发展电子商务是大势所趋。

2. 我国电子商务的发展

我国电子商务是以国家公共通信网络为基础的，以国家金关工程为代表的，以外经贸管理服务为重要内容的电子商务工程逐步发展起来的。我国政府相继实施了"金桥"、"金卡"、"金关"等一系列金字工程，为我国电子商务的发展作了良好的铺垫。

中国互联网信息中心发布数据表示，截至 2016 年 6 月，我国网民规模达 7.10 亿，半年共计新增网民 2 132 万人，半年增长率为 3.1%，增长率较 2015 年下半年有所提升。互联网普及率为 51.7%，较 2015 年年底提升了 1.3 个百分点。根据中国电子商务研究中心发布的最新数据，2015 年，中国电子商务交易额达 18.3 万亿元，同比增长 36.5%，增幅上升 5.1 个百分点。其中，B2B 电商交易额 13.9 万亿元，同比增长 39%。网络零售市场规模 3.8 万亿元，同比增长 35.7%。艾瑞咨询最新数据显示，2015 年中国网络购物市场交易规模达 3.8 万亿元，同比增长 36.2%；根据国家统计局发布的数据显示，2015年我国社会消费品零售总额达到30.1万亿元，网络购物在社会消费品零售总额中的占比为12.6%，较2014年提高2%。中国电子商务发展迅速，势不可挡。

（四）移动电子商务的发展

移动电子商务就是利用手机、PDA及掌上电脑等无线终端进行的B2B、B2C、C2C或O2O的电子商务。它将互联网、移动通信技术、短距离通信技术及其他信息处理技术完美地结合，使人们可以在任何时间、任何地点进行各种商贸活动，实现随时随地、线上线下的购物与交易、在线电子支付以及各种交易活动、商务活动、金融活动和相关的综合服务活动等。

截至2016年6月，我国手机网民规模达6.56亿，较2015年增加3 656万人。网民中使用手机上网的比例由2015年年底的90.1%提升至92.5%，手机在上网设备中占据主导地位。新网民的稳健增长和原PC网民的转化加快共同带动了手机网民规模的持续扩大。一方面，移动设备上网的便捷性，降低了互联网的使用门槛；另一方面，移动互联网应用服务不断丰富，与用户的工作、生活、消费、娱乐需求紧密贴合，推动PC端向移动端的渗透。移动电子商务前景广大，将来会在电子商务中占有重要地位。

移动电子商务将与人们的生活联系更加紧密，因为手机支付、第三方支付平台的发展、运营商自身的购物平台、手机交易的自由性将使得移动电子商务有更大的发展平台。门槛较低使得一般的用户会优先选择移动电商。但是不可否认，方便的背后也有很大的安全隐患，如何规避风险将是移动电商面临的一个重要问题。

二、网络媒体与网络广告

（一）网络媒体

网络是继报纸、无线电广播和电视之后出现的"第四种媒体"，拥有庞大的广告和营销潜力。从1994年的商业化运作开始，互联网就以非常规速度发展，由当初不到5 000万用户，发展到2013年超过28亿用户，所用时间不到10年。网媒的迅速发展带动了新产业——网络媒体服务业的诞生。最初的网络媒体以提供信息服务为主，如雅虎（http:www.yahoo.com）提供强大的信息搜索引擎，极大地方便了网民的信息搜索活动，从而获得巨大的品牌知名度和客流量，在此基础上发展为网络新兴媒体巨头。后来发展起来的移动端，使得网民搜索信息更加方便，也可以收到个性化的定制内容等，这使得网络媒体如虎添翼。

1. 网络媒体的类型

（1）网络新兴媒体。网络新兴媒体是在网络经济的大潮中发展起来的，以互联网为主要展示手段的媒体，新浪网（http：//www.sina.com.cn）（见图1-1）和搜狐网（http：//www.sohu.com）是新兴媒体的典型代表。新兴媒体是信息的集成者，可以提供各种信息，如热点新闻、商业广告、产品信息、股市行情、体育赛事、歌曲音乐、游戏娱乐、生活趣闻、名人轶事、电子报刊、各类咨询以及免费软件下载等；作为门户网站，它们还提供强大的信息搜索功能。这些功能可大大提高网站的访问率。

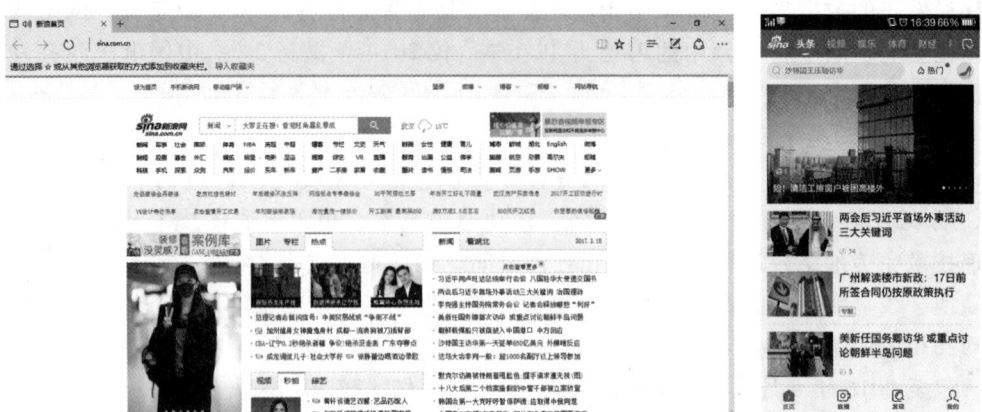

图 1-1　新浪网首页（PC 端与移动端）

（2）传统媒体上网。报纸、电视等传统媒体在认识到互联网巨大的潜力后，纷纷把网络作为一种新的传播渠道。如人民日报（http：//www.people.com.cn）（见图 1-2）和中央电视台（http：//www.cctv.com）都相继建立了自己的网站，作为传统媒体的补充。由于传统媒体已经建立稳定的信息来源渠道，所以在新闻信息等方面占有独特的优势。但像人民网等网站已不是人民日报的简单翻版，而是内容更广泛、服务功能更多样化，将自身发展定位于大型综合网站的网站。

图 1-2　人民网首页

（3）综合媒体。网络媒体与传统媒体的整合形成综合媒体，其中最具有代表性的是美国在线兼并时代华纳。美国在线是新兴网络产业的领头羊，时代华纳是世界最大的媒体公司，拥有众多著名品牌。两者之间是既竞争又互补的密切关系，所以兼并后，美国在线依靠时代华纳获得权威信息，后者也可以利用前者的网络技术扩大自己的市场份额，增强竞争力。

2. 网络媒体的特点

（1）以综合性网站为主。目前，网络媒体提供范围广泛的各种信息，以及各种信息服务，把自己的发展定位于大型综合性网站，其发展目标是成为像雅虎网和新浪网这样的门户网站。

（2）提供免费信息。目前各网络媒体都是依靠提供各种免费信息获得访问者的注意力，建立自己的顾客基础，所以各大网站都在免费提供足够精彩的内容以吸引足够多的用户。搜狐网与新浪网在转播世界杯时的新闻竞争，就是出于这种目的。

（3）依靠广告获得收入。网络广告是网络媒体盈利的主要手段。网络媒体提供免费信息建立庞大的顾客基础之后，就可以向企业出售广告空间，获得广告收入。新浪网和搜狐网等著名的门户网站是企业发布网络广告的首选网站。但是由于网络广告的规模小、价格低，它提供的收入远远不足以维持网络媒体的日常经营。

3. 网络媒体的发展趋势

（1）综合性网站向专业性网站发展。在综合性网站竞争日趋激烈的情况下，专业性网站以其在某方面的独特优势，获得网民的喜爱。中体网（http://www.sinosports.net）（见图1-3）是我国权威体育网站，提供专业、及时、准确的第一手体育新闻，开辟了足球、篮球、拳击、游泳等重要体育项目的专题区，开设热点专题使体育迷全面关注国内外重要赛事，吸引了很多体育迷。

图1-3 中体网首页

（2）免费服务向收费服务发展。网络免费的游戏规则也在逐步地改变，一些高价值的信息也要收费。如国务院发展研究中心信息网（http://www.drcnet.com.cn）在提供很多免费信息的同时，也对部分的信息收取高额费用。

（3）网络新媒体向综合媒体发展。网络媒体比传统媒体的传播更快捷、更广泛，但是传统媒体可以覆盖不同的受众群体，并在内容的提供上有优势。所以网络媒体应该与传统媒体相互借鉴，相互渗透，向综合媒体发展。

（4）PC端向移动端发展。移动端媒体更加方便使用，也不受时空的限制，其潜在的用户规模很大并且易于推广使用。随着手机用户越来越多，移动端网络媒体将会更加普及。虽然 PC 端也有屏幕大、信息容量较大的优点，但是用户碎片化的时间决定了移动端将会占据主导。

（二）网络广告

网络广告是在网络媒体上发布的广告。网络广告随着网络媒体的发展而迅速发展。阳狮集团（Publicis Groupe SA）旗下的实力传播（Zenith Optimedia）在《2016 年 Q1 全球广告市场预测报告》中提到，网络广告整体支出增长今年将达到全球平均增速的 3 倍以上，达到 15.7%，主要动力来自社交媒体（31.9%）、在线视频（22.4%）和付费搜索（15.7%）。随着网络广告逐渐成熟，其增速正在放缓（2014 年为 21.1%），但它预计在剩余的预测期间内仍将延续两位数的增长。

《2015 年 Q2 全球广告市场预测报告》中称，互联网广告增长的主要推动力是移动广告。2014—2017 年间，预计移动广告占全球广告支出的份额将从 5.1% 增长至 12.9%。桌面互联网的广告份额保持稳定，由 2014 年的 19.3% 至 2017 年的 19.4%。但其他媒体类型的份额将转移至移动端。同时，移动端也是全球广告市场增长的主要动力，2014—2017 年全球广告支出增长的 70% 都将来自移动广告。

1. 网络广告的主要类型

（1）旗帜型广告（banner）。网络媒体者在自己网站的页面中分割出一定大小的一个画面（视各媒体的版面规划而定）发布广告，因其像一面旗帜，故被称为旗帜广告。旗帜广告允许客户用极简练的语言、图片介绍企业的产品或宣传企业形象。图 1-4 所示的是搜狐网的旗帜型广告。

图 1-4　搜狐网的旗帜型广告

（2）按钮型广告（button）。这是网络广告最早和常见的形式。通常是一个链接着公司主页或站点的公司标志（logo），并注明"click me"的字样，希望网络浏览者主动点选，以了解有关公司或产品的更为详尽的信息。图 1-5 所示的是按钮型广告的例子。

第一节 电子商务的发展历程 11

图1-5 按钮型广告

（3）主页型广告（homepage）。主页型广告是指将企业所要发布的信息内容分门别类地制作成主页，放在网络服务商的站点或企业自己的站点上。主页型广告可以详细地介绍企业的相关信息，从而让用户全面地了解企业以及企业的产品和服务。

以上三种是最为常见的网络广告类型，其他的网络广告的类型还有：列表分类播发型广告、电子杂志广告、新闻式广告、链接广告和综合广告等。

2. 网络广告的特点

（1）网络广告客户向多样化方向发展。网络广告客户从刚开始的IT企业，如联想、诺基亚、Intel这种客户，发展到今天如房地产、汽车、药品等客户，以及消费品行业。另外，客户行业的类型也有很大的变化，原来很多的客户都是一些跨国企业，现在很多国内企业也愿意投入网络广告，用少量的钱来达到比较好的宣传效果。

（2）网络广告的形式向多样化和复杂化方向发展。网络技术和多媒体技术的发展，促进了网络广告形式的发展。近几年，出现了画中画、擎天柱、浮动图标等新的广告形式。

（3）网络广告媒介呈多样化趋势，移动端广告媒介逐渐发展起来。由之前主流的网页广告到后来移动端广告的盛行，网络广告媒介逐渐多样化。手机使用的普遍以及移动端技术的不断发展是这一趋势形成的重要原因。移动APP中以及手机浏览器中自带的广告形式是移动端广告的主要类型。

三、网络零售与网络拍卖

（一）网络零售

网络零售是中间商利用网络销售产品，包括有形产品和无形产品。据中国电子商务研究中心（100EC.CN）监测数据显示，全球电子商务市场快速增长，2014年全球网络零售总额高达1.3160万亿美元。全球网络零售发展非常迅速，我国的电子商务零售也发展得如火如荼。2015年，中国电子商务交易额达18.3万亿元，同比增长36.5%，增幅上升5.1个百分点。其中，B2B电商交易额13.9万亿元，同比增长39%。网络零售市场规模3.8万亿元，同比增长35.7%。

1. 网络零售的类型

（1）新兴网上商店。国外以 Amazon（http：//www.amazon.com）为代表，国内以当当网（http：//www.dangdang.com）（见图1-6）为代表的网上商店是零售发展的一种新形式。这类商店直接从生产者进货，在网络上提供货物清单和商品介绍，然后折扣销售给消费者。

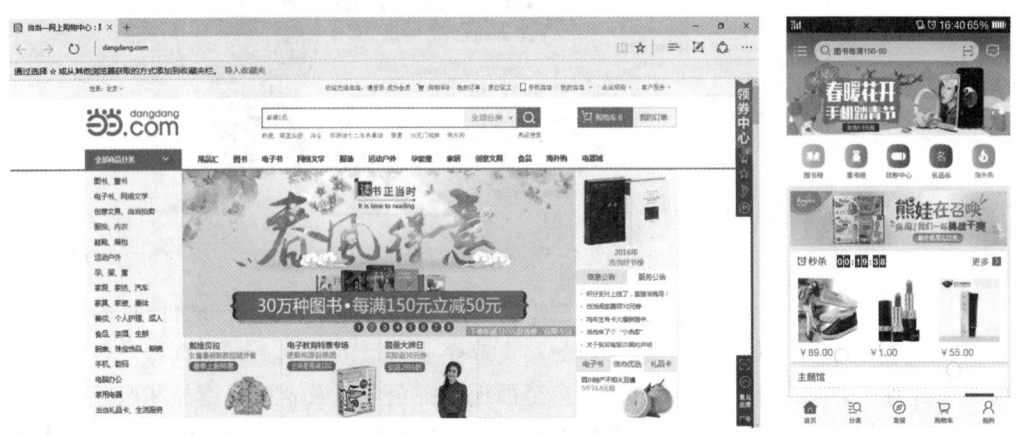

图1-6　当当网首页（PC端与移动端）

（2）传统商店上网。传统的零售商建立网上商店，作为对于传统销售渠道的补充。例如 igo5 网上商城（http：//www.igo5.com）（见图1-7）和武汉的中百网（http：//www.zon100.com）都是在传统商店的基础上兴建的网上商城。这类商店有自己稳定的进货渠道，网上销售的产品类别和产品的布局基本上与传统商店相同。

图1-7　igo5网上商城首页

2. 网络零售存在的问题

CNNIC（中国互联网络信息中心）对网上购物的最新调查结果显示，截至2015

年12月，我国网络购物用户规模达到4.13亿，较2014年年底增加5 183万，增长率为14.3%，我国网络购物市场已然保持着稳健的增长速度。与此同时，我国手机网络购物用户规模增长迅速，达到3.40亿，增长率为43.90%，手机网络购物的使用比例由42.4%提升至54.8%。在支付方式上，使用网上支付的比例呈逐年递增趋势，网上支付的实现、安全与否势必会成为影响网上购物的重要因素。

网民最大的担忧仍然是交易安全得不到保障，可见，网络零售商能否妥善地解决这些问题，获得用户的信任，是决定网络零售能否迅速发展的关键。

（二）网络拍卖

网络拍卖是指网上商店提供商品信息，但不确定商品价格，商品的价格通过拍卖形式由会员在网上相互叫价确定，出价高者就可以买到该商品。网络技术给拍卖行业带来巨大的发展契机。1995年eBay的诞生拉开了网络拍卖的序幕，一年后eBay就开始盈利，2012年4季度年利润已达到7.51亿美元。网络拍卖一炮而红，迅速崛起。易趣、亚马逊等也逐渐发展起来，2004年易趣与eBay平台成功整合，网络拍卖逐渐进入鼎盛时期。2012年易趣不再是eBay在中国的相关网站，易趣所有的业务从eBay剥离，开始独立运营。

中国拍卖协会公布的2015中国拍卖市场数据显示，2015年我国拍卖市场全年成交额达300多亿元人民币。正是看到这一市场的巨大潜力，京东、阿里等电商巨头纷纷加速了在这一领域的布局。此前，苏宁易购推出零起拍价的"闪拍"业务，以及淘宝的司法拍卖等，都已在拍卖机构和消费者中积累了一定的口碑。京东推出"京东拍卖"业务，淘宝拍卖与闲鱼合并，在线拍卖的方式，为珠宝玉器、奢侈品、艺术品等传统拍品的拍卖开拓了新的渠道，同时也进一步拓展了拍卖行业的消费群体，已经成为互联网企业下一个兵家必争之地。这种拍卖的形式能否成为拍卖行业的下一个春天，我们拭目以待。

四、网络直销与网络虚拟市场

（一）网络直销

网上直销与传统直接分销渠道一样，都没有营销中间商。不同的是，顾客可以直接从生产企业网站进行订货。生产企业借助网上银行提供支付结算的功能，通过与一些专业物流公司进行合作，或建立有效的物流体系，解决商品的配送问题。

1. 网络直销的运作模式

网络直销的典范是Dell计算机公司（见图1-8），该公司网上直销的销售额由开始的每天100万美元增长到后来的3 000万美元，占总销售额的60%，其中80%产品销售给企业。下面以Dell为例说明网络直销的运作模式。

（1）顾客提交订单。顾客在Dell公司的网站上选择自己满意的计算机配置，填写并提交订单。

（2）顾客付款。顾客在Dell公司的网站上选择适合自己的付款方式：信用卡支付、转账支票支付或现金支付。

14　第一章　电子商务概述

图 1-8　Dell 网站中国站首页

（3）计算机装配。Dell 公司在收到订单和货款后，把订单转到中国台湾的组装厂进行组装。

（4）送货。Dell 公司委托联邦快递把组装好的计算机送到顾客手中。

（5）售后服务。Dell 公司把网上售后服务作为主要的售后服务方式。比较简单常见的问题通过 FAQ 解答，比较复杂和不常见的问题提交专门的技术人员解答，或是提供上门服务。

2. 网络直销的特点

（1）市场反应快。网络直销使生产商直接与顾客接触，可以快速地了解顾客需求的变化，增强对市场的灵敏反应能力。

（2）网上支付。网络直销要求实现网上直接支付，这要求网络直销商与各大网络银行合作，为顾客提供多种支付手段。例如 Dell 公司为中国客户提供六种信用卡的支付选择。

（3）物流配送。能否把货物在顾客指定的时间内完好无损地送到顾客指定的地点，是网络直销能否获得顾客信任的关键环节。网络直销商要么像 Dell 公司一样选择联邦快递这样具有实力的物流公司，要么像海尔公司一样组建自己的物流配送体系，以保证送货环节的顺畅进行。

（4）柔性化生产。网络直销实行的是"按订单生产"的经营模式。企业内部必须实现柔性化生产，能够以较低的成本快速满足顾客迅速变化的需求。

（二）网络虚拟市场

网络虚拟市场是网络公司募集会员共同建立的一个能提供丰富商业信息和交换场所的商务网站。这种被称为"商业门户"的网站是商务信息的集散地。这类网站可以达到商业活动的各个环节，因此对于企业特别是中小企业有很强的吸引力。

1. 网络虚拟市场的类型

（1）仅提供信息服务的网站。这类网站仅为企业提供信息服务，而不介入企业之间具体的交易活动。我国的阿里巴巴网站（http：//www.alibaba.com.cn）是这类网站的典型代表（见图1-9）。截止到2012年上半年，阿里巴巴连接着220多个国家和地区的超过7 600万商业用户，为中小企业提供无数的商业机会。

图1-9　阿里巴巴中文站首页

（2）提供全方位服务的网站。这类网站除了提供信息服务外，还提供网络广告、企业网站的建设与管理等多项增值服务。中国国际电子商务网（http：//www.ec.com.cn）（见图1-10）面向国外采购商和国内供应商提供的功能完善的电子商务交易平台，提供企业及产品展示、采购信息发布、招商投资合作、目标客户访问统计、采购信息定制、经贸论坛、热点推荐、可视洽谈、网络传真、EC报告、行业资讯、无线商务等多项服务。

图1-10　中国国际电子商务网首页

2. 网络虚拟市场的特点

（1）服务对象。服务对象主要是企业，特别是中小企业。网络虚拟市场为企业提供产品展示的舞台,帮助企业寻找网上交易伙伴,给企业带来更多商机。

(2) 产品类型。网络虚拟市场销售的产品类型不受限制,涵盖电子、化学、能源矿产、交通运输、农业、娱乐等各行各业。

(3) 盈利模式。仅提供信息服务的网站主要通过收取中介费用、会员费维持运转;提供全方位服务的网站除了收取中介费和会员费之外,还可以通过提供的增值服务获得收入。

(4) 企业的市场范围拓展。网络虚拟市场开拓了企业的视野,拓展了企业的市场,使企业的市场由省内拓展到省外,由国内拓展到国外。例如我国很多地方土特产就是借助于网络虚拟市场走向了世界市场。

(5) 企业的商业机会增多。市场的拓展带来更多商机。买方可以以更低的价格获得更好的产品,卖方可以找到出价更高的买主。

五、网络服务与电子政务

(一) 网络服务

网络服务是通过互联网来实现服务。随着网络经济的发展,网络服务业也得到迅速的发展。

1. 网络服务的类型

(1) 网络金融服务。网络金融服务商借助于专业金融分析软件,为顾客提供方便的网上金融服务。证券之星(http://www.stockstar.com.cn)(见图1-11)以金融理财产品为核心,通过网站、行情分析软件、短信、WAP等渠道,依托中国领先的理财产品研究分析专家团队,以及国内最具实力的理财技术创新开发团队,为中国理财用户提供专业、及时、丰富的财经资讯,个人理财应用工具和无线智能移动理财产品等多方位专业理财信息服务。

图1-11 证券之星首页(PC端与移动端)

(2) 网上教育培训服务。网上教育培训服务是借助于网络实现远程教育。如高等教育出版社(http://www.hep.edu.cn)的网站(见图1-12)不仅介绍高等教育出版社出版的各类新书,而且设有链接通往多个子网站,配备资深讲师,配合平台的作业、考试、答疑等模块指导学生进行远程学习,为众多学子自学成才提供了一条途径。

图 1-12　高等教育出版社首页

(3) 网上人才服务。网上人才服务提供各地人才市场的需求信息,帮助人们找到满意的工作。"前程无忧网"(http：//www.51job.com)(见图 1-13)是国内第一个集多种媒介资源的专业人力资源服务系统,它提供招聘猎头、培训测评和人事外包在内的全方位的人力资源服务。

图 1-13　前程无忧网首页

(4) 网上银行。网上银行为网络交易提供电子支付服务。在我国,招商银行(http：//www.cmbchina.com)(见图 1-14)率先提供网上支付服务,"招商银行一网通"是广大消费者进行网上支付的首选。

2. 网络服务的特点

(1) 网络服务突破了传统服务行业的时空限制,拓展了服务行业的市场空间。传统服务由于生产和消费的同时性,市场空间往往局限于某一地区；网络服务则可以到达 Internet 所覆盖的任何地方。

图 1-14　招商银行一网通网首页

（2）网络服务可以满足顾客的服务个性化要求。顾客可以借助网络直接向企业提出要求，企业则针对顾客的需求提供特定的一对一服务。

（3）网络服务的盈利方式主要是收取会员费和中介费。

（二）电子政务

电子政务是政府在其管理和服务职能中运用现代信息和通信技术，实现政府组织结构和工作流程的重组优化，超越时间、空间和部门分隔的制约，全方位地向社会提供优质、规范、透明的服务，是政府管理手段的变革。我国电子政务建设从 1999 年开始的政府上网工程起步，通过这几年的努力，电子政务已经逐步变成了全国各级政府工作中的组成部分。图 1-15 是中华人民共和国中央人民政府门户网站（http：//www.gov.cn）。

图 1-15　中华人民共和国中央人民政府门户网站首页

1. 电子政务的种类

（1）政府办公自动化。政府建立文件资料的电子化中心，实现电子化、网络化办公。在实施政府信息系统基础上实现政府优化和重组，以及各级各地政府机构的信息共享、资源整合，提高政府的工作效率。

（2）政府调控电子化。政府通过网络实现对于市场的管理和控制。如政府调控税收可以通过网络自动、双向完成；项目审批等工作也可以在网上直接完成和回复，节约了公众的等待时间。

（3）政府规范电子商务活动。政府要根据电子商务的发展状况，制定相应的电子商务法律法规，规范电子商务活动，促进电子商务市场的健康发展，保护企业和消费者的利益。

2. 电子政务的特点

（1）政府工作效率提高。电子政务借助先进的信息技术和网络技术，可以帮助政府节约工作成本，提高工作效率。

（2）管理透明化。政府通过网络及时公布其管理制度、政策变化等，增加了政府管理的透明度。

（3）政府管理公平化。电子政务可以在很大程度上杜绝"暗箱操作"，促进政府的公平化管理。例如电子税收可以完善政府对于税种、税率、课税对象减免税的管理，严格对滞纳税、逃税和抗税实行惩罚措施，促进税收的公平进行。

3. 电子政务的发展趋势

（1）进一步推进政府与公众的双向交流。电子政务不仅可以促进公众对政府的了解，还可以利用网络社区、讨论栏等促进政府了解公众的意见和建议，加强政府与公众的互动，鼓励公众关心国家政策，积极地参与到社会的管理之中。

（2）改善政府工作流程。提高政府的透明度、规范化、实时性和全天候运作，促进政府机构高效、互动和廉洁。

（3）建立公正、公平、透明的电子商务法制体系。政府应该进一步建立和完善有关电子商务的法律法规，促进电子商务市场健康有序地发展。

第二节　电子商务的概念与应用层次

一、电子商务的概念

（一）电子商务的定义

电子商务这一概念自产生起，就没有一个统一的定义，不同研究者、不同组织从各自的角度提出了对电子商务的认识。本书介绍政府组织、企业和学者分别对电子商务提出的较有代表性的定义，以期帮助读者对电子商务有较为全面的认识。

1. 政府组织对电子商务的定义

（1）欧洲议会在"欧洲电子商务发展倡议"中给出的定义是："电子商务是通过电子方式进行的商务活动。它通过电子方式处理和传递数据，包括文本、声音和图像。它涉及许多方面的活动,包括货物电子贸易和服务、在线数据传递、电子资金划拨、电子证券交易、电子货运单证、商业拍卖、合作设计和工程、在线资料、公共产品获得等。它还包括了产品(如消费品、专门设备)和服务(如信息服务、金融和法律服务)、传统活动(如健身、教育)和新型活动(如虚拟购物、虚拟训练)等。"

(2)美国政府在其《全球电子商务纲要》中比较笼统地指出:"电子商务是指通过 Internet 进行的各项商务活动,包括广告、交易、支付、服务等活动,全球电子商务将会涉及全球各国。"

(3)世界贸易组织电子商务专题报告中定义:电子商务就是通过电信网络进行的生产、营销、销售和流通活动,它不仅指基于 Internet 上的交易,而且指所有利用电子信息技术来解决问题、降低成本、增加价值和创造商机的商务活动,包括通过网络实现从原材料查询、采购、产品展示、订购到出品、储运以及电子支付等一系列的贸易活动。

(4)1997 年的世界电子商务会议对电子商务作了界定。电子商务是指对整个贸易活动实现电子化。从涵盖范围方面可以定义为:交易各方以电子交易方式而不是通过当面交换或直接面谈方式进行的任何形式的商业交易。从技术方面可以定义为:电子商务是一种多技术的集合体,包括交换数据(如电子数据交换、电子邮件)、获得数据(共享数据库、电子公告牌)以及自动捕获数据(条形码)等。从涵盖的业务来看,电子商务涵盖的业务包括:信息交换、售前售后服务(提供产品和服务的细节、产品使用技术指南、回答顾客意见)、销售、电子支付(使用电子资金转账、信用卡、电子支票、电子现金)、组建虚拟企业(组建一个物理上不存在的企业,集中一批独立的中小公司的权限,提供比单独任何一家公司更多的产品和服务)。

由上述定义可以看出,政府组织对于电子商务的定义侧重于电子商务的宏观方面、电子商务的行业含义以及它对经济社会的宏观影响。

2. 企业对电子商务的定义

(1)IBM 提出了一个电子商务的定义公式,即电子商务 = Web + IT(information technology,信息技术)。它所强调的是在网络计算环境下的商业化应用,是把买方、卖方、厂商及其合作伙伴在互联网(Internet)、企业内部网(Intranet)和企业外部网(Extranet)结合起来的应用。

(2)HP 公司认为,电子商务简单地说,是指从售前服务到售后支持的各个环节实现电子化、自动化。它能够使人们以电子交易手段完成物品和服务的等价值交换。

从以上两个定义可以看出,企业侧重于从企业经营管理的微观方面界定电子商务。

3. 学者对电子商务的定义

(1)美国学者瑞维·卡拉科塔和安德鲁·B. 惠斯顿在他们的专著《电子商务的前沿》中指出:"广义地讲,电子商务是一种现代商业方法。这种方法通过改善产品和服务质量,提高服务传递速度,满足政府组织、厂商和消费者的降低成本的需求。这一概念也用于通过计算机网络寻找信息以支持决策。一般地讲,今天的电子商务是通过计算机网络将买方和卖方的信息、产品和服务联系起来，而未来的电子商务则是通过构成信息高速公路的无数计算机网络中的一个网络将买方和卖方联系起来的通路。"

（2）西安交通大学教授李琪博士在其专著《中国电子商务》一书中指出："客观上存在着两类或三类依据内在要素不同而对电子商务的定义：第一，广义的电子商务定义：电子工具在商务活动中的应用。电子工具包括从初级的电报、电话到 NII（national information infrastructure）、GII（global information infrastructure）和 Internet 等。现代系统商务活动是从泛商品（实物与非实物，商品与商品化的生产要素等）的需求活动到商品的合理、合法的消费除去典型的生产过程后的所有活动。第二，狭义的电子商务定义：在技术、经济高度发达的现代社会里，掌握信息技术和商务规则的人，系统化地运用电子工具，高效率、低成本地从事以商品交换为中心的各种活动的全过程。第一个定义可以简称为商务电子化，第二个定义可以简称为电子化商务系统……如果再考察一下第一定义和第二定义的关系，我们可以说，第一定义是基本范畴，第二定义则是具有现代特征、现实意义的电子商务系统定义。"

从上面的两个定义可以看出，学者们侧重于从电子商务运用的技术，以及对于政府、企业和消费者的影响等方面界定电子商务。

从上述不同定义可以看出，电子商务不但是一种新型的市场商务运作模式，同时还将影响到企业的内部组织结构和管理模式。综上所述，电子商务是在利用现代电子工具（包括现代通信工具和计算机网络）的基础上进行的企业的经营管理和市场贸易等现代商务活动。这一定义将电子商务的内涵由原来局限于市场贸易方面的商务活动扩展到包括企业内部的经营管理活动。

（二）电子商务的内涵

从电子商务的定义中，可以归结出电子商务的内涵，即：信息技术，特别是互联网络技术的产生和发展是电子商务开展的前提条件；掌握现代信息技术和商务理论与实务的人是电子商务活动的核心；系列化、系统化电子工具是电子商务活动的基础；以商品贸易为中心的各种经济事务活动是电子商务的对象。

1. 电子商务的前提

电子商务的前提是"电子"。这里的"电子"是指现代信息技术，包括计算机技术、数据库技术、计算机网络技术，特别是计算机网络技术中的 Internet 技术。电子商务与传统商务的区别在于，电子商务利用了现代电子工具进行商务活动，而传统商务则主要依赖于手工系统来实现商务活动。

2. 电子商务的核心

电子商务的核心是人。首先，电子商务是一个社会系统，既然是社会系统，其核心必然是人；其次，商务系统实际上是由围绕商品贸易的各个方面、代表着各方面利益的人所组成的关系网；最后，在电子商务活动中，虽然充分强调工具的作用，但归根结底起关键作用的仍是人，因为工具的制造发明、工具的应用、效果的实现都是靠人来完成的。在电子商务时代，能够掌握电子商务理论与技术的人必然是掌握现代信息技术、现代商贸理论与实务的复合型人才。而一个国家、一个地区能否培养出大批这样的复合型人才就成为该国、该地区发展电子商务最关键的因素。

3. 电子商务的基础

电子商务活动的基础是电子工具的使用。高效率、低成本、高效益的电子商务，必须以成系列、成系统的电子工具为基础。从系列化讲，电子工具应该是从商品需求咨询、商品配送、商品订货、商品买卖、货款结算、商品售后服务等伴随商品生产、消费，甚至再生产的全过程的电子工具，如电视、电话、电报、电传、EDI（electronic data interchange）、EOS（electronic ordering system）、POS（point of sale）、MIS（management information system）、DSS（decision support system）、电子货币、电子商品配送系统、售后服务系统等。从系统化讲，商品的需求、生产、交换要构成一个有机整体，构成一个大系统，同时，为防止"市场失灵"还要将政府对商品生产、交换的调控引入该系统。而能达此目的的电子工具主要是局域网（LAN）、城市网（CAN）和广域网（WAN）等。它们是纵横相连、宏微结合、反应灵敏、安全可靠的电子网络，有利于大到国家间，小到零售商与顾客间方便、可靠的电子商务活动。如果没有上述系列化、系统化的电子工具，电子商务也就无法进行。

4. 电子商务的对象

电子商务的对象是社会再生产环节（生产、流通、分配、交换、消费）中，发展变化最快、最活跃的流通、分配和交换三个中间环节。通过电子商务，可以大幅度地减少不必要的商品流动、物资流动、人员流动和货币流动，减少商品经济的盲目性，减少有限物质资源、能源资源的消耗和浪费。以商品贸易为中心的商务活动可以有两种概括方法：第一，从商品的需求咨询到计划购买、订货、付款、结算、配送、售后服务等整个活动过程；第二，从社会再生产整个过程中除去典型的商品生产、商品在途运输和储存等过程的绝大部分活动过程。

二、电子商务的应用层次

电子商务是从企业全局角度出发，根据市场需求来对企业业务进行系统规范的重新设计和构造，以适应网络知识经济时代的数字化管理和数字化经营需要。国际数据公司 IDC（http://www.idc.com）的系统研究分析指出，电子商务的应用可以分为三个层次和类型（见图 1-16）。

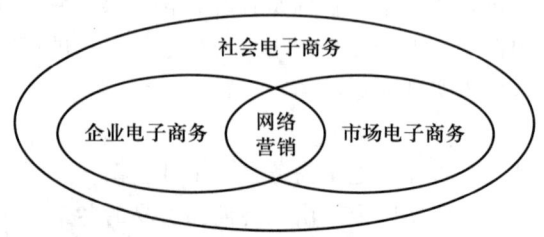

图 1-16　电子商务的应用层次

（一）市场电子商务

电子商务的第一个层次是面向市场的、以市场交易为中心的活动，它包括促成交易实现的各种商务活动，如网上展示、网上公关、网上洽谈等活动，其中网络营销是其中最重要的网上商务活动；它还包括实现交易的电子贸易活动，主要是利用 EDI、Internet 实现交易前的信息沟通、交易中的网上支付和交易后的售后服务等；两者的交融部分就是网络营销，它将网上商务活动和电子商贸活动融合在一起，因此有时将网上商务活动和电子贸易统称为电子商贸活动。

（二）企业电子商务

电子商务的第二个层次是指如何利用 Internet 来重组企业内部经营管理活动，与企业开展的电子商贸活动保持协调一致。最典型的是供应链管理，它从市场需求出发，利用网络将企业的销、产、供、研等活动串在一起，实现企业的网络化、数字化管理，最大限度地适应网络时代市场需求的变化，也就是企业内部的电子商务实现。

（三）社会电子商务

电子商务的第三个层次是指整个社会经济活动都以 Internet 为基础，如电子政务是指政府活动的电子化，它包括政府通过 Internet 处理政府事务，利用 Internet 进行招投标实现政府采购，利用 Internet 收缴税费等。

第三个层次的电子商务是第一个层次和第二个层次电子商务的支撑环境。只有三个层次的电子商务共同协调发展，才可能推动电子商务朝着良性循环方向发展。

第三节　电子商务的分类

一、按电子商务参加的主体划分

（一）企业与消费者之间的电子商务

企业（business）与消费者（consumer）之间的电子商务可以说就是通过网上商店（电子商店）实现网上在线商品零售和为消费者提供所需服务的商务活动，简称为 B2C（B to C，B-C）电子商务。这是大众最为熟悉的一类电子商务类型，如世界上最大的网上书店亚马逊书店（http://www.amazon.com）、网上预订外卖食品的 PizzaHut（http://www.Pizzahut.com）、国内的网上书店当当网（http://www.dangdang.com）等。随着 Internet 网的普遍应用，这类电子商务有着强劲的发展势头。企业与消费者之间的电子商务引发了商品营销方式的重大变革，无论企业还是消费者都从中获益匪浅。

1. B2C 电子商务对消费者的意义

（1）方便消费者的购买活动。网上商店的出现，使消费者可以足不出户，通过自己的计算机在网上寻找、购买所需的商品，获得商家提供的一系列服务。

（2）扩大消费者的选择范围。通往全球的 Internet，使消费者购物的选择范围获得最大化的扩展；而且网络多媒体技术还可以将商品由内到外进行全面介绍，为消费者的购买选择提供详细信息。

（3）提供消费者个性化服务。网上购物为现代社会消费时尚的个性化进一步提供了便利，消费者不再是只能被动地购买已生产出的商品，而是可以通过网络向商家提出个人要求，甚至可以设计出自己想要的商品。商家获取信息后，就可能满足消费者独特的消费愿望。

2. B2C 电子商务对企业的意义

（1）节省了企业的经营成本。在线销售可以避免有形商场及流通设施的投资，将依靠人工完成的交易活动转化成数字化的信息传送过程，可以节省大量的商流费用，这带来了经营成本的降低，使商家更具竞争力。

（2）拓展市场空间。企业借助网络可以突破传统市场中的地理位置分割，建立网上商店，完全更新了原有的市场概念，传统意义上的商圈被打破了，客户扩展到了全国乃至全世界，形成了真正意义上的国际化市场，赢得了前所未有的商机。

（二）企业与企业之间的电子商务

虽然企业与消费者之间的电子商务发展强劲，但企业间的商务活动的贸易金额是消费者直接购买的 10 倍，是电子商务的重头。

企业（business）对企业（business）的电子商务是指在 Internet 上采购商与供应商谈判、订货、签约、接受发票和付款以及索赔处理、商品发送管理和运输跟踪等所有活动，简称为 B2B。企业间的电子商务具体包括以下功能：

（1）供应商管理。减少供应商数量，减少订货成本及周转时间，用更少的人员完成更多的订货工作。

（2）库存管理。缩短"订货—运输—付款"（order—ship—bill）环节，从而降低存货成本，促进存货周转。

（3）销售管理。实现网上订货。

（4）信息传递。管理交易文档，安全及时地传递订单、发票等所有商务文档信息。

（5）支付管理。进行网上电子货币支付。

企业间的电子商务又可以分为两种：一种是非特定企业间的电子商务。它是在开放的网络中为每笔交易寻找最佳伙伴，并与伙伴进行从订购到结算的全面交易行为。第二种是特定企业间的电子商务。它是过去一直有交易关系而且今后要继续进行交易的企业间围绕交易进行的各种商务活动，特定的企业间买卖双方既可以利用大众公用网络进行从订购到结算的全面交易行为，也可以利用企业间专门建立的网络完成买卖双方的交易。

（三）企业与政府之间的电子商务

企业（business）与政府（government）之间的电子商务涵盖了政府与企业间的各项事务，包括政府采购、税收、商检、管理条例发布，法规政策颁布等，简称为 B2G。

1. 政府电子采购

政府作为消费者，可以通过 Internet 上发布自己的采购清单，公开、透明、高效、廉洁地完成所需物品的采购。

2. 政府宏观调控

政府对企业宏观调控、指导规范、监督管理的职能通过网络以电子商务方式更能充分、及时地发挥。借助于网络及其他信息技术，政府职能部门能更及时、全面地获取所需信息，做出正确决策，做到快速反应，能迅速、直接地将政策法规及调控信息传达于企业，起到管理与服务的作用。

3. 政府参与管理电子市场

政府在电子商务的推动、管理和规范等方面发挥着重要作用。在发达国家，发展电子商务主要依靠私营企业的参与和投资，政府只起引导作用；而在像我国这样的发展中国家，则更需要政府的直接参与和帮助。与发达国家相比，发展中国家企业规模偏小，信息技术落后，债务偿还能力低，政府的参与有助于引进技术、扩大企业规模和提高企业偿还债务的能力。另外，许多发展中国家的信息产业都处于政府垄断经营或政府管制之下，没有政府的积极参与和帮助很难快速地发展电子商务。

4. 政府制定电子商务法律法规

由于电子商务的开展涉及很多方面，没有相应的法规予以规范也是难以进行的，而政府在法规的制定、法规实施监督及违法的制裁等方面发挥着不可替代的作用。

总之，电子商务中政府有着两重角色：既是电子商务的使用者，进行购买活动，属商业行为；又是电子商务的宏观管理者，对电子商务起着扶持和规范的作用。对企业而言，政府既是电子商务中的消费者，又是电子商务中企业的管理者。

（四）企业内部的电子商务

企业内部电子商务是指在企业内部通过网络实现内部物流、信息流和资金流的数字化。它的基本原理同企业间电子商务类似，只是企业内部进行交换时，交换对象是相对确定的，交换的安全性和可靠性要求较低。企业内部电子商务的实现主要是在企业内部信息化的基础上，将企业的内部交易网络化。它是企业外部电子商务的基础，而且相比外部电子商务更容易实现。

（五）消费者之间的电子商务

C2C 模式即消费者之间通过 Internet 进行相互的个人交易，如个人拍卖等形式。这种模式为消费者提供了便利与实惠，成为电子商务迅速普及与发展的重要环节，目前主要表现为网络拍卖，如 eBay 进行的是典型的消费者之间的拍卖活动——消费者接受网站的服务条约，在网站注册后，就可以参加网络拍卖活动。

二、按电子商务交易的过程划分

按电子商务交易的过程可以划分为交易前、交易中、交易后三类电子商务。

（一）交易前电子商务

交易前电子商务主要是指买卖双方和参加交易的各方在签订贸易合同前的准备活动，包括：

（1）买方根据自己要买的商品，准备购货款，制定购货计划，进行货源市场调查和市场分析，反复进行市场查询，了解各个卖方国家的贸易政策，反复修改购货计划和进货计划，确定和审批购货计划。再按计划确定购买商品的种类、数量、规格、价格、购货地点和交易方式等。在上述活动中尤其要利用 Internet 和各种电子商务网络。

（2）卖方根据自己所销售的商品，召开商品新闻发布会，制作广告进行宣传；全面进行市场调查和市场分析，制定各种销售策略和销售方式；了解各个买方国家的贸易政策；利用 Internet 和各种电子商务网络发布商品广告，寻找贸易伙伴和交易机会，扩大贸易范围和商品所占市场的份额。其他参加交易的各方如中介方、银行金融机构、信用卡公司、海关系统、商检系统、保险公司、税务系统、运输公司也都为进行电子商务交易做好相应的准备。

（3）买卖双方对所有交易细节进行谈判，将双方磋商的结果以文件的形式确定下来，即以书面文件形式和电子文件形式签订贸易合同。在这一阶段，交易双方可以利用现代电子通信设备和通信方法，将双方在交易中的权利，所承担的义务，对所购买商品的种类、数量、价格、交货地点、交货期、交易方式和运输方式、违约和索赔等合同条款，全部以电子交易合同做出全面、详细的规定，合同双方可以利用电子数据交换（EDI）进行签约，通过数字签名等方式签名。

（二）交易中电子商务

交易中电子商务主要是指买卖双方签订合同后到合同开始履行之前办理各种手续的过程。交易中要涉及有关各方，即可能要涉及中介方、银行金融机构、信用卡公司、海关系统、商检系统、保险公司、税务系统、运输公司等，买卖双方要利用 EDI 与有关各方进行各种电子票据和电子单证的交换，直到办理完这一过程的一切手续为止。

（三）交易后电子商务

交易后电子商务的活动从买卖双方办完所有各种手续之后开始。卖方要备货、组货，同时进行报关、保险、取证、发信用证等，并将所售商品交付给运输公司包装、起运、发货；买卖双方可以通过电子商务服务器跟踪发出的货物；银行和金融机构也按照合同处理双方收付款、进行结算、出具相应的银行单据等，直到买方收到自己所购商品，完成了整个交易过程。索赔是在买卖双方交易过程中出现违约时，需要进行违约处理的工作，受损方要向违约方索赔。

三、按电子商务交易的对象划分

（一）有形商品交易的电子商务

有形商品指的是占有三维空间的实体类商品，这类商品的交易过程中所包含的信息流和资金流可以完全实现网上传输。卖方通过网络发布商品广告，供货信息及咨询信息；买方通过网络选择欲购商品并向卖方发送订单。买卖双方在网上签订购货合同后又可以在网上完成货款支付。但交易的有形商品就必须由卖方通过某种运输方式送达买方指定地点，所以有形商品的电子商务还必须解决好货物配送的问题。电子商务中的商品配送特点有：范围大、送货点分散、批量小、送货及时。对商家来说，由于这些特点引起销售成本大大增加，就可能导致其在电子商务面前驻足不前。有形商品交易电子商务由于三流（信息流、资金流、物流）不能完全在网上传输，因此可称为非完全电子商务。

（二）无形商品交易的电子商务

无形商品是指包括软件、电影、音乐、电子读物、信息服务等可以数字化的商品。无形商品网上交易与有形商品网上交易的区别在于，前者可以通过网络将商品直接送到购买者手中。也就是说，无形商品电子商务完全可以在网络上实现，因而这类电子商务属完全电子商务。

小结

电子商务的发展时间虽然很短，但发展速度非常迅速。广义的电子商务发展经历了四个阶段；狭义的电子商务是指后面的三个阶段，即基于 EDI 和基于 Internet 的电子商务，以及后来兴起的移动电子商务。电子商务的发展带来了很多新的经营模式：网络媒体和网络广告、网络零售和网络拍卖、网络直销和电子虚拟市场以及网络服务和电子政务。这些模式的载体也逐渐向移动化倾斜。当代电子商务就是以 Internet 技术为基础开展的商务活动，因此信息技术，特别是互联网络技术的产生和发展是电子商务开展的前提条件，掌握现代信息技术和商务理论与实务的人是电子商务活动的核心，系列化、系统化电子工具是电子商务活动的基础，以商务贸易为中心的各种经济事务活动是电子商务的对象。电子商务的应用类型可以分为市场电子商务、企业电子商务和社会电子商务三个层次。根据电子商务的不同性质，可以对其进行不同的分类。常用的分类方法有按电子商务参加的主题进行划分、按电子商务交易的过程划分和按电子商务的交易对象划分。

 即测即评

请扫描二维码，在线测试本章学习效果

 思考题

1. 请解释下面概念：电子商务、移动电子商务、EDI、网络媒体、网络广告、网络零售、网络拍卖、网络直销、电子虚拟市场、网络服务、电子政务。
2. 电子商务的发展经历了哪些阶段？试比较每个阶段之间的特点
3. 电子商务内涵是什么？
4. 移动电子商务发展的新趋势有哪些？

京东的互联网发展之路

京东（JD.com）是中国最大的自营式电商企业，2015年第一季度在中国自营式B2C电商市场的占有率为56.3%。目前，京东集团旗下设有京东商城、京东金融、拍拍网、京东智能、O2O及海外事业部。2014年5月，京东在美国纳斯达克证券交易所正式挂牌上市（股票代码：JD），是中国第一个成功赴美上市的大型综合型电商平台，与腾讯、百度等中国互联网巨头共同跻身全球前十大互联网公司排行榜。2014年，京东市场交易额达到2 602亿元，净收入达到1 150亿元。

一、十年磨一剑

创业多年，京东长期保持着远高于行业2倍平均增速的高增长，营业收入从2004年的仅仅千万元猛增至2015年的1 813亿元。简单梳理下，京东2009年净营收为29亿，预计2016年同比增长45%至2 628.85亿，短短七年净收入增长接近100倍。自2004年正式涉足电商，在过去12年里，京东完成了"三张大网"、"211"物流网络的建设，保证了用户体验优势；完成了从单一的3C电商，到覆盖家电、日用消费品、生鲜、服饰、图书等综合性购物平台；完成了数千用户，到现在2亿用户的积累！

二、自营模式，制胜法宝

京东以自营模式运营，产品集中采购之后被分散到京东各大地区的仓库，线上由京东自己进行售卖。在标注的时候也会有"京东自营"的字样。自营是为了提高商品质量，而京东也有自己的物流体系，可以保证一条龙服务都可以由京东自己掌控。自营的盈利来源是差价。"十节甘蔗"理论说明了京东的盈利模式：所谓"十节甘蔗"，实质上是从零售行业供应链的角度解读了利益的分配。京东的做法是"吃掉更多的甘蔗节数"，即不只是做交易平台，还要将业务延伸至仓储、配送、售后、营销等其他环节，并通过持续的成本降低实现多环节的盈利。

三、扩张品类，只做第一不做第二

京东未来仍将把扩充商品品类放在第一位。京东目前在3C通信品类已成为行业内线上线下的绝对第一，其市场份额超越国美苏宁两家总和。母婴也是线上线下最大的零售平台。在大家电，今年京东计划超过国美，明年会超过苏宁，2017年计划成为行业老大。图书今年计划超过当当成为第一。

接下来两个更大的品类，一个是商超，一个是生鲜，现在正是竞争最激烈的时候。京东要在三年之内结束商超之战，成为中国不仅是线上的、也是线下的第一，超过沃尔玛、家乐福、大润发。目前京东商超的规模约为主要竞争对手天猫超市的三倍。

四、自建物流，构建竞争壁垒

创业至今，京东建设了中国电商领域规模最大的物流基础设施，截至2016年第一季度，京东已经运营209个大型仓库，6个"亚洲一号"智能物流中心投入使用，仓储设施占地约430万平方米，全国拥有5 987个配送站和自提点。京东的物流体系已经覆盖全国2 493个区县。京东在物流领域开创的诸如211、极速达、半日达等多项创新式服务成为中国行业标杆，领先于全球同行。

2016年5月，京东宣布成立X事业部，专门研发和智慧物流相关的各项技术，并打造智慧物流开放平台。京东X事业部囊括了京东智慧化物流中心、京东无人机、京东仓储机器人以及京东自动驾驶车辆送货等一系列备受瞩目的尖端智能物流项目，对行业前沿、高端的智能设备、智慧系统进行多方位、立体化地研究与创新。

京东集团首席技术官张晨透露，京东在农村有超过20万名乡村推广员，无人机可以把包裹从配送中心送到这些推广员手中，再由他们送到农村客户手中。极大地提高了配送效率，并降低了运营成本。这意味着，京东有望在未来数年内，在中国率先实现仓储分拣自动化，以机器完全取代人的体力劳动。

五、京东金融和京东到家，模式突破

作为京东在金融领域的重要布局，京东金融2013年10月独立运营，依托京东生态平台积累的交易记录数据和信用体系，提供融资贷款、理财、支付、众筹等各类金融服务。2016年1月16日，京东金融独立融资66.5亿人民币，交易后估值为466.5亿人民币。

而在2016年前四个月，京东金融已经成功完成四期资产证券化，融资总额超过50亿元人民币。此外，在三月份，京东金融获得在深交所发行总额为100亿元人民币ABS专项计划的资格，一年之内分五期发行，体现了资本市场对京东金融风控的认可。京东金融在2016年已实现自我融资能力，不再需要京东集团输血。

到现在为止，京东旗下O2O业务"京东到家"与中国最大的众包物流平台"达达"合并，成立新公司。通过整合双方的众包物流体系，新公司将为中国的零售商、服务供应商和O2O企业提供低价的物流服务，并提升效率。物流业务将继续使用"达达"品牌。O2O超市平台将继续使用"京东到家"品牌，专注于定位移动电商领域，通过与线下商超和便利店的合作，打造便捷和高品质的购物体验。并购完成后，目前京东到家的O2O业务和众包物流业务都处于行业第一名的位置。

六、移动化，引领未来

2014年，腾讯战略入股京东，京东获得了微信和手Q两大移动端入口资源。京东公开数据显示，2015年双11期间，微信和手Q为京东带来了52%的新用户，微信和手Q的成交额增长2.4倍，微信和手Q带来的订单数增长2.6倍。微信和手Q的腾讯生态移动购物入口拥有极高的拉新价值，京东十分清醒地明白入口价值的合理利用，早期拉新为主，渐进培养购物习惯和提升订单转化率。并且显而易见可以看到，在4~6线城市，微信和手Q带来的渠道下沉的价值也是不可估量的。来自这些区域的用户数量大幅增长，加上营销活动的向下渗透和物流覆盖的迅速扩展，京东在移动端的订单履约能力不断加强，在移动端发力成效显著。

另外京东APP也有着越来越多的活跃用户，特别是"京东白条"的推广，进而将会引流到 APP 上。根据有关数据显示，京东 2015 年 Q4 移动端订单占比 61.4%（不含拍拍），同比增长超过 230%，移动端占比加速攀升。

资料来源：
［1］李成东. 下一步，京东怎么成为赚钱最多的互联网公司？http://business.sohu.com. 2016-07-22
［2］柳华芳. 谁的底裤，谁的枪，京东天猫移动化常识谈. http://column.iresearch.cn. 2016-03-12
［3］IT 三剑客. 揭秘京东：电商平台背后又有怎样的格局. http://zhoutao.baijia.baidu.com. 2015-12-26

讨论题

1. 京东互联网之路成功的关键是什么？
2. 京东是如何利用电子商务发展的？

第二章
电子商务系统概述

电子商务的实施和应用需要有完善的系统进行保证。本章主要介绍电子商务的系统、框架、功能，电子商务服务商以及电子商务的应用流程等。通过对电子商务系统、功能及电子商务服务商的了解，可以达到对电子商务进一步的认识。

第一节　电子商务系统的流程与组成

一、电子商务系统的流程

(一) 电子商务系统流程的要素

在一个商务系统的流通体系中，一般包含四部分（见图2-1），电子商务系统也不例外。

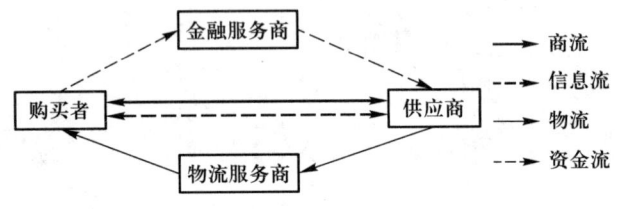

图2-1　电子商务系统的流程

1. 信息流

它包括商品信息的提供、促销行销、技术支持、售后服务等内容，也包括诸如询价单、报价单、付款通知单、转账通知单等商业贸易单证，还包括交易方的支付能力、支付信誉等。

2. 商流

商流主要是指商品在购、销之间进行交易和商品所有权转移的运动过程，具体指商品交易的一系列活动。

3. 货币流

货币流主要是指货币的转移过程，包括付款、转账等过程。

4. 物流

物流是指物质实体（商品或服务）的流动过程，具体指运输、储存、配送、装卸、保管、物流信息管理等。对于大多数的商品和服务而言，物流仍然要通过物理方式实现。

(二) 电子商务系统流程体系的演变

人类的商业活动是由简单的物物交换开始的。在原始的物物交换中，并没有信息流、商流和货币流。在物质实体所有权转移的过程中，仅仅出现了物流。

随着货币作为一般等价物的出现，它也开始在交易过程中流通，但是在交易的过程中货币和物理商品仍是一同流动的。直到各种信用机构的产生，使得货币流可以先于或者后于物流发生，这时物流和货币流才相分离。

伴随着物流与货币流的分离，商业模式也开始呈现多样化的发展，出现了多种支付形式，于是商品所有权的转移与物流不再同步，因此商流与物流也相互独立。

这些流通要素的分离，在提高交易效率、扩大交易范围的同时，也带来新的风险：物流、商流与货币流可能不相吻合。为了规避风险，获取尽可能多的信息成为必需，于是信息流的重要性就凸显出来了。总之，电子商务系统就是运用各种技术和工具实现信息流、商流、货币流和物流的通畅传输。

二、电子商务系统的组成

电子商务系统是实现网上交易的体系保证。市场交易是由参与交易的双方在平等、自由、互利的基础上进行信息流、货币流、商流和物流的交换。在网上交易，其信息沟通是通过数字化的信息沟通渠道而实现的，一个首要的条件是交易双方必须拥有相应的信息技术工具，才有可能利用基于信息技术的沟通渠道进行沟通。同时，要保证能通过 Internet 进行交易，必须要求企业、组织和消费者都能连接到 Internet，否则无法利用 Internet 进行交易。在网上进行交易，交易双方在空间上是分离的，为保证交易双方进行等价交换，必须提供相应的货物配送手段和支付结算手段。货物配送仍然依赖传统物流渠道，对于支付结算则既可以利用传统手段，也可以利用先进的网上支付手段。此外，为保证企业、组织和消费者能够利用数字化沟通渠道，保证交易、配送和支付的顺利进行，需要由专门提供这方面服务的中间商参与，即电子商务服务商。

图 2-2 显示的是一个完整的基础电子商务系统，它在 Internet 信息系统的基础上，由参与交易主体的信息化企业、信息化组织和使用 Internet 的消费者，提供实物配送服务和支付服务的机构，以及提供网上商务服务的电子商务服务商组成。由上述几部分组成的基础电子商务系统，将受到一些市场环境的影响，包括经济环境、政策环境、法律环境和技术环境等几个方面。

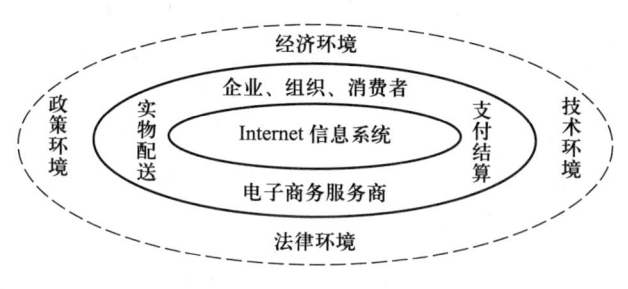

图 2-2 电子商务系统

（一）电子商务系统环境

1. 经济环境

经济环境是影响电子商务发展的基本环境。涉及诸如网上企业信息化、商业电子化和金融电子化的程度，以及政府围绕电子商务的税收制度、信息的定价、信息访问的收费、信息传输成本、隐私问题等制定的政策等内容。有关经济环境的内容将在第四章详细介绍。

2. 社会环境

电子商务发展还面临着企业、组织与消费者是否愿意上网的问题，包括网络消费者市场的发展及其购买行为、网上产业市场的发展及其购买行为和网上一般组织机构的市场发展及其购买行为等。有关影响电子商务发展的社会环境将在第四章详细介绍。

3. 法律环境

电子商务的健康发展需要一系列的法律法规作保障。电子商务的法律环境包括电子商务交易方面的法规、电子商务安全方面的法规、电子商务知识产权方面的法规以及电子商务的司法管辖权等。有关电子商务法律环境的内容将在第四章详细介绍。

4. 技术环境

技术环境包括对于电子商务系统影响重大的加密技术、认证技术，以及技术标准的设定。有关技术内容将在第九章详细介绍。

（1）技术标准是信息发布、传递的基础，是网络上信息一致性的保证。如果没有统一的技术标准，就像不同的国家使用不同的电压传输电流，用不同的制式传输视频信号，限制了许多产品在世界范围内的使用。EDI 标准的建立就是电子商务技术标准的一个例子。

（2）加密技术。加密就是用基于数学算法的程序和保密的密钥对信息进行编码，生成难以理解的字符串，以尽量防止信息被偷看和被篡改情况的发生。

（3）认证技术。认证技术用来确保信息的真实性，即信息确实是属于信息的发送者，而不是别人冒充他的名义发出的。

（二）基础电子商务系统

1. Internet 信息系统

电子商务系统的基础是 Internet 信息系统，它是进行交易的平台，交易中所涉及的信息流、物流和货币流都与信息系统紧密相关。Internet 信息系统是指企业、组织和电子商务服务商，在 Internet 网络的基础上开发设计的信息系统，它可以成为企业、组织和个人消费者之间跨越时空进行信息交换的平台，在信息系统的安全和控制措施的保证下，通过基于 Internet 的支付系统进行网上支付，通过基于 Internet 的物流信息系统控制物流的顺利进行，最终保证企业、组织和个人消费者之间网上交易的实现。因此，Internet 信息系统的主要作用是提供开放的、安全的和可控制的信息交换平台。它是电子商务系统的核心和基石。

2. 电子商务服务商

Internet 作为一个蕴藏巨大商机的平台，需要有一大批专业化分工者进行相互协作，为企业、组织与消费者在 Internet 上进行交易提供支持。电子商务服务商便起着这种作用。有关电子商务服务商的具体内容，将在本章第三节详细介绍。

3. 企业、组织与消费者

企业、组织与消费者是 Internet 网上市场交易的主体，他们是进行网上交易的基础。由于 Internet 本身的特点及加入 Internet 的网民的加速增长趋势，使得 Internet 成为非常具有吸引力的新兴市场。一般说来，组织与消费者上网比较简单，因为他们主要是使用电子商务服务商提供的 Internet 服务来参与交易。企业上网则是非常重要而且是很复杂的。这是因为，一方面企业作为市场交易的一方，只有上网才可能参与网上交易；另一方面，企业作为交易的主体地位，必须为其他参与交易方提供服务和支持，如提供产品信息查询服务、商品配送服务、支付结算服务等。因此，企业上网开展网上交易必须进行系统规划，建设好自己的电子商务系统。

图 2-3 是一个基于 Internet 基础上的企业电子商务系统的组成结构图。电子商务系统由基于企业内部网（Intranet）基础上的企业管理信息系统、电子商务站点和企业经营管理组织人员组成。

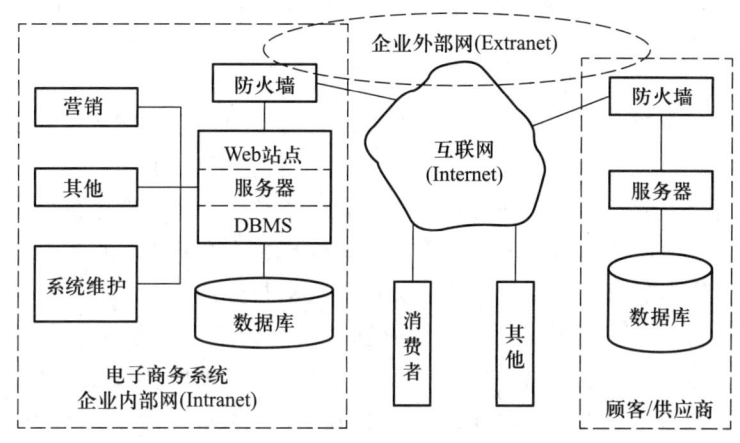

图 2-3　企业电子商务系统组成结构图

（1）企业内部网络系统。当今时代是信息时代，而跨越时空的信息交流传播是需要通过一定媒介来实现的，计算机网络恰好充当了信息时代的"公路"。计算机网络是通过一定的媒体如电线、光缆等，将单个计算机按照一定的拓扑结构连接起来的，在网络管理软件的统一协调管理下，实现资源共享的网络系统。根据网络覆盖范围，一般可分为局域网（local area network，LAN）和广域网（wide area network，WAN）。由于不同的计算机硬件不一样，为方便联网和信息共享，需要将 Internet 的联网技术应用到 LAN 中组建 Intranet，它的组网方式与 Internet 一样，但使用范围局限在企业内部。为方便企业同业务紧密的合作伙伴进行信息资源共享，为保证交易安全在 Internet 上通过防火墙（fire wall）来控制不相关的人员和非法人员进入企业网络系统，只有那些经过授权的成员才可以进入网络，一般将这种网络称为企业外部网（Extranet）。如果企业的信息可以对外界进行公开，那么企业可以直接连接到 Internet 上，实现信息资源的最大限度开放和共享。

企业在组建电子商务系统时，应该考虑企业的经营对象是谁，如何采用不同的策略通过网络与这些客户进行联系。一般说来，可以将客户分为三个层次并采取相应的对策，对于特别重要的战略合作伙伴关系，企业允许他们进入企业的 Intranet 系统直接访问有关信息；对于与企业业务相关的合作企业，企业同他们共同建设 Extranet 实现企业之间的信息共享；对普通的大众市场客户，则可以直接连接到 Internet。由于 Internet 技术的开放、自由特性，在 Internet 上进行交易很容易受到外来的攻击，因此企业在建设电子商务时必须考虑到经营目标的需要，以及保障企业电子商务安全。否则，可能由于非法入侵而妨碍企业电子商务系统正常运转，甚至会出现致命的危险后果。

（2）企业管理信息系统。企业管理信息系统是功能完整的电子商务系统的重要组成部分。它的基础是企业内部信息化，即企业建设内部管理信息系统。企业管理信息系统是一些相关部分的有机整体，在组织中发挥收集、处理、存储和传送信息的作用，并支持组织进行决策和控制。企业管理信息系统最基本的系统软件是数据库管理系统（database management system，DBMS），它负责收集、整理和存储与企业经营相关的一切数据资料。

从不同的角度可以对信息系统进行不同的分类。根据具有不同功能的组织，可以将信息系统划分为营销、制造、财务、会计和人力资源信息系统等。要使各职能部门的信息系统能够有效地运转，必须实现各职能部门信息化。例如，要使网络营销信息系统能有效运转，营销部门的信息化是最基础的要求。一般为营销部门服务的营销管理信息系统的主要功能包括：客户管理、订货管理、库存管理、往来账款管理、产品信息管理、销售人员管理，以及市场有关信息收集与处理。

根据组织内部的不同组织层次，企业管理信息系统可划分为四个层次的信息系统：操作层、知识层、管理层、战略层系统。操作层管理信息系统支持日常管理人员对基本经营活动和交易进行跟踪和记录，如销售、现金、工资、原材料进出等数据。系统的主要原则是记录日常交易活动，解决日常规范问题，如销售系统中今天销售多少、库存多少等基本问题。知识层信息系统支持知识和数据工作人员进行工作，帮助公司整理和提炼有用信息和知识。信息系统可以减少对纸张依赖，提高信息处理的效率和效用，如销售统计人员进行分析和统计销售情况，供上级进行管理和决策使用，解决的主要是结构化问题。管理层信息系统设计用来为中层经理的监督、控制、决策以及管理活动提供服务。管理层信息系统提供的是中期报告而不是即时报告，主要用来分析业务进行如何、存在什么问题等，充分发挥组织内部的效用，主要解决半结构化问题。战略管理层信息系统，主要关注外部环境和企业内部规划的长期发展方向，关心现有组织的能力能否适应外部环境变化，以及企业的长期发展和行业发展趋势问题，这些通常是非结构化问题。

（3）电子商务站点。电子商务站点是指在企业Intranet上建设的具有销售功能的、能连接到Internet上的WWW站点。电子商务站点起着承上启下的作用。一方面，它可以直接连接到Internet，企业的顾客或者供应商可以直接通过网站了解企业信息，并直接通过网站与企业进行交易；另一方面，它将市场信息同企业内部管理信息系统连接在一起，将市场需求信息传送到企业管理信息系统，然后，企业根据市场的变化组织经营管理活动。除此之外，它还可以将企业的有关经营管理信息在网站上进行公布，使企业的业务相关者和消费者可以通过网上直接了解企业经营管理情况。企业网站所提供的主要信息服务包括：企业介绍、产品/服务介绍、行业新闻、企业动态、售后服务/技术支持、在线招聘信息、用户在线咨询/投诉、网上采购招标、网上销售等。

企业电子商务系统是由上述三个部分有机组成的。企业内部网络系统是信息传输的媒介，企业管理信息系统是信息加工、处理的工具，电子商务站点是企业拓展网上市场的窗口。因此，企业的信息化和上网是一个复杂的系统工程，它直接影响着整个电子商务的发展。

4. 支付结算

支付结算是使网上交易完整实现的很重要的一环，关系到购买者是否讲信用，能否按时支付；卖者能否按时回收资金，促进企业经营良性循环的问题。一个完整的网上交易，它的支付应该是在网上进行的。但由于目前电子虚拟市场尚处在演变过程中，网上交易还处于初级阶段，诸多问题尚未解决——如信用问题及网上安全问题——导致许多电子虚拟市场交易并不是完全在网上完成交易的，许多交易只是用户在网上了解信息、撮合交易，然后利用传统手段进行支付结算。在传统的交易中，个人购物时的支付手段主要是现金，即一手交钱一手交货的交易方式，双方在交易过程中可以面对面地进行沟通和完成交易。网上交易是在网上完成的，交易时交货和付款在空间和时间上是分割的，消费者购买时一般必须先付款后送货，可以采用传统支付方式，也可以采用网上支付方式。有关网上支付的问题将在第六章详细介绍。

5. 实物配送

进行网上交易时，用户与消费者通过 Internet 订货、付款后，企业如果不能及时送货上门，便不能实现满足用户与消费者的需求。因此，一个完整的电子商务系统，如果没有高效的实物配送物流系统支撑，是难以使交易顺利进行的。有关实物配送的物流问题将在第七章详细介绍。

上述五个方面构成了电子虚拟市场交易系统的基础，它们是有机结合在一起的，缺少任何一个部分都可能影响到网上交易的顺利进行。Internet 信息系统保证了电子虚拟市场交易系统中信息流的畅通，是电子虚拟市场交易顺利进行的核心。企业、组织与消费者是网上市场交易的主体，实现其信息化和上网是网上交易顺利进行的前提，缺乏这些主体，电子商务就会失去存在的意义，也就谈不上网上交易。电子商务服务商是网上交易顺利进行的手段，它可以推动企业、组织和消费者上网，并使他们更加方便地利用 Internet 进行网上交易。实物配送和网上支付是网上交易顺利进行的保障，缺乏完善的实物配送及网上支付系统，将阻碍网上交易完整地完成。

第二节　电子商务系统的结构与功能

一、电子商务系统的结构

电子商务系统结构是指电子商务系统的层次关系。电子商务的整体结构如图 2-4 所示。电子商务整体结构分为电子商务应用层结构和支持应用实现的基础结构，基础结构包括三个层次和两个支柱。三个层次自下而上分别为网络层，多媒体消息/信息发布、传输层，一般业务服务层；两个支柱分别是技术标准和政策、法规（对它们的介绍参见电子商务系统环境）。三个层次之上是各种特定的电子商务应用，可见三个基础层次和两个支柱是电子商务应用的条件。为不失一般性，在此仅对电子商务的基础结构做概括说明。

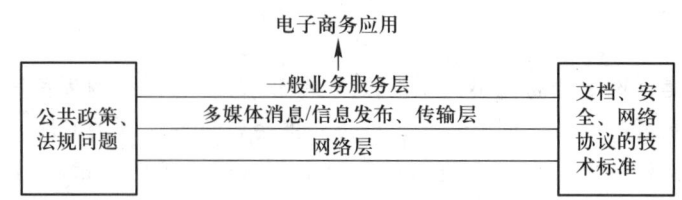

图 2-4 电子商务系统的整体结构

(一) 网络层

网络层是电子商务的硬件基础设施，是信息传输系统，包括远程通信网（telecom）、有线电视网（cable TV）、无线通信网（wireless）和互联网（Internet）。远程通信网包括电话、电报网，无线通信网包括移动通信和卫星网，互联网是指计算机网络。目前，这些网络基本上是独立的，研究部门正在研究将这些网络连接在一起，到那时传输线路的拥挤将会彻底改变。

这些不同的网络都提供了电子商务信息传输线路，但是，当前大部分的电子商务应用还是基于 Internet。互联网络上包括的主要硬件有：基于计算机的电话设备、集线器（hub）、数字交换机、路由器（routers）、调制解调器、有线电视的机顶盒（set-top box）、电缆调制解调器（cable modem）。

(二) 多媒体消息/信息发布、传输层

网络层提供了信息传输的线路，线路上传输的最复杂的信息就是多媒体信息，它是文本、声音、图像的综合。最常用的信息发布应用就是 WWW，用 HTML 或 JAVA 将多媒体内容发布在 Web 服务器上，然后通过一些传输协议将发布的信息传送到接收者。

(三) 一般业务服务层

这一层实现标准的网上商务活动服务以方便交易，如标准的商品目录/价目表建立、电子支付工具的开发、保证商业信息安全传送的方法、认证买卖双方的合法性方法。

二、电子商务系统的功能

企业是发展电子商务的主要力量，也是为消费者和政府提供电子商务服务的主体。企业通过实施电子商务实现企业经营目标，需要电子商务系统提供网上交易和管理等全过程的服务。因此，电子商务系统应具有广告宣传、咨询洽谈、网上订购、网上支付、电子账户、服务传递、意见征询、业务管理等各项功能。

(一) 网上订购

电子商务可借助 Web 中的邮件或表单交互传送信息，实现网上订购。网上订购通常都在产品介绍的页面上提供十分友好的订购提示信息和订购交互格式框。当客户填完订购单后，通常系统会回复确认信息来保证订购信息的收到。订购信息也可采用加密的方式以保证客户和商家的商业信息不会泄露。

(二) 货物传递

对于已付了款的客户应将其订购的货物尽快地传递到他们的手中。若有些货物在本地，有些货物在异地，电子邮件能在网络中进行物流的调配。而最适合在网上直接传递的货物是信息产品，如软件、电子读物、服务信息等。它能直接从电子仓库中发到用户端。

（三）咨询洽谈

电子商务借助非实时的电子邮件、新闻组和实时的讨论组来了解市场和商品信息，洽谈交易事务，如有进一步的需求，还可用网上的白板会议来交流即时的图形信息。网上的咨询和洽谈能超越人们面对面洽谈的限制，提供多种方便的异地交谈形式。

（四）网上支付

电子商务要成为一个完整的过程，网上支付是重要的环节。客户和商家之间可采用多种支付方式，省去交易中很多人员的开销。网上支付需要更为可靠的信息传输安全性控制，以防止欺骗、窃听、冒用等非法行为。

（五）电子银行

网上的支付必须有电子金融来支持，即银行、信用卡公司等金融单位要提供网上可操作的金融服务。

（六）广告宣传

电子商务可凭借企业的Web服务器和客户的浏览，在Internet上发布各类商业信息。客户可借助网上的检索工具迅速地找到所需商品的信息，而商家可利用网页和电子邮件在全球范围内做广告宣传。与以往的各类广告相比，网上的广告成本最为低廉，而给顾客的信息量却最为丰富。

（七）意见征询

电子商务能十分方便地采用网页上的"选择"、"填空"等格式文件来收集用户对销售服务的反馈意见。这样，使企业的市场运营能形成一个封闭的回路。客户的反馈意见不仅能提高售后服务的水平，更能使企业获得改进产品、发现市场的商业机会。

（八）业务管理

企业的整个业务管理将涉及人、财、物多个方面，如企业和企业、企业和消费者及企业内部等各方面的协调和管理。因此，业务管理是涉及商务活动全过程的管理。

第三节 电子商务的产业价值链与服务商

一、电子商务产业价值链

由电子商务的系统结构可以看出，一个完整的电子商务系统既包括提供基础设施的企业，也包括提供各种网络应用服务的企业，他们共同为企业、消费者和政府的电子商务应用提供服务。图2-5描述了电子商务的产业价值链的组成，以及各类产业在产业价值链中的地位。

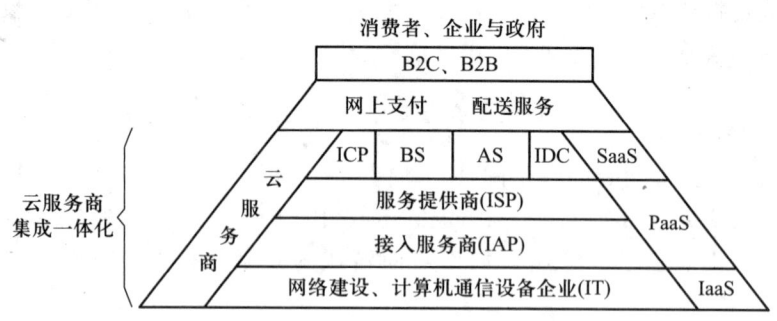

图 2-5 电子商务产业价值链的组成

电子商务产业价值链的产业主要可以分为两类：电子商务系统服务商和电子商务中介服务商。前者主要包括提供基础设施和各类网络应用的企业，如网络建设/计算机通信设备企业、网络运营服务提供商和网络接入服务提供商，它们位于电子商务产业价值链的底端和中部，是发展电子商务的基础；后者是指为消费者、企业和政府提供电子商务服务的企业，它们位于电子商务产业价值链的顶端，是电子商务商业应用的主要方面。

二、电子商务系统服务商

电子商务系统服务商是为电子商务系统提供系统支持服务的。根据技术与应用层次不同，提供系统支持服务的电子商务服务商可以分为五类：接入服务商、服务提供商、内容服务提供商、应用服务提供商和商业服务提供商。

（一）接入服务商（Internet access provider，IAP）

接入服务商为用户提供 Internet 接入服务。接入服务商通过租用或自建通信网接入 Internet 主干网。用户可以利用 Modem 通过电话线路接入，也可以通过 DDN 专线、X.25 数据通信线路、同轴电缆等通过接入服务商接入 Internet。IAP 为用户建立账号，给用户访问 Internet 的通信权限，并为用户提供电子化交易市场。IAP 中最为成功的要算美国在线（American Online，AOL）。该网站建于 1985 年，总部在弗吉尼亚州。它提供互联网的接入服务，按用户的网络流量、使用时间等向用户收取费用。

接入服务商的类型分为两个层次：低层是物理网络的提供商，上层是网络接入服务商。

1. 物理网络的提供商

物理网络的提供商通过租用电信系统的通信线路，或自己铺设通信线路组成一个区域级或是国家级的广域网。这个广域网一般是基于 TCP/IP 的逻辑网，这个逻辑网提供了众多的接口给下一级的网络接口服务商。物理网络提供商的主要业务是：维护路由，检测通信质量，保持通信信道畅通，并在此基础上计算流量，进行计费工作。其收入包括向网络接口服务商收取的网基费和流量费。中国的物理网络由中国电信独家专营。

2. 网络接入服务商

网络接入服务商则把这些接口范围内的众多用户通过电话拨号或专线形式接入 Internet。网络接入服务商的业务是基于物理网络提供商的，就如同接入服务的零售商或物理网络提供商的产品代理。他们通过租用中继线、设置拨号路由器，一端向下连接物理网络提供商的 Internet 接口，一端向上连接通过电话拨号等众多方式进入的终端用户。他们的日常业务主要是保证接入部分的畅通和保证通信质量，用户账户的维护，统计流量和计费。收入主要来自接入用户的月租费和超出部分的流量费用。例如中国的网通、吉通就属于网络接口服务商。

在近几年接入方面新的发展是宽带接入，它解决了"最后一公里"的问题，提高了从服务器到终端用户的带宽，同时降低了通信成本，目前宽带建设正处于逐步推广阶段。

（二）服务提供商（Internet service provider，ISP）

服务提供商主要为企业建立电子商务系统提供全面支持。一般企业、组织与消费者上网时只通过 ISP 接入 Internet，由 ISP 向 IAP 租借线路。互联网发展到今天，有很多企业开始建立自己的网络服务平台，但是很少有企业可以维护好这些平台。而一般情况下，一个企业如果要在 Internet 上建立自己的服务器，一般要租用昂贵的专用数据线路，购置专用的网络设施，并专门配置网络操作维护人员，还要及时进行软硬件升级更新，这就导致企业进行电子商务应用的成本很高，所以众多的中小型企业没有实力建设自己的网络服务平台。ISP 可以帮助企业提供 Web 服务器的维护工作，或是在自己的服务器上建立并维护委托企业的主页。如武汉热线（http：//www.wol.com.cn）提供的服务范围包括：拨号接入服务，国内外域名注册，虚拟主机服务，专线接入服务等电子商务业务和互联网产品销售，全方位技术培训，专业咨询以及建设内容丰富的中文网站等。

（三）内容服务提供商（Internet content provider，ICP）

内容服务提供商主要为企业提供信息内容服务，如财经信息、搜索引擎，这类服务一般都是免费的，ICP 主要通过其他方式如发布网络广告获取收入。ICP 按推广服务的对象和提供的信息内容可分为四类：网络媒体运营商、数据库运营商、信息咨询商和信息发布代理商。

1. 网络媒体运营商

网络媒体运营商主要为普通的上网用户服务，通过为用户提供免费的信息服务来聚集消费者，包括分类新闻、Internet 上的信息目录分类、搜索服务、个性化信息定制服务、聊天室和分类广告等。网络媒体运营商主要靠广告获得收入，如新浪、搜狐都属于网络媒体运营商。

2. 数据库运营商

数据库运营商提供专业信息搜索的服务，主要提供按专业领域分类的各种统计数据、文献、书目和论文期刊等。用户在网上凭用户名和密码进入数据库运营商的网站后，提交自己要检索的信息的各种要求后，数据库运营商会按照用户指定的方式把检索结果返回给用户。数据库运营商主要靠发展会员收取年费以及出售定期光盘和专题跟踪信息获得收入。例如万方数据（http://www.wanfangdata.com.cn）有12大类100多个数据库，2 300万数据资源。其商务信息子系统面向企业推出企业/产品信息、商务动态、政策法规、中外标准、成果专利等信息；其主要产品《中国企业、公司及产品数据库》已收录了96个行业16万家企业的详细信息，是中国最具权威的企业综合信息库。

3. 信息咨询商

信息咨询商主要为企业提供战略规划和决策咨询服务。他们依靠庞大的信息量、较强的数据挖掘能力，可针对不同客户的不同的业务范围提供信息支持，还可以进行个案的深入研究。目前，信息咨询商在Internet上只能为企业提供一般的个案信息、市场预测和一般的人员培训，还不能参与企业的重大战略规划和决策支持。除了为企业提供经营管理咨询的信息咨询商之外，还有为企业和消费者提供法律咨询、金融咨询、投资咨询等服务的信息咨询商。

4. 信息发布代理商

信息发布代理商的作用相当于传统的信息代理中介，他们在网上为交易主体提供方便的双向信息发布环境，扩大交易主体的选择范围，加快交易双方交流的速度。信息发布代理商主要靠向企业级用户收取年费和交易撮合费获得收入，针对个体用户则采取免费的方式建立用户基础。例如阿里巴巴是典型的信息发布代理商，企业在阿里巴巴的网站注册后，就可以在上面发布自己的需求信息或是销售信息。

（四）应用服务提供商（application service provider，ASP）

应用服务提供商是指通过互联网为企业、个人提供配置、租赁和管理应用解决方案服务的专业化服务企业。ASP根据客户的需求，构建应用系统运行平台，并租入各种不同行业应用的软件系统，为各类经济组织提供应用服务。ASP是ISP应用服务的进一步深化，也是ISP向各个专业领域的细化。

1. 应用服务提供商提供的服务

（1）系统解决方案。应用服务提供商主要为企业在组织建设电子商务系统时提供系统的解决方案，这些服务一般都是属于信息技术（IT）行业的企业提供，如IBM公司为企业、政府和银行提供的电子化企业、电子化政府和电子化银行电子商务系统解决方案。

（2）应用程序的租赁服务。有的IT企业不但提供电子商务系统解决方案，还为企业提供电子商务系统租借服务，用户只需要租赁使用，无须维护电子商务系统的运转。1999年下半年，IBM面向中小企业的实施"应用托管"，在其数据中心的服务器上配置了业界广泛应用的财务应用、销售应用和人事管理应用等软件，把ASP的应用进一步推广开来。消费者主要通过ISP上网连接到Internet，参与网上交易。对于企业与组织，根据自身的资金和条件，如果需要大规模的发展，企业或组织可以通过ISP直接连接到Internet；对于小规模的应用，则可以通过租赁ASP的电子商务服务系统来连接到Internet。国内的ASP以中国万网（http://www.net.cn）为代表。它是我国最大的域名注册和网站托管服务提供商，也是最早在国内提供域名注册服务，并率先在中国引入了"虚拟主机"的概念和应用的公司，目前为企业提供企业邮箱、虚拟主机、网站制作、网站推广和独立主机等服务。

2. 应用服务提供商的优势

ASP 和传统资源外包商之间存在本质的区别，ASP 是在某一中心地点而非在客户所在地管理应用程序及其部件。应用程序可根据需要进行扩缩，可集中进行升级和维护，同时必要的人力资源则可得到有效的利用。网络应用服务提供商可以为用户带来以下的利益：

（1）ASP 可以节约企业信息化建设所需要的时间。在互联网经济时代，迫于竞争的压力，所有企业都希望能以最快的速度领先于竞争对手。ASP 可帮助客户尽快实现 IT 解决方案，其速度明显快于必须经内部研究、购买和定制应用程序的做法。

（2）ASP 可缓解部分企业人才短缺的问题。应用 ASP 的企业不需要自己建立复杂的 IT 应用系统，也不需要进行软件的维护和升级，由此可以缓解熟练的 IT 人员缺乏的问题。

（3）ASP 可以节约企业成本。客户可利用 ASP 提供的技术、服务、专长，大大降低企业的总成本。这些成本节省幅度达 20%~45%。

（4）ASP 可提供最佳技术解决方案，大多数客户通常很难迅速得到全面的解决方案。

（五）商业服务提供商（business service provider，BSP）

许多 ASP 开始意识到：单纯为企业的应用提供托管服务是远远不够的，要想获得竞争优势，不仅要能够向企业提供它们所需的各种应用服务，而且还应该提供可帮助企业解决某一具体商业问题的商务处理过程服务，由此便产生了 BSP。BSP 帮助企业客户完成某一具体的商业过程，这种模式对于资源比较分散的中小型的商业用户来说是具有吸引力的。ClearCross（http://www.clearcross.com）是一个 BSP 的例子。该公司通过网络应用程序为客户提供国际商务中的法律咨询服务。服务包括提供产品装运管理法、关税和税金法等内容。ClearCross 的应用程序还能算出将一种产品运到一个特定国家的费用。除了应用程序服务以外，ClearCross 也为顾客提供包括了保险公司、银行以及搬运公司等信息的网络服务，以帮助实际产品的装运。

因此，许多 ASP 开始向 BSP 转化。然而，目前 BSP 的经营模式仍很不成熟，而且能在托管应用中附加的服务种类依然十分有限，主要局限于旅游、PC 后援以及工资发放等功能。为此，某些 ASP 纷纷开始把更多的应用与生意处理过程服务集成在一起，并直接向他们的客户加以销售。与此同时，许多 ASP 也开始通过与从事咨询与系统集成的外包服务部门合作，把商务应用服务添加到他们的经营模式中。然而，由于这些合作关系普遍刚刚建立起来，常常会出现来自某一提供商所托管的应用与来自另一提供商的服务不能很好地加以集成的问题，从而导致企业难以选择到合适的 BSP。

（六）云服务提供商（cloud service providers，CSP）

云服务是基于互联网的相关服务的增加、使用和交付模式，通常涉及通过互联网来提供动态易扩展且经常是虚拟化的资源。云服务指通过网络以按需、易扩展的方式获得所需服务。这种服务可以是 IT 和软件、互联网相关，也可是其他服务。它意味着计算能力也可作为一种商品通过互联网进行流通。

1. 云服务的分类

云服务可以将企业所需的软硬件、资料都放到网络上，在任何时间、地点，使用不同的 IT 设备互相连接，实现数据存取、运算等目的。当前，常见的云服务有公共云（public cloud）与私有云（private cloud）两种。

（1）公共云。公共云是最基础的服务，多个客户可共享一个服务提供商的系统资源，他们无须架设任何设备及配备管理人员，便可享有专业的 IT 服务，这对于一般创业者、中小企来说，无疑是一个降低成本的好方法。

IaaS（infrastructure as a service）：基础设施即服务。消费者通过 Internet 可以从完善的计算机基础设施获得服务。

SaaS（software as a service）：软件即服务。它是一种通过 Internet 提供软件的模式，用户无须购买软件，而是向提供商租用基于 Web 的软件，来管理企业经营活动。

PaaS（platform as a service）：平台即服务。PaaS 实际上是指将软件研发的平台作为一种服务，以 SaaS 的模式提交给用户。因此，PaaS 也是 SaaS 模式的一种应用。但是，PaaS 的出现可以加快 SaaS 的发展，尤其是加快 SaaS 应用的开发速度。

（2）私有云。虽然公共云服务提供商需遵守行业法规，但是大企业（如金融、保险行业）为了兼顾行业、客户私隐，不可能将重要数据存放到公共网络上，故倾向于架设私有云端网络。私有云的运作形式，与公共云类似。然而，架设私有云却是一项重大投资，企业需自行设计数据中心、网络、存储设备，并且拥有专业的顾问团队。企业管理层必须充分考虑使用私有云的必要性，以及是否拥有足够资源来确保私有云正常运作。

2. 云服务的应用

（1）云物联。"物联网就是物物相连的互联网"。这有两层意思：第一，物联网的核心和基础仍然是互联网，是在互联网基础上的延伸和扩展的网络；第二，其用户端延伸和扩展到了任何物品与物品之间，进行信息交换和通信。在物联网高级阶段，可能出现 MVNO/MMO 营运商（国外已存在多年），需要虚拟化云计算技术，SOA 等技术的结合实现互联网的泛在服务：TaaS（everything as a service）。

（2）云安全。云安全（cloudsecurity）是一个从"云计算"演变而来的新名词。云安全的策略构想是：使用者越多，每个使用者就越安全，因为如此庞大的用户群，足以覆盖互联网的每个角落，只要某个网站被挂马或某个新木马病毒出现，就会立刻被截获。"云安全"通过网状的大量客户端对网络中软件行为的异常进行监测，获取互联网中木马、恶意程序的最新信息，推送到 server 端进行自动分析和处理，再把病毒和木马的解决方案分发到每一个客户端。

（3）云存储。云存储是在云计算（cloudcomputing）概念上延伸和发展出来的一个新的概念，是指通过集群应用、网格技术或分布式文件系统等功能，将网络中大量各种不同类型的存储设备通过应用软件集合起来协同工作，共同对外提供数据存储和业务访问功能的一个系统。当云计算系统运算和处理的核心是大量数据的存储和管理时，云计算系统中就需要配置大量的存储设备，那么云计算系统就转变成为一个云存储系统,所以云存储是一个以数据存储和管理为核心的云计算系统。

3. 中国云服务的发展

Gartner 调查数据显示,2014 年近 80% 的中国企业将在云计算方面增加投资。之前 IDC 也发布预测,中国公有云市场规模到 2016 年将达到 246.7 亿元,年复合增长率 38.6%。不过总体而言,国内云计算市场仍然极度分散,多个领域大大小小的公司都在扎堆"云计算"。

针对国际巨头,国产云服务商正奋力追赶;主要的互联网巨头也在国内市场针对不同领域发力,力图建立领先地位。2015 年 7 月,阿里集团宣布对旗下阿里云战略增资 60 亿元用于国际业务拓展,云计算、大数据领域基础和前瞻技术的研发。百度也在前不久提出了"开放云平台,助力 3 600 行"的发展策略,还将推出南方机房和香港机房用于建设百度云。

4. 云服务提供商

大多数云服务提供商提供云网络和安全的企业解决方案,为企业提供改进数据安全并访问 Web 应用程序的工具。但是最佳云服务提供商还提供应用程序部署、交付和加速的综合解决方案,以及为企业提供对最终用户体验更大可见性和洞察力的工具。国内目前云服务提供商主要有阿里云(见图 2-6)、华为企业云、百度云、腾讯云、小米手机云等;国外云服务提供商有:亚马逊云,微软云,Digital Ocean 等。国内云计算服务提供商,在产品成熟度、合伙伙伴生态构建、全球化部署等方面,正在快速地追赶全球顶尖的水平,在未来 3-5 年内,行业内各个公司将会迎来新一轮的业绩爆发。

图 2-6 阿里云网页首页

三、电子商务中介服务商

电子商务中介服务商是直接为买卖双方的交易提供电子商务服务者,按照其服务的对象的不同,可以分为三种类型:提供 B-C 型交易服务的电子商务服务商;提供 B-B 型交易服务的电子商务服务商;提供网上拍卖中介服务的电子商务服务商。

（一）提供 B-C 型交易服务的电子商务服务商

ESP（electronic service provider）是继 ASP 之后流行全球的网络经济新模型。它是以出租电子商务服务获取回报的模式，不同于传统的商品销售模式。B-C 模式由于诸多因素在近两年很难获得大发展，而 ESP 在盈利模型上优于 B-C，在投入初期就可能迅速获得回报。

网络成为另一种重要的销售渠道已是众所公认的事实。在自己没有能力或没有必要建网站的情况下，与一家专业的、有多方面优势的网站合作来销售自己的商品，就不失为一种明智的选择。提供 B-C 型交易服务的电子商务服务商的典型是网上商城，它出租空间给一些网上零售商，由网上商城负责客户管理、支付管理和物流管理等后勤服务。如我国的新浪网为拓展电子商务，在网上提供页面空间给一些传统的零售商在网上销售产品。e 国（http：//www.eguo.com）是专业的提供 B-C 型交易服务的 ESP，下面以它为例说明 ESP 可以为客户提供的服务。

1. 网上调查

网上商城可以为客户提供专业的市场调查服务。市场调查要得到可信的结果，一方面，需要有足够的样本量；另一方面，需要有专业知识背景的市场调查人员。而很多中小企业要么没有自己的网站，要么其网站的知名度很低，访问率不高，难以收集到足够的样本数量；况且很多企业也不具备专业的市场调查人员。e 国网借助于自己强大的知名度和专业的市场调查人才，可以帮助客户进行市场调查，获得准确的市场信息。

2. 网上商品销售

网上商品销售是网上商城与客户合作的主要方面。在客户与 e 国建立合作关系后，e 国会把其产品加入自己的产品目录，并配以文字说明和图片，对产品进行详细的介绍；e 国为顾客提供购物车，顾客在线浏览时，可以把想买的商品条目加入到购物车中，还可以修改购物车里的内容；e 国负责与顾客进行商品的结算，并为顾客提供送货服务。e 国向客户收取会员费以及从客户的交易额中抽取一定的比例作为自己的报酬。

3. 创建品牌专卖店

e 国可以为客户创建品牌专卖店。目前 e 国已经为多家企业建立的品牌专卖店，如伊利集团、统一企业、花王等。网上商厦中的品牌专卖店采用"店中店"的形式，客户既可以受益于网上商厦强大的知名度和访问量，又可以在品牌专卖店中集中展示自己的产品，宣传自己的品牌，从而强化自己的品牌效应。

4. 宣传商品及企业形象

强大的知名度和雄厚的顾客基础使网上商厦成为企业宣传自己及其产品的好地方。e 国现在推出与购买商品有着相似客户群的分类广告，例如在化妆频道可出现美容院方面的广告，优点是购买化妆品的消费者是美容院的最直接潜在客户，另外，e 国客户在搜索某化妆品的时候也能带出类似的广告。这类广告针对性强、阅读量大，使企业可以更有效地宣传企业形象以及产品。

（二）提供 B-B 型交易服务的电子商务服务商

提供 B-B 型交易服务的电子商务服务商通过收集和整理企业的供求信息，为供求双方提供一个开放的、自由的交易平台，如我国著名的 B-B 型电子商务服务公司阿里巴巴，它通过建立网上供求信息网为全球商人提供供求信息发布和管理服务。以阿里巴巴为例，B-B 型交易市场电子商务服务商可以提供的服务包括：

（1）用户接受阿里巴巴的服务条款，登记注册成为阿里巴巴的用户。

（2）用户添加产品描述条目。产品描述是由用户提供的在阿里巴巴网站上展示的文字描述、图画和照片，可以是对所希望出售的产品的描述，也可以是对用户正寻找的产品的描述。用户可在阿里巴巴网站发布任一类产品描述，或几种类型同时发布，但是必须将产品描述归入正确的类目内。

（3）交易双方就交易进行协商。交易各方通过在阿里巴巴网站上明确描述报盘和回盘进行相互协商。除非在特殊情况下，诸如用户在提出报盘后实质性地更改对物品的描述或澄清任何文字输入错误，或未能证实交易所涉及的用户的身份等，否则报盘和承诺均不得撤回。

（4）阿里巴巴不涉入交易各方的交易当中。如果交易各方就交易发生争议，自行解决。

综上所述，电子商务服务商起着中间商的作用，但它不直接参与网上的交易。一方面，它为网上交易的实现提供信息系统支持和配套的资源管理等服务，是企业、组织和消费者之间交易的技术物质基础；另一方面，它为网上交易提供商务平台，是企业、组织与消费者之间交易的商务活动基础。

（三）提供网上拍卖中介服务的电子商务服务商

这类电子商务服务商为消费者与商家之间的拍卖交易，以及为商家之间的拍卖交易提供中介服务。如我国著名的拍卖电子商务服务公司淘宝，提供消费者之间的个人竞价服务，还有从消费者到商家的集体竞价服务。下面以淘宝为例说明拍卖服务的电子商务流程。

1. 买方的电子商务流程

（1）首先，买方需要注册，成为淘宝的会员。

（2）买方通过物品列表，搜寻想要竞价的物品，或者通过搜索引擎更快、更方便地找到符合要求的物品。

（3）点击该物品，进入物品页面，先查看该物品的全部竞价过程，做到心中有数。

（4）输入自己的用户名和密码，填入所需求的数量及投标价，点击"出价"按钮，进行竞价。

（5）投标后，多与物主联系，以促进交易成功。

2. 卖方的电子商务流程

（1）首先卖方需要注册，成为淘宝的正式用户。

（2）点击导航条上"我要卖"，进入登记出售物品页面。

（3）仔细填写物品信息，确认无误后提交。

（4）在指定的竞价期内，卖方应多收 E-mail 或上网进入到所拍卖的物品页面查看，并多与竞价者联系，以促进交易的成功。

小结

　　电子商务系统保证以电子商务为基础的网上交易的实现。电子商务系统是在 Internet 信息系统的基础上，由参与交易主体的信息化企业、信息化组织和使用 Internet 的消费者，提供实物配送服务和支付服务的机构，以及提供网上商务服务的电子商务提供商组成。可以从企业、消费者和政府三个方面评价我国的电子商务系统的发展。电子商务的框架包括电子商务应用及支持应用实现的基础结构。电子商务的应用分为各种特定行业的应用。实现电子商务应用的基础结构包括网络层，多媒体消息/信息发布、传输层，一般业务服务三个层级及政策、法规和各种技术标准两个支柱。企业通过实施电子商务实现企业经营目标，需要电子商务系统能提供网上交易和管理等全过程的服务，电子商务系统应具有广告宣传、咨询洽谈、网上订购、网上支付、电子账户、服务传递、意见征询、业务管理等各项功能。支持电子商务系统发展的各种产业组成电子商务产业价值链。其中，位于产业价值链底层和中层的电子商务的系统服务商包括 IAP、ISP、ICP、ASP 以及 BSP，这些系统服务商统称为云服务商。而位于电子商务顶层的电子商务的中介服务商包括：提供 B-C 型交易服务的电子商务服务商，提供 B-B 型交易服务的电子商务服务商以及提供拍卖中介服务的电子商务服务商。了解电子商务的机理，有助于对电子商务有更深入的理解。

 即测即评

　　请扫描二维码，在线测试本章学习效果

 思考题

　　1. 请解释下面概念：电子商务系统、电子商务系统框架、电子商务产业价值链、云服务。
　　2. 电子商务系统是如何组成的？
　　3. 电子商务系统的主要功能有哪些？
　　4. 电子商务的产业价值链是由哪些产业组成的？

5. 你认为云服务未来发展方向是什么?

实践题

访问阿里巴巴网站（http：//china.alibaba.com），了解网站交易过程。查找你感兴趣商品的供求信息。

阿里巴巴及其运营模式

阿里巴巴是全球B2B电子商务的著名品牌,是目前全球最大的商务交流社区和网上交易市场。阿里巴巴曾两次被哈佛大学商学院选为MBA案例,在美国学术界掀起研究热潮,两次被美国权威财经杂志《福布斯》选为全球最佳B2B站点之一,多次被相关机构评为全球最受欢迎的B2B网站、中国商务类优秀网站、中国百家优秀网站、中国最佳贸易网,被国内外媒体、硅谷和国外风险投资家誉为与Yahoo、Amazon、eBay、AOL比肩的五大互联网商务流派代表之一。其创始人、首席执行官马云也被著名的"世界经济论坛"选为"未来领袖",被美国亚洲商业协会选为"商业领袖",并曾多次应邀为全球著名高等学府麻省理工学院、沃顿商学院、哈佛大学讲学,是50年来第一位成为《福布斯》封面人物的中国企业家。

也许是取决于"良好的定位,稳固的结构,优秀的服务",阿里巴巴如今已经成为全球首家拥有210万商人的电子商务网站,成为全球商人网络推广的首选网站,被商人们评为"最受欢迎的B2B网站"。杰出的成绩使阿里巴巴受到各界人士的关注。WTO首任总干事萨瑟兰出任阿里巴巴顾问,美国商务部、日本经济产业省、欧洲中小企业联合会等政府和民间机构均向本地企业推荐阿里巴巴。

"倾听客户的声音,满足客户的需求"也许是阿里巴巴生存与发展的根基,根据相关的调查显示:阿里巴巴的网上会员近五成是通过口碑相传得知阿里巴巴并使用阿里巴巴的;各行业会员通过阿里巴巴商务平台双方达成合作者占总会员比率近五成。

在产品与服务方面,阿里巴巴公司为中国优秀的出口型生产企业提供在全球市场的"中国供应商"专业推广服务。中国供应商依托世界级的网上贸易社区,顺应国际采购商网上商务运作的趋势,推荐中国优秀的出口商品供应商,获取更多更有价值的国际订单。截至2012年,用户达到近7 600万家。2002年3月,阿里巴巴开始为全球注册会员提供进入诚信商务社区的通行证——"诚信通"服务。阿里巴巴积极倡导诚信电子商务,与邓白氏、ACP、华夏、新华信等国际国内著名的企业资信调查机构合作推出电子商务信用服务,帮助企业建立网上诚信档案,通过认证、评价、记录、检索、反馈等信用体系，提高网上交易的效率和成功的机会，每月营业收入以双位数增长。阿里巴巴以50万元人民币创业资本起步，吸纳了国际资本2 500万美元；经过三年的发展，于2001年底实现当月盈利，2002年实现每月收入双位数的增长，实现全年盈利，从而保证对客户的持久服务能力。图2-7为阿里巴巴首页。

图2-7　阿里巴巴中文网站首页

下面对阿里巴巴公司商业模式进行分析。

阿里巴巴的营运模式遵循一个循序渐进的过程。首先抓住基础的，然后在实施过程中不断捕捉新出现的收入机会，从最基础的替企业架设站点，到随之而来的网站推广，以及对在线贸易资信的辅助服务，交易本身的订单管理不断延伸。其出色的盈利模式有强有力、可持续、可拓展的特点。

一、架设企业站点

很少有企业把架设企业站点理解为一项重要的业务，理由在于这是一个高度离散的行业。你可以很从容地获得一个或者几个制作企业站点的机会，但不等于能够获得很多。这里存在收入收集上的困难。有一些公司主营这项业务，它们往往将业务定格在高端客户。阿里巴巴是一个很大的商业社区站点，这就是说它有与许多潜在顾客频繁接触的机会，更重要的是它能顺利地把潜在机会转化为现实收入。阿里巴巴的目标受众每年都要参加许多类似广交会之类的展销会议，这时候阿里巴巴的工作人员就出现了，进行一些低成本的推广活动。实践证明，线上与线下营业推广的结合，能有效地收集商业机会。中小企业存在很大的伸缩性，即业务流程和业务规模都在迅速地发生变化。有时候它或许会找邻居帮助设计一个主页，这在当时可能已经足够了，但是很快它就有了更高的需求，这就超过了邻居的能力。阿里巴巴则有能力提供从低端到高端所有的站点解决方案。它能在企业的成长过程中获得全部收益，更大的优势在于制作商品交易市场型的站点。阿里巴巴只是替商品交易市场做一个外观主页，然后将其链接在自己的分类目录下。交易市场有了一个站点，实际上这和阿里巴巴的站点是同一个站点，这就提高了被检索的机会。网页设计毕竟是一项倾向于劳动密集型的业务。网站设计其实和开发应用程序没有什么不同，即存在国际转包的内在需求。这也解释了阿里巴巴为什么把它的人手更多地集中在劳动力成本相对低廉的杭州。国际转包的实现除了需要品牌，还要有对应的机构设置。无疑，阿里巴巴一直就是往这一方向走的。

二、站点推广

对于网站的媒体定位一直十分模糊，它应当是广播式的，还是特定用户检索式的？其他从事于企业站点设计的公司存在一个很大的问题——没有对应的推广能力。而网站设计一旦完成，推广是自然需求。网站实际上是另一种媒体，广告收入对大多数网站都很重要。无论一些针对企业的服务是否被称为广告。广播式的模式容易让人理解，但是人们更倾向于检索式的。原因很简单，网站首页的空间是有限的，换句话说注意力本身是一种稀缺资源。一些站点的合适位置已经充满了形式各异的广告，人们忍不住困惑，增长的潜力在哪里？如果定义为检索式的，这同时就表明了有几乎无限的可供销售的广告位置。这好像就是最初网站在股市受到追捧的原因。跟大多数人的认识相反，中小企业存在很强烈的营销愿望。这一愿望没有更多地转化为现实的理由是：首先通常营销的费用超过了中小企业可承受的范围；其次以前并不存在很好的方式。在阿里巴巴今天的收入中，站点推广的收入占了一半还多。"中国供应商"面对的是出口型的企业；"网上有名"则针对内销或出口主要以买断形式进行的企业。其中的价格依据是，如果某家企业愿意以3万人民币的价格租赁两周的广交会展销摊位，那么它似乎也会愿意以同样的价格购置一年的在线展销时段。对于一个新生事物，某种意义上阿里巴巴要证明服务的有效性。阿里巴巴有一个系统服务的思维，除了在网站上的页面设置，还可以通过"商情快递"邮件杂志，检索上的优先派序，至少它能证明付费的顾客要比免费的客户有更多的机会。有人愿意以6万元人民币的价格，以便获得更多的服务内容。

三、诚信通

网络可能是虚拟的，但贸易本身必须是真实的。信用分析是企业的日常工作。这很好解释，网友们在拍卖网站上的交易并不是每一次都那么如意。易趣的统计表明，在同通过身份认证但只有少数交易经历的所谓一星级顾客的交易中，有6%最终受到了投诉。同样，企业间交易存在相似的压力，所不同的是企业对此有更高的敏感性。在线贸易一方面体现了采购行为更充分的竞争性，另一方面企业对网络信息本身充满了质疑。"诚信通"作为一项服务不难理解。可以在"诚信通"上出示第三方对其的评估，企业在阿里巴巴的交易记录也有据可循。问题是这项服务本身是否会非常成功。阿里巴巴显然是希望所有的注册会员都使用这项付费的服务，最起码对新注册的用户是如此。这个问题的确非常有趣。如果这一预想符合现实，大多数的企业都购买了"诚信通"，那么意味着剩下的少数企业也会购买，即便不购买也不再重要。每个"诚信通"的价格都很便宜，但对网站而言几乎不存在成本。这就是说，阿里巴巴的运营业绩将会非常成功。另一种可能是只有少数企业购买，这就存在用户流失的问题。类似于阿里巴巴模式的网站今天多如牛毛。阿里巴巴的认识是，一方面，他们在前期的努力已经吸纳了国际贸易中最活跃的顾客群。另一方面，在线交易本身必须实现其严肃性。"如果某一商人在支付最基本的费用上都存在问题,那么他根本就没有资格从事生意本身"。

四、贸易通

贸易通是阿里巴巴网站新推出的一项服务,它的功能主要有以下几项:和百万商人安全、可靠地进行即时在线沟通、互动;结识、管理自己的商业伙伴,开展一对一的在线营销;强大的商务搜索引擎,搜尽天下商机;"服务热线"为诚信通会员即时解答网络贸易疑问,方便享受高质量的在线客户服务。其界面有点类似于常用的聊天工具QQ,非常友好且使用简单。不过,有关"贸易通"的收费一直没有行动起来,但这却是最初也是最重要的愿望。阿里巴巴的定义是从企业的每一次日常交易中抽取佣金,这在前期被舆论认为是不可能的,原因在于B2B贸易存在重复交易,企业通常不会一次就更换一家供应商。这样企业很容易绕开任何中介。这又是一个没有思维就迅速下判断的例子。当然并不是这样的。"贸易通"可以理解为一种订单管理软件。很多IT评论人都忽略了阿里巴巴这一项服务,实际上它对阿里巴巴未来的影响最大,绝对不能看成电子邮件的豪华版。这里有一个观念上的不同,产品重要的是需求,而不是技术表述。"贸易通"则解决了这所有的问题,而且操作中存在很强的可行性,可以通过短消息捆绑按次计费。这一服务所面临的价格敏感性很小,而且存在一个很大的数量。"贸易通"延伸了企业软件托管的思路。

五、阿里巴巴移动端的发展

随着手机的普及,互联网的应用也逐渐向移动端转移。阿里巴巴从2013年就开始了移动端的发展,2014年阿里的关键词则是"移动电商"。2014年,阿里巴巴集团董事局主席马云号令全集团ALL IN(全力进军)移动电商。马云在2月28日的内部邮件中称,移动电商将必定是移动互联网时代最重要的领域,2014是"云+端",阿里巴巴ALL IN 移动电商。阿里巴巴必须与数亿用户一起移动到DT(data technology),端带动云,云丰富端,建设移动电子商务的生态系统。云是指云计算和大数据,端是指APP。从云到端,中间流动的是数据。"端带动云,云丰富端"可以理解为,随着APP用户越来越多,产生的数据给云,云根据数据分析用户需求,依此来丰富APP端的内容。在PC时代,阿里巴巴提倡C2B模式,按需生产,提供定制的服务。C2B模式数据流动主要按照PV、UV等。在移动时代,收集的数据比PC端更加直接、精准,例如,用户地理位置、扫码、使用APP的有效时间等。移动电商不仅是PC端电商的移动化,更关键的是O2O领域,将手机淘宝渗入传统业态如百货、服装、餐饮、娱乐,通过支付宝钱包达成交易闭环,这将是一个万亿规模的市场。随着用户向移动端转移,电商从PC端转向移动端是不可逆转的潮流。移动电商相当于线下商业的电子化,体量远远超过纯电商。

在移动电商领域,阿里最大的竞争对手就是腾讯。阿里、腾讯在移动电商方面的优势各不相同。阿里的优势是商品流,购物习惯迁移相对平滑。腾讯的优势是占据了用户在移动端的入口,用户对微信产生依赖。"腾讯是产品驱动型,阿里是运营驱动型。"移动电商是未来的大趋势,竞争也是非常激烈。

阿里在移动电商领域投资力度很大。移动端投入回报明显。在2015年二季度,阿里巴巴移动端成交额首次过半。在总计6 730亿元人民币的成交额中，55%来自移动端，达3 710亿元。移动端收入增长225%，达到79.87亿元，首次占比过半，达到51%。

在成立的阿里移动事业群中，有六大业务：UC浏览器、高德地图、神马搜索、九游、PP助手和阿里文学。"阿里希望用非电商的基因，在移动端尝试重新构建一个生态。"目前的移动产品分为两类：PC业务的无线化，以及诞生在移动互联网的新业务，而UC就是后者。目前阿里移动事业群的六大业务中，除了UC浏览器居于榜首，其他业务还需要面对百度、腾讯和360等大型互联网公司的竞争。此外，通过移动浏览器能否全面带动六大业务，也还需要等待时间和市场证明。

所以事业群整合完毕只是第一步，阿里巴巴在非电商领域的突围，才刚刚开始。

资料来源：

[1] 王可心. 2014年移动电商攻坚战：阿里巴巴如何破局？ http://tech.qq.com. 2014-03-03

[2] 冯先生失眠中. 解读阿里2016年财报，一个大写的"阿里云". http://fengyinjie.baijia.baidu.com/article/441249. 2016-05-06

讨论题

1. 阿里巴巴是如何实现网上交易的？这与传统交易方式有何差异？
2. 阿里巴巴的移动端发展方向是什么？

第三章
电子商务与企业竞争优势

电子商务与传统商业模式相比具有无可比拟的优势,电子商务的发展将带来一场新的商业革命。作为电子商务主力军的企业,在这场革命中必将面临许多重大的变革和创新。在本章中主要探讨电子商务在企业中的应用,以及给企业带来的竞争优势和影响。

第一节　电子商务与企业应用

一、生产企业电子商务的应用

在市场经济环境下，企业的生产取决于市场的需求。为了使生产的产品适销对路，规避市场风险，提高企业的市场竞争力和整体经济效益，企业除了加强生产领域的全面质量管理外，还必须密切关注和介入从消费需求、原材料供给到产品投放市场后的各个流通环节，所有这些都可以采用电子商务的形式来实现。

（一）网络营销方面的应用

1. 市场调查

企业通过电子商务方式调查了解其产品的购买力变化情况，乃至消费者对这类产品注意力的变化情况等。同时还可以了解生产要素、生产现状及其变化情况，从而科学合理地制定相应的生产计划和有效的营销策略。网络提供了很多了解信息的新的途径，如搜索引擎、E-mail、BBS 等。企业通过网络不仅可以更有效地了解消费者，还可以更有效地了解竞争者，如美国微软为了了解其操作系统 Windows 的竞争产品 Linux 的发展情况，曾经在一个月就访问了有关 Linux 的 BBS 网站达 15 000 次，成为访问次数最多的访问者。

2. 发布企业信息

这是企业开展电子商务活动的一个主要方面。借助 Internet，企业不仅可以发布诸如产品的规格型号及产品的外观、功能、使用方法，甚至制造过程等产品信息，以吸引客户，还可以发布有关企业的基本状况、近期规划、发展远景、技术咨询及服务等企业信息，宣传企业的形象。例如顾客在联想公司的网站（http://www.lenovo.com）上可以了解到联想的使命远景、公司的基本介绍、公司的发展历程和发展业绩等。顾客在了解公司的基本信息后，更有可能建立对联想的积极态度。

3. 产品的销售及服务

电子商务的一个重要应用趋势就是实现网上交易。客户可通过企业网站提供的电子交易系统进行网上订购、申请等，在相关安全、支付、银行等配套措施的保障下，实现网上交易。这既方便了用户，又扩大了企业产品的销售渠道，对提高企业的竞争力无疑具有积极意义。目前网络已经成为书籍、音像制品和计算机用品的主要销售渠道，而且其对于其他产品的影响力也在不断增强。

4. 实现上下游企业及客户的沟通

通过友好的网页界面和丰富的数据库可以与上下游企业进行沟通，进一步密切了上下游企业之间的合作关系。同样通过网站可以向客户提供多人、多层次的咨询，意见交流，业务技术培训，售后服务等，使客户享受多元化的服务。海尔集团建立网上俱乐部为顾客提供多样化的服务，以满足消费者个性化需求来凝聚忠诚顾客，使顾客能够分享海尔的新资源、新科技。

5. 新产品开发

企业通过网络收集技术、产品以及市场的未来需求等方面的信息，由此开拓新思路、采用新技术、开发新产品。甚至可以据此先期分析出不同的消费习性群体，先行进行未来产品的研制，为下一个生产、销售循环做好准备。在电子商务时代，不仅消费者可以通过在网上提出自己的个性化需求而参与产品的开发，而且企业可以实现与供应商和合作伙伴的双向交流，提高新产品的研制和开发速度。如美国的波音公司为加快新产品777的研制与开发，通过其内部的网络CAD系统将所有的零件供应商联系在一起。波音在设计777飞机系统时，他们的零件商就可以按照规格协助设计和开发相应配套的零件，结果波音777飞机研制时间缩短了2年多时间，在竞争激烈的航空市场中占据了有利的竞争地位。

（二）网络企业运营管理方面的应用

1. 原材料采购与生产要素的招标

企业可充分利用Internet的信息资源优势，大范围地寻找价廉物美的货源，在进行原材料价格、质量的综合调查、比较、分析和筛选后实现采购。如哈尔滨锅炉厂通过中华商务网（http://www.chinaccm.com）提供的全国金属材料市场报价，单是材料采购费用一年就节省了760多万元人民币。另外，企业还可通过网络进行原材料、生产技术、人员和资金等各种生产要素的网上招标活动。

2. 利用电子商务进行生产经营管理

企业开始以电子商务方式进行生产经营的管理，包括生产过程管理（如生产能力的决策，产品的设计，生产材料的计划、调配，生产现场的调度与控制）、全面质量管理以及人力资源管理等。美国Cisco公司1996年7月在网上建立了订购和装配系统。一位工程师可以坐在计算机前，通过网络传来的订单，在网上装配产品，再将装配信息直接传到供货部门。企业的人力资源管理系统能够通过规范的流程管理和标准的数据格式来提升公司整体的人力资源管理水平；通过将人事信息的电子化、网络化，能逐步将人力资源部门从繁杂的日常事务性工作中解放出来；并能将人力资源、直线经理、CEO以及员工有效地连接起来，从而实现"全员参与的人力资源管理"，从而提升并强化企业的企业文化。

3. 通过网络收集与企业经营相关的各种信息

目前，无论是发达国家还是一些发展中国家的生产企业都纷纷以相关法律、标准、规定和政策来指导和约束自己的产品生产、销售，所以了解有关国家经济、政治、法律等环境，是生产企业在信息时代必要的商务活动。而Internet无疑是了解世界各国经济、政治、文化、法律等与企业经营相关的各种信息最便捷的渠道。以我国为例，目前最丰富最有价值的信息资源都集中在政府，随着"政府上网"工程的实施，Internet正在成为了解政府方针政策的窗口，据统计，目前政府部门的信息资源占全社会信息资源总额的比例达到80%。不仅如此，外贸、税务、工商、法律、海关等政府职能部门的管理工作正在或已经通过网络进行，如在企业可以通过中国电子口岸网站（www.chinaport.gov.cn）进行网上报关和了解海关政策法规。

二、商贸企业电子商务的应用

作为商品流通的主体，商贸企业的作用是根据市场需求决定商品采购，向生产商订货，然后再进行批发或零售。由于没有生产环节，因此电子商务活动可覆盖商贸企业经营、管理活动的全过程。也正是由于电子商务的全面进入，使得商贸企业成为利用电子商务最多的企业，也由此导致企业的经营模式开始发生根本性的变化。

商贸企业所进行的商业活动始终是与信息流、资金流和物流三个要素结合在一起的。这三个环节的畅通才形成了整个商业系统的良性循环，理想化的电子商务正是借助网络实现这一点。

（一）基于网络化的商业信息处理

1. 获取商业信息

通过 Internet，商贸企业可以更及时地获取消费者的需求和供应商的供货信息，有效地组织和调配货源，并通过网络及时进行销售，从而提高效率，降低成本，获得更大的效益；还可随时了解竞争对手的经营动态、营销举措等，以便及时调整自己的经营策略；此外，通过网上调查可随时征询用户对企业销售商品、服务以及管理方面的意见，检验其经营的情况。

2. 提供信息服务

提供商业信息是商贸企业提供服务的重要方式之一。企业采用 Web 技术，除发布各种商品广告、市场信息外，还可以有更多的途径为客户提供服务。如通过客户的反馈信息，帮助客户实现消费需求；许多网上商店将诸如商品的使用常识、真伪商品的鉴别等经常会被问及的问题以在线解答的方式提供给客户；有的商务网站还提供所在国家或地区的经济及贸易法规。这些方式树立了企业的良好经营形象，有助于企业的主营业绩增值。

例如，中百网（http://www.zon100.com）已经成为企业与顾客和供应商沟通的有效渠道。不仅顾客可以利用网络管理自己的购买信息，供应商也可以在网上查看中百集团所需要的各种产品。而且 B-B 区域是中百网的一个主要内容，是给供应商提供的一个网上商品交易和信息交流的平台。通过中百网的 B-B 交易平台，逐渐改变传统的商贸手段，提高商家的现代商贸意识，最终形成一个综合的网上商贸世界。

3. 实现网上购销

商贸企业实施电子商务后，其采购和销售都可以通过 Internet 进行，从信息流的角度看，这些采购和销售都是以在线传递信息的方式实现的。理想的电子商务模式将实现商品流通的"just in time"，即通过网络实现电子合同签订、进货，以减少库存、资金占用、仓储费用、运输费用，从而降低商品成本。现代企业也通过企业外部网与合作伙伴交流信息，实现双赢的发展战略。

例如，超市巨头沃尔玛与自己最大的客户宝洁通过网络建立的战略合作伙伴关系：宝洁可以直接在网上查看自己的产品在沃尔玛的库存，及时补货。这样既实现了沃尔玛的商品零库存，降低了其经营成本，又保证了宝洁产品不会在超市缺货。

（二）网络交易方面的应用

1. 资金结算系统

资金结算是网络交易的最关键的环节。资金结算系统由企业的结算部门及银行、邮局或配送部门组成。实现完全的电子商务后，信用卡、电子货币、电子支票等电子支付将成为网上交易的主要手段。有关资金结算的内容将在第六章详细介绍。

2. 物流配送

作为电子商务诸多环节中最后一个环节的物流配送体系一直是电子商务发展的核心问题之一。在美国等发达国家，一批像联邦快递、UPS和DHL这样的专业化商品配送企业（中心）在电子商务中发挥着越来越重要的作用。

商品配送中心的职责是按网上企业的订单进货、临时仓储和分发。它的出现将使网上商业企业减少传递实物商品的机会，甚至可以完全不接触实物商品，成为完全靠信息生存的企业。网上商业企业需要做的便是提供内容丰富的商品目录，以能吸引顾客的形式在网上发布，并接受顾客订单，然后将订单要么直接转给生产厂家，要么转给商品配送中心。从长远来看，商品配送的社会化是大势所趋，因为商品配送中心的送货成本比商贸企业自己组织送货的成本要低得多。有关物流配送的内容将在第七章详细介绍。

一个成功的电子商务应用，必须解决的问题是理顺信息流、资金流和物流这三大流程。从我国的现状来看，信息流对于互联网来说是畅通的，但由于各种因素的影响，物流与资金流暂时还无法达到完善的程度，因此许多商贸企业还只是停留在企业信息门户的阶段，即电子商务的初级阶段上。应当指出，资金流尽管受信用消费程度的制约，但目前可以找到一些变通的办法，并逐步向好的方向发展。物流是实施电子商务的关键，商品的组织和配送与传统企业截然不同，特别是对信息系统的要求更高，也更为迫切，这需要对整个物流过程加以精心的组织和严格的管理。

三、服务企业电子商务的应用

（一）信息服务型网站的基本功能

人们普遍认为，在Internet这个网络空间里，注意力是网上最稀缺的资源，谁能够获得更多消费者的关注，谁就能赢得最后的商机。因此网站提供信息服务主要的目的是吸引人们的注意力，即以提供特定的信息内容或服务来汇聚众多的有忠诚度的用户或订户，提高网站的访问量。

由于各网站的侧重点不一样，因此所提供的信息内容和服务形式也不相同，目前运作较为成功的一些ICP所具备的基本功能主要体现在以下几个方面。

1. 导航（context）

网络搜索引擎是网络最基本的工具之一，它包括网上信息的搜索，将搜索到的数据安排到目录之中或提供实现相应的链接功能之类的导航工具。随着上网人数的激增和大量网站的建立，许多精明人士看到了网络搜索引擎的无限前景，开始投入开发和研究，其中如Yahoo、Infoseek和Excite等已成为著名的网上信息导航台。中文的搜狐（www.sohu.com）也是靠提供这类服务起家，取得了初步的成功。在网上每天都有海量的新信息出现的情况下,快速地在网上找到所需的信息,提供信息导航功能的搜索引擎变得越来越重要,不仅是专门的搜索引擎网站,就是一般的商业网站,为方便用户检索也都在自己的网站上建立了各种搜索工具。

2. 内容(content)

内容即提供各种信息,如热点新闻、商业广告、产品信息、股市行情、体育赛事、歌曲音乐、游戏娱乐、生活趣闻、名人轶事、电子报刊、各类咨询以及免费软件下载等功能。这种功能可大大提高网站的访问率,因此已经开始提供内容的许多站点现在正加大提供内容服务的力度,一些企业也纷纷在自己的网站上增加这类服务,如实时发布股票信息已成为一些大公司网站的例行栏目,我国海尔等公司的网站上都设有免费软件、游戏、新闻等,竭力将用户留在自己的站点。

3. 沟通(communication)

这类服务主要是提供电子邮件、Internet 电话等信息交流手段,如 AOL 的 ICQ、Yahoo、网易、搜狐的免费电子邮件服务等。值得一提的是,Internet 电话可能将是这类服务中下一个引起人们兴趣的应用。Netscape 公司宣布它将在产品中包括一个 IDT 公司的 Net2Phone 服务的图标(该图标将出现在 Netscape 的浏览器上),这种服务可以使用户以"PC to Phone"的形式通过 Internet 打廉价长途电话。

4. 社区(community)

社区包括像聊天室和兴趣小组这类设施。由于社区有助于将用户保持在门户站点,而不是很快地经过,所以它正变得越来越重要。目前 ICP 越来越意识到其业务成功的关键将是发展"黏性"(stickiness),即一旦用户访问了 Web 站点,他将在此 Web 站点待上相当长一段时间,然后再离开。eBay 就是一家从虚拟社区空间起家的著名公司。在我国,新浪和搜狐也正在发展这种业务模型。

(二)传统服务业的电子商务应用

电子商务将对传统服务行业带来一场革命。电子商务是在商务活动的全过程中,通过人与电子通信方式的结合,极大地提高商务活动的效率,减少不必要的中间环节,通过各种在线服务为传统服务业提供全新的服务方式。

服务可以分为普通服务和信息咨询服务两大类,普通服务包括远程医疗,法律救助,航空、火车订票,入场券预订,饭店、旅游服务预约,医院预约挂号,网络交友,计算机游戏等,而信息咨询服务包括法律咨询、医药咨询、股市行情分析、金融咨询、资料库检索、电子新闻、电子报刊等。

1. 普通服务

对于普通服务来说,顾客不仅注重能够得到的收益,还关心自身付出的成本。通过网络这种媒体,顾客能够尽快地得到所需要的服务,免除恼人的排队等候的时间成本。同时,消费者利用浏览软件,能够得到更多更快的信息,提高信息传递的效率,增强促销的效果,如门诊预约挂号系统(http://120.szinfo.com)是为方便广大用户就医问诊而定制开发的门诊预约挂号系统。该系统实现了全国各医院门诊预约挂号系统的统一联网,可以为患者预约多种方式的门诊挂号服务。门诊预约挂号系统目前将实现深圳市 19 家市级医院、76 家区级医院以及多家营利性医院和社区健康服务中心的统一联网，并逐步建立与北京、上海、广州等城市各大医院以及知名专家的横向联系，可以为用户提供定期或不定期的专家亲临就诊与预约服务，以及跨省跨境预约服务，为用户节省大量的时间和费用。患者不需要到医院排队，可以在网上挂到自己想要的专家的号，而且可以直接进行网上支付，节省了广大患者的等待时间。

2. 信息咨询服务

对于信息咨询服务来说，网络是一种最好的媒体选择。用户上网的最大诉求就是寻求对自己有用的信息，信息服务正好提供了满足这种需求的机会。通过计算机互联网络，消费者可以得到包括法律咨询、医药咨询、金融咨询、股市行情分析在内的咨询服务和包括资料库检索、电子新闻、电子报刊在内的信息服务。如中国律师导航网（http://www.lawyer-china.com）不仅提供广泛的法律知识，促进法律知识的普及，而且由资深律师主持，为广大网民解答日常生活中遇到法律问题，促进了法律知识的应用。方便了大众的法律咨询活动，受到网民的欢迎。

第二节 电子商务的竞争优势

一个企业追求的主要目标就是在竞争中始终保持领先同行业的战略优势，取得收入高速增长、成本不断降低的最大效益。那么这个让企业梦寐以求的目标如何实现？怎样才能创造出一个企业的竞争优势呢？在当今，电子商务是竞争取胜的有力武器之一。

一、树立企业的良好形象

在现代商战中，良好的企业形象对一个企业的生存起着至关重要的作用。在传统的商业模式中树立一个良好的企业形象不知要经过多少人长时间的奋斗才可以达到。而在电子商务环境下，却可以在较短时间内做到这一点。企业在 Internet 上建立起自己的网站，通过网站可以把企业自身及产品、服务的优势充分地展现出来，把企业的管理、经营理念和策略向公众很好地进行宣传，并且通过网络（站）与大众形成良好的沟通渠道，随时了解公众需求，及时调整企业的经营战略，为顾客提供满意的产品和服务，这一切都将在公众中留下深刻的印象，从而树立起企业的良好形象。同时，由于 Internet 是全球覆盖的网络，所以网络上树立的企业形象是广泛的、国际性的。

良好形象的树立将会给企业带来大量的潜在顾客，对企业市场的拓展发挥着重要作用，因而增加了企业在竞争中的优势。

二、增强企业的成本竞争优势

对于企业而言，千方百计地降低成本是提高竞争力的重要策略，电子商务对于企业降低成本是行之有效的途径。具体表现在：

（一）电子商务降低采购成本

对于企业来说，物资或劳务的采购是一个复杂的多阶段过程。购买者首先要寻找相应的产品供应商，调查他们的产品在数量、质量、价格等方面是否满足自己的需求。在选定了一个供应商后，企业需要把详细计划和需求信息传送给供应商，以便供应商能够准确地按照客户要求的性能指标进行生产。如果产品样品被认可，而且供应商有能力立即生产，购买者就会发出一份标有具体产品数量的采购订单。供应商接到采购订单后会发给买方确认通知，告知采购订单已经收到并确认该订单可以满足。当产品由供应商发出时，购买者再次接到通知，同时还有产品的发货单。买方的会计部门核对发货单和采购订单后付款。当原有订单变动时，购买过程将更加复杂。从以上所述可以看出，企业采购过程中信息获取和信息传递是主要工作内容。

EDI（电子数据交换）出现后，一些企业已经在专用网络上使用它，大量的数据通过网络传输以减少采购过程中劳动力、印刷和邮寄所需的费用。据统计，利用 EDI 的企业一般可以节省 5%~10% 的采购费用。

由于专用网的接入成本较高，基于专用网的 EDI 的费用中小企业难以承受。相对于专用网络，Internet 网络信息传输费用极其低廉，因此基于 Internet 的 EDI 不仅使大企业在采购过程中所需要的费用大大降低，而且使中小企业也可以通过 EDI 进行采购。另外，由于 Internet 网络的上网企业众多，所以采用网上招标，可以寻求更理想的供应商，以尽可能低的价格完成物资和劳务的采购。总之，Internet 网上采购在降低采购费用方面的优势是显而易见的。美国通用电气公司可以作为一个例证。

通用电气公司照明设备分部的工厂为购买低价值的机器零件，每天要向公司资源部送交数百份定额申请单。资源部对于每一份定额申请单都要向仓库索取它必须附带的图纸，从库房里查出，带回来，照相复制，打包，与定额申请单一起附加到出库表上装进信封寄出。这一过程至少需要 7 天时间，即烦琐又费时。资源部一般一次只能向 2~3 家供应商发出招标信。

1996 年，通用电气公司照明设备分部试用了公司第一个联机采购系统，这是通用电气公司信息服务部开发的一个外部网（Extranet）。之后，资源部可以从其内部网接收电子定额申请单，然后通过 Internet 向全世界的供应商招标。这一系统自动地调出图表，并把它们附在电子调配表上。在资源部开始这一过程的两个小时内，供应商将通过电子邮件、传真或电子数据交换系统收到发来的定额申请单。通用电气公司可以在接到投标的当天对其进行评估并做出决定。

据通用电气公司宣称，该分部采购佣工费用已下降了 30%，60% 的采购人员已被重新安置工作，资源部每月至少可增加 6~8 个额外的工作日用于采购政策研究，而不再去做文字处理、照相复印、装信封等在人工处理时必须做的工作了。由于可以接触更广泛的联机供应商，引起更大的竞争来降低价格，材料费用下降多达 20%。

（二）电子商务实现无库存生产

企业的各种成本中，库存成本占据不容忽视的比例。企业的库存成本包括仓库场地占用费、建造费、维护费、仓库保管人员的工资以及存货的毁损、变质损失等。另外，大量的库存无论是生产材料还是产品都占用企业大量的资金，这笔资金不能周转使用，其需支付的利息也增加了企业的成本。因此，减少库存以至实现无库存是企业降低成本必不可少的措施，是企业管理中的重要目标。但在传统的贸易模式下，企业的无库存生产只能是一个梦想,而电子商务使得这个梦想成为现实。

1. 电子商务实现原材料无库存

为了实现企业的原材料无库存,企业必须对供应商的生产周期、接受紧急订货的能力、管理情况、对其他客户的服务情况、供应情况了如指掌。所有这些信息都可以通过访问网络上各个供应商的网址和电子公告牌获取。由于互联网全天24小时联通,可以随时访问供应商的网址,而且网上信息传送速度非常快,并可与供应商进行即时的信息交流,所以企业可以根据每天的生产量来确定每日的原材料需求量。供应商则按质按量安排物流配送中心及时将原材料送至生产企业。在电子商务条件下,高效迅速的物流配送中心会逐步建立起来,为企业提供方便快捷的运输条件,使得企业的原材料无库存成为可能。

2. 电子商务实现产成品无库存

产成品无库存是指生产出来的产品不需要存储到仓库而直接到达客户手中。这是一种很理想的状态,同时是一种难度相当大、精确性非常高的生产组织方式。企业的生产可按接到用户订单之前还是之后开始生产产品分为备货生产和订单生产。

备货生产是指企业根据市场需求预测来制定生产计划,在接到用户订单之前生产产品。生产过程管理的重点是提高预测的准确性和确定合理的成品库存,必须按"量"组织生产过程环节的衔接与平衡。在备货生产方式下,企业要实现产品的无库存,就必须很好地进行市场调查和预测。企业根据市场调查和预测的结果,就可用DSS(决策支持系统)做出决策,生产适销对路的产品,并通过网络寻找中间商或最终用户,使产品不经库存就销售出去,大大降低产品成本,加快资金周转,提高企业经济效益。

订单生产是企业在接到用户订单之后才开始生产产品,其主要特征是,产品是为专门的用户生产的。在保证产品质量的前提下,准时交货是其生产过程管理的重点,必须按"期"组织生产过程各个环节的衔接和平衡。订单生产的关键是应用网络信息技术,由客户将需求的产品规格信息填入企业在Internet上的电子订单。这样企业就能够直接收集和处理客户需求的产品规格信息,并将其传送到自动化生产线上,形成生产控制指令。为了最大限度地满足客户的需求,提高企业的竞争优势,越来越多的生产制造企业开始将产品生产控制的触角直接伸到市场中去。一个比较典型的例子是美国田纳西州的LEVI STRAUSS牛仔服专卖店。该店除了在店中展示各种标准规格的牛仔服装外,在商店中还配备了微机服装设计系统。用户可以在销售人员的帮助下,按自己的身材尺寸和喜欢的款式自行设计所需的服装,系统可以将用户的订制要求直接通过网络传送到生产车间,在生产线上按特定的尺寸、款式要求进行裁剪和缝纫,并快速提供给顾客,而价格仅比标准规格产品增加一个很小的百分比。这种方式十分新颖,吸引了很多顾客慕名而来,特别是受到许多爱好自行设计服装的女士的青睐。

(三)营销成本大大降低

现代企业市场营销活动包括市场需求预测、新产品开发、定价、分销、广告、人员推销、销售促进、售后服务等。在当今企业竞争日趋激烈的条件下,越来越多的企业认识到市场营销对企业生存、发展的决定性作用。因此为了取得竞争优势，企业在市场营销上不得不投入大量的人力、物力和资金，因而如何降低企业营销成本，是企业增加成本竞争优势的重要方面。

对企业市场营销的各个环节做一分析，可以看出它们大量的工作是在收集企业所需的信息，如消费者需求变化、对未来产品的欲望、现行营销策略的反应等，并将企业的信息，如企业的产品信息和生产信息及企业的营销策略等尽可能广泛地传播出去并力争更多的人能接收到且受到影响。因此，电子商务对于降低营销成本有着直接、明显的作用。企业在 Internet 上建立起自己的商业网站，通过网站可以发布企业的各种信息：产品的广告、新产品的开发设想、销售策略、服务承诺、产品知识宣传、企业业绩报告等。通过网站，企业可以广泛地与大众交流，获取他们对产品、服务、营销策略的意见，对新产品的建议，对产品定价的看法等，对自己的营销策略加以调整。

目前，Internet 的上网费用和建立网站的费用已经相当便宜，所以较之花大量资金做广告宣传或 800 免费电话咨询，开产品展销会，派推销人员到处推销产品、发展客户，大量市场调研人员奔赴各地做市场调查、收集用户意见等传统的市场营销方式大大降低了费用开支，使得营销成本大为降低。

（四）降低企业组织管理费用

1. 降低交通和通信费用

对于一些业务涉及全球公司，业务人员和管理人员必须与各地业务相关者保持密切联系，许多跨国公司的总裁有 1/3 时间是在飞机上度过的，因为他们必须不停地在世界各地进行周游以了解业务进展情况。现在利用互联网则可以很好地解决这些问题，通过网上低廉的沟通工具如 E-mail、网上电话、网上会议等方式就可以进行沟通。据统计，互联网出现后可减少企业在传统交通和通信中费用的 30% 左右。对于小公司而言，互联网更是给他们长了一个"翅膀"，不出家门就可以将业务在网上任意拓展，如美国一个小女孩在 1995 年就利用互联网在家里创办一家网上花店，而且生意覆盖全美国，她所需要的只是一台上网的可以接受订单和提供产品信息的服务器，然后聘请几个小工负责按地址进行邮寄即可，后来她与美国联邦快递进行联网后，她只需要将订单信息处理转交给联邦快递，由它将花从花棚直接送到订花者，这一切都是在网上完成的。

2. 降低人工费用

通过互联网，传统管理过程许多由人处理的业务现在都可以通过计算机和互联网自动完成。如美国的 Dell 公司，最开始的直销是通过电话和邮寄，后来通过互联网进行直销，由用户通过互联网在计算机帮助下自动选择和下订单，带来的效益是非常明显的，不但用户在网上可以自如选择，Dell 也无须雇用大量的电话服务员来接受用户的电话订单，而且避免电话订单中许多无法明确的因素，大大提高效率同时降低大量人工费用，同时减少人为因素造成损失。

3. 降低企业财务费用

借助互联网实现企业管理的信息化、网络化，可以大大降低企业对一般员工、固定资产的投入和日常运转费用开支，企业可以节省大量资金和费用，企业财务费用需求大为减少。

4. 降低办公室租金

通过互联网，商业企业可以实现无店铺经营，工业企业可以实现无厂房经营。如前面介绍的 Amazon 的网上书店就是典型例子，由于业务是通过网上来完成的，它无须在繁华地段租用昂贵的办公场所。目前，借助互联网，许多企业都把办公室从城市繁华中心搬到郊区，既避免市区的拥挤交通，又可以在环境幽雅的低廉费用环境下工作。对于生产性企业，通过互联网可以将其产品发包给其他的企业生产，如 Compaq 公司在被惠普公司并购前，其计算机的 90% 都不是自己生产的，而是将其发包给制造企业进行生产，Compaq 公司提供技术、软件和品牌，然后将产品直接发给用户。

综上所述，电子商务对企业形成成本优势是一个重要途径，因而受到更多的企业的重视。

三、创造新的市场机会

（一）吸引更多的顾客

企业可以突破时间限制和地理位置分割，利用互联网可以实行 7/24（每周 7 天，每天 24 小时）营销模式，同时可以突破传统市场中的地理位置分割。如利用互联网美国著名的网上书店 Amazon.com 可以很轻松地将其市场拓展到世界任何一个地方。而全球第一大零售商 Wal-Mart 要想拓展全球市场，就必须花费巨大资金进行选择店址、装修店面、建立网络，以及培训员工等准备工作，然后才可能正式营业，而且风险非常巨大，因为一旦市场开发不成功很难从市场中退出。

（二）吸引新顾客

作为新的营销渠道，互联网对于企业传统的营销渠道是一个重要补充，它可以吸引那些在传统营销渠道中无法吸引的顾客到网上订购。由于网上订购比较方便快捷，而且不受时间和地理位置的限制，对那些在传统营销渠道中受到限制，但又很喜欢企业产品的顾客无疑可以增加很大吸引力。如从 Dell 公司站点购买计算机的 80% 的消费者和一半以上的小公司以前从来没有购买过 Dell 公司的产品。据调查，其中 1/4 的人认为，如果没有互联网站点，他们就不会有这样的消费行为。

（三）开拓新产品市场

企业利用电子商务可以与顾客进行交互式沟通，顾客可以根据自身需要对企业提出新的要求和服务需求，企业可以及时根据自身情况针对消费者需求开发新产品或提供新服务。如著名的网上书店 Amazon.com 根据顾客的需求，很快将网上商店的商品从书籍扩展到音像制品和玩具等新的产品。

（四）进一步细分和深化市场

前面提到几种机会都是拓展市场的宽度和广度，企业利用电子商务可以为顾客提供定制营销，最大限度地细分市场，满足市场中每一个顾客个性化需求。如 Dell 公司为最大限度地满足顾客的特殊需要，允许顾客根据自己偏好自行选择计算机配件组装自己满意的计算机，顾客可根据网站提示选择计算机配置，确定后订单自动生成，顾客只需要付款等待送货上门即可。

四、缩短产品的生产周期

产品的生产周期是企业制造产品所需的总时间。电子商务活动可以使生产周期缩短，从而以同等的或较低的费用生产更多的产品。下面以美国汽车制造业为例说明这一问题。

20世纪80年代初，设计制造一款新型汽车，从提出方案到批量生产美国汽车制造公司一般需要4~6年。首先，制造全尺寸的黏土模型，以便了解汽车真正生产出来后会是什么模样。对模型的具体修改需几个月的时间。一经批准，将手工制造一辆或几辆样车，看各部分组合是否正确，汽车是否经济。工程师与样车制造者一起细化工程指标。样车造好后，工程师设计分立组件并设计制造这些组件所需的工具。然后，采购部门与供应商联系，生产这些工具和部件的样品，以组建试制生产线和组装试样车。如果一切进展顺利，制造工程小组接着组装汽车，以发现组装中的问题。最后，做一些附加的改进之后，汽车将批量生产。

而在今天，所有涉及设计新平台或汽车的人员（包括设计师、工程师和制造与组装人员）都作为工程小组的一部分，同时参与设计制造过程。作为计算机化的结果，过去需几周或几个月完成的步骤，现在几天就可以完成了。靠电子化分享信息可使小组中的不同成员为各自的目标而同时工作，不用等所有成员都完成了上一步再进行下一步的工作。通过使用计算机辅助设计（computer aided design，CAD）、计算机辅助制造（computer aided manufacture，CAM）和计算机辅助工程（computer aided engineering，CAE）技术，整个小组都可以分享计算机文档和使用三维建模技术来设计汽车，并观察没有实物样件的虚拟零件和装配情况。组件的改变可以在不制造工具和部件的样品的情况下进行。最终设计得到批准后，计算机辅助制造数据装入制造工具和样件的机器中。同样的技术也用在对类似设备的重新布局和装备上，作为一个小组一起工作并分享电子化信息，使研制和制造新汽车的时间缩短了30个月左右。

生产周期也可以通过使用现代信息技术来缩短。在使用电子数据交换系统之前，汽车制造公司通过电话、传真或邮件与其供应商交流生产需求和生产计划。这意味着要进行耗时的手工数据录入、照相复制和信息发送，还要一家一家地发给供应商。可能需要几周时间才能把生产计划和需求发送给所有部件生产厂和供应商。为了减少由通信不畅而导致的延误的影响，组装厂手头上要保持有大量的库存零部件。今天，汽车制造商通过电子数据交换系统与其大供应商交流生产计划与需求。组装厂向供应商电子化地发送一个8~10星期的预测或生产计划，详细注明某一具体计划时段每个工厂所需零部件的数量，日生产需求也电子化地发给供应商。当零部件准备就绪并装上拖车后，供应商就通知组装厂部件已经上路。组装厂根据拖车到达时间安排其生产线。利用接收到的更加精确和及时的信息改变组装程序，大部分北美组装厂每年库存可周转130次，比以前高出7~10倍。

五、提高顾客满意程度

（一）满足消费者个性化需求

1. 电子商务是一种以消费者为导向，强调个性化的营销方式

电子商务的最大特点在于以消费者为主导。消费者将拥有比过去更大的选择自由，他们可根据自己的个性特点和需求在全球范围内找寻满足品，不受地域限制。通过进入感兴趣的企业网站或虚拟商店，消费者可获取产品的更多的相关信息，使购物更显个性。这种个性消费的发展将促使企业重新考虑其营销战略，以消费者的个性需求作为提供产品及服务的出发点。此外，随着计算机辅助设计、人工智能、遥感和遥控技术的进步，现代企业将具备以较低成本进行多品种小批量生产的能力，这一能力的增强为个性营销奠定了基础。但是，要真正实现个性营销还必须解决庞大的促销费用的问题。电子商务的出现则为这一难题提供了可行的解决途径。企业的各种销售信息在网络上将以数字化的形式存在，可以以极低成本发送并能随时根据需要进行修改，庞大的促销费用因而可以节省。企业也可以根据消费者反馈的信息和要求通过自动服务系统提供特别服务。

2. 电子商务具有极强的互动性，是实现全程营销的理想工具

传统的营销管理强调 4P（产品、价格、渠道和促销）组合，现代营销管理则追求 4C（顾客、成本、方便和沟通），然而无论哪一种观念都必须基于这样一个前提：企业必须实行全程营销，即必须由产品的设计阶段就开始充分考虑消费者的需求和意愿。但是，在实际操作中这一点往往难以做到，原因在于消费者与企业之间缺乏合适的沟通渠道或沟通成本过高。消费者一般只能针对现有产品提出建议或批评，对尚处于概念阶段的产品则难以涉足。此外，大多数的中小企业也缺乏足够的资本用于了解消费者的各种潜在需求，它们只能凭自身能力或参照市场领导者的策略进行产品开发。而在网络环境下，这一状况将有所改观。即使是中小企业也可通过电子布告栏和电子邮件等方式，以极低的成本在营销的全过程中对消费者进行即时的信息收集，消费者则有机会对产品从设计到定价（对采用理解价值定价法的企业尤具意义）和服务等一系列问题发表意见。这种双向互动的沟通方式提高了消费者的参与性和积极性，更重要的是它能使企业的营销决策有的放矢，从根本上提高消费者的满意度。

3. 电子商务能满足消费者对购物方便性的需求，提高消费者的购物效率

现代化的生活节奏已使消费者用于外出在商店购物的时间越来越短。在传统的购物方式中，从商品买卖过程来看，一般需要经过看样—选择商品—确定所需购买的商品—付款结算—包装商品—取货（或送货）等一系列过程。这个买卖过程大多数是在售货地点完成的，短则几分钟，长则数个小时，再加上购买者为购买商品去购物场所的路途时间、购买后的返途时间及在购买地的逗留时间，无疑是大大延长了商品的买卖过程，使消费者为购买商品而必须在时间和精力上做出很大的付出。同时，拥挤的交通和日益扩大的店面更增加了消费者购物所耗费的时间和精力。然而在现代社会，随着生活节奏的变快，使得人们越来越珍惜闲暇时间，越来越希望在闲暇时间内从事一些有益于身心的活动，并充分地享受生活。在这种情况下，人们用于外出购物

的时间相应越来越少。电子商务使购物的过程不再是一种负担，甚至有时还是一种休闲、一种娱乐。消费者可以在网上将各种同类产品的性能价格进行比较以后，做出购买决定。消费者也无须驱车到很远的商场去购物，省却许多麻烦。在使用过程中发生的问题，消费者可以随时与厂家联系，得到来自卖方及时的技术支持和服务。

4. 电子商务能满足价格重视型消费者的需求

电子商务能为企业节省巨额的促销和流通费用，使产品成本和价格的降低成为可能。而消费者则可在全球范围内找寻最优惠的价格，甚至可绕过中间商直接向生产者订货，因而能以更低的价格实现购买。

（二）提高顾客服务水平

在激烈的市场竞争中，没有比让顾客满意更重要的了。由于市场中顾客需求千差万别，而且顾客的情况又各不相同，因此要想采取有效的营销策略来满足每个顾客的需求比登天还难。互联网出现后改变了这种情况，企业利用互联网可以将企业中的产品介绍、技术支持和订货情况等信息都放到网上，顾客可以随时随地根据自己的需要有选择地了解有关信息，这样克服了在为顾客提供服务时的时间和空间障碍。一般说来，利用互联网可以从下面几个方面让顾客更加满意。

1. 提高服务顾客的效率

利用互联网公布企业有关信息，顾客可以根据情况自行寻求帮助，这样企业的客户服务部门可以有更多时间处理复杂问题和管理客户关系，而且能有针对性地解决顾客提出的问题，增加顾客的满意程度。当然，企业在把长期积累的客户和产品方面的信息进行公开时必须进行控制，只有那些经过授权人的才可以进入系统进行查询，否则可能侵犯客户的利益和损害企业的利益。

2. 为顾客提供满意的订单执行服务

对于一个客户来说，没有什么事情比不能确定订单是否有效到达更令人担心的。经常是供应商的一个电话导致一系列的电话查询，一个部门问另一个部门，然后再把电话打给客户。这种方式对买卖双方来说都是既费时又费钱的事。利用 Internet 客户可以自行查找订单的执行情况。如美国的配送公司联邦快递（FedEx）公司或联合快递（UPS）公司，允许客户到公司的站点查询订单执行情况，客户只需要输入自己的号码，就可以查处货物现在到达位置，以及何时到达目的地。根据调查，这种服务除了增加客户的满意度外，还节省了大量的客户服务费用。

3. 为顾客提供满意的售后服务

许多客户在购买产品后经常遇到技术上的问题和使用方面的难题，特别是一些高新技术产品，因此售后服务就显得尤为重要。利用互联网将公司的一些产品信息资料和技术支持资料放到网上，允许客户自行在网站进行查找，寻求自我帮助，客户服务只需要解决一些重要的问题。如 Dell 公司为改进售后服务，将公司的一些软件驱动程序和技术资料公布在其网站，客户的计算机如果需要升级或者出现什么故障时，客户首先可以从网站获取售后服务，如果再有问题才向客户部寻求帮助，这样既提高了公司对客户需求的反应速度，又减少了公司应对一些客户可以自行解决的售后服务问题的时间。

(三) 加强与顾客的关系

在现代商战中,良好的顾客关系与企业的成败是休戚相关的,谁能抓住顾客,及时掌握顾客的最新信息,谁就能够先发制人,抢得先机。许多企业之所以采用 Internet 进行商务活动,就是因为它提供了以经济有效的方式和顾客联系沟通的网络站点,让顾客可以搜寻他们所需要的信息,能让顾客了解企业的基本信息和可以提供的商品和服务的状况。这样也就多了一个潜在的顾客,如果这个顾客提供了一些企业以前没有想到过的想法和要求,那么这对于企业的产品或服务的改进大有好处,相当于企业没有付出什么代价,就可以得到宝贵的信息,说不定还同时接触到了一个以后的合作者。从最基本的角度来看,这也改变了企业和顾客之间的关系,企业既是信息获取者,也是信息提供者,为企业和顾客之间的沟通提供了良好的基础。但是聪明的企业不止于此,他们通过网络站点提供一对一的联系,提供智慧型的目录,针对不同顾客的购物需求呈现不同的内容,协助个别顾客选择最适合的产品,并提醒顾客可能会有感兴趣的产品特卖。同时网络站点不分日夜的提供全天候技术支持来回答顾客的问题,24 小时站点的开放,没有休息时间,等于延长了营业时间,极大地方便了顾客,也使访问人数大大增加,无形中也增加了潜在的顾客。

传统的营销模式中,无论是直接营销的模式、通过子公司经销的模式,还是共同开发的模式,均有很难逾越的烦琐环节,浪费了时间,丧失了商机。信息反馈、产品销售等相对滞后,而利用电子商务这个新技术建立新的营销通路,大大地缩短了时间,提高了效率,并增进与顾客的联系。

总之,电子商务可以给顾客提供更为满意的服务,建立企业与顾客的良好关系,从而带来顾客的持续增长,使企业在竞争中保持优势。

随着市场竞争的日益激烈化,为了在竞争中占优势,各企业都使出了浑身的招数来吸引顾客,很难说还有什么新颖独特的方法能出奇制胜。一些营销手段即使能在一段时间内吸引顾客,但不一定能使企业盈利增加。因此,经营者迫切地去寻找变革,缩短动作周期。而对于经营者求变的要求,电子商务可谓一举多得。开展电子商务,可以节约大量昂贵的店面租金,可以减少库存商品资金占用,可以使经营规模不受场地限制,可便于采集顾客信息等,这些都使得企业经营的成本和费用降低,动作周期变短,从根本上增强企业的竞争优势,增加盈利。网络市场上蕴藏着无限的商机,正如时代华纳集团旗下的新媒体公司科技与行政副总裁诺尔顿所言:"虽目前我们还不知道该怎样赚钱,但必须现在就看好网络上的无限商机。"

第三节 电子商务对企业经营管理的影响

一、对企业战略的影响

(一) 对企业竞争战略的影响

电子商务作为一种竞争手段,具有很多竞争优势,这些竞争优势是如何给企业带来战略优势以及如何选择竞争战略的呢?根据波特的竞争理论,电子商务可以在下述几个方面加强企业在对抗某一股竞争力量时的竞争优势。

1. 巩固企业现有竞争优势

市场经济要求企业的发展必须是市场导向的，企业制定的策略、计划都是为满足市场需求服务的，这就要求企业对市场现在和未来的需求有较多信息和数据作为决策依据和基础，避免企业的营销决策过多依赖决策者的主观意愿，使企业丧失发展机会和处于竞争劣势。利用电子商务，企业可以对顾客现在的要求有较深了解，对企业的潜在顾客的需求也有一定了解，制定的营销策略和营销计划具有一定的针对性和科学性，便于实施、控制和顺利完成营销目标。如美国计算机销售公司 Dell 公司，通过网上直销与顾客进行交互，在为顾客提供产品和服务同时，还建立自己顾客和竞争对手顾客的数据库，数据库中包含有顾客的购买能力、购买要求和购买习性等信息。根据这些信息 Dell 公司将顾客分成四大类：摇摆型的大客户、转移型的大客户、交易型的中等客户以及忠诚型的小客户。公司对数据库分析后，针对不同类型的客户制定销售策略，在数据库的帮助分析下，公司的营销策略具有很强针对性，在营销费用减少同时还提高了销售收入。

2. 加强与顾客的沟通

著名的 80∶20 法则指出，企业 80%的利润来自于 20%的顾客，企业与新顾客的交易费用是与老顾客交易的 5 倍，培养顾客的忠诚度是企业营销中最大的挑战。电子商务以顾客为中心，其中网络数据库中存储了大量现在消费者和潜在消费者的相关数据资料，企业可以根据顾客需求提供特定的产品和服务，具有很强的针对性和时效性，可最大限度地满足顾客需求。同时借助网络数据库可以对目前销售的产品满意度和购买情况作分析调查，及时发现问题、解决问题，确保顾客的满意，建立顾客的忠诚度。企业在改善顾客关系同时，通过合理配置销售资源降低销售费用，增加企业收入，例如对高价值的顾客可以配置高成本销售渠道，对低价值顾客用低成本渠道销售。网络数据库营销是流行的关系营销的坚实基础，关系营销就是建立顾客忠诚和品牌忠诚，确保一对一营销，满足顾客的特定需求和高质量的服务要求。顾客要求对产品的设计和生产进行参与，从而最大限度地满足自己需求，通过互联网络和大型数据库，可以使企业以低廉成本为顾客提供个性化服务，例如美国的通用汽车公司允许顾客在 Internet 上利用智能化的数据库和先进的 CAD 辅助设计软件，辅助顾客自行设计出自己需要的汽车，而且可以在短短几天内将顾客设计的汽车送到顾客的家中。

3. 为入侵者设置障碍

虽然信息技术使用成本日渐下降，但设计和建立一个有效和完善的电子商务是长期的系统性工程，需要投入大量的人力、物力和财力。因此，一旦某个企业已经建立了有效的电子商务系统，竞争者就很难进入该企业的目标市场，这是因为，竞争者要用相当多的成本建立一个类似的数据库，几乎是不可能的。从某种意义上说，电子商务系统成为企业的难以模仿的核心竞争能力和可以获取收益的无形资产。这也正是为什么技术力量雄厚的前 Compaq 公司没能建立起类似 Dell 公司的网上直销系统的缘故。与此同时，建立完善的电子商务系统还需要企业从组织、管理和生产上进行配合。

4. 提高新产品开发和服务能力

企业开展电子商务，可以从与顾客的交互过程中了解顾客需求，甚至由顾客直接提出需求，因此很容易确定顾客要求的特征、功能、应用、特点和收益。在许多工业品市场中，最成功的新产品开发往往是由那些与企业相联系的潜在顾客提出的，因此通过网络数据库营销更容易直接与顾客进行交互式沟通，更容易产生新产品概念，克服传统市场调研中的滞后性、被动性和片面性，很难有效识别市场需求而且成本高等缺陷。对于现有产品，通过电子商务，容易获取顾客对产品的评价和意见，决定对产品的改进和换代。目前，有很多大企业开始实行电子商务，数据库产品的开发研制和服务市场规模也越来越大。例如，上面提到的美国通用公司在 Internet 上允许用户通过公司提供的辅助 CAD 软件设计自己所需要汽车，公司根据客户要求设计生产，一方面满足顾客不同层次需求，另一方面公司同时获得了许多市场上对新产品需求的新概念。在服务方面，美国联邦快运（FedEx.com）公司，通过互联网让用户查询了解其邮寄物品的运送情况，让用户不出门就可以得到公司提供的服务，公司因此省去了许多接待咨询的费用，可谓是一举两得。

5. 稳定与供应商关系

供应商是向企业及其竞争者提供产品和服务的企业或个人。企业在选择供应商时，一方面考虑生产的需要，另一方面考虑时间的需要，即计划供应量要能依据市场需求，将满足要求的供应品在恰当时机送到指定地点进行生产，最大限度地节约成本和控制质量。企业如果实行电子商务，就可以对市场销售进行预测，确定合理的计划供应量，确保满足企业目标市场的需求；与此同时，企业可以了解竞争者的供应量，制定合理的采购计划，在供应紧缺时能预先订购，确保竞争优势。如美国的大型零售商 Wall-Mart 公司通过其电子商务系统，根据零售店的销售情况，制定其商品补充和采购计划，通过网络并将采购计划立即送给供应商，供应商必须适时送货到指定零售店。供应商既不能送货过早，因为公司实行零库存管理，没有仓库进行库存，也不能过晚，否则影响零售店的正常销售。在零售业竞争日益白热化的情况下，公司凭借其与供应商稳定协调的关系，使其库存成本降到最低；供应商也因公司的稳定增长而获益匪浅，都愿意与 Wall-Mart 公司建立稳定的紧密合作关系。

因此，企业电子商务实施将推动企业战略的转变，主要表现为由传统的 Win-Lost（一方打败另一方，或者两败俱伤）的对抗型企业竞争战略，转变为追求 Win-Win（双赢）的协作型企业竞争战略。

（二）对企业市场营销战略的影响

电子商务使顾客在整个营销过程中的地位得到提高，顾客可以直接与产品生产或服务提供者进行沟通。顾客对营销活动参与性增强，而且选择的主动性也得到加强，因为网上丰富的信息使顾客的选择余地变得很大。传统企业通过 4P（产品、价格、渠道和促销）要素的组合营销策略提高市场占有率，通过树立企业形象、提高品牌知名度、不断改进产品质量，企业在尽可能广的地理区域通过市场细分的方式满足不同需求的用户，从而占领市场。这种传统的市场营销运作方式对于其他新的竞争企业产生很大的进入障碍。在工业经济的发展历程中，企业激烈竞争的结果是群雄割据，几乎每个行业都出现垄断。而新竞争者只能以弱小的地位在剩余不多的零星市场当中分得"一杯羹"。网络的出现改变了原有的市场空间，新的电子商务模式使传统企业面临一个全新的虚拟市场。在原来的经济体系中资源优势、品牌优势等在购买决策中占有至关重要地位的因素在新的市场中变得并不太重要。虚拟市场是一块尚未开发的处女地，它使在原来市场空间中占据不同地位的传统企业又站在同一起跑线上。未来的虚拟市场谁主沉浮，对每一个企业都是一个极具诱惑力的挑战。

因此，电子商务的营销首先要求把消费者整合到整个营销过程中来，企业必须严格地执行以消费者需求为出发点，以满足消费者需求为归宿点的现代市场营销思想，否则难以在竞争中取胜。在营销过程中，要不断地与顾客交流，每一个营销策略都要从消费者的角度出发，这就要求企业将传统被动了解市场及制定营销策略的4P's（产品、价格、渠道和促销）模式，改为以顾客为中心的4C's（客户、成本、方便和沟通）模式，即产品开发必须以顾客需求为前提，产品的定价以顾客能接受为准，分销渠道的设置以方便顾客为准，改变传统的"推"式促销为"拉"式沟通策略，从而最终实现消费者的满足和企业利润的最大化。

二、对企业组织的影响

电子商务不仅是一种技术变革，它还带来了一种通过技术的辅助、引导、支持来实现的前所未有的商务经济往来方式，是商务活动本身发生的根本性革命。对企业而言，电子商务不仅是一种贸易的新形式，从其本质上说，电子商务应该是一种企业业务转型，从而引起企业多方面的重大变革。

（一）组织形式发生变化，虚拟企业产生

以Internet为基础的电子商务对企业传统的组织形式带来很大的冲击。它打破了传统职能部门依赖于通过分工与协作完成整个工作的过程，产生了并行工程的思想。除了市场部和销售部与客户直接打交道外，企业的其他部门也可以通过电子商务网络与客户频繁接触，从而改变了过去间接接触的状况。在电子商务的条件下，企业组织单元间的传统边界被打破，生产组织形式将重新整合，开始建立一种直接服务顾客的工作组。这种工作组与市场直接接轨，以市场最终效果衡量自己生产流程的组织状况，以市场最终效果衡量各个组织单元间协作的好坏。这种生产组织中的管理者、技术人员以及其他组织成员比较容易打破相互之间原有的壁垒，广泛进行交流，共享信息资源，减少内部摩擦，提高工作效率。

由于电子商务的推行，企业的经营活动打破了时间和空间的限制，将会出现一种完全新型的企业组织形式——虚拟企业。这种虚拟企业打破了企业之间、产业之间、地区之间的界限，把现有资源优化组合成为一种没有围墙、超越时空约束、利用电子手段联系、统一指挥的经营实体。虚拟企业可以是一个企业的某几种要素的重新组合，也可以是一个企业的某一种要素或几种要素与其他企业系统中某一种或几种要素的重新组合。虚拟企业一改人们习惯的刚性组织结构，通过柔性化的网络将具有能力的资源联系起来，组成跨职能的团队，使资源的配置真正实现最优化。由于建立虚拟企业更多地依靠人员的知识和才干，而不是他们的职能，所以，虚拟企业的管理也

由原来的"控制"转向"支持",由"监视"转向"激励",由"命令"转向"指导"。

(二) 组织结构向网络化和分布化的扁平结构发展

在电子商务条件下,企业组织信息传递的方式由单向的"一对多式"向双向的"多对多式"转换。"一对多式"单向为主的信息传递方式形成了"金字塔"式的组织结构,这种组织结构是类似于金字塔的垂直结构。在这种结构中,从价值生产到价值确认过程中,或者说从生产的最初环节到生产的最终环节的过程中,插入了许多中间环节。这种组织结构实际上是把企业员工像蛋糕一样切块分割、分层。既造成了部门的分割和层叠,又容易造成官僚主义,在信息时代迅速变化的市场面前,充分暴露出周转不灵的弊病。参与电子商务的企业为适应双向的"多对多式"的信息传递方式,其垂直的阶层结构将演变为水平的结构形式,这是21世纪企业的组织结构。这种结构突出表现为两个特点:第一,电子商务构造了企业的内部网、数据库,所有部门和其他各方都可以通过网络直接快捷地交流,管理人员间相互沟通的机会大大增加,组织结构逐步倾向于分布化和网络化结构;第二,电子商务使得中间管理人员获得更多的直接信息,提高了他们在企业决策中的作用,从而实现扁平化的组织结构。

企业组织结构变革的另一个显著特征是由集权制向分权制的转变。传统企业采用高度集中的单一决策中心,这种结构存在许多缺点,诸如官僚主义、低效率、组织结构僵化等。脱离市场的产品生产和经营就是这种决策方式的产物。电子商务的推行,迫使企业将过去高度集中的决策中心组织逐步改变为适当分散的多中心决策组织。企业的宏观规划、市场预测等经营活动一般通过跨职能、跨部门的多功能型的组织单元来制定。这种由多个组织单元共同参与、共同承担责任,并由共同利益驱动的决策过程使员工的参与感和决策能力得以提高,从而提高了整个企业的决策水平。

三、对企业管理的影响

(一) 对企业运作方式的影响

电子商务以数字化网络和设备替代了传统纸介质,部分或全部实现了商务解决方案的全过程,从而带来了一种新的贸易服务方式。这种方式突破了传统企业中以单向物流为主的运作格局,实现了以物流为依据、信息流为核心、商流为主体的全新运作方式,包括进出口代理、报关、商检,运输等为内容的物流,作为整套服务体系的载体,通过网络提供给企业;商流信息咨询、市场分析、进口产品的保税展示和仓储、网上推销与广告宣传等服务也不断向网民提供,从而在世界各地建立代理销售网络,为制造商与贸易商提供商机、寻找买主、撮合成交,并提供成交后的进出口服务。在这种新型的运作方式下,企业的信息化水平将直接影响到企业供销链的有效建立,进而影响企业的竞争力。这就需要企业对现有业务流程进行重组,加强信息化建设和管理水平,从而适应电子商务的发展需要。

(二) 对企业人力资源管理的影响

电子商务的特色决定了企业发展和成败的关键在于人才的拥有和培养。在电子商务模式下,人们的工作时间更具弹性,工作场合不受限制,员工更加依赖于自身的知识智慧和创造性思维,并逐步脱离开机械设备、原材料和工作条件的束缚,逐渐摆脱对岗位的依赖,从而找到内在的自由和平衡。这就需要企业建立一系列新观念、新制度来进行人力资源的开发、人力资本的投入和增值,从而适应信息时代"真正个人化管理"的要求。

(三)对企业营销管理的影响

电子商务对企业营销管理的影响,最为显著的是销售渠道和促销策略的变革。以往的批零方式将被网络代替,人们直接从网络上采购,传统的人员推销失去大部分市场,广告宣传也为适应新的传播媒体而改变。管理者对目标市场的选择和定位,将更加依赖于上网者的资料以及对网络的充分利用。总之,企业的市场调研、产品组合和分销等一系列营销管理活动将会因电子商务而发生改变。电子商务使顾客有了更多、更广泛的选择,同时帮助企业扫清向国际市场拓展业务的障碍,这一点对于中小企业尤为突出。网络营销正成为营销学的一个新的研究领域。目前越来越多的企业开始运用网络与传统营销的组合方式进行管理,效果显著,营销费用明显降低,营销预算更加方便、准确。

(四)对企业结算方式的影响

企业可以通过网上银行系统实现电子付款,进行资金结算、转账、信贷等活动。当然,目前主要的信用传输安全保障和认证问题还未得到全面解决,但是纸货币流被无纸电子流所代替而引发的结算革命是不可阻挡的发展趋势。企业应该顺应这种趋势,做好改变传统结算方式的准备。

小结

电子商务的应用领域已经渗透到传统生产企业、商贸企业、服务企业和政府等各个方面。实现电子商务给企业带来一系列竞争优势:树立良好企业形象,增强成本竞争优势,缩短生产周期,保持客户持续增长,这都将为企业创造更多的市场机会,带来更大的市场竞争力,从而使得企业在激烈的市场竞争中立于不败之地。

电子商务对企业而言,不只是改变了贸易的形式,而且是一种业务转型。因此,电子商务对企业各个方面产生重大影响,导致一系列变革,主要体现在:企业在制定、实施竞争战略和市场营销战略时应考虑电子商务的影响;企业组织结构由传统的"金字塔"形的多层、层叠结构向分布化、网络化的扁平结构转变,这种结构对于提高整个企业的决策、管理水平更加有利;企业的运作方式由以单向物流为主的运作格局向以物流为依据、信息流为核心、商流为主体的全新运作方式转变;企业人员管理模式更加个性化、非过程化,采用自我激励机制,充分发挥员工的积极性和创造性;传统的营销管理模式受到冲击,网络营销将成为企业的主要营销方式之一;电子商务中,纸介质货币由电子化货币取代,支付、结算将在网络上完成,这必然引起企业结算方式的变化和管理上的变革。

即测即评

请扫描二维码，在线测试本章学习效果

 **思考题**

1. 请解释下面概念：电子商务竞争战略。
2. 比较分析生产企业、商贸企业、服务企业之间实施电子商务的差异？
3. 电子商务给企业带来哪些竞争优势？
4. 电子商务对企业的经营管理产生哪些影响？
5. 企业如何实施电子商务？

 **案 例**

Dell 公司的网上直销及其移动化发展

前几年还处在亏损状态的 Dell 公司（http：//www.dell.com），经过短短几年的发展已经成为全球第二大计算机供应商，在 1999 年第二季度结束后，Dell 公司已经将 Compaq 公司（http：//www.compaq.com）从美国第一的宝座赶下来，一举成为美国销量第一的 PC（个人计算机）供应商，而且正在咄咄逼近全球 PC 销量第一的宝座。是什么原因使得曾经举步维艰的 Dell 公司摆脱困境的呢？原来 Dell 公司看到了 Internet 的优势并在业界同行意识到这一点以前就开始研究如何利用 Internet。早在 1996 年 7 月，Dell 公司的客户就能够通过公司的站点直接配置和订购计算机。在 6 个月内，Dell 公司每天通过互联网络销售价值达 100 万美元的计算机产品，几个月后就翻一番。Dell 公司凭借这种创新的、根据订单进行生产并直销的营销模式，避免传统渠道中常见的代理商和零售商的高额价格差，同时 Dell 公司的库存成本大大降低，与其依靠传统方式进行销售的主要竞争对手相比，Dell 的计算机占有10%~15%的价格优势。

Dell 公司的网上直销站点还提供技术支持与订购信息，包括直接从站点下载软件。该站点每周回答 12 万个技术问题。Dell 公司的销售收入 90% 来自企业，10% 来自普通客户。但在线销售则是 90% 销售收入来自中小企业和普通个人用户，Dell 公司的大客户则主要通过站点查询产品信息、订单情况和技术帮助，并不直接从网上订购。为吸引大客户进行网上采购和网上服务，Dell公司设置专门的"客户首页"提供针对大客户的个性化服务，客户只需要通过客户首页直接进行折扣采购。这些客户也通过网上直接采购降低采购费用，如Dell公司的大客户MCI公司通过与Dell公司合作进行统一采购，使采购成本降低了15%左右，而且公司的采购周期由4~6周缩短到24小时以内。

Dell公司是如何开展网上直销的呢？图3-1是Dell公司为中国内地小型企业提供定制服务的主页，客户只需要点击其中的图表就可以购买想要的产品，同时还可以直接在网站获得技术支付与服务。为方便客户在网上购买，Dell公司将客户分成大型企业（1 500人以上）、中型企业（500~1 499人）和小型企业（499人以下），以及一般的消费者。客户可以根据自己的需要选择Dell公司提供的各种台式机、笔记本电脑、工作站和服务器，Dell公司的这些产品是专门针对小企业进行设计和定做的。客户购买时，可以查看网站中对各种型号计算机的详细介绍和提供的有关技术资料。客户可以不出门就可以对计算机的性能进行深入了解。Dell公司作为一个国际性公司，为更好地满足不同市场的需要，在推行网上直销时专门针对不同区域的市场推行特定的网上直销方式，如专门针对中国大陆市场客户提供直销服务，网站设计时用的是中文而且考虑到中国人的习惯，允许通过电话联系订货。可见Internet作为新的信息沟通渠道和媒体，改变了传统营销的手段和方式，而且在Internet上开展网络营销所具有的价格竞争优势，将推动网络营销开创划时代的、革命性的营销新纪元。

图3-1　Dell公司为中国内地小型企业提供定制服务的主页

众所周知，Dell一直在积极转型，致力于成为一个端到端IT解决方案提供商。与逆市增长的PC、不断丰富的服务器和存储产品线相比，Dell在软件方面显然还有更大的潜力可挖。通过几十次大大小小的收购，Dell软件这个曾经的短板现在羽翼丰满，特别是在Dell软件集团成立后，软件产品线的布局日趋完善。安全业务作为Dell软件集团重要的一个业务分支，其重要性逐渐凸显出来。今年，Dell还特意成立了安全解决方案事业部。

中国的移动互联网市场发展十分迅速，针对移动端的数据保护和安全产品市场前景广阔。在这方面，Dell 安全的出发点是如何让移动端与企业的后台系统更好地连接，提供统一的安全保护。Dell 最新推出的 SMA（Secure Mobile Access）可以在移动端和企业后台之间建立安全的连接。"我们希望 Dell 的安全解决方案能够帮助不同规模的企业用户实现高效、便捷的安全防护。通过 Dell 不同产品线之间的联动，我们可以提供全面的安全解决方案，将企业内部的所有信息都加密，即便员工疏忽或者不小心犯错，也可以确保企业的信息不被泄露。"Dell 全汉升表示。

作为领先的端到端企业解决方案提供商，满足客户"需求为目标，与客户共赢"是未来 Dell 一项重要的使命。2013 年，Dell 以 249 亿美元的交易价格完成了公司的私有化，迈入公司发展的全新篇章。在私有化一年后，Dell 已经成为全球增长速度最快的集成技术解决方案公司。为了提升 Dell 满足客户需求、提供端到端解决方案和服务的能力，在过去的 5~6 年间，Dell 已经完成了在存储、服务、安全等领域 30 多家公司的收购，以扩充其产品和解决方案组合。目前，Dell 在全球范围内由客户端解决方案、企业解决方案、软件和服务等四大业务部门组成。私有化之后的 Dell 将能够更加灵活地对云计算、大数据、移动互联以及安全进行投资，进一步增强其作为端到端解决方案提供商的能力。

针对移动时代的到来，Dell 预见到了移动办公的趋势，针对办公室不同人群开发了新的适合移动办公的产品。在中国，与魅族强强联合。Dell 为魅族提供全系列解决方案和硬件设备，以完善售后服务体系，加强呼叫中心服务质量，为中国手机用户提供更佳的服务体验。中国移动互联网先锋品牌魅族高调发布全新智能手机，其产品技术的先进性和客户量均充分说明该品牌已步入高速发展阶段。此时，魅族以进一步提升客户服务体验为目前的当务之急，继续与国际领先厂商合作搭建一个高端云服务平台，满足其系统级别整合、权限智能分配、一站式账号管理等互联网整体解决方案的需求。

资料来源：

[1] 娄池. 戴尔私有化：错失移动终端机遇 转型企业级受挫. http://tech.qq.com. 2013-02-06

[2] 吴迪. 戴尔：软件+服务 成就企业高效 IT. http://www.searchcio.com.cn. 2013-05-09

讨论题

1. 用波特竞争战略理论分析 Dell 公司的竞争优势。
2. 移动时代的 Dell 有哪些变化？其中心战略是什么？

第四章
电子商务环境

电子商务是一种崭新的贸易方式，围绕贸易开展的所有商务活动乃至整个社会经济活动都将随着电子商务的开展产生变革和受到影响。认识电子商务环境，对于正确理解和开展电子商务是很有意义的。本章探讨了电子商务的法律环境、经济环境及市场环境。

第一节　电子商务法律环境

电子商务的法律环境涉及四个方面：交易方面、安全方面、知识产权方面和司法管辖方面。本节将从这四个方面分别介绍法律环境的相关概念和相关法规。

一、电子商务交易方面

（一）电子商务交易方面的问题

1. 电子合同成立的形式及效力

通过网上交易，买卖双方必须经过一个要约与承诺的过程。我国的合同法对电子合同能否构成合同形式要件已做出了明确规定，认为数据信息是可以有形地表现所载内容的一种书面形式，但对电子商务合同在何种情况下形成缺乏具体规定。因此如何来认定网上电子商务合同已构成并对合同双方具有约束力成为电子商务法律问题中的一个主要问题。

在 B2B 及 B2C 的电子商务活动中，大量的合同是以点击方式达成的。电子合同形成中的第一步是用户在网上进行某种形式的客户登记。在登记过程中，用户将浏览或审阅附具格式购买协议的屏幕或通过点击图表以便审阅该协议。只有在用户明确表明同意合同条款的情况下方能从事网上交易。因而，网上合同的成立往往是通过用户以鼠标点击方式来完成的。如果用户有机会审阅合同条款并有机会决定是否同意或拒绝该合同，那么通过这种程序形成的电子合同应被视为有效的合同并在法律上得到保护。

2. 数字签字、认证及公共钥匙设施

同书面资料相比，网上资料因可随意修改、编辑、偷窃等而使如何确保网上资料的真实性、完整性、保密性、安全性和时间性面临着很多的挑战。这不仅涉及技术问题，同时也涉及法律问题。每年世界各国因网上信息资料，包括企业商用机密资料和信用卡资料被盗而造成的损失达数百亿美元。因此，迅速在我国建立一个电子安全系统已迫在眉睫。一个电子安全系统主要需解决四个问题：只有经授权的人方能进入信息库；未经授权的人不能创作、修改或销毁电子数据；经合法授权的人在进入信息库时不会被拒绝；确保信息资源被用于合法目的。在电子网络化的虚拟世界里，解决身份认证及隐私保密须通过密码和数字认证的技术以及公共钥匙系统。

由于加密软件的使用在我国尚不普遍，目前人们在网上传送数据电文通常不附具签名或加密。即使使用电子签名并对数据电子加密，签名的真实性、可靠性和安全性也必须通过建立一个电子安全系统来得以保证。

通过立法可在法律上保证数字签字的规范化，明确数字签字的有效性和认证机构的权威性以及违规的法律后果；同时，在法律上可保证通过互联网传递的文件不会被伪造或修改，能确定真实的发件人和收件人通信收发的时间以避免毁约。这无疑将为电子商务的健康发展建立一个良好的法律框架。

3. 电子支付

目前阻碍我国电子商务迅速发展，特别是 B2C 商务发展的一个主要因素，是网上支付结算的问题。与美国网上支付主要是通过信用卡来完成的方式相比，因我国信用卡应用尚未普遍且老百姓的储蓄率又相当高，所以我国电子商务中的电子支付可以考虑采用多种方法，对电子支付中所涉及的各种法律问题必须逐一解决。

4．电子邮件广告

由于互联网允许每个人都可以在网上发布任何信息，这样用户就无法避免收到大量的、未经请求的电子邮件广告。此类电子邮件广告不仅浪费用户很多时间来分类清除，同时也构成骚扰。对此类电子邮件广告不进行规范将影响电子商务的健康发展。为阻止此类电子广告，并明确网络商的责任，必须通过立法来修改和完善现有的广告法。

5．电子商务特定领域

对网上推销色情作品或产品、网上赌博、网上销售武器等，需制定专项法律来限制并对政府司法机构如何介入电子商务和监控互联网提出具体标准。鉴于电子商务的正常运转对国家的经济命脉具有至关重要的作用，应立法规定允许执法机构按一定司法程序有权获取互联网公司操作地点、加密通信和储存电子信息等有关材料。

（二）相关法规

电子交易是电子商务的主题，因此在电子交易方面，国际上非常重视。联合国贸易法委员会先后颁布了一系列的规则，其中最引人注目的是《电子商业示范法》。《电子商业示范法》的条款并不多，而且多是一些原则性的规定，但它为世界各国规范电子商务的发展起到了统一的指导性作用。

我国在电子交易方面没有专门的法律法规，仍然依靠原来的商事法律来调整，但随着电子商务在我国的发展，我国的一些部门和行业也制定了一些规定，如烟草行业的《关于卷烟网上交易有关问题的通知》。除此之外，我国一些地区（北京、上海、广东）的地方立法机构为本地方制定了法规，最为引人注目的是广东省 2003 年出台的《广东省电子交易条例》，它是我国第一个针对电子交易的地方性法规。

关于电子商务交易方面的主要法规如下：

1．国际惯例或规则

（1）联合国贸易法委员会：《电子商业示范法》。

（2）联合国贸易法委员会：《电子商业示范法》颁布指南。

（3）经济合作与发展组织（OECD）：关于电子商务中消费者保护指南的建议。

（4）经济合作与发展组织（OECD）：《全球电子商务行动计划》。

（5）《服务贸易总协定》电讯服务的附件。

（6）《国际海事委员会电子提单规则》。

2．主要国内法规

（1）国家税务总局关于使用计算机版《国际航空旅客运输专用发票》的批复（2003）。

（2）中国人民银行关于落实《网上银行业务管理暂行办法》有关规定的通知（2003）。

（3）关于卷烟网上交易有关问题的通知（2003）。

（4）文化部关于加强互联网上网服务营业场所连锁经营管理的通知（2003）。

（5）国家税务总局关于推行增值税一般纳税人纳税申报电子信息采集系统的通知（2003）。

（6）中华人民共和国海关对加工贸易企业实施计算机联网监管办法（2003）。

（7）网上银行业务管理暂行办法（中国人民银行，2001）。

（8）关于首次公开发行股票公司招股说明书网上披露有关事宜的通知（中国证监会，2001）。

（9）关于新股发行公司通过互联网进行公司推介的通知（中国证监会，2001）。

（10）关于开展网络广告经营登记试点的通知（国家工商行政管理局，2000）。

（11）网上证券委托暂行管理办法（中国证监会，2000）。

（12）教育部关于加强对教育网站和网校进行管理的公告（教育部，2000）。

（13）教育网站和网校暂行管理办法（教育部，2000）。

（14）文化部关于音像制品网上经营活动有关问题的通知（文化部，2000）。

3. 部分地方性法规

（1）广东省电子交易条例（广东省，2003）。

（2）《电子商务监督管理暂行办法》（北京市，2002）。

（3）经营性网站备案登记管理暂行办法（北京市，2000）。

（4）经营性网站备案登记管理暂行办法实施细则（北京市，2000）。

（5）北京市网络广告管理暂行办法（北京市，2001）。

（6）关于对网络广告经营资格进行规范的通告（北京市，2000）。

（7）关于对利用电子邮件发送商业信息的行为进行规范的通告（北京市，2000）。

（8）上海市营业执照副本网络版管理试行办法（上海市，2000）。

（9）上海市电子商务价格管理暂行办法（数字证书部分）（上海市，2000）。

（10）上海市国际经贸电子数据交换收费规则（上海市，1999）。

（11）上海市国际经贸电子数据交换管理规定（上海市，1999）。

二、电子商务安全方面

（一）电子商务安全性方面的问题

1. 用户隐私权

互联网是一种全新的通信媒体。由于它的全球性、传播性、公开性和互动性，互联网是第一个允许任何一个国家的用户通过互联网可以自由发布信息及从事商务的媒体。用户可以通过互联网来挑选个人喜欢的信息和娱乐，也可以在网上买卖股票等。网络的互动性在很大的程度上已改变了传统的消费者同供应商的关系。同样，政府也在逐步通过互联网为其公民提供包括教育、医疗保健、政务信息等服务。

因为互联网是一个虚拟的空间，很多用户可能会以为他在网上搜寻信息时是一个隐名人士，自己看不到他人，他人看不到自己。但实际上，互联网把他所访问过的每一个网站或每一个链接都已记录在案，调阅网页、网上订货、发收电子邮件都会在网上记录下来。这些数据可以反映这个用户网上生活的简况。这就引申出一个用户隐私权问题。一方面，当个人在网上浏览或购物时，经常会被要求提供有关个人的资料；另一方面，网站经营者往往不向用户说明所收集的个人资料将派何用处。网站经营者可能会将用户的资料整理并建立用户个人的档案或者将该资料出售或出租给其他公司，例如给广告商以获取广告费。

由于电子商务使得消费者个人的资料可以轻易地被他人获取或利用，消费者对在网上交易会产生忧虑从而不会充分利用互联网来积极地进行电子交易。根据国外所做的一些调研，可以看到如消费者对其个人上网资料能得到何种隐私保护持疑虑态度，电子商务发展的速度将受到相当的影响。因此就有必要通过人大立法来明确网络商应如何告知用户所收集的消费者个人信息将会被派何用处，用户是否有权来修改针对他的个人资料，网络商未经用户同意而擅自披露用户个人信息的责任等。

2. 加密和解密系统

电子商务中对用户提供的信息，特别是有关网上支付结算的信息的安全性和可靠性提出了很高的要求。不同于通过铺在地下的电缆来传递的传真和语音，互联网是通过无以计数的、联网的计算机来传递信息的，信息所走的路径是无法预测的。因而，消费者在网上购物时，对网上披露其不经过加密的支付结算信息疑虑重重，这无疑将阻碍电子商务的普及。

我国国务院在 1999 年 10 月颁发了商用密码管理条例。该条例对含有加密和解密技术软件、设备和产品的开发、生产、销售及使用实行专控管理制度。但应该看到，由于该条例简单，在实际操作中可能会存在一些问题。例如不管密码的技术标准，如出口钥匙强度低于 30 字节（30 bits），都需国家密码管理机构批准吗？再如，条例规定境外组织或个人在中国境内使用密码产品或含有密码技术的设备时，须报国家密码管理机构批准，但是如果一个外国商人在中国短暂逗留期间使用含有境外生产和销售密码产品的便携式计算机时也须批准吗？个人从网上下载加密软件并使用会承担何种法律责任？这些都应该通过行政法规做出进一步的规定。

3. 计算机犯罪

随着我国互联网用户量的迅速增加，利用互联网犯罪的行为也相应增多，诸如，通过网络进行的欺诈行为、侵权行为、诽谤行为、非法销售行为、侵犯个人隐私和商业机密乃至国家机密的行为。虽然目前我国的计算机犯罪仅是冰山一角，但是对利用计算机犯罪的现象必须防患于未然。应该进一步健全、完善相应的法律，对各种计算机犯罪行为进行制裁。

（二）相关法规

电子商务安全关系到电子商务发展的前途，大部分人也把它列为电子商务发展的主要瓶颈之一。在电子商务安全方面国际上也十分重视，联合国贸易法委员会颁布了《电子签名统一规则（草案）》。各个国家主要是从网络安全的角度来制定法律法规的，我国在这方面也制定了一系列的法律法规，除了部门制定的法规外，特别是在新修订的《中华人民共和国刑法》中规定了相关的罪名，充分体现了我国对电子商务安全的重视。具体法律法规如下：

1. 国际惯例或规则

(1) 联合国贸易法委员会电子签名统一规则（草案）。

(2) 联合国贸易法委员会电子签名统一规则附条例指南。

(3) 经济合作与发展组织（OECD）关于电子商务中消费者保护指南的建议。

2. 国内法规

(1)《信息技术安全标准目录》(2003)。

(2) 国家烟草专卖局关于印发《烟草行业计算机信息网络安全保护规定》的通知 (2003)。

(3) 国家密码管理委员会办公室公告：商用密码研制和生产单位名单 (2003)。

(4) 关于通过邮寄方式办理计算机安全专用产品销售许可证的通知 (2003)。

(5)《中国互联网行业自律公约》(2002)。

(6) 维护互联网安全的决定（全国人民代表大会常务委员会，2000）。

(7) 计算机信息网络国际联网保密管理规定（国家保密局，2000）。

(8) 计算机病毒防治管理办法（公安部，2000）。

(9) 商用密码管理条例（国务院，1999）。

(10) 计算机信息网络国际联网安全保护管理办法（公安部，1997）。

(11) 计算机信息系统安全专用产品检测和销售许可证管理办法（公安部，1997）。

(12) 关于对与国际联网的计算机信息系统进行备案工作的通知（公安部，1996）。

(13) 关于防病毒卡等产品属于计算机安全专用产品的批复（公安部，1995）。

(14) 计算机信息系统安全保护条例（国务院，1994）。

3. 地方性法规（部分）

(1) 广东省计算机信息系统安全保护管理规定 (2003)。

(2) 广东省电子政务信息安全管理暂行办法 (2003)。

三、电子商务知识产权方面

（一）电子商务知识产权方面的问题

电子商务涉及知识产权方面的问题，如软件及数据库的著作权的保护，商标权、专利权、商业秘密与专有技术在网上的使用和保护问题。

1. 网上著作权

网络中传输的数字信息，包括各种文字、影像、声音、图形和软件等都属智力成果，因而对网上内容的瞬间下载将构成未来互联网侵权的主要形式，对此，如何确定侵权事实的存在及损害赔偿的原则，现有的著作权保护方面的法律是否能适应网络发展的需求，仍是有疑问的。

2. 网上商标的保护

自从网络一出现和网络商业化以来，网上商标保护问题就随之而来，如网站上以及网页上各种商标的授予和保护，域名的注册原则和授予标准。它是否属于商标的范畴？传统的商标法对它使用又如何做出调整和规范？这一系列问题都需要加以解决。

（二）相关法规

知识产权的保护历来受到国际社会的重视，网络的发展给知识产权的保护提出了新的挑战，特别是如何保护网络上的知识产权成为十分重要而又十分紧迫的事情。国际和国内都对网络知识产权的保护制定了一系列的法规。我国针对软件著作权和域名等问题制定了比较详细的规定。

电子商务知识产权方面的具体法规如下：

1. 国际惯例或规则

（1）世界知识产权组织：版权公约。

（2）ICANN：统一域名争议解决政策。

（3）ICANN：统一域名争议解决办法程序规则。

（4）世界知识产权组织：统一域名争议解决办法补充规则。

2. 国内法规

（1）著作权行政处罚实施办法（2003）。

（2）中国互联网络信息中心域名争议解决办法程序规则（2003）。

（3）中国互联网络信息中心域名注册实施细则（2003）。

（4）中华人民共和国信息产业部关于中国互联网络域名体系的公告（2002）。

（5）《保护网络作品权利信息公约》（2002）。

（6）《中国互联网络域名管理办法》（2002）。

（7）《互联网出版管理暂行规定》（2002）。

（8）《软件著作权登记办法》（2002）。

（9）最高人民法院关于审理涉及计算机网络域名民事纠纷案件适用法律若干问题的解释（最高人民法院，2001）。

（10）最高人民法院关于审理涉及计算机网络著作权纠纷案件适用法律若干问题的解释（最高人民法院，2000）。

（11）关于互联网中文域名管理的通告（信息产业部，2000）。

（12）中文域名注册管理办法（试行）（CNNIC，2000）。

（13）中文域名争议解决办法（试行）（CNNIC，2000）。

（14）关于计算机软件著作权管理的通知（国家版权局，1994）。

（15）计算机软件著作权登记办法（电子工业部，1992）。

（16）计算机软件著作权登记中使用的软件分类编码指南（机电部计算机软件登记办公室，1992）。

（17）计算机软件著作权登记收费项目和标准（机电部计算机软件登记办公室，1992）。

（18）计算机软件保护条例（国务院，1991）。

3. 地方性法规

（1）关于注册网站名称有关问题的补充通告（北京市工商行政管理局，2001）。

（2）关于审理因域名注册、使用而引起的知识产权民事纠纷案件的若干指导意见（北京市高级人民法院，2000）。

（3）网站名称注册管理暂行办法（北京市工商行政管理局，2000）。

（4）网站名称注册管理暂行办法实施细则（北京市工商行政管理局，2000）。

四、电子商务司法管辖方面

由于电子商务具有不受地界、国界限制的网络空间，一旦发生法律争议，就不可避免地涉及管辖权的问题，即究竟哪个国家的法院对此争议有管辖权，如果有两个以上国家的法院主张管辖权，则应当由哪个国家的法院审理。判断网上活动发生的具体地点和范围可能也是很困难的，将其对应到某一特定的司法管辖地域就更难了。网络空间的不确定性必然使得网络不具有与网络活动者有稳定联系的一些传统因素，因此，传统法律当中对管辖权划分的基础在网络空间的诸多领域中受到了挑战，例如设立网站进行网上广告的管辖权问题、网络侵权行为的管辖权问题、电子合同的管辖权问题。与司法管辖权总是相关的即电子商务中的适用法律冲突的问题。电子商务合同的当事人应当有选择适用法律的自由，但在由于司法管辖权的问题或是各国适用法律的冲突较大而使合同缺乏选择法律条款的情况下，各国如何解决其所面临的司法冲突仍是个问题。是否各国应共同消除现有法律法规方面的障碍，还是考虑可将联合国国际贸易法理事会制定的《电子商务示范法》上升为国际公约而由各国接受认可，需要各国商讨。

第二节 电子商务经济环境

随着电子商务的推广，电子商务对社会经济的影响将越来越广泛和深入，必将对现行的经济政策产生影响乃至改变。这里所讨论的是电子商务对与国民经济关系重大的税收政策及货币政策的影响。

一、税收政策方面的影响

税收是国家为实现其职能，凭借政治权力参与社会生产的再分配，强制无偿获取财政收入的一种手段。税收是政府经济能力的主要来源，因而受到各国政府的高度重视。商业是现代社会税收的最主要来源之一，电子商务作为一种新型的商业形式，必然与税收发生联系，并对传统的税收政策及税收管理带来一系列影响。

（一）国际上对电子商务税收的观点及政策

1. 以美国为代表的"温和派"

1996年11月，美国财政部发布了《全球化电子商务的几个税收政策问题》的讨论稿，这是一国政府首次公开探讨电子商务的税收问题。该讨论稿勾勒了美国财政部的大概意图，他们认为在制定相关税收政策及税收征管措施时，应遵循中性原则，即对网络交易与一般有形交易（physical transaction）在征税方面应一视同仁，以免阻碍新技术的发展。该讨论稿认为，最好是不开征新税或附加税，而是通过对一些概念、范畴的重新界定和对现有税制进行改进来处理电子商务所引发的税收问题。其次，实行居民管辖权。在网络空间中，很多情况下难以将一项所得与特定的收入来源联系在一起，地域管辖权作用弱化，而几乎所有的纳税人都是某个国家的居民。因此，从税收征管看，地域管辖权应让位于居民管辖权。最后，对税务管理他们认为，各国在运用现有国际税收原则进行征管时，应尽可能协调一致；在加强征管的同时，应避免双重征税。税务部门应采用新技术加强征管，同时尽力与私人部门合作。

1997年7月1日，美国总统克林顿公布了《全球网络贸易框架》报告，建议美国官员同世界贸易组织合作，在一年之内建立国际互联网自由贸易区，并再次要求不要对国际互联网上的贸易征收新的赋税。显然，由于美国在国际互联网贸易上居领先地位，因此，不希望开征新税影响到其广阔的贸易前景。

世界贸易组织于1998年5月19日至21日在日内瓦召开了为期三天的Internet商务会议，经过一番酝酿协商之后，与会的各国代表达成了一年暂时免征Internet商务关税的协议，从而在电子商务的发展史上树起了一块重要的里程碑。

OECD税务部部长Jeffrey Owens认为，对电子商务征税，既要防止偷、漏税，又要保护该业的健康发展。各国在分配税收管辖权上要采取合作、协调的方针，而不是针锋相对的态度。但发展中国家对美国提出的按居民管辖权征税的方案持有异议，因为这会使主要作为技术引进方的发展中国家失去很多税收收入。

2．以"比特税"方案为代表的"严厉派"

与美国提出不开征新税的原则相反的另一种主张是立即对国际互联网网上贸易开征新税，其中具有代表性的是"比特税"（bit tax）方案。"bit"是最小的信息单位，即对国际互联网信息传输的每一个数字单位征税，同时适用于增值的数据交易，如数据收集、传输、图像或声音的传递。该方案最初由加拿大税收专家Arthur Cordell提出构想，后由荷兰马斯特里赫特大学教授Lue Soete提出具体内容。他们认为网络贸易侵蚀现有税基，必须对此采取措施，否则将造成大量财源在国际互联网网上贸易中流失。对于"比特税"方案，目前存在颇多争议，其最大问题在于不仅对网上商业交易征税，而且对所有数字信息征税，不利于网络业的发展。此外，欧盟计划推出《国际互联网宪章》，以对国际互联网网上贸易的技术标准、知识产权及税收问题加以规范。可见，欧盟等作为消费国在对国际互联网网上贸易课税问题上与美国的立场是不同的。

总之，国际互联网网上贸易涉税问题还在研究中，各国税制的合理化与国际协调将是一个长期的过程。

（二）电子商务给税收管理带来的冲击

电子商务这种全新的商务活动方式对传统商务的税收管理也带来了很大的冲击，归纳如下：

1．身份确认变得困难

国际互联网网址或网名与所有者身份并无必然联系，因而不能提供关于所有者身份和位置的信息。税务当局很难确认一项收入的归属及纳税人的位置。

2．动摇了凭证审计稽查的基础

传统的税收征管都离不开对凭证、账册、报表的审查，而电子商务是通过大量无纸化操作达成交易，税收审计稽查失去了最直接的纸质凭证。许多电子产品的订购和交货都在网上进行，电子记录可以不留痕迹地加以修改，这使得确认购买、销售的过程复杂化。

3. 计算机加密技术的开发加大了税务机关获取信息的难度

纳税人可以用超级密码和用户双重保护来隐藏有关信息。税务机关对国际互联网经济活动进行监控，面临着一个在合理成本的范围内获取必要信息与保护私人隐私、保护知识产权两者之间如何协调的问题。

4. 商业中介作用弱化

在国际互联网上，厂商和消费者可在世界范围内直接交易，商业中介作用被削弱和取消，中介代扣和代缴税款的作用也随之削弱。目前，国内银行是税务当局重要的信息源，即使税务当局不对纳税人的银行账户进行经常性检查，潜在的逃税者也会意识到少报应税所面临的风险。但随着网上银行（on-line bank）和电子货币的发展，出现了设在避税地的网上银行及其提供的"税收保护"。如果信息源是避税地的银行，税务当局就无法对支付方的交易进行监控，也就丧失了对逃税者的一种重要威慑手段。

5. 企业可以利用在低税国或免税国的站点轻松避税

互联网是没有国界、全球共享的网络。国内任何一家企业都可以利用其在免税或低税国设立的站点与国外企业进行商业洽谈和交易，使之成为税法规定的经营地，而仅把国内作为一个存货仓库。

6. 通过网络提供的信息服务、信息咨询等活动收取的费用，税务机关很难稽核

比如，中国证券报社在和讯公司的网络上设置了一个证券信息收费站点，凡是在站点读取信息的客户，都应向报社付费。报社取得的这笔所得，如不主动申报，税务机关一般不易察觉。随着个人计算机的普及和上网收费的降低，上网者大量增加，提供网上收费服务的单位必然越来越多，服务项目也必然花样翻新，如网上影院、网上电视等。如此一来，潜在的税收损失就可观了。

7. 网上知识产权的销售活动难以稽核

企业可以通过任一站点向用户发放专利或非专利技术以及软件等产品。用户需要时，只需通过有关密码将产品打开或在网上拷贝一下就可以了。这时产品的物质载体和销售数量都不存在，打破了通常的销售观念。其销售收入的多少，税务机关难以掌握。比如，用友软件公司就打算将来以这种方式销售财务软件和提供技术。特别是对这种形式的软件销售，是征收增值税还是按销售无形资产征收营业税，在税法上应及早明确，以利于基层税务机关执法。

8. 广告收入应征税款存在流失风险

目前，企业上网有两种形式：一种是以虚拟主动形式上网，根据占用磁盘空间的大小，每年向网络服务公司定期上缴一定的费用。在网络服务公司建立的网络上，设置一个本公司的站点，制作主页来发布信息。这一部分收入作为网络服务公司的广告收入或服务收入，税务机关按5%的营业税税率计征，与对报社、电视台等单位的广告所得征税没有什么区别。另一种上网方式是专线上网，这时企业每年分别向网络服

务公司和电信局上缴信息流动费和租线费。在网上，企业可以自行制作信息平台，对外发布信息，甚至设立收费站点。制作这些信息对企业来说，成本和费用是非常少的。同样这些信息，如果在期（月）刊上发布，以每期 5 000 元计算，一年就是 60 000 元，税务机关可从中征税 3 000 元。而现在却不能对其征税，这 3 000 元就成了潜在的税收损失。随着网络的普及，以网络为媒体的覆盖范围很可能会超过电视、报刊等媒体，很多企业就会把广告费投向网络。那时，从广告中征收的营业税就会减少。当然，从另一个角度来说，上网公司信息发布费用的减少，会相应增大它的利润，从而增加该企业应上缴的所得税。但所得税的增加是否能补营业税的损失，则很难估算。

另外，随着互联网在世界范围的飞速发展，贸易上的国界概念日渐模糊。用户在本国即可购买外国公司的产品，并可能形成事实上的境外消费，这又将造成关税、国内增值税、消费税的流失。就拿我国来说，随着我国改革开放及世界经济一体化进程的加快，人民币在经常项目下乃至资本项目下实现可自由兑换只是时间问题，到那时税款流失问题将更加严重。

（三）面对冲击的对策建议

面对网络时代的挑战，传统税收制度真的过时了吗？是否像有人预言的那样需要引进新的税种来对电子商务进行管理？实际上，电子商务要比人们想象的更接近传统经济，带来的问题也多是"新技术，老问题"。从经济学角度讲，创建一种新制度的成本要远大于对原有制度的改进。再者，很难找到一种新的税种能中性地对待传统经济活动和电子商务，而且又便于征管和达成国际协调一致。对电子商务的技术特征作进一步探究就会发现，现有税收原则具有足够的灵活性来处理电子商务的税收问题，应该而且也能够在充分考虑电子商务的技术特征的基础上，通过对一些传统的税收概念重新修订和解释使相关纳税义务的认定明确化。解决征管方面问题的关键在于新征管技术的开发和国际税收合作的加强。

1. 现有税收原则的灵活性

"内容重于形式"是一项重要的司法原则，在对一些传统税收概念重新修订和解释时，这一精神对如何保持税收中性颇有启发。许多电子产品或网上服务只是传统有形商品的替代，如果根据交易对象是有形还是无形来做出判断则忽略了数字化信息的实质内容。如书籍无论是以传统方式、光盘形式或在网上提供，均应享受同样的税收待遇，因为其实质是一样的，将其看作销售商品可能较为合理。对于下载信息并获得复制权的交易，也不应一概而论地划入特许权交易，而应侧重于对转让权利的分析，如果购买者进行复制是为了内部使用，那么将其视为商品销售则是合理的；而如果购买者将复制品用于公开销售，则应视为特许权交易。由于数字化信息的复制几乎不花什么成本，确定特许权使用的关键不在于复制权，而是公开销售权。在常设机构认定问题上应遵循这样一个原则：看该"常设机构"是否与利润实现直接相关。例如，装有标准软件的智能服务器在某种程度上行使着代替企业签订并履行合同的权利。显然，对该企业利润的形成有直接关系，应将其认定为常设机构。上述判定的原则在现有税法中均有所体现，而且也具有足够的灵活性来处理电子商务引发的税收问题。

2. 发展新技术，提高征管水平

现代税基基本上是以交易为基础的，在确定税种、税率时需要大量有关交易性质和地点的信息。有没有可能对电子商务实行有效地监控和征管在很大程度上依赖于征管技术的提高。税务部门有必要与银行、网络技术部门合作研究解决电子商务征税的技术问题。如果征管手段跟不上电子商务的发展，可能会使国际互联网发展成为新的避税方式，导致政府收入的大量流失。有的国家可能会采取极端的措施，如对所有数字化信息征税，这又会阻碍电子商务的发展。

3. 加强国际税收合作

电子商务涉税问题大都可以而且也必须通过加强国际合作加以解决。电子商务的高流动性、隐匿性确实使收入来源、交易性质等内容的确定复杂化，但互联网经济活动各要素、环节至少要落入一个国家的管辖范围，实际上最终就是国际合作与协调方面的问题。首先，有必要对各国有关税收概念的内涵、外延加以统一，并协调税基、税率。对电子商务实行过高税率或过宽的税基将阻碍其发展，但也要禁止过低的税率或过窄的税基，防止过度税收竞争。在税收征管方面，要求各国税务当局互换税收情报和相互协助征税。

4. 在发展中成熟

从长远看，可待电子商务发展进入成熟期后，再进行合理规范。可尝试采取如下措施：

（1）备案制度，即责令所有上网单位将上网有关的材料报当地税务机关，便于税务机关监管。

（2）单独核算制度。因使用网络提供服务，其边际成本几乎为零，为便于税务机关核定企业申报是否真实，可要求上网企业将通过网络提供的服务、劳务及产品销售等业务，单独建账核算。

（3）居民税收管辖权优先制度。对那些无论是利用专门设在避税港，还是利用设在不同国别的站点提供商务的企业，都应与国际上协商，在立法上互相承认对方居民税收管辖权的优先地位，从而可以对其全球所得征税。这样做不仅能够有效地防止避税，维护国家的税收权益，又可减少国际税收管辖权的争端。

（4）对商务性外汇汇出实行代扣税制度。如按前述方法实行居民税收管辖权优先制度，在电子商务十分普及的情况下，往往有利于发达国家，不利于发展中国家。为进一步维护国家权益，可考虑对境内居民（自然人）汇出外汇，实行外汇用途申报制度。其中属于商务性的，可由汇出邮局或银行代扣一定比例的税款，从而提高境内居民消费境外商品或劳务的成本，以遏制外国产品可能对国内市场造成的冲击，保护民族工业。

总之，电子商务的发展，对税收征管改革和法制建设提出了新的要求。税务部门应及时把握这一契机，变被动为主动，真正实现税收征管的现代化和法制化，适应电子商务的发展需要。

二、货币政策方面的影响

(一) 电子商务要求货币电子化

电子商务的主要内容仍然是实现商品（有形和无形）的交易，所以资金支付当然是电子商务不可缺少的重要环节，可以说不解决支付问题，就没有电子商务的完整实现。在电子商务中，商品的交易在网络（一般指 Internet）上完成，购物者在网上查找所需商品，在网上与商家签订购货合同，同样应在网上向商家付款，因此，电子商务支付的过程与手段即货币必须电子化，能够在网上在线实现商务活动中所必需的资金支付。另外，电子商务中的金融服务包括支票、柜台、保险、投资、企业银行业务和家庭银行业务都搬到了网络上进行，同样提出了货币电子化的需求。货币电子化也就是将传统的货币形式转化为电子货币。因此，发行电子货币、建立电子货币系统是电子商务活动的基础，只有在完整认识和建立可行的电子货币系统的基础上，才能真正开展电子商务活动。

电子货币是以金融电子化网络为基础，以商用电子机具和各类交易卡为媒介，以电子计算机技术和通信技术为手段，以电子数据形式存储在银行的计算机系统中，并通过计算机网络系统以电子信息传递形式实现流通和支付功能的货币。电子货币系统包括电子支票、银行卡、电子现金和电子钱包（详细介绍见第六章）。

(二) 电子货币对货币政策的影响

货币政策是指中央银行为实现既定的政策目标，运用各种工具调节货币供应量和利率，进而影响宏观经济的方针和措施的总和。一般包括三方面的内容，即政策目标，实现目标所运用的政策工具，具体执行政策所要达到的效果。中央银行运用货币政策工具实现货币政策目标需要一个相当长的作用过程，这就需要设立一些货币政策中介指标，并通过对这些中介指标的调节和影响以实现货币政策目标。中介指标一般有利率、货币供应量、超额准备金和基础货币。

电子货币产生的目的是为了取代流通中的现金，因此电子货币的使用必然会减少流通中的现金使用量，由此对利率、货币供应量、超额准备金和基础货币等货币政策中介指标产生影响，使它们难以测度，实现控制和调控也变得更加困难，货币政策的预期目标及效果就变得模糊了。

1. 电子货币对货币供应量的影响

货币供给是指经济生活中所有货币的集合。对于货币供给，各国采用不同的口径进行划分。国际货币基金组织将货币供给划分为"货币"和"准货币"。"货币"等于银行以外的通货加私人的活期存款，各国通用 M_1 表示，流通中的通货用 M_0 表示，我国习惯称之为现金；"准货币"相当于定期存款、储蓄存款与外币存款之和，各国通常用 M_2 表示"准货币"与"货币"之和。发行电子货币的目的从金融角度讲是为了替代现金，因此这将直接影响到中央银行基础货币的数量，并通过货币乘数对货币供应量产生巨大影响，尤其是对 M_1 的影响。

在现代银行制度下，货币供应量取决于基础货币和货币乘数的乘积。如果用 M 表示货币总量，B 表示基础货币量，m 表示货币乘数，则全社会货币供应量可用公式表示为：

$$M = Bm$$

首先讨论货币乘数对货币供应量的影响。从理论上说，货币乘数取决于活期存款法定准备金率、定期存款法定准备金率、超额准备金率、定期存款与活期存款比率以及现金与存款比率等因素。为简化讨论，将活期存款法定准备金率与定期存款法定准备金率视为相同，用 r 表示，超额准备金率用 e 表示，定期存款与活期存款比率用 t 表示，现金与存款比率用 k 表示，则货币供应乘数 m 可用公式表示为：

$$m = (1+k) / [(r+e)(1+t) + k]$$

从而货币供应量 $M = B(1+k) / [(r+e)(1+t) + k]$

在这些因素中，货币乘数与法定准备金率 r 和超额准备金率 e 呈负相关，与定期存款与活期存款比率 t 和现金与存款比率 k 也成负相关，从公式上看不出 m 与 B 的正相关关系。这里 k 和 t 由社会公众决定，r 由中央银行决定，e 由商业银行决定，由此可见，货币乘数由中央银行、商业银行和社会公众共同决定。

（1）法定准备金率 r 与超额准备金率 e 的变化。法定准备金率是商业银行在中央银行的法定准备金与其所吸收的存款总额的比率，超额准备金率是商业银行超过法定要求保留的准备金与其存款总额的比率。电子货币对现金的替代作用，使得中央银行资产负债表的规模发生变化，为维持资产负债表的规模，可能会引起商业银行在中央银行的准备金的变化，而准备金数量是由法定准备金率与超额准备金率决定的，由它们共同决定金融机构在央行的存款数量。为简化讨论，将它们合称为准备金率。中央银行的资产负债表如表 4-1 所示。

表 4-1 中央银行资产负债表

资产	负债
贴现及放款	流通中的通货（现金）
政府债券和财政借款	金融机构存款（金融机构准备金）
外汇、黄金储备	非金融机构存款
其他资产	其他负债

在资产负债表中，央行最大的负债是流通中的现金，电子货币的使用使流通中的现金减少，从而降低了资产负债表的规模，这样央行在进行公开市场操作调节货币量时，可能会因为资产不够而发生困难，为增加资产规模，一个方法是提高金融机构的准备金率，使商业银行在央行的准备金增加，也就是增加金融机构的存款数量，但准备金率的提高会增加银行的负担，限制其发展，一般不轻易实行。

法定准备金率完全取决于中央银行，而超额准备金率则不仅取决于中央银行，还和商业银行有关。为了促进银行业的竞争，现在许多国家已经取消对超额准备金率的规定，也就是说，超额准备金率完全由商业银行自己决定。超额准备金是商业银行应付日常支付而作的资金准备，超额准备金的持有会降低银行贷款规模，减少其利息收入，银行将为之付出机会成本，它直接受到利率高低的影响。如果存款高于贷款收益，商业银行会乐于提高其在央行的准备金规模；如果存款收益低于贷款收益，无疑会减少其在央行的准备金规模；在存款收益与贷款收益相当的情况下，商业银行为加强其竞争能力，往往愿意扩大贷款规模，这样其在央行的准备金也不会增加。另一方面，电子货币的发展将会极大促进信用货币的发展，减轻此种支付准备，因而超额准备金率会呈减少的趋势。

（2）定期存款与活期存款比率 t 和现金与存款比率 k 的变化。现金与存款比率取决于社会公众以现金或存款形式持有货币的偏好，人们持有现金的目的通常是为了满足交易的需要，随着电子货币的快速发展，使用越来越方便，越来越普及，而且电子货币提供的信用功能更是现金不能代替的，这一切不断增加人们持有电子货币的欲望，而降低了持有现金的欲望，因此现金与存款比率 k 将呈不断下降的趋势，流通中现金的不断减少，使存款比率不断增加；定期存款与活期存款比率主要受利率的限制，而电子货币中信用货币的使用，如贷记卡的大量使用，将会减少对活期存款的需求，一个趋势是，社会中现金减少，而存款增加；同时人们为获得更多的利息收益，更多地选择定期存款，从而增加定期存款的比率，使定期存款与活期存款比率呈上升趋势。

从以上分析可以看出，由于电子货币的发展，上述因素的变化趋势为：现金与存款比率 k 将呈不断下降趋势；定期存款与活期存款比率呈上升趋势；法定准备金率为一个常数保持不变或呈上升趋势；超额准备金率应略有下降。由于这些因素相互作用，短期内货币乘数不会产生太大的变化。

2. 电子货币对基础货币的影响

$$B = M_0 + 银行准备金总额 = 流通中的现金 + 银行准备金总额$$

电子货币的发展将减少流通中的现金，在银行准备金总额不变的情况下，基础货币将呈下降趋势。

在货币乘数变动不大的情况下，基础货币的减少，并通过货币乘数的作用，将会使货币供应量大为缩减。但从长远角度看，银行间竞争的加剧，会适当减少超额准备金，而流通中现金的日益降低，会使现金与存款比率大为缩减，从而使货币乘数加大。因此，即使基础货币下降，但乘数的加大所产生的乘数效应将使货币供应变化不大，或略为上升，但乘数中各个因素的不确定性会使货币供应量的测度和控制难度更大。

3. 电子货币对利率的影响

中央银行通常通过公开市场操作对利率进行调整，但由于电子货币对央行储备产生影响，使得央行资产负债规模缩小，对于利率进行控制的难度加大；同时，正如上面讨论的，电子货币使得货币供给量和货币需求难以测度，进而影响利率，但电子货币对利率的影响是间接的。

货币政策中介指标应具有可控性、可测性、相关性、抗干扰性以及与经济体制、金融体制良好的适应性。也就是说，这些指标应易于为货币管理当局所控制，中央银行应当能够迅速获取有关中介指标的准确数据，并对这些数据进行观察、分析和监测。通过对中介指标的控制，央行应当能实现货币政策目标。电子货币的产生使得利率、货币供应量、超额准备金、基础货币等中介指标变得难以测度，尤其是货币供应量变得更加难以控制。

目前电子货币在我国尚处起步阶段，短期内不会对我国货币供应量以及货币政策中介指标产生较大影响，但随着电子商务的快速发展，电子货币必将对我国的货币政策产生影响，我国中央银行一直以货币供应量作为中介指标，随着电子货币的广泛应用，货币供应量将难以测度和控制，因此将货币供应量作为货币政策的中介指标在操作上难度加大，目前有一些国家已不再将货币供应量作为货币政策的中介指标，而选取利率作为中介指标。

三、其他经济政策的影响

电子商务是世界范围内商业方式和经济生活的一次革命性的变革，它作为今后的重要经贸方式之一，已成为各国巩固和提高经济竞争力的战略发展重点。但电子商务发展与网络技术进步同步，其速度极快，而一般政府和立法机构对其认识相对落后，未能清楚地看到它对经济政策的影响。电子商务除了对税收政策和货币政策的影响外，它还影响到产业政策、财政支出政策和汇率政策等宏观经济政策。

电子商务是我国国民经济信息化的重要组成部分，这使得它具有全局性、综合性、整体性与复杂性特点，各国电子商务发展的实践证明：必须发挥政府的宏观调控作用，调整相应的经济政策，消除它对经济政策的影响。

第三节　电子商务市场环境

一、网上消费者市场发展与购买行为

网络的发展，改变了人们的消费观念和消费习惯，网上消费者市场正在形成，网上消费者的一些购买行为也正在发生变化。

（一）网上消费者市场

传统营销理论中所指的消费者通常是一般大众，即在现实中，任何一个人都是潜在的消费者，都是营销策略针对的对象。由于网络所具有的特点，电子商务系统为消费者提供了全方位的商品信息展示和多功能的商品信息检索机制。商品的消费者一旦有了需求，就可以立刻上网主动搜寻有关商品信息。于是，消费者开始从大众中分离出来。在这种情况下，只有上网主动搜寻商品信息的人才是真正意义上的网上消费者。

消费者市场又称最终消费者市场、消费品市场或生活资料市场，是指个人或家庭为满足生活需求而购买或租用商品的市场。它是市场体系的基础，是起决定作用的市场。网上消费者市场是由网上消费者聚集而形成的市场。

（二）网上消费者市场的发展

虽然互联网的用户不一定是网上消费者，但网上消费者一定是互联网用户。从我国互联网用户数量急剧增加的情况，可以反映我国网上消费者市场发展的状况。

1. 网络市场规模的发展

我国网络市场的规模以非常规的速度发展。根据 CNNIC（中国互联网络信息中心）的调查显示，截至 2016 年 6 月，我国网民规模达 7.10 亿，半年共计新增网民 2 132 万人，半年增长率为 3.1%，较 2015 年下半年增长率有所提升。互联网普及率为 51.7%，较 2015 年年底提升了 1.3 个百分点。

2. 我国网民的基本特征

截至 2016 年 6 月，我国网民男女比例为 53∶47，同期全国人口男女比例为 51.2∶48.8，网民性别结构趋向均衡，且与人口性别比例基本一致。年龄以 10~39 岁群体为主，占整体的 74.7%；其中 20~29 岁年龄段的网民占比最高，达 30.4%，10~19 岁、30~39 岁群体占比分别为 20.1%、24.2%。与 2015 年年底相比，10 岁以下儿童群体和 40 岁以上中高龄群体的占比均有所提升，互联网继续向这两部分人群渗透。网民中具备中等教育程度的群体规模最大，初中、高中/中专/技校学历的网民占比分别为 37.0%、28.2%。与 2015 年年底相比，小学及以下、大专、大学本科及以上学历的网民占比均有所提升。按照职业划分，学生群体的占比最高，为 25.1%，其次为自由职业者，比例为 21.1%，企业人员达 13.1%。

3. 我国网民的上网使用特征

据中国互联网络信息中心最新报告显示，截至 2016 年 6 月，我国 IPv6 地址数量为 20 781 块/32，半年增长 0.9%。中国国际出口带宽为 6 220 764 Mbps，半年增长为 15.4%。手机网民增长迅速，我国手机网民规模达 6.56 亿，半年共计新增网民 3 656 万人。网民中使用手机上网人群的占比由 2015 年年底的 90.1% 提升至 92.5%，手机依然是拉动网民规模增长的首要设备。

2016 年上半年，中国网民的人均周上网时长为 26.5 小时，比 2015 年提高 0.3 小时。

2016 年上半年我国网民互联网使用率最高的应用还是即时通信类，占 90.4%，其次是搜索引擎、网络新闻、视频等。2016 年上半年，我国个人互联网应用保持稳健发展，除网络游戏及论坛/BBS 外，其他应用用户规模均呈上升趋势，其中网上外卖和互联网理财是增长最快的两个应用，半年增长率分别为 31.8% 和 12.3%，网络购物也保持较快增长，半年增长率为 8.3%。手机端大部分应用均保持快速增长，其中手机网上外卖用户规模增长最为明显，半年增长率为 40.5%，同时手机网上支付、网络购物的半年增长率均接近 20%。

（三）网上消费者的购买行为

电子商务将贸易活动搬上了 Internet 网络，对传统的商品交易方式带来了根本性的变革，随之而来的是，消费者的购买行为必然受到影响，产生一系列变化，包括：

1. 消费者可以货比多家

网上购物，消费者面对的是网络上所有的商家，因而可以随心所欲地对全国各地，甚至世界各地商家提供的商品进行全方位的了解，选择品质最好、价格最便宜、最适用的商品,从而确定自己最为满意的购买对象,再不会因信息来源和地理环境所限,不得以地凑合着做出选择。

2. 消费者理智型的价格选择

对个体消费者来说,不再会被那些先是高位定价,然后再优惠多少的价格游戏弄得晕头转向。他们会利用手头的计算器迅速算出该商品的实际价格是多少,然后再作横向比较,以决定是否购买。对于单位采购人员来说,各类成本分析方法和信息系统技术有了更充分的用途。他们会利用手头的计算器和预先设计好的计算程序,迅速比较购货价格、运输费用、折扣比率、时间效率等综合指标最终选择最有利的购货途径。也就是说,在网络环境和电子商贸下,人们有可能更充分地利用各种定量化的分析模型,更理智地决策。

3. 消费者主动地表达对产品的需求

在电子商贸情况下,消费者不再是在被动的方式下接受商家或厂家所提供的某些产品或商品,而是会根据自己的需要主动上网去寻找适合的产品。如果找不到,则消费者会通过互联网向厂家和商家主动表达自己对某种产品的欲望。其结果使得消费者不自觉地参与和影响到企业的生产和经营过程。

4. 消费者和企业告别两难境地的广告宣传

在传统的营销策略中,企业通常投入巨资用于商业广告,广告对象无选择地面向大众即潜在消费者,以期争取大众对广告宣传的商品的青睐及购买。然而实际效果却事与愿违,对于不需要的人来说,铺天盖地的广告没有效果,还会让人生厌甚至反感,广告投入的费用对他们而言可以说是一种浪费。而对于真正的消费者,传统的广告方式又难以满足需要,广告内容所传达的产品信息过于简单,并不能使消费者了解到他想知道的关于商品的各方面的情况,所以他们仍需自己去作调查比较。也就是说,单凭广告不能使消费者确定购买。现实的商业环境使企业和消费者不得不处于这样一个为难的境地:企业用于广告宣传的费用对于一般大众花得有点冤枉,而对真正的消费者又花得太少没有更多的帮助;消费者虽然面对各种各样的广告,但并不能从广告中真正全面了解商品,还不得不自己费时、费力地去做调查,这是传统商业环境无法克服的矛盾,只有在电子商务环境下这一问题才能真正得以解决。如果建立了网上电子商店或利用网络做广告宣传,消费者可以在家通过网络在自己的计算机屏幕上看到所需商品的性能、功能、外形、价格,还可以就自己想了解的细节向商(厂)家询问,据此消费者就可以做出购买选择。这种方式,使商家的广告更具针对性,有效地传播给自己的目标顾客,收到实效;使消费者可以凭借广告(真实广告)了解商品,使得购物更轻松、更理性。

以上几点说明,在网络环境和电子商务条件下,消费者面对的是系统,是计算机屏幕,没有了嘈杂的环境和各种诱惑,商品选择的范围也不限于少数几家商店或几个厂家,在这种情况下,消费者会完全理性地规范自己的消费行为。

二、网上一般组织机构市场发展与购买行为

（一）网上一般组织机构市场

CNNIC 的调查显示，在 1998 年 7 月，以 .ORG 注册的域名数目仅为 229 个，到 2000 年 7 月则增加到 1 019 个；到 2002 年 7 月则猛增到 3 031 个，网站的数目为 11 652 个；而截至 2016 年 6 月，以 .ORG 注册的域名数目达到 373 063 个，网站数目达到 454 万个。由此可见，政府利用网络提供信息的意识在逐渐提高，政府信息系统的发展也是非常迅速的。

随着经济的发展，政府采购规模不断扩大。2014 年全国政府采购总规模较之 2004 年的 2 135.7 亿元增长了约 7 倍，达到 17 305.34 元，占全国财政支出和 GDP 的比重分别为 11.4%和 2.7%。批量集中采购金额实现 2 001.31 亿元，占全国集中采购金额 11 734.5 亿元的 17.1%，有效发挥了集中采购的规模优势和价格优势，节资效果明显。政府在网上发布招标信息，甚至直接在网上进行采购。电子商务在政府采购中发挥着越来越重要的作用。

（二）网上政府采购市场的发展

在经历了网络经济泡沫破灭后，人们开始用更理性的眼光审视电子商务这一新的商业模式。在一般组织机构市场上，特别是政府采购市场上，公开竞争是政府采购制度的核心，这符合纳税人对政府少花钱、多办事的愿望。公开、公平、公正、自由竞争，不但能够降低采购成本，而且能够加强监督，对于反腐倡廉有着重要的意义，同时，对于调控市场也非常重要。由于电子商务可以实现集中采购、降低采购成本、缩短采购周期、提高采购质量、透明采购流程，它发挥着越来越重要的作用。

为适应社会主义市场经济体制的需要，规范政府采购行为，维护公平竞争秩序，加强财政支出管理，提高资金使用效益，应将竞争机制引入公共支出的使用过程，提高采购活动的透明度。1999 年 11 月由中华人民共和国财政部组织成立了覆盖全国范围的政府采购信息网站——"中国政府采购网"。目前，该网站已经完成各地的子网站建设并投入使用了。

随着经济的发展，政府采购规模不断扩大。2011 年全国政府采购总规模较之 2002 年的 1 009.6 亿元增长了 10 倍，我国政府采购规模首次突破 1 万亿元，达 11 332.5 亿元，占全国财政支出的 11%。2011 年全国集中采购规模为 7 535.6 亿元，占总规模的 66.5%，较 2002 年的 735.3 亿元增长了 9 倍多；部门集中采购规模为 2 250.5 亿元，占总规模的 19.9%；分散采购规模为 1 546.3 亿元，占总规模的 13.6%。在 2011 年的政府采购中，大部分项目都在网上发布招标信息，电子商务在政府采购中发挥着重要作用。

（三）网上政府采购的购买行为

一般而言，政府采购与个人、家庭、企业采购等非公共采购有一定的相同之处，但是与个人采购、家庭采购、企业采购相比，政府采购行为具有以下显著特点。

1. 资金来源的公共性

政府采购的资金来源为财政拨款和需要由财政偿还的公共借款，这些资金的最终

来源为纳税人的税收和公共服务收费。

2. 采购主体的特定性

政府采购的主体，也称采购实体，为依靠国家财政资金运作的国家机关、事业单位和社会团体，不包括国有企业等。

3. 采购活动的非营利性

政府采购为非商业性采购，它不是以盈利为目标，也不是为卖而买，而是通过购买为政府部门提供消费品或向社会提供公共利益。

4. 采购对象的广泛性

政府采购的对象包罗万象，既有标准产品，也有非标准产品；既有有形产品，也有无形产品；既有价值低的产品，也有价值高的产品；既有军用产品，也有民用产品。为了便于统计，国际上通行的做法是按性质将采购对象划分为货物、工程和服务三大类。

5. 政策性

采购实体在采购时不能体现个人偏好，必须遵循国家政策的要求，包括最大限度地节约财政资金、优先购买本国产品、保护中小企业发展、保护环境等。

6. 规范性

政府采购不是简单地一手交钱，一手交货，而是按有关政府采购的法规，根据不同的采购规模、采购对象及采购时间要求等，采用不同的采购方式和采购程序，使每项采购活动都要规范运作，体现公开、竞争等原则，接受全社会的监督。

7. 影响力大

政府采购不同于个人采购、家庭采购和企业采购，它是指一个整体，这个整体是一个国家最大的单一消费者，其购买力非常巨大。有关资料统计，通常一国的政府采购规模要占到整个国家国内生产总值（GDP）的 10% 以上，因此，政府采购对社会的影响力很大。采购规模的扩大或缩小、财政结构的变化都将对整个社会的总需求和供给、国民经济产业结构的调整等产生举足轻重的影响。

本章讨论了电子商务的环境。电子商务的发展对法律、经济政策和市场都产生了影响，电子商务的正常开展需要法律环境、政策环境和市场环境的支持。

电子商务产生了一些新的关系，对传统的法律提出了挑战，如何规范电子商务成为法律需要解决的问题。本章讨论了电子商务交易、安全、税收和司法管辖方面的法律。不适应电子商务活动的一些经济政策当然会受到冲击，本章就电子商务对税收政策与货币政策产生的影响作了探讨。市场始终是商务活动关注的重点。所谓市场，经济学家表述为卖主和买主的集合，因此电子商务对市场的影响是显而易见的。本章主要探讨了网上消费者市场和网上一般组织机构市场（政府采购市场）的发展和与之相应的购买行为的变化。

电子商务对人类所产生的影响是广泛和深远的,远不止这里所讨论的,而且,目前我们对它所能产生的影响还难以全面预料。但是,可以肯定的是,电子商务作为新兴的生产力将对人类社会的发展起着巨大的推动作用。

 即测即评

请扫描二维码,在线测试本章学习效果

 **思考题**

1. 电子商务对法律提出了哪些挑战?
2. 电子商务对经济政策带来哪些影响?
3. 电子商务对市场有哪些影响?

 **案 例**

海淘将走向何方?

海淘:即海外/境外购物,就是通过互联网检索海外商品信息,并通过电子订购单发出购物请求,然后填上私人信用卡号码,由海外购物网站通过国际快递发货,或是由转运公司代收货物再转寄回国。海淘一般是款到发货(在线信用卡付款、PayPal账户付款)。

"海淘"的兴起得益于日益便捷的网络购物渠道,而国内消费者购买力的提高以及人民币国际支付能力的增强也是重要原因。在一波波兴起的海外购物热潮的背后,固然存在一些消费者对国外品牌的盲目信任和崇拜。但进一步分析,其更深层次的原因是消费者对国内产品质量的不信任,以及对国外品牌国内售价居高不下的不满。国内也有很多海淘代购网站或优惠信息网站,通过这些网站,可以了解到详细的海淘过程及相关攻略,同时还可以提供代购。其提供的海外限时折扣导航服务汇聚了海外各大限时折扣网站的每日折扣商品,对其进行分类,将五花八门的商品按照类别等进行整理,节约了用户时间,方便了用户搜索,为用户与这些网站搭建了更好更安全的通道。另外还有一些辅助性网站或工具。通过这些网站用户可以便捷地获取到同一商品在国内外各主流电商所出售的价格及评价信息和产品受欢迎程度等。

随着消费升级的浪潮和中产阶级的崛起，海淘市场迎来了一波爆发式的增长。PayPal 的 2015 跨境电商报告显示，2015 年，有 35%的中国网购消费者有过海淘经历，这一比例在 2014 年仅为 26%。eMarketer 近期公布的数据也说明了这一点，2016 年有超过 1.8 亿的人都希望能够海淘，而这一数字在 2015 年时还仅仅为 1.28 亿。

一、转运公司

近两年，海淘成为众多网购用户的新宠。有经验的海淘达人们大多使用转运公司，自己动手在境外电商购物，尽管流程较为烦琐，但由于价格低廉，自由度高，转运还是成为一些用户的首选海淘方式。

多年来，我国都未曾出台过与转运公司相关的法律法规，部分转运公司注册在国外，也不受我国法律管辖。对于海淘方面的政策，目前也仅限于税务领域。这就导致了转运公司往往会自行设置各项规定，形成行业潜规则，无法保障消费者的权益。很多有关转运公司丢件、服务态度恶劣、物件损坏的情况，购买者并不能得到应有的补偿，甚至正常的说法都没有。

境外电商、转运公司与消费者三者的关系则较为复杂。消费者与境外电商直接进行交易，且这一交易过程不受我国法律保护。商品一旦到达转运公司，境外电商即已完成应尽的任务，不再承担其他责任。转运公司的身份既不是代购商也不是纯粹的物流公司；相对于代购商，转运公司并不倒卖商品，不靠商品本身营利，也不承担相应责任；相对于物流公司，转运公司又要负担起更多的管理责任。

即便没有国家监管，这个行业也亟待自律。近年来海淘的火爆造就了代购与跨境电商，但却未能使任何一家转运公司成为行业巨头。在对用户的教育上，转运公司现在做得还远远不够。许多成立较早的转运公司至今仍然保持着较为原始的界面设计，用户体验极差。更可怕的是，整个行业对服务的忽视已经产生恶果。用户一旦遭遇丢件，无法理赔或理赔流程烦琐，往往会选择不再信任任何转运公司。

尽管转运流程烦琐、门槛高，但这不应该是转运公司未能走向繁荣的主要原因。一个缺少服务的行业，不可能赢得用户的尊敬。

二、海淘野蛮发展，税收灰色地带

据业内人士分析，海淘发展历程可分为四个阶段：第一阶段，空姐或其他有海外经历的人，利用工作之利，帮别人捎带物品，赚取差价；第二阶段，在 2009、2010 年间，以海淘为职业的个人迅猛增加，每年以 5~10 倍的人数在增长；第三阶段，即 2011 年至今，各种专业性的海淘网站和论坛等大量出现，同时，各大综合性电商网站开始布局此块业务；第四个阶段，海淘发展逐渐透明化，大的电商网站在领域内竞争加剧，行业洗牌。

海淘目前仍处于第三阶段的野蛮发展期间：监管灰色，同时同国家税收政策打擦边球，通过物品少批量入关，转货物商品为个人商品等方式，将国外价格优惠的产品运入中国，从而赚取一定的服务费或物流费用。

三、海淘"新政"

2016 年 4 月 8 日根据财政部、海关总署、国家税务总局发布的《关于跨境电子商务零售进口税收政策的通知》，跨境电子商务零售进口商品的单次交易限值为人民币2 000元，个人年度交易限值为人民币2万元。在限值以内进口的跨境电子商务零售进口商品，关税税率暂设为0%；进口环节增值税、消费税取消免征税额，暂按法定应纳税额的70%征收。超过单次限值、累加后超过个人年度限值的单次交易，以及完税价格超过2 000元限值的单个不可分割商品，均按照一般贸易方式全额征税。这意味着，如果单次交易超过2 000元、个人年度累计超过2万元，将按一般贸易方式全额征税。

跨境电商在进出口总额中已经占了相当的比例，海淘也从零星的小打小闹成长为一个重要的行业。这就意味着，对其税收进行规范，是无法避免的事实。跨境电商税收新政实施，给跨境电商吃了一颗"定心丸"。免税，让跨境电商迅速崛起，也让海淘成了市场宠儿。但纳税是企业公民的基本义务，没有税收，很可能意味着行业未得到国家的认可，这是悬在海淘企业身上的"达摩克利斯之剑"，跨境电商的发展存在不确定性。所以，一些规范、成熟的跨境电商对此持欢迎态度。不过，不规范的跨境电商平台受到的冲击将会很大，一些靠在税率上"做手脚"的企业就会面临出局或者被迫改变商业模式，但这更利于行业规范。

四、"新政"之后又起风波

跨境电商新政实施月余，因跨境电商平台无法提供"通关单"所需的资质、单据证明，导致大量商品无法进口，各大跨境电商综合试验区的进口单量出现锐减。聚美优品整体出区量和订单量下降幅度都在60%左右。网易考拉4月8日至4月11日的出区单量为2.31万包，参照新政前平均业务量，订单下降比例达到47%。以做得最好的郑州综试区为例，进口单量比新政之前直接下降了70%。跨境电商业务遭遇空前的打击，整个行业可能出现被跨境电商进口新政击垮的趋势。特别是保税区跨境电商模式。

一方面税收的增加加大了进口商品成本，终端销售锐减，终端需求大幅度下滑。另一方面一个进区时要提供"通关单"的行政手段要求，卡死了跨境电商商品进口，使得进口商品根本就进不到区内，这是跨境电商进口额度暴跌的主要原因。

五、暂缓新政，海淘路向何方？

2016年5月19日下午各跨境电商试点城市海关及商检接到"跨境电商网购保税商品核验通关单政策暂缓一年"的上级通知，而20日上午各地关检部门已相继通知企业。这次"新政暂缓"消息的出台无疑是给跨境从业者再次释放了一定的时间窗口。丰趣海淘创始人Masa在朋友圈中发表了对未来政策走向的预测。在他看来，跨境直邮物品属性强，正面清单对直邮商品目类会继续放宽。最终形成一条"直邮—跨境贸易—一般贸易"的商品成熟生命周期漏斗。

"一年过渡期"不仅仅意味着政策转好的可能性，也意味着行业洗牌的进一步加速，更为重要的是，"一年过渡期"并未否定跨境电商的职责变化，跨境电商将作为一般进口贸易的补充和互动长期存在，而谁能理解和吃透这一变化也决定了跨境电商行业未来的格局发展。应该在这一年的缓冲期内尽快实现转型、升级供应链或与海外供货商达成深度合作，得到商品的原产地证、合同、发票等相关文件。对于化妆品、保健品等监管严格的商品，平台则应多挖掘长尾新品，避免失去SKU和速度上的优势。"海淘"作为一个行业的路还有很长，究竟会发展成什么样子，有待观察。

资料来源：

[1] 人人酱，二水水. 氪纪2015│跨境电商"野蛮生长"记. http：//36kr.com. 2015-12-15

[2] 二水水. 跨境新政缓行一年,海淘创业者可以暂时松口气了. http：//36kr.com. 2016-05-20

[3] Bianews. 天天海淘丢货维权难　揭秘海淘转运潜规则.http：//bianews.baijia.baidu.com. 2016-08-16

讨论题

1. 如何看待"新政"对海淘的影响？
2. 你认为，海淘的监管应由谁来负责？

第二篇 电子商务系统

第五章
电子商务网站的建设

电子商务系统的构建中最核心的部分是电子商务网站的建设，它是企业实施电子商务的物质基础。本章主要介绍电子商务网站建设的一些基本知识。电子商务网站的建设是一项系统性的工程，这不仅仅是技术方面的问题，而且需要遵循一定的方法来实施。本章重点介绍如何根据企业的经营目标规划电子商务网站，如何按步骤建设电子商务网站。

第一节 电子商务网站的策划

一、电子商务网站的规划

互联网上有无数的电子商务网站。如何在这些网站中脱颖而出呢？企业在着手建立电子商务网站之前，需要定义网站的目标。

（一）确定电子商务网站的服务对象

企业需要明确网站的服务对象，从中确定关键人物。这些关键人物既包括企业内部的主要机构和人员，也包括供应商和大客户，甚至在某些情况下还包括政府部门。设立网站是为了更好地通过互联网将价值链上下游更紧密地联合在一起，因此必须考虑他们的意见，保证网站目标和各有关方面需求之间的无摩擦连接。

确定电子商务网站的服务对象，必须对访问者有清晰的定义。详尽的访问者定义包括用户个人信息以及他们的访问目的。确定电子商务网站的访问者需要采取以下两个步骤。

1. 确定访问者的范围

参与网站目标制定的关键人物显然包含在访问者之中。企业商务网站的访问者可以分为外部访问者和内部访问者。

外部访问者的存在是显而易见的，为他们服务本来就是建立网站的目的所在，主要包括现实或潜在客户、供应商、政府、其他组织和个人。在竞争激烈的市场环境中，竞争者也会访问企业的商务网站了解企业的竞争战略，虽然这种情况可能有违公司设立网站的初衷。股东作为特殊的群体，也是不可忽视的访问者。

内部访问者要么被忽略，要么仅仅反映参与网站建设的部门的需求。很长时间以来，信息系统部门负责建企业的网站，以至于这样的网站仅仅反映他们的意志，却忽略了其他重要的部门，例如市场部。事实上，企业组织结构图上的每个部分的需求都要得到反映，而不仅仅是最靠近总裁办公室或者市场的部门。

在确定访问者范围时，设计人员要着眼于企业整个大的经营环境，同时又不能仅仅向外看而忽略了内部访问者，比较好的方法仍然是选择关键人物，充分倾听各方需求，以价值链和组织机构图为起点，将每一个节点具体化为一类访问者。

2. 确定访问者的访问目的

通常来说，不同访问者具有不同的访问目的。

企业的主顾可能通过访问网站，了解产品和服务的种类和价格情况，进行在线采购，也可能因为偶然购买了劣质产品而在网站上大吐苦水，提出刻薄意见。供应商也许通过定期访问网站以了解企业产品生产计划，并推测库存情况，调整相应的成产品生产计划。竞争者肯定会通过网络试图了解企业的战略。其他外部访问者也许碰巧从其他厂商提供的链接冲浪过来，如果企业的网站确实有值得一看的信息，那么他们还会再来的。如果商务网站可以做出相应对策，提供与企业战略相匹配的信息，很显然，企业可以从外部竞争中获益。

内部访问者同样将通过网站获取所需的信息。比如，制造部员工可以得知客户对产品的评价；研发部可以了解客户的技术偏好；市场部将利用反馈信息制定特别的促销方案；各个部门可以通过网站了解其他部门的处境，以更好地进行协调。

在确定了访问者后，相对来说，分析他们的访问目的是比较容易的。召开由各类型访问者组成的讨论会，或者采用类似市场调查中经常采用的电话访问、邮寄问卷等方法，设计人员可以获得大致印象，再根据需要对个别类型作进一步了解。有时，如果同行业中有竞争者建立的较为成熟的网站，设计人员也可以借鉴，再按照企业实际情况加以调整和改善。

显然满足所有访问者的所有访问目的，不仅无效率，同时也是不可行的。但关键一点是要在倾听各方声音后，根据重要程度的不同，加以协调，而不是在网站设计之初就武断地将一部分访问者拒之门外，不论是有意的还是无意的。

（二）确定网站的目标

完成以上步骤之后，企业应该按时间表实施计划。企业必须明确以下要点：

1. 企业的任务或目标

这是企业之所以存在的根本原因。在企业决定改变经营模式之前，企业的任务和目标一直是明确的；那么，在运用流行的高效率的电子商务模式时，它们也许可以改变，但不应该模糊。如果无法明确企业的任务和目标，那么企业商务网站同样不能给访问者以清晰的结构，妨碍他们获得正确信息。这样的商务网站注定是要失败的。

当然，在转向电子商务模式时，很多企业会发现他们不得不重新设计企业的任务和目标，以适应网络时代的特征，并因此对他们的传统业务进行重组。

2. 网站的近期目标和远期目标

企业当然愿意一步到位，但这不可能。因此，企业必须区分网站的近期目标和远期目标。一个简单的例子是：初期提供企业产品和服务的种类与价格的在线查询和订购；以后根据市场供求状况提供实时定价。任何事先定义的远期目标，在更长时期内看来也不过是近期目标，但它提供了未来发展的方向，并易于实现从近期目标到远期目标的平稳过渡。

3. 网站的访问者

很明显，正如无法提供市场上所有的产品那样，企业不能指望在互联网上获得任何冲浪者的欢心。企业所能做的，就是像它在传统业务领域里对市场进行细分那样，对冲浪者分类，寻找符合企业战略发展的访问者，即网站营销对象，优先满足他们的信息和服务需求。

正如前面按照性质进行分类那样，电子商务有 B2B 和 B2C 两类不同的模式。企业营销对象可以由此分为组织和个人。这种初步分类是远远不够的。针对前者，可以按地域、经济、文化等进行细分；针对后者，可以按年龄、性别、收入等进行细分。企业营销对象不同，商务网站所要到达的目标和呈现的风格就不同。对营销对象进行识别和归类，并以此为根据设立商务网站，就可以更好地为目标受众服务，提供更相关的产品和服务，从而更易取得电子商务的竞争优势。当然，企业应该从擅长的产品和服务出发来界定访问者，而不能为增加访问者而改变在传统市场上的制胜法宝。

4. 确定为访问者提供的信息

商务网站的设立,在很大程度上就是让现实和潜在的消费者在线获得企业产品和服务的相关信息,以便为其消费决策提供依据。相关信息越丰富、越详细,访问者在线购物的体验越接近真实状态,访问者会对企业在线销售的产品和服务更加了解,也更愿意购买。因此,企业在建设商务网站时,必须根据提供的产品和服务为访问者提供尽可能详细的资料,并在成本与效益的平衡中做出决定。美国联邦快运公司甚至允许客户通过互联网对货物进行全程监察,以随时了解货物到达的时间和所经路线。显然,联邦快运公司在设立网站时充分考虑了访问者的要求,为他们提供传统快运方式下所无法提供的信息。相比之下,国内大多数企业的商务网站所提供的信息无非就是企业简介加产品服务价目单,根本无法发挥互联网所具有的多媒体和超媒体特性,与之相应的当然是商务网站的无效率。

(三) 确定网站的评价体系

竞争不仅发生在传统的市场中,也将在电子商务模式下的市场中进行。体现在商务网站的设计上,就是要求使用方便,信息丰富,具有比较流行的操作界面。例如,如果服装类商务网站通常采用在线试衣技术,而某服装企业却不采用,那么带来的后果就不仅仅只是技术落后的坏印象,将直接影响在线销售。如何分析企业网站在同类网站中的竞争性呢?

1. 明确竞争者的网站

通过搜索引擎,可以不费力地找到主要竞争者的网站。由这些网站提供的链接,可以迅速跳跃到其他相关网站,甚至可以使用 BBS 和新闻组,搜寻不甚出名但可能领导未来潮流的网站。

2. 建立评价每个网站特征的规则

以企业网站的目标作为开端,把它们作为竞争性分析的基础。评价网站时,加入其他的特征和功能。规则包括下载时间、页面大小、布局和感受。有必要建一个表格:网站名作为行,特征和规则作为列。这个表格提供了一个对其他网站进行比较的粗略的、客观的度量标准。

3. 评价和分析

评价和分析就是根据上面确定的评价网站的指标进行分析,同时加上网站的访问量和访问者的评价,来综合评价网站的竞争优势。评价时可以参照同类网站进行横向比较,确定企业网站的竞争地位,从而明确网站以后改进的方向。对网站的分析绝不是静止的,必须持续不断地进行,只有这样才能跟上互联网的发展速度,保持企业网站的持续竞争优势。

二、电子商务网站的设计

(一) 确定网站的内容和功能

弄清了网站的目标、访问者及其访问目的,进行了竞争性分析之后,电子商务网站的设计人员基本上可以描绘出未来网站的框架,现在需要做的就是确定内容和功能。

1. 网站的内容

电子商务网站的内容可以划分为静态和动态两类。静态内容是一些一般性的、常规的信息，比如企业的历史、文化、所属行业、交易规则等，通常只在网站建立初期编制，而在比较长的时期内不需修改。提供这样的信息，主要是在访问者心目中形成认同感、亲切感，使得他们在网站上得心应手。试想一下，如果有一天某个代表东方文化的企业在它的网站上宣称代表西方文化，访问者也许会猜测该网站被黑客入侵了。

动态内容则是经常变动，以提供诸如企业最新产品和服务的种类与价格等方面信息的部分。比如，各大软件公司在推出正式版本之前，通常会在网站上提供试用版本。动态内容通常用作促销手段，以不断变化的内容，在互联网上营造进取姿态，吸引访问者。如果商务网站没有动态内容，原有的访问者也会慢慢厌倦。

2. 网站的功能

网站的功能可以分为主要的和辅助的两类。主要功能是电子商务网站的关键所在，提供诸如信息发布、在线交易等设立商务网站本意的功能。辅助功能是为实现主要功能而设置的。网上拍卖网站通常要求访问者在线竞价前进行用户注册，以保证交易的严肃性和真实性。这样的功能虽然不是建立网站的初衷，却是必不可少的。

对照进行访问者分析和竞争性分析得出的框架，设计人员可以通过满足相应需求确定网站所要提供的内容和功能。同样的，想要提供完善的内容和功能是不大现实的，并且内容和功能之间也会存在冲突。比如，网站允许访问者在发出订单后反悔，就要在技术上实现这样的功能，否则在内容上就要事先将交易规则交代清楚。因此，必须在内容和功能的完善与技术可行之间按重要性进行协调，放弃复杂而华而不实的内容和功能。

确定内容和功能还意味着对它们进行分类和整理。确定众多内容之间的逻辑联系，并按照这种联系对内容分组和标记。根据标记，可以在草图上搭起网站的具体框架。然后，在相应内容的页面记录需要的功能。

（二）确定网站的装饰风格

将内容和功能确定好，并不意味着大功告成。如何将内容和功能更好地表现出来，这依赖于网站的装饰风格。如同超级市场，有了众多产品，结果并不必然是顾客盈门；只有将产品分门别类地排放，在合适的位置贴上标签，顾客才可以方便地找到所需的产品。这对于电子商务网站的设计，道理是一样的。

一般来说，网站有三种装饰风格：组织性装饰风格、功能性装饰风格和可视性装饰风格。组织性装饰风格按小组、系统或组织的结构安排网站的内容和功能。功能性装饰风格涉及的任务与在其他环境实现的任务相似。可视性装饰风格基于多数人熟悉的常用图形元素。

（三）确定网站的导航系统

互联网极其方便的一点就是超文本链接，访问者借助网站提供的导航系统，很容易在不同页面间切换。但是，这有赖于设计者对导航系统的定义。定义网站的导航系统解决的问题是：访问者如何访问网站？他们如何从一个页面跳转到另一个页面？怎样防止他们在波澜壮阔的网络世界中迷失？

网站的导航系统可以分为全局导航系统和局部导航系统。全局导航系统出现在网站的每个页面，通过全局导航将网站的各主要部分联系起来，可以使访问者清楚网站的内容结构，方便他们在不同部分之间跳转。局部导航使得访问者可以在相关页面间跳转，也可以在同一页面内跳转，具有不同的形式。如主题的列表、选项菜单、相关条目的列表等。

确定网站的导航系统，就是在对网站内容、功能确立和分类的基础上，将内容、功能之间的逻辑联系使用导航工具连接起来。导航系统设计时常用的术语是链接和书签。全局导航在网站的每页中保持一致，尽量减少全局导航标志，以便于访问者进行选择。同时使用网站图标，作为访问者返回网站首页的链接，使他们无论在哪个页面上，都可以迅速返回首页。

三、网站模板设计

（一）制作网站的布局网格

布局网格是描述网页的模板。内容是最重要的因素。回顾内容的分类，确定两种或三种一般的页面类型。以设计这些页面类型开始，并把它们作为所有其他页面类型的基础。所有主要部分的页面形式应该很相似，必须考虑的其他元素包括：商标、广告和赞助、导航、页标题、顶端图形、脚标（包括版权）。商标在每页中起重要作用，因为它告诉用户他还在网站上。商标一般放在页的左上角。广告和赞助可以以多种方式结合在一起。导航也很重要。局部导航系统可以根据内容有所变化，但尽可能保持一致。

（二）设计网站的框架

设计网站的框架就是建立网站统一的整体结构和整体外观，比如网站的功能布局、网站的图形尺寸和风格。设计合理的网站框架可以保证网站中所有页面风格的统一。设计网站框架并不是绝对必要的，通常此项工作可以与其他信息结构过程同时进行，以节省时间。

（三）设计网站的页面模型

通过把设计框架和布局网格结合起来实现真正的网站。用比较顺手的图形软件建立网站的框架。在布局网格的不同部分之间剪切和粘贴组件。另一种选择是用 HTML 做页面模型，把设计框架的组件作为图形。

四、移动时代的网站设计

（一）移动端网页与 PC 端网页的区别

由于设备硬件条件、使用环境等各方面的差异，移动端网页不能照搬照抄 PC 端网页，而必须把 PC 端网页上的元素拆开后进行重组，就像是视觉设计中的打散重构。一方面，由于屏幕尺寸的限制，移动端网页要通过调整页面的构图与各元素的比例，使页面重点突出、清晰可读、方便易用。另一方面，手机上网具有鲜明的"碎片化阅读"特征，用户在乘车、开会时利用短暂的空闲时间上网，与平时在计算机前上网的需求、心态都不相同，一般借游戏娱乐打发时间或查找地图等，因此，在内容安排上，移动端网页也要做出相应调整。例如，百度的手机网页把"小说"放到菜单的第二位，而把"贴吧"、"知道"、"视频"等互动性、知识性或占据网络资源较大的内容整合进"更多"菜单中。

（二）移动端网页版式设计原则

1. 简洁为主

由于手机屏幕大小的限制，页面设计不能太过繁琐。图形以及整体结构的设计都要简单。简洁的网页能够使用户保持对页面的专注力，让人对页面的内容一目了然。

2. 易用性

手机网页中应只显示最精华的内容。有时为了网页的易用性不得不牺牲部分设计感。由于手机屏幕有限，手机网站不便于像计算机网站一样在每一页面都重复设置网站主导航，以免主导航占据过多的空间，导致用户在屏幕上向下滑动很久才能看到本页的主要内容。

3. 信息扁平化

要避免不必要的交互，从登录网页到找到所需信息，其间的步骤越多，带给用户的不便也就越多。手机客户端没有像计算机网页那样操作方便的导航方式，如目录、树状导航和面包屑等，若要跳转到其他内容页面时，就必须一层层返回上级菜单，再逐层进入子菜单，这样会导致跳转界面非常复杂。因此要注意垂直访问，不需要有间隔层次。

第二节　电子商务网站的实施

一、电子商务网站的实施方式

电子商务网站的实施，主要有三种方式：外包、租借和自建。

（一）外包

有许多专业化的公司可以帮助企业迅速建立电子商务网站体系。在互联网上，速度就是胜利。企业如果可以先于竞争对手建立自己的电子商务网站，就可以取得在互联网上的优势。比较而言，将电子商务网站的实施工作外包出去，可以获得如下优点。

1. 迅速建立电子商务网站

专业公司有专业人员负责网站的策划、设计、开发、维护和推广。他们有着丰富的经验，使用专业化工具，与同业有着密切的工作联系和技术交流，可以及时解决开发过程中意想不到的问题。2001年4月，中国石油天然气股份有限公司（以下简称"中国石油"）选择IBM作为"能源一号"网B2B项目的服务提供商，并选择B2B软件的厂商Ariba作为项目的软件供应商。2001年7月，"能源一号"网站（http：//www.energyahead.com）开始试运行，截至2002年11月底，在"能源一号"正式运行10个月后，累计实现交易额即达到150亿元。

2. 获得定制的电子商务方案

与单纯购买电子商务软件包不同，将任务外包出去，可以要求专业公司根据企业的实际需要定制专用的电子商务解决方案，比如在方案中集成自动付费、税收和运输跟踪等功能。如果企业的运作方式与软件包提供的功能很匹配，购买软件包固然可以实现电子商务。但是这样的系统往往不能为企业提供所要求的一些特征；即使方案现在可能很适用，但是将来可能过时。为现有系统增加新特征意味着对软件进行定制的工作和训练。而承担建设网站的专业公司则不同，它会根据企业不同时期的需要对电子商务网站进行调整甚至重新设计，这在提倡增值服务的今天是一种流行趋势。

3. 可以节省开发费用

专业公司有许多完善的通用的模块，可以很方便地根据客户需要调整，因而减少了开发设计的工作量。同时，他们有一套比较成熟的开发程序、方法，避免了自行设计时的弯路。在需要其他同行协助的情况下，他们可以凭借自身对行业的了解，以比较合理的价格获取服务，因此有助于整体费用的节约。

4. 可以获得专业化的服务

或许这才是企业将电子商务网站的实施外包出去的真正原因。

企业的电子商务网站建设是一个系统，不仅仅是主页、电子邮件和在线订购。将电子商务网站的实施外包出去，一方面委托专业公司设计网站；另一方面，也是更为重要的方面，可以获得专业公司提供的网上支付和物流配送服务。对于很多打算进行电子商务的企业来说，最大的问题不是建立网站并接受订单，运输和生意的完满结束才是企业面临的最大困难。通过将工作外包出去，企业可以不需要自己的卡车，仅仅需要将客户订购的货物委托专业运输公司去做。例如，联合包裹运输公司（UPS）和联邦快递（FedEx）能够与电子商务伙伴商议，帮助其建立运输系统，而且他们将数据库开放，使得客户可以在网上查询包裹的去向。类似的，通过专业公司，可以获得在电子邮件处理、建立虚拟销售网点等方面获得专业服务，大大提高工作效率。

（二）租借

企业也可以在由所谓的门户网站提供的电子商务方案中租用甚至免费获得空间。这是一种最简单的电子商务建设方案，企业只需要提供企业及产品的资料，其余如网站的维护等技术性事务，甚至促销、收款以及物流配送均可由门户网站提供。

比如阿里巴巴网站（www.alibaba.com）提供给注册的会员免费空间以建立"样品房"。一旦有了自己的"样品房"，企业可以展示产品并提供企业信息，满足最基本的电子商务需要。当然企业需要先申请成为它的会员。通过注册成为会员，可以获得诸如免费《商情特快》、公司链接等其他服务。

这种方案通常成本较低，风格简洁，而且包括很多常用的特征。整个商店通过 Web 进行管理。企业不必安装任何软件；只需看一看、配置一些设置，然后输入产品信息，就可以继续进行在线商务了。这种方式很适合于小型企业甚至由个人经营的虚拟企业。选择电子商务门户网站时，考虑的因素主要是租金和网站的访问量。

这种方案的缺点是这样的服务可能不支持企业想要的视觉效果。它可以使企业避免安装和配置的复杂性，但是它只提供了做这些事的几种方式。如果企业需要的和它提供的不能很好地匹配,则选择这种方式无疑将会失败。此外,这种方式开设的电子商务,企业没有独立的 IP 地址和域名,进一步发展将受制约。

(三) 自建

规模较大的企业都有自己的信息部门。自行开发就是使用企业自身的技术力量,按照电子商务网站的计划书,一步步设计、开发、维护和推广网站。

这种方法可以实现企业想要的确切的方案,但是需要经验、时间和相当大的预算;优点是企业可以建立独特的和有竞争力的特征和功能。

有很多应用程序引擎可以帮企业实现这些特征,几乎可以用任何程序语言建立商业程序。很多早期的基于 Web 的商业界面是用 Perl 或 C++编制的。近年来,多数应用是基于微软的 Active Server Pages(简称 ASP 组件)。

上述三种方案对于企业建立电子商务网站都是可行的。评价这些不同的方案时,企业不应该只考虑方案的直接标价,而且还要考虑到进行二次开发(主要是满足企业的独特需求)的代价。通常许多方案在开始实施时费用比较少,但在其后的二次开发和完善过程中的代价却非常大。因此在实施方案前应斟酌各种因素,最终确定网站的实施方案。

二、电子商务网站的域名申请

建立电子商务网站,要为网站确定名称,也就是申请域名。申请域名的步骤如下。

(一) 准备申请资料

com 域名无须提供身份证、营业执照等资料,2012 年 6 月 3 日起,cn 域名已开放个人申请注册,所以申请需要提供身份证或企业营业执照。

(二) 寻找域名注册商

推荐一个信誉、质量、服务都很好的网站:空间域名网络,在这个网站上注册一个用户名。由于.com、.cn 等不同后缀均属于不同注册管理机构所管理,如要注册不同后缀域名则需要从注册管理机构寻找经过其授权的顶级域名注册服务机构。如 com 域名的管理机构为 ICANN(互联网名称与数字地址分配机构),cn 域名的管理机构为 CNNIC(中国互联网络信息中心),见图 5-1。域名注册查询商已经通过 ICANN、CNNIC 双重认证,则无须分别到其他注册服务机构申请域名。

(三) 查询域名

在注册商网站点击查询域名,选择您要注册的域名,并点击域名注册查询。

(四) 正式申请

查到想要注册的域名,并且确认域名为可申请的状态后,提交注册,并缴纳年费。

(五) 申请成功

正式申请成功后,即可开始进入 DNS 解析管理、设置解析记录等操作。

Internet 上蕴涵着巨大市场,域名被喻为"网上商标",是企业进入 Internet,也是用户访问和联络企业的唯一途径,它一方面可有效保护企业的公众形象和无形资

图 5-1　中国互联网络信息中心主页

产；另一方面是企业迈入信息化社会、融入国际大市场、进行电子商务应用的标志，有巨大的商业价值，是通向成功的一条高速公路。反之，因域名被抢注而带来的后果与损失也是巨大的。因此，申请域名是电子商务实施过程中的重要一环。

三、电子商务网站的准备

（一）Web 服务器建设

企业建设自己的 Web 服务器时需要投入很多资金，包括架设网络、安装服务器，运转时需要投入很多资金租用通信网络。因此，一般企业建设 Web 服务器时，都是采取服务器托管、虚拟主机、租用网页空间、委托网络服务公司代理等方式进行的，一些目前没有条件或暂时没有建立网站的企业也可以马上开展网络营销。企业建设自己的 Web 服务器的方法见前面介绍，这里主要介绍目前常用的费用低廉的几种形式。

1. 整机托管

这种方式是企业建设自己的网站，拥有自己独立的与国际互联网实时相连的服务器，只不过服务器托放在 ISP 公司，由 ISP 代为日常运转管理。企业可以租用 ISP 公司提供的服务器，也可以自行购买服务器。企业维护服务器时，可以通过远程管理软件进行远程服务。采取这种方式建设好的服务器，企业可以拥有自己独立的域名，可以节省企业架设网络和租用昂贵的网络的通信费用。

2. 虚拟主机托管

这种方式是指：将一台 UNIX 或 NT 系统整机硬盘划分为若干硬盘空间，每个空间可以配置成具有独立域名和 IP 地址的 WWW、E-mail、FTP 服务器。这样的服务器在访问者进行浏览时与独立服务器并无不同。用户同样可以通过远程管理软件控制属于他的硬盘空间。这种方式，企业的网页将具有独立的域名，如 http://www.company.com.cn 或 http://www.company.com。ISP 服务商负责域名服务器的建立和域名的解析。域名可以由 ISP 代理申请，也可由用户自己向 CNNIC 申请国内域名或 INTERNIC 申请国际域名。虚拟主机的数据上载、更新等日常维护工作由用户来完成，用户可以通过 FTP 的方式来自主维护网页。

目前，国内有很多的 ISP 提供虚拟主机托管服务。如何在众多的 ISP 中进行选择呢？一般来说，要考虑如下因素：

（1）速度。ISP 服务器的速度决定了企业网站的访问速度。就虚拟主机的速度而言，取决于两个因素：① 虚拟主机放置的位置。按虚拟主机放置位置的不同，可以分为国内和国外。虚拟主机放在国外，国外用户访问速度较快而国内用户访问速度较慢；反之，国内访问速度较快而国外访问速度较慢。企业要结合自己的客户的地域分布来选择。当然，现在有的 ISP 提供国内国外多个镜像虚拟主机，可以同时使国内国外用户访问速度提高。比如创联公司提供的"双响炮"虚拟主机，同时为企业在国内和美国提供虚拟主机。② ISP 的网络连接速度。ISP 的网络连接速度当然是越快越好。

（2）服务。这是最值得企业关心的问题。一般来说，ISP 应提供的服务主要包括：一定数量的免费 E-mail 邮箱；具备数据库开发能力；支持 CGI 程序；支持在线加密传输；支持使用流行的网站管理软件；提供页面访问统计，等等。当然，这些基本上成为 ISP 的服务标准，企业在选择虚拟主机服务商时，要进行比较。此外，一些大型的 ISP，还提供其他一条龙的服务，比如上面提到的创联公司，提供从域名注册到网站寄存、内容策划、网站维护甚至电子商务系列服务。

（3）价格。这可能是企业选择虚拟主机服务商时首先考虑到的。然而实际上却并没有想象的那么重要。因为比起企业进行整机托管，虚拟主机托管的租金不值一提。再者目前国内虚拟主机服务市场竞争激烈，租金较一开始下降很多。

此外，有的虚拟主机服务商采取其他的吸引客户的手段。如世纪互联公司宣布推出国际规范的服务品质协议（service level agreement，SLA）。SLA 是一种服务商与用户之间签署的、承诺用户在支付一定服务费后所应得到的服务品质的法律文件。有的网络服务公司承诺：网络联通率一年内不低于 99.9%；电源持续供电率不低于 99.99%；24 小时技术支持和机房 24 小时开放。这样的 SLA 也是企业在选择虚拟主机托管商时应考虑的因素之一。

3. 租用网页空间

和虚拟主机类似而更为简单的方法是租用网页空间，甚至不需要申请正式域名，只是向网络服务商申请一个虚拟域名，将自己的网页存放在 ISP 的主机上，用户可自行上载、维护网页内容，自行发布网页信息。一般来说，租用网页空间的费用较虚拟主机更为低廉。如金企（http://www.goldenter.com.cn）提供的企业名片服务。

4. 委托网络服务商代理

如果企业缺乏网络营销的专门人才，最简单的方法就是把产品或服务的网上推广委托专业公司代理。在选择代理人的时候要进行慎重选择，类似的网络服务公司有很多，服务内容和收费方法也有很大差别，如中国万网（www.net.cn）提供虚拟主机服务。

（二）准备网站资料

当 Web 服务器选择好后，网络营销网站建设的重点是根据网站规划设计 Web 主页（用 HTML 语言设计的包含多媒体信息的页面）。如果建设一个能提供在线销售，产品或服务的网上推广，发布企业最新信息，提供客户技术支持等功能的网络营销网站，需要准备以下一些资料：第一，要策划网站的整体形象，要统筹安排网页的风格和内容；第二，公司的简介、产品的资料、图片、价格等需要反映在网上的信息；第三，准备一些公司提供增值服务的信息资料，如相关产品技术资料、市场行情信息等。准备资料时，要注意到网站上的网页是多媒体的，它可以包含文字、图像、动画、声音、影视等信息。

（三）选择网站开发工具

自行开发设计网站时，必须准备相关工具软件进行开发设计。一般来说，需要这样几种工具软件：主页设计工具软件，如微软的 FrontPage（https://www.microsoft.com）；图像处理软件，如 Adobe 公司的 PhotoShop CS6（http://www.adobe.com）；网页制作软件，如 Dreamweaver CC（http://www.adobe.com）；动画制作软件，如 Flash（http://www.adobe.com）；声音、影视处理软件；交互式页面程序设计软件，如微软的 ASP（Active Server Pages）开发系统、支持 CGI（common gateway interface）的 Perl（practical extraction and report language）开发系统等。对于一些具有交互功能的主页（动态主页，即具有接收数据和读写数据库等数据处理功能）设计，最好是请专业计算机人员开发设计；而对于一些简单的提供静态信息的 Web 页，在有规定好的模式的情况下，可以由企业内部员工通过培训来设计。随着这些开发工具的友好程度的加深，网站设计难度在不断下降，当然随着未来企业发展的多元化，可能会有更高的需求。

四、电子商务网站的开发

（一）电子商务网站开发的组织机构

企业进行电子商务网站的建设，其内部组织结构也要相应有所调整。根据上面描述的建设模式，相应地有以下几种类型。

（1）如果将网站建设和维护的工作外包出去，企业并不需要在组织结构上进行改变，只需指定专门人员负责与专业公司的协调工作。

（2）如果企业自行建设商务网站，同时企业的规模不大，维护网站的工作量不大也不复杂，那么企业可以设置网络管理员（web master）一职，网络管理员的工作权限与杂志编辑类似，其应具备如下基本素质：

① 同时处理多项任务/品牌/创新的能力；
② 财务预算管理和规划能力；
③ 对各种 Web 设计语言和工具较为熟练；
④ 能与企业的信息系统相协调；
⑤ 较强的设计能力；
⑥ 较强的沟通能力；

⑦ 良好的人际关系。

（3）对于大型企业，可以设立网络资源管理部门（Web/Internet resource executive，WIRE）实现整体协调。WIRE 的合格人选要具备以下条件：

① 优秀的处理人际关系的能力；
② 较广的网络和电子商务知识；
③ 一定的商业知识；
④ 经得起考验的项目管理和协调能力；
⑤ 有效的配合高层管理阶层的工作；
⑥ 能同时担任领导者和促进者两种角色；
⑦ 优秀的倾听意见、吸取有用信息的能力。

（二）电子商务网站的组成

企业电子商务网站一般分为主页、新闻页面、产品和/或服务页面、企业信息页面、帮助页面、虚拟社区等。下面分别进行介绍并简单讨论相应的开发要点。

1. 主页

主页也称为首页，是访问者访问企业网站时浏览的第一个页面。访问者对于企业网站的第一印象就是由主页造成的，因此主页是企业的形象页面，企业必须对主页的设计给予重视。

目前，主页的设计有两种风格：导航型和内容展示型。

导航型主要是为访问者提供企业网站结构信息，按信息类型和内容的不同，将网站分为若干较大部分，如新闻页面、产品页面、参考页面等，在主页上为它们做链接，如海尔的主页上（http://www.haier.com/cn/）显示了海尔的主要活动、主推产品等，其网站结构比较清晰。而且这些导航均用图标显示，当鼠标点击时就可以弹出专属的网页，使得整个网页很活泼生动（见图 5-2）。而淘宝的主页（https://ai.taobao.com/）则属于内容展示型，以比较大的页面空间展示其产品目录和主推产品，并为访问者提供直接到达目的信息的链接（见图 5-3）。这两种主页设计风格各有优点。导航型有助于为访问者提供较为简洁清晰的网站结构，同时由于页面空间较为简洁，企业可以借助图像树立企业的网上形象，传统的大企业拓展网上业务时常常选择这种风格，以便于与企业以往的 CIS 风格紧密结合；而内容展示型显然为访问者接触所需信息提供了直接、快捷的链接方式，可以一步到位而无须层层点击，节省了访问时间，因此具有大量分散商业信息的网上商店等基本采用这种风格。当然，这两种风格都不是绝对的，现在很多网站都会结合两种风格打造自己的专属风格。

但不论这两种风格有多大的不同，一般来说，主页应包括如下内容：

（1）企业名称、标志、网站图标（Logo）等 CIS 要素；
（2）企业网站的网址；
（3）企业网站的导航系统；
（4）企业产品和/或服务最新的信息、有关新闻；
（5）企业的联系方式如 E-mail、电话、传真等；
（6）相关网站的链接。

图 5-2 海尔公司主页

图 5-3 淘宝网站主页

就主页设计的视觉效果来看，又可以分为文本型与图片型两种。文本型是指主要使用 HTML 语言编制的、通过 HTML 语言的标准元素达到预期效果的方式。文本型的最主要的优点是形成的页面空间不大，下载速度较快。许多访问量比较大的商务网站采用这种方式编制主页。图片型是指整个主页页面由一张或多张图片形成，通过在图片上设置热区建立链接，达到与文本型类似的效果，优点是可以显示企业网站与众不同的形象，给访问者深刻印象；缺点是占用的空间一般较文本型大，下载速度慢，要达到相同的访问速度，需要熟练的图形制作、压缩技巧。当然，这样分类的界限并不明显，文本型主页中为了达到形象生动的效果，常常插入比较小的图片；而图片型页面设计方式也主要运用在主页上，其他页面绝大多数使用文本型，毕竟，在互联网上速度是决定一切的因素。

2. 新闻页面

在新闻页面中，企业可以给予访问者有关企业的最新信息，这样的最新信息包括：

（1）产品和/或服务的最新信息，如品种、价格、实现方式等；

（2）新项目的进行情况；

（3）企业的内部变动情况；

（4）行业的最新动态；

（5）相关行业情况。

新闻页面可以作为企业的自有媒体，为企业的发展树立有利的公共形象。新闻页面也是企业网站的重要页面，同时也是网站维护和更新的关键页面。原因很简单，网站要保持吸引力，必须及时更新，作为企业发布最新信息的页面，其维护和更新的必要性显而易见。

新闻页面设计的步骤是：

（1）收集新闻资料；

（2）按新闻制作的标准编制新闻稿件；

（3）将新闻稿件转换成可以用浏览器访问的形式。

3. 产品和/或服务页面

这显然是企业设立电子商务网站，进行在线业务的关键所在。根据在线业务的特点，该页面一般包括如下内容：

（1）产品和/或服务目录。产品和/或服务目录所要提供的信息有：规格、尺寸、性能、价格、使用说明。成功的电子商务网站可以通过各种超媒体手段提供图片、音频、视频信息，而不仅仅是产品和/或服务的报价单。

（2）访问者或客户对于产品和/或服务的评价。通过互联网的超级链接特性，可以将企业为客户设立的虚拟社区中同特定产品和/或服务相关的评价链接进来，增进潜在客户的对产品和/或服务的了解和购买信心，同时可以将以往的客户信息发布在该页面。

（3）在线订购和支付。企业设计商务网站，归根到底是为了开展网上商务，因此在产品和/或服务页面提供便利、安全的在线订购、定制、支付功能，是最为关键的。各大商务网站均设置了如"购物篮"、"购物车"等形象的订购系统，方便客户选取、检查打算购买的产品和服务，并提供了货款、运费、手续费等计算功能。

（4）与产品和服务密切相关的信息。比如，海尔就在产品页面提供了"产品小知识"频道，并为其厨房产品专门开辟了"整体厨房展示"区。这样的信息，有利于增加网站的吸引力，提高网站的访问量。

企业应当根据产品和服务特性，提供特色信息。互联网时代是开放的时代，及时与客户分享企业有关产品和服务的信息，将能显著地改变企业的竞争环境。

以上是产品和/或服务页面应该提供的内容或功能。在实际设计中企业可以根据产品和服务范围规模的大小，按不同的产品和服务类别提供由粗到细的若干层页面，逐步引导客户到达特定的产品和服务。如果企业提供多品牌产品，那么根据品牌分层设计产品页面，也是可行的。

4. 企业信息页面

在电子商务网站的主页上,通常可以发现诸如"企业简介"、"关于我们"之类的链接图标。这些图标链接的就是这里所说的企业信息页面。正如一幅著名的互联网漫画所描述的那样,来自世界各个未知角落的访问者不能确知企业的状况,对于企业的信任感当然也就无从谈起。在宝贵的互联网空间设立企业信息页面的目的,正是为了改善这种局面。

企业在该页面上发布的信息一般包括:

(1) 发展历程;
(2) 企业大事记;
(3) 业务范围;
(4) 合作伙伴;
(5) 发展计划。

此外,上市公司也许提供各种财务数据与投资控股关系,方便投资者查询,并吸引潜在的投资者。比如联想集团就在其网站上(www.lenovo.com)提供了有关该集团的、投资者可能需要了解的信息页面。

设计此类页面时,可能需要寻求数据库支持。根据访问者在客户端发出的请求,由服务器从后台数据库中自动生成。而在界面设计上,力求与访问者熟悉的电子表格形式一致,提供图文并茂的信息。

5. 帮助页面

即使设计时考虑到访问者的便利,大型的电子商务网站因其内容庞杂,访问者仍然可能迷失于信息沙漠中。因而,提供整个网点的结构图(site map),帮助访问者找到沙漠中的绿洲,同样是必要的。但这仅仅是帮助页面的所应提供内容的极少部分。

帮助页面提供的信息包括:

(1) 网站结构图。网站结构图提供关于企业网站的简洁图示,将网站的各大主要部分的关系与链接情况展现与访问者终端上,可以使其迅速到达目的页面。

(2) 在线订购、定制的规则。电子商务是一种全新的商业模式。一方面,从整体上看,电子商务与传统商务的交易过程截然不同;另一方面,不同的企业都在探索电子商务具体模式,因此在各个企业网站上进行在线订购、定制的规则和程序不同,这一点在涉及不同行业时将更为明显。因此,企业有必要为其独有的在线订购、定制的规则和程序进行说明。

(3) 在线支付的方式和具体方法。国内的网上支付正处于摸索阶段。各个电子商务网站提供的在线支付方式同样令客户眼花缭乱。如何使客户找到合适的支付方式,显然是企业职责所在。为此目的,淘宝网(www.taobao.com.cn)提供了有关支付方式的整版帮助页面。

(4) 其他。如对物流配送方式的介绍,对网站内容进行搜索,以及网站注册帮助等。

6. 虚拟社区

提供虚拟社区，主要是为了留住访问者。通过建立访问者之间的直接的群体联系，形成虚拟社区，交流选择产品和服务的经验和网上购物体验，可以增加网站的人性化氛围，聚集人气，为网站自身的推广和电子商务的远期利益奠定基础。

虚拟社区应该提供的功能有：
（1）个人电子信箱；
（2）电子布告栏；
（3）BBS 自动转信；
（4）在线聊天室；
（5）在线实时通信；
（6）选择独具特色的话题。

话题的选择要与企业的产品、服务、经营方式相关，这样才能与企业设立电子商务的初衷相吻合。比如淘宝网（www.taobao.com.cn）设立"我的淘宝"，其中有"社区"、"淘宝大学"等专门的论坛。

选择合适的论坛主持人。论坛要能长期维持下去，必须有能干的主持人，由他来带动论坛的发展，引领论坛话题以配合网站拓展业务的需要。

以上简要介绍企业电子商务网站各种类型页面的设计。不同类型页面包括不同的内容，各有相应的设计开发方法，但仍然具有共同之处，简要列在下面：

（1）网站页面的设计和开发要与企业 CIS 系统中的 VI 相一致。
（2）使用模板和风格表来确保网站整体形象的统一，并简化开发和以后的维护工作。
（3）尽量使用成熟的技术，并使用多种浏览器进行检验，确保使用不同的浏览器浏览时没有太大反差。
（4）精简页面，提高访问速度。
（5）尽量为访问者和在线购物者提供方便，如亚马逊投资几百万美元开发新技术，仅仅为了顾客下单时可以节省几秒钟。

（三）电子商务网站的开发管理

电子商务网站需求分析的过程与软件工程类似。传统的软件工程使用瀑布法和快速原型法，但是这两种开发模式周期比较长。比如，瀑布法采取如图 5-4 所示的开发模式。

瀑布式开发对于网站的建设来说速度太慢了。为了尽量提高网站的建设速度，这里提供一种螺旋式开发模式。如图 5-5 所示，螺旋式开发模式第一轮设计从简单的信息结构开始，其次是结构设计，包括物理和逻辑结构，然后开始具体的设计工作，包括后台不可见的部分和前台风格及页面的设计。通过测试后使用，同时使用智能统计系统进行用户倾向的追踪统计，供决策部门使用。这些数据可包括受众群体及其性别、年龄和地理分布、上网高峰时间、用户喜好倾向、消费能力等，作为下一个版本设计的依据。在第二个版本的设计中仍然以信息结构设计开始往复循环。

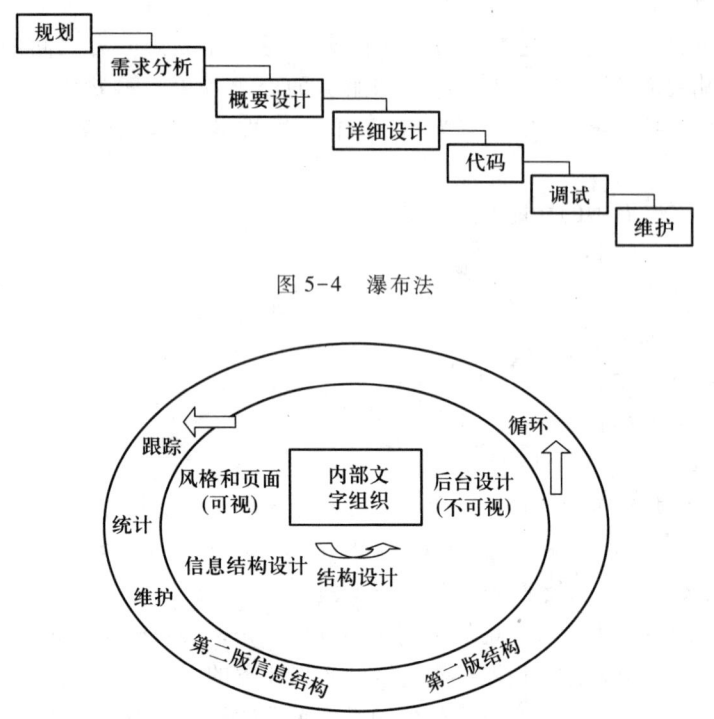

图 5-4 瀑布法

图 5-5 螺旋式开发方式

（四）电子商务网站的测试

在发布 Web 网站之前，应该确认所有文本和图形都放在正确的位置，且所有的链接都能操作正确。测试 Web 网站的一种方法是检查内部和外部的链接来确认目标文件是否存在。有时一个目标文件被删除了，链接就被破坏了。检查链接时，一般的网站管理软件，如 FrontPage，将检查链接所描述的位置是否存在相应的目标文件。

可以使用浏览器测试网站，例如，微软的 Internet Explorer，通过它可以确认链接是否将访问者带到正确的页。还可以通过浏览器检查网页上图形和文本的格式。这是一种更节省时间的方法，但只有确认网站的文本、声音和图像都正确，且每个链接都跳跃到正确的页才有效。因为不同的浏览器在显示网页时采用不同的方法，用几种常用的浏览器去浏览 Web 网站不失为一个好办法。

（五）电子商务网站的发布

当测试并修改完毕，就可以将网站发布。网站的发布就是将设计好的网页存放到 Web 服务器，供用户浏览使用。网页的发布一般可以大致分为三种形式，包括：E-mail、Ftp、WWW，分别使用相应的软件，如以 Ftp 上传可使用 CuteFtp3.5 等，在 host 填上注册的网页所放的主机，填上 user ID 和密码（这些资料，在用户申请后，提供空间的公司会发 E-mail）。这样就能把主页上传到指定的目录上。当然在用户挂上后，首先要自行浏览一下，并检查相应的链接，至此主页就上载完毕，也就在 Internet 上拥有了自己的一席之地。

在 FrontPage 上发布企业的网站是很容易的，即使通过 ISP 发布 Web 网站，也只需链接 ISP，然后使用 Publish FrontPage Web 命令将 Web 网站复制到 ISP。FrontPage 检查在 ISP 服务器上是否安装了 FrontPage Sever Extension（FrontPage 服务器扩展）。这些扩展是支持 FrontPage 和个人 Web 服务器的程序和副本。如果 FrontPage 探测到在要发布网站的服务器上并没有安装 FrontPage 服务器扩展，它将启动 Microsoft Web Publish Wizard（发布向导）来帮助发布 Web。一旦将网站发布到服务器上，那么全世界都将看到。

五、电子商务网站的维护

在完成网站的创建工作之后，所要做的就是维护网站，尤其对于较大和较复杂的网站，一定要检查是否存在孤立文件断链，避免因意料不到的错误影响企业的形象。网站维护的主要任务有：

（一）发现并修改失效链接，维持网站内各种链接的有效性

人们对一个 Web 网站的最大抱怨也许就是它的失效链接了。首先在将每个链接放到主页上之前，应该对其有效性进行验证，但由于 Web 网站经常会发生变化，因此 Web 管理员在将其放到 Web 网站上之后就不能就此不管了，还必须定期对其进行检查，以确定它们目前还有没有效。要想完全避免这样的情况可能会有一些困难，但如果每一个 Web 网站都很注意这一点，整个情况可能就会大为改观。在一些网站上有的内容到了一定的时间将会自动失效，其超链接也会在一定的时间之后自动失效。

（二）及时更换信息

许多网站的一个通病就是网站内容不及时更新，这样的 Web 网站应该说是一种"信息垃圾"。网站管理员应该定期对网站进行必要的更新和维护，并且注明最后一次修改或更新的时间，这样访问者就可以知道网站内容的及时性和可靠性。

（三）确保页面内容和拼写的正确，维护企业的网上形象

正确拼写网页上单词也是十分重要的，不仅因为访问者将发现误拼，会影响阅读，更重要的是可能导致搜索引擎错误地索引企业的网站。

在电子商务网站发布之后，需要进行定期的维护以保证它是最新的。不管何时更改网站上的信息，都增加了出错的可能性。在修改过的页面上有拼错的单词，或者是存在无效链接，或者存在多余的孤立的文件。在第一次发布新的网站和每次修改网站之前要检查是否存在这些问题，以免让这些不必要的错误弄乱企业的网站，并且确保网站的专业形象。

（四）维持与访问者的良好关系，及时反馈 E-mail 等

有家旅游公司，其网站设计优良，但在线业务不尽如人意。在邮箱发生故障进行检查时才发现，邮箱已经堆满了上百封来自世界各地的电子邮件。

这样的例子不是唯一的。这样的工作效率和管理效率，不能适应互联网时代"十倍速"的要求，企业的电子商务得不到有效发展。

企业应该如同设立服务热线电话那样，有专人负责访问者的 E-mail，对收到的 E-mail 进行分类，转交相应部门处理。而更为专业的方法是，在页面提供相应部门或人员的 E-mail，这样可以缩短传递时间，加速反馈。此外，使用自动回复程序，

可以在保持发信人热情的同时，减少工作量。

六、电子商务网站的推广

已经建立了电子商务网站，并且拥有很不错的内容，企业还必须让更多的人访问网站。在互联网世界中有 1 亿多网站，而其中最著名的 10% 的网站吸纳了大约 90% 的用户。在这种情形之下，电子商务网站要实际运营起来，首先要对网站本身进行推广。

首先，在谈到推广策略之前，企业必须先对自己网站的目前情况有一个确切的了解，网站目前的访问率是多少，他们浏览了网站中的多少网页，浏览了哪些网页，他们通过什么途径进入网站等。所有这些信息都存储在服务器的 log 文件中。此外，企业还应该了解网站在一些著名的搜索引擎中的位置和排列。企业可以通过免费的 Web tool 帮助企业做这些调查。

其次，如果网站想增加访问率，可以通过两种方法来进行：吸引新用户访问网站；让已经在访问企业网站的用户浏览更多的网页。对于吸引新用户，可以通过搜索引擎进行推广，利用电子邮件进行推广，或者利用传统的媒体进行推广。

第三节　移动 App 的设计

一、App 开发简介

App 开发是指专注于手机应用软件的开发和服务，App 是 application 的缩写。不同于互联网，搜索不再是离智能手机用户最近的入口。移动互联是"以人为本"的体系模式，机器的"人性化"是移动互联网的本质特征。App 作为移动互联网的入口，专注于人的需求并且满足人的需求。随着人机交互、终端、网络及传感器等技术进一步升级，开发提升用户在移动环境下体验的应用将成为移动互联企业常态化的竞争形式。

二、App 开发流程

首先，制作一款 App，必须要有相关的 idea，也就是说，第一步是 App 的 idea 形成。

其次，就是通过那些 idea 来进行 App 的主要功能设计以及界面构思和设计。

接着是大功能模块代码编写以及界面模块编写。在界面模块编写之前，开发者可以用模拟器做大的功能开发。但事实上，对于 iNotes 开发来说，模拟器是不够用的，simulator 的多触点（multi-touch）支持是非常弱的，很多 touch 的测试是无法在 simulator 做的。特别值得注意的是，在功能开发的过程中要注意内存的使用，这也是在 IOS 开发上最重要的思维。

然后把大概的界面和功能连接后，App 的大致 demo 就出来了。值得一提的是，如果有界面设计师，就能节省大量时间。比如界面设计上，可以编写功能模块和设计同步进行。这样 App 的 demo 出来后，基本上就有界面可以用了。

在 demo 出来之后，要自己试用和体验几遍，然后根据情况修改。

App 的 0.8 左右版本完成后可以加入 production 的图标和部分 UI 图片，如果没有大错误，0.9 版本可以尝试寻找 beta 用户。能够在产品设计和开发过程中，找一部分测试用户参与是非常有必要的。对他们进行回馈的方法，可以在 App 发布后对这些用户发放免费产品。这个做法即可以提高产品质量，又可使测试用户拿到免费的软件产品。

根据测试用户的反馈，重复之前 demo 出来后的一系列步骤。

最后在 App 完成后，加入 App icon、iTunes Artwork 等 UI 元素。反复测试无错误后上传 iTunes。之后大概要花 7~14 天来等候审批。

三、App 制作常用工具

为了降低 App 的开发难度，国内外的技术开发者都设计了许多能够帮助人们创建简单 App 应用的傻瓜工具，通过这些工具，就算是一个对程序、对编程代码一窍不通的普通网民都可以很容易的创建一个 App 客户端，并可以对程序进行应用、更新和维护，开展营销等活动。国外的软件主要有 Bizness Apps、AppMakr、Appsgeyser、Mobile Roadie、DevmyApp 等；国内的软件有 AppCan、Appbyme、多摩、应用公园、追信魔盒等。当然，App 也可以请专业人士制作，可以根据自己的需求进行选择。

四、App 开发注意事项

1. 信：解决信用问题

信任问题渗透到 App 开发的很多环节。例如 UI 设计，ICO 图标、产品说明等，都要传递你是可值得信赖的。

2. 快：使用户能够快开快关

App 开发最大的价值是碎片化的时间应用。你的移动 App 开发必须让客户能充分利用碎片化时间。

3. 易：界面讲究易上手，让客户很容易自学习

不要让客户去费力摸索。有一款室内逃脱的应用，设计太深奥，没人可以玩超过 2 分钟。这方面，有很多视觉引导的案例可以学习，例如一个小图标，做得让用户觉得想按一下，或是滑一下，这就是设计的不同。

4. 简：要简化流程，每简化一步，用户会感谢你的

手机界面太小，每多一步，客户都会感觉难度翻番，以至于有些流程过多，最后都忘了前面是如何操作的了。

5. 轻：让你的移动 App 应用轻一些吧

有的朋友，给电商开发的 App 达到 20 M，甚至是 80 M。这样的产品做出来，肯定是没人用，用户需要简洁的、轻的。如果需求太多，可以考虑把 App 应用拆分。

五、App 的发布和推广

在发布一款应用的时候，首先要明确它的需求对象是哪些人群，然后根据这些人群来明确发布应用的方式。而在跨平台开发时代，要明确的一点是这款应用是打包成安装程序的本地应用，还是直接在 Web 上运行的网页，甚至是两者兼备的应用。如果确认以 App 的形式进行发布，接下来就可以选择一个应用商店进行上传了，当然也可以选择同时上传多个应用商店。一般来说，将应用上传到大型的应用商店本身就能得到免费的推广，对于个人开发者或者小团队来说会比较方便。当然上传到这些商店的应用是要进行审核的。

App 推广有大致四种方式：第一，基础上线——各大下载市场、应用商店、大平台、下载站的覆盖；第二，推广——论坛推广、微博推广、软文推广；第三，合作推广，换量互推；第四，付费推广。付费推广包括内置付费推广、按量付费、广告联盟付费推广等模式。当下有很多创业型或者个人开发者都抱着一个先圈用户再赚钱的心态。在这种情况下，大量的付费推广不是很理智。做好基础推广，有营销头脑的创意推广比较可行。当然也有个别应用的盈利模式好，值得花大力推的，付费推广是最快的推广模式。推广方法只是模式，成功的推广需要你有正确的品牌意识和营销意识，明确自己 App 的推广点、所针对的人群，据此做出精准定位的推广策略。

小结

  电子商务网站的建设是个系统工程。规划作为网站建设的第一步，决定了网站的目标、服务对象、商务模式和未来的竞争优势，它是企业建设电子商务网站必须首先考虑的问题。在确定网站的规划后，需要对网站进行总体设计，确定网站的功能、风格、版式等，为网站的具体建设做好准备。此时需要注意移动端与 PC 端网站的差异，进行不同的设计。确定了网站的建设方案后，可以进行具体的实施工作，包括申请域名、选择服务商、设计网页、测试和网站发布。而要维持网站的生命力，持续的更新是必不可少的。云服务作为新兴的服务，在电子商务网站中占有重要位置，要给予重视。

 即测即评

  请扫描二维码，在线测试本章学习效果

思考题

1. 如何规划电子商务网站？在规划时应注意哪些问题？
2. App 设计的重点是什么？
3. 移动时代的电子商务网站的实施应该注意哪些变化？

实践题

1. 访问域名注册网站：http：//www.cnnic.net.cn，了解域名注册过程和程序，并试着注册一个域名。
2. 申请个人免费网站空间（如 http：//ik8.com）。
3. 利用 FrontPage 设计自己的个人网站（介绍自己的学习、生活），并上传到你申请的免费网站空间中去。

美国旅游网站经营模式

在美国的电子商务领域，网上旅游正开展得如火如荼，不仅旅游专业网站数量惊人，而且已经形成了类型、功能比较齐全，涵盖旅游业各个方面的网上旅游产业体系。旅游商品及服务的在线销售正在影响着越来越多的家庭、商务旅游者、旅游服务提供商等。投资商们也纷纷看好这个市场的巨大潜力，旅游网站建设的投资规模丝毫不亚于其他行业。

目前，美国的旅游电子商务比较集中地体现在网上订购飞机票、饭店预订和汽车租赁服务等方面，同时还有各种旅游团、旅游方式的网上推销和预订。

一、网站的类型

根据网站经营者的业务性质，从事旅游电子商务的网站有如下几种类型：

（1）产品或服务的直接提供商，如航空公司中的 American Airline、United Airline、North West Airline 等。

（2）中介服务商，也叫在线预订服务代理商。这类网站主要从事代理销售，从中赚取折扣或佣金。

旅游消费者分布十分广泛，因此，像 Yahoo、Excite、Infoseek 等大型的综合性导航台也纷纷开辟了旅游网站。

一般的旅游信息网站，它们虽然不以预订服务为主要服务项目，但也提供预订中介服务。

二、网站的经营模式

（一）信息内容

在美国，无论是哪种类型的旅游网站，其信息内容一般都涉及如下几个方面：

(1) 景点、饭店、旅游线路等方面的信息。

(2) 旅游常识、旅游注意事项、旅游新闻、货币兑换、旅游目的地天气、环境、人文等信息以及旅游观感等。

(3) 与旅游相关的产品和服务信息，以及各种优惠、折扣。

(4) 航空、饭店、汽车租赁服务的检索和预订等。

（二）服务功能

从服务功能看，不同的旅游网站的服务功能包括：

(1) 旅游信息的汇集、传播与交流。

(2) 旅游信息的检索和导航。

(3) 旅游产品和服务的在线销售，包括票务、饭店、餐饮、汽车、旅游组团等。

个性化定制服务已成为旅游网站，特别是在线预订服务网站必备的功能，如Expedis、PreviewTravel、Travelocity等网站都具有该功能。目前，各网站在这方面的具体做法大同小异，通常是由访问者定义一个账户（用户名和密码），然后登录，网站会提供类似下面的一些功能选项：

(1) 客户基本信息，如姓名、电话、电子邮件、住址、护照/签证信息等。

(2) 信用卡信息，如卡号、有效期、卡的类别等。

(3) 旅游需求，如用户最希望何时开始旅游，最想搭乘哪个航空公司的哪个航班，最喜欢租用哪种类型的汽车，最愿意住在什么饭店等。这些信息反映了旅游线路的选择标准。服务器在存储了这些信息之后，会根据这些信息帮助客户寻找相关的服务信息，并可随时进行修改和增删信息。

(4) 修改账户密码，密码遗忘时的提醒。

这种定制服务可发挥的主要作用有：

(1) 可以避免在预订过程中重复填写相同的信息，提高预订效率。

(2) 积累客户的消费额（如飞行距离），以此作为促销奖励的依据。

(3) 更有针对性地推送旅游信息，特别是当客户没有找到满意的解决方案时，可以委托服务器监视和跟踪，当有符合标准的信息出现时，及时用电子邮件方式提醒客户。

(4) 根据选择的目的地，提供当地的天气、人文环境、旅游特色和货币兑换等信息。

（三）获利方式

不同类型旅游网站的获利方式有所不同，归纳起来有如下几种模式：

网站信息量大，信息质量高，能够获得较高的访问率，以此吸引网络广告。这是一般信息网站实现收益的基本思路。

提供网上交易功能，从中获得收益。目前在网上销售的产品和服务主要有飞机票、饭店预订、组建旅行团、旅游物品等。

为旅游服务单位提供网上展示服务，收取服务费用。

像许多社区网站一样，很多旅游网站的收入来源于赞助商和伙伴关系等方面。

（四）网站推广

从旅游网站的特点看，旅游网站的推广可以有如下几种方式：

（1）在综合性导航台、搜索引擎中注册网址。

（2）在相关网站中设置图标广告链接。鉴于旅游消费者的分布十分广泛，所以一个旅游网站的旅游广告其实可以散布在各个领域，例如温泉浴场的网站广告可以放到美容美发的网站中去，商务旅游预订服务的广告可以放到人才网站上。关键是根据受众特点进行选择，相互交叉是基本的思路和旅游网站广告的特点；而在服务功能方面能够互补的旅游网站之间的相互链接，也是推广网站的好办法。

（3）与访问率高的导航台或搜索引擎独家合作，将预订服务融合在这类网站之中。

（4）通过电子邮件刊物及网上定制服务吸引和维系受众。

三、运作机制

美国旅游网站的网上交易主要体现在预订服务方面。目前提供最多、运作机制比较成熟的就是机票、饭店和汽车租赁等，这也是由美国旅游消费者的需求特点所决定的。

（一）交易佣金

旅游中介服务网站通过与航空公司、饭店、租车公司等签署协议，或利用航空公司的交易平台，或自行开发平台，然后让服务提供商加盟进来，提供可交易的服务或产品，从中获得交易佣金。

（二）与知名导航台合作分销

中介服务网站要想盈利，扩大网站的访问量是关键。这就逼着中介服务网站去与访问量大的网站合作，将访问量吸引到自己的网站上来。比如 Preview Travel、Travelocity 等旅游网站都投入上百万美元用以实现在著名导航台上的独家链接。

一些大的门户网站也已认识到旅游市场的价值。目前，全美 10 个访问量最高的网站中的 9 个已经分别与 6 家旅游在线预订网站结盟。

（三）品牌合作

在美国，6 个最大的在线旅游代理商都有其品牌合作计划，允许任何一个网站成为自己品牌中的一部分，或者双方合作品牌。一些高访问率的网站，会得到分销的回报，其他网站则会在交易中获得一定的提成。

（四）网络广告

目前，美国的许多预订服务提供商向中介服务网站投入大量的广告，这一行为不仅体现了竞争的激烈程度，而且也是旅游服务网站获得收益的一个重要来源。

值得一提的是，美国的航空公司与旅游中介服务商之间呈现联合趋势。这是由于，航空公司可以从旅游中介服务网站上获得相当数量的客户订单，同时也不必再自行建立一套旅游信息系统，而中介服务商可以提供实实在在的预订服务。目前航空公司给中介服务商的机票佣金一般为每张票 10 美元左右，像 Delta Airlines、American Airline、United Airline 等；其他航空公司则一般付给票面价值的 5%，大约相当于 25 美元，而中介服务机构的交易成本一般在 10 美元左右。作为在线旅游服务提供商，不仅提供在线预订服务，还要回答客户的电话咨询、预订变更、客户服务、送票等。

（五）机票购买与递送

在线销售中介服务商的服务器与航空公司的服务器是在线实时链接在一起的，当机票的优惠和折扣信息有变化时，会实时地反映到中介服务商的数据库中。

目前，在线交易只允许用信用卡来购买，这样可以避免恶意订购。而消费者订购的机票则只送到信用卡备案中记载的地址，递送费用需要额外支付。用户经常选用的递送方式是根据约定的递送时间分别使用平信和快递，其中使用最多的是美国联邦快递和 UPS。至于消费者关心的安全问题，一般都使用 SSL 加密和不滥用客户资料的法律性质的承诺。

（六）优惠策略

人们选择在线方式来购买和预订旅游服务，是基于以下几个基本因素：

航空公司、饭店和汽车租赁一般都会在一定条件下给出具有诱惑力的折扣或优惠，这是市场竞争的结果。

在线销售商可以将众多的折扣和优惠信息加以汇集并使之有序化，这样预订搜索引擎便可以让消费者在信息的海洋中实现高效率的检索查询。

根据消费者的需求，为客户挑选性能价格比最优的旅游线路和飞机、饭店、汽车租赁等消费方案。

这类网站提供了有助于旅游的信息，比如旅游目的地、旅行方式及注意事项等。

这类网站一般提供常见问题解答，指导消费者制定最佳的旅游计划。例如飞机票、饭店和租车价格变动的影响，一些特殊情况出现后应该怎样处理等。

这类网站的信息质量非常高，几乎包容了美国人能够到达的所有目的地的信息。

四、移动端的新发展

（一）移动端或成为新的传播渠道

由于移动端（如手机、平板）的便携性以及更高的使用频次，人们更加倾向于在移动端接收信息、传播信息，特别是关于旅游的相关信息。在旅途中或者旅行结束后，也通常会发自拍、发朋友圈进行分享。网络口碑的移动化趋势越来越明显。

ShareThis 研究发现，2014 年 9 月，美国互联网用户分享的旅游内容中有 51% 是通过智能手机或平板电脑分享的，其中智能手机更为重要，占 41%。PC 占旅游内容浏览和搜索的 60%。

eMarketer 曾经的研究显示移动端数字化旅游搜索用户占少数，当时预计 2014 年有 6 110 万美国消费者通过移动设备在旅行前进行搜索，占数字化旅游搜索用户的 47.4%。但 2015 年，角色将会发生调转，移动端旅游搜索用户将上升约 20%，达到 7 280 万人次，占数字化旅游搜索用户的 54.6%。到 2018 年，移动端用户将占美国数字化旅游搜索用户的 71.3%。

（二）移动端或成为新的预定媒介

旅游网站以及移动端旅游 App 的发展使得旅游变得更加方便。人们随时可以在手机上进行有关旅行的信息收集、整个旅行的规划以及最后的旅行支付。由于移动端数字化信息化的发展，移动支付变得越来越普遍，在移动端进行旅行的预定也变得越来越普遍。

Adobe Digital Index（ADI）发布的《2014 旅游报告》显示，智能手机预订自 2013 年 1 月增长高达 121%，同一时期，通过掌上游戏机的预订增长 60%，平板电脑预订增长 48%。ADI 首席分析师 Tamara Gaffney 表示："在线旅游公司、航空公司、酒店等旅游行业相关企业通过提升移动应用的预订功能、提升网站的用户体验拉动了在线预订的增长。"

对于旅游网站而言，关键在于踏实做好产品，服务好用户，致力于运用互联网提升旅游产业效率。而旅游永远要做好三件事：资源、渠道、服务，在线旅游行业的创业企业应该上下游一起把资源、渠道以及未来的服务能力协同起来，铸造自身真正的核心竞争力。

资料来源：

[1] 环球资讯. Adobe:预计 2014 年夏季美国在线旅游预订量将达到 610 亿美元. http：//www.199it.com. 2014-06-04

[2] 环球资讯. 51%的美国用户通过移动端分享旅游内容. http：//www.199it.com.html. 2015-01-08

[3] 张琳. 看点:2016 年 "互联网+旅游" 行业八大趋势总结. http：//mi.chinabyte.com. 2015-12-07

讨论题

1. 分析移动时代美国旅游网站有什么变化？

2. 分析美国旅游网站的建设是如何实现其经营策略的？并对比我国类似网站如携程网提出建议。

第六章
电子支付系统

电子商务的成功实现需要信息流、物流和资金流的畅通,在 Internet 快速发展和物流基础设施不断完善的情况下,资金流的解决就成为电子商务发展的一个重点。

本章介绍如何解决电子商务过程中的支付问题,主要介绍网上支付的概念、类型、电子支付和网上银行的基本概念,重点介绍几种电子支付方式、网上银行的发展、业务及功能等。

第一节 网上支付概述

一、传统支付方式

支付方式按使用的技术不同，可以分为传统支付和电子支付两种方式按流通形态的不同，可以分为开放式和封闭式两种。

传统支付是通过现金流转、票据转让以及银行转账等物理实体的流转来实现款项支付的方式。电子支付是指通过先进的通信技术和可靠的安全技术实现的款项支付结转方式。

开放式支付方式是支付方式所代表的价值信息可以在主体之间无限传递下去。而封闭式支付方式指的是价值信息只能在有限的主体间进行传递。

传统的支付方式主要有三种，即现金、票据和信用卡。

（一）现金

现金有纸币和硬币两种形式，由国家中央银行发行。现金是一种开放的支付方式。任何人只要持有现金，就可以进行款项支付，无须经中央银行收回重新分配在现金交易中，买卖双方处于同一位置，而且交易是匿名的。卖方不需要了解买方的身份，因为现金的有效性和价值是由中央银行保证的。同时，现金具有使用方便和灵活的特点，因此多数小额交易是由现金完成的。其交易流程一般是：一手交钱，一手交货。

现金交易存在如下缺陷：

（1）受时间和空间限制。对于不在同一时间、同一地点进行的交易，无法采用这种方式交易。

（2）受不同发行主体的限制。不同国家的现金的单位和代表的购买力不同，这给跨国交易带来不便。

（3）不利于大宗交易。大宗交易涉及金额巨大，倘若使用现金作为支付手段，不仅不方便，而且不安全。

（二）票据

票据分为广义票据和狭义票据。广义上的票据包括各种具有法律效力、代表一定权利的书面凭证，如股票、债券、货单、车船票、汇票等，统称为票据；狭义上的票据指的是《票据法》所规定的汇票、本票和支票，是一种载有一定的付款日期、付款地点，付款人需无条件支付的流通凭证，也是一种可以由持票人自由转让给他人的债券凭证。这里所指的都是狭义票据。

票据是为了弥补现金交易的不足而出现的。通过使用票据，异地交易不必涉及大量现金，减少了携带大量现金的不便和风险。同时，票据使得交易中的物流和货币流的分开更有保障。

票据本身的特性使得交易可以异时异地进行，突破了现金交易同时同地的限制，大大提高了交易实现的可能性，促进了交易的繁荣。但票据也存在一些问题，如易于伪造、容易丢失，商业承兑汇票甚至存在拒绝付款和到期无力支付的风险，因此，使用票据仍然具有一定的风险。

（三）信用卡

信用卡是指具有一定规模的银行或金融公司发行的，可凭此向特定商家购买货物或享受服务，或向特定银行支取一定款项的信用凭证。

信用卡的使用流程如下：

(1) 持卡人用卡购物或消费并在购签单上签字；
(2) 商家向持卡人提供商品或服务；
(3) 商家向发卡人提交购签单；
(4) 发卡人向商家付款；
(5) 发卡人向持卡人发出付款通知；
(6) 持卡人向发卡人归还贷款。

使用信用卡作为支付方式，高效便捷，可以减少现金货币流通量，简化收款手续，十分灵活方便。但是，信用卡也存在一些缺点：

(1) 交易费用较高；
(2) 信用卡有有效期，过期失效；
(3) 有可能遗失而给持卡人带来风险和麻烦。

根据上面关于开放式支付与封闭式支付的定义，票据和信用卡属于封闭式支付。一般来说，开放式支付工具不需由发行主体重新确认流通；而封闭式支付工具的重新回笼增加了作为支付工具本身的成本，因此，票据使用诸如背书转让的手段来增加其流通性。由于技术条件所限，传统的开放式支付具有很大的风险和不便，票据、信用卡等支付方式在电子支付出现以前已在大额交易中得到频繁使用。

二、网上支付需求

随着电子商务的发展，网上需求越来越多，消费者、企业、政府纷纷以各种方式加入到网上支付的体系中来。

（一）从消费者角度看待网上支付需求

网上支付手段包括：银行卡、信用卡、电子现金以及网络虚拟货币等。

（二）从企业角度看待网上支付需求

网上收款（网上商店、网上直销），网上采购（设备、原材料等）支付已被许多企业采用。其中收款手段包括：信用卡、电子钱包、电子现金收款；支付手段包括：信用卡、电子转账。

（三）从政府角度看待网上支付需求

如今，电子政府采购、网上税收（国内收税、海关报关）和电子政务等已在各地兴起。政府开通电子政务平台可以充分发挥政务电子化的优势，使政府能更好地为企业和社会公众提供各种更便利的政务服务。政府使用网上支付的手段是其完善电子政务活动的一个重要组成部分。

三、电子支付手段与传统支付手段

（一）电子支付手段

1. 网上（直接）支付

网上（直接）支付主要包括银行卡、电子支票和电子货币。其主要特点在于：网上（直接）支付不需要通过其他中间环节的中转。第二节将详细介绍。

2. 电子转账支付

电子转账支付主要是指交易双方通过银行转账系统完成的支付。买方通过其在银行的账户向卖方指定的账户转账。

3. 预付费卡支付

预付费卡最早来源于储值电话卡，目前已成为互联网支付机制的一种。大多预付费卡支持多种充值方式（包括在线与传统方式），通常以现金匿名购买方式为主，持卡人使用前必须"激活"账号，才能用于网上交易。

4. 电话支付和移动支付

电话支付和移动支付是电子支付的一种线下实现形式，是指消费者使用固定电话、手机或PDA、平板电脑等终端设备，通过银行系统从个人银行账户里直接完成付款的方式。

这种支付方式主要是网络服务提供商与通信运营商合作采用的一种支付手段。两者按照一定方式分享利润。随着移动商务的发展，移动支付方式应用的范围越来越广泛。

（二）传统支付手段

1. 邮局汇款

这种方式要求交易的买家先通过邮局向卖家的指定收款人汇款，卖家在收到汇款后，再给买家发货。邮局汇款主要是利用邮局庞大的邮政网络进行的支付方式。该支付方式的匿名性较差，但相对来说，安全性容易得到保障。

2. 货到付款

目前电子商务活动中，尤其是在网上消费者市场上，大多都支持货到付款这种传统的支付方式。目前，当当网（www.dangdang.com）、京东商城（www.jd.com）、亚马逊中国（www.amazon.cn）、1号店（www.yhd.com）等B2C网站均提供货到付款的服务。

四、网上支付基本流程

电子支付是一种通信频次大、数据量较小、实时性要求较高、分布面很广的电子通信行为，因此电子支付的网络平台通常是交换型的、通信时间较短的、安全保密好的、可靠的通信平台，必须面向全社会，对所有公众开放。电子支付的网络平台有PSTN、公用数据网、专用数据网、Internet和EDI等。当前的发展趋势主要是Internet电子支付平台，其支付的基本过程如下：

（1）顾客上网，浏览和选择网上销售中心的商品，填写订单，提交给销售中心。

（2）销售中心接到订单后，经过审批，向配送中心发出发货请求，由配送中心向顾客进行送货。

（3）顾客收到商品后，进行商品的清点核对，并对验收单进行签字验收，再将收货单进行数字签名后，发送给销售中心进行挂账处理。

（4）当需要付款时，由顾客根据订货以及接货验收情况，将结款信息进行签名，并生成付方密码，传送给销售中心。

（5）销售中心接收到顾客的结款请求时，将自身的银行账号以及收款金额等信息生成收方密码，发送给商家的开户银行。

（6）商家的开户银行将该笔交易信息通过银行网上电子实时支付与清算系统与顾客的开户银行进行清算，将款从顾客的账户划拨到商家的银行账户中。

（7）双方的开户银行将交易成功信息发送给各自的用户，完成电子支付。

（8）商家向顾客发送电子发票，网上交易全部完成。

第二节 电 子 支 付

一、电子支付概述

电子支付是指电子交易的当事人，包括消费者、厂商和金融机构，使用安全电子手段通过网络进行的货币支付或资金流转。电子支付可以分为银行卡、电子支票和电子货币三类。与传统的支付方式相比，电子支付具有以下特征：

（1）电子支付采用现代技术，通过数字流转来完成支付信息传输，支付手段均是数字信息；而传统的方式则是通过现金的流转、票据的转让以及银行的转账等实体形式的变化实现。

（2）电子支付是基于开放的系统平台（即互联网）；而传统支付则在较为封闭的环境中进行。

（3）电子支付使用先进的通信手段，对软硬件要求很高；传统支付对技术要求相对较低，且多为局域网，不接入互联网。

（4）电子支付突破了时间空间的限制，可满足 24/7 的工作模式，其效率之高是传统支付难以望其项背的。

二、电子信用卡

电子信用卡（electronic credit card）的代表是智能卡（smart card）。智能卡是一种大小和信用卡相似的塑料卡片，内含一块硅芯片，其中集成了微处理器、存储器以及输入/输出单元等，可实现存储信息和进行复杂运算的功能。它被广泛地应用于电话卡、金融卡、身份识别卡以及移动电话、付费电视等领域。在智能卡上，拥有一整套高性能的安全保密控制机制，安全控制程序被固化在只读存储器中，具有难以复制和密码读写等可靠的安全保证特性。智能卡可分为存储卡、逻辑加密卡、CPU 卡、Java 卡等。由于 CPU 卡具有存储量大，可以进行复杂计算以及加密等众多优点，因此已成为金融 IC 卡的技术标准。

智能卡内储存的用户账户之类的信息受用户的个人识别码（PIN）保护，因此只有用户能访问它。多功能的智能卡内嵌入有高性能的 CPU，并配备有独自的操作系统基本软件（OS），能够像个人计算机那样自由地增加和改变功能。

在销售终端，智能卡系统的工作过程是：首先，用户在自己的计算机或手机等其他上网终端上启动用户的互联网浏览器；然后，通过安装在机器上的读卡机，通过用户的智能卡登录到为用户提供服务的网上银行（网站）上，智能卡会自动告知银行用户的账号、密码和其他一切加密信息；完成这两步操作后，用户就能够从智能卡中下载现金到商家的账户上，或从银行账户为智能卡充值。

在网上交易中，智能卡的应用类似于实际交易过程。只是用户在网上选好商品，键入智能卡的账户信息登录到发卡银行，并输入密码和在线商家的账户，即可完成整个支付过程。

与传统磁条卡相比，智能卡具有安全性方面的优势，不需要与发卡银行连接即可完成交易，从而实现更快的服务，可以在同一张卡中实现多种应用（包括帮助商家实现客户忠诚度强化业务、电子钱包、医疗和保险资料以及其他各种增值服务应用），而且使用范围广、存储信息量大。

三、电子支票

电子支票（electronic check）是客户向收款人签发的、无条件的数字化支付指令，它可以通过互联网或无线接入设备来完成传统支票的所有功能。

电子支票的支付流程如图 6-1 所示。客户要通过电子支票进行支付，需要在计算机上安装读卡器和驱动程序。读卡器通过一根串行电缆与计算机的串行通信口相连。在安装驱动程序时，智能卡设备的加密驱动程序将被安装在机器上。Web 服务器首先验证客户端证书的有效性，在确认证书有效后，Web 服务器发送一串随机数给客户端浏览器（浏览器与智能卡通信时，要求输入智能卡的 PIN，增加了安全性），智能卡使用私有密钥对这串随机数进行数字签名，签名后的随机数串被回送给 Web 服务器，并由 Web 服务器验证签名，如果签名验证通过，Web 服务器和浏览器之间使用 SSI。协议规程，建立安全会话通道进行通信，二者之间发送和接收的信息已经过加密，客户可以进行相关的操作。

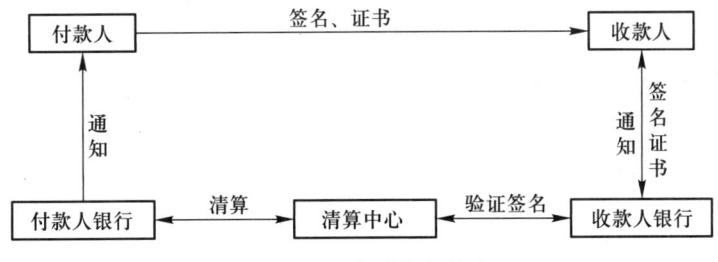

图 6-1　电子支票的支付流程

在电子支票体系结构下，要保证交易的真实性、保密性、完整性和不可否认性，其中最重要的一个环节就是确保私有密钥的安全性。现行的做法是客户使用智能卡来实现对私有密钥的保护。

由于电子支票为数字化信息，因此处理极为方便，处理的成本也比较低。电子支票通过网络传输，速度极其迅速，大大缩短了支票的在途时间，使客户的在途资金损失减为零。而且电子支票采用公开密钥体系结构（PKI），可实现支付的保密性、真实性、完整性和不可否认性，从而有效地解决了传统支票中存在的伪造问题。

四、电子货币

电子货币（electronic currency）是指模拟现金进行交易的电子支付手段，目前主要有电子现金、电子钱包等。

（一）电子现金

电子现金（electronic cash）是一种以数据形式流通的货币。它把现金数值转换成为一系列的加密序列数，通过这些序列数来表示现实中各种金额的币值。用户在提供电子现金业务的银行开设账户并在账户内存钱后，即可在接受电子现金的网店购物了。

当用户登录到网上银行时，使用口令（password）和个人识别码（PIN）确认其使用权利，然后可直接从其账户中下载成包的低额电子"硬币"，这些电子现金被存放在用户的计算机中，用户可随时用来进行网上支付。为确保交易安全，电子现金系统还为每个电子硬币建立了序号，这个号码隐藏在电子硬币中的一个加密的"信封"中，供银行辨别其真伪，其他人则无法查看，此举还可以搞清是谁提取或使用了这些电子现金。这种方式使用户的购买行为无迹可寻，受到那些顾忌个人隐私权的用户的欢迎。

1. 电子现金的支付过程

（1）用户在 E-Cash 发布银行设立 E-Cash 账户，用现金服务器账户中预先存入的现金来购买电子现金，这些电子现金被分成若干成包的"硬币"，可在商业领域流通。

（2）使用计算机电子现金终端软件从 E-Cash 银行取出一定数量的电子现金存在硬盘上。

（3）用户在提供电子现金支付方式的网上商家处选购商品，并使用电子现金支付所购商品的费用。

（4）接收电子现金的网上商家与电子现金发放银行之间进行清算，E-Cash 银行将用户购买商品的钱支付给网上商家。

2. 电子现金的特点

（1）银行和商家之间签订电子现金支付协议和授权关系。

（2）用户、商家和 E-Cash 银行都需使用 E-Cash 软件。

（3）E-Cash 银行负责用户和商家之间资金的转移。

（4）身份验证由 E-Cash 系统软件完成。E-Cash 银行在发放电子货币时使用数字签名，商家在每次交易中，将电子现金传送给 E-Cash 银行，由银行验证用户提供的电子现金是否有效（伪造或重复使用等）。

（5）匿名性，即 E-Cash 系统对用户的信息进行加密。

（6）具有现金特点，可存、取、转让，适用于小额交易。

3. 电子现金的缺陷

（1）成本较高。电子现金支付系统对于软、硬件的技术要求较高，需庞大的数据库存储交易信息以及诸如 E-Cash 的防伪信息以防止重复使用。因此，目前只有美国几家银行提供电子现金服务，接受电子现金的商家也主要分布在美国，且大多为小额支付。

（2）存在货币兑换问题。由于电子硬币仍以传统的货币体系为基础，因此从事跨国电子商务就需要使用特殊的兑换软件，这也增加了电子现金的使用。

（3）应用风险较大。如果某个用户的硬盘损坏，电子现金丢失，钱就无法恢复，这个风险许多消费者都不愿承担。更令人担心的是电子伪钞的出现，因为，一旦电子伪钞获得成功，那么发行人及其用户所要付出的代价可能就是毁灭性的。

（二）电子钱包

电子钱包（electronic purse）是一个可以由持卡人用来进行安全电子交易和储存交易记录的软件，如同传统生活中随身携带的钱包一样。

1. 电子钱包的功能

（1）电子安全证书的管理，包括电子安全证书的申请、存储、删除等。

（2）安全电子交易。进行安全电子交易时辨认用户的身份并发送交易信息。

（3）交易记录的保存。保存每一笔交易记录以备日后查询。

在电子钱包内只能装电子货币，即电子现金、电子硬币、安全零钱、银行卡、数字货币等。这些电子支付工具都支持电子钱包提供的"单击式"支付方式。

在电子商务服务系统中设有叫作电子钱包管理器（wallet administration）的电子货币和电子钱包功能管理模块，顾客可以用它来进行诸如更改保密方式或保密口令、管理自己银行账户上的收付往来账目、清单和数据。电子商务服务系统中还设有交易记录器，用户可以由此查询自己的消费记录。

2. 电子钱包的使用步骤

（1）客户通过商家的网站浏览和选购商品，包括填写订单、选择支付方式等。

（2）订单可由商家在线提供，或由客户的电子钱包软件自动建立。

（3）顾客确认购买商品后，打开自己机器上的电子钱包客户端软件，选择具体的电子货币进行付款。

（4）电子钱包支付系统对顾客提供的支付信息进行加密传送到相应的银行，同时商家也收到经加密的订单，商家将顾客编码加入到该订单后，再提交给电子钱包支付系统。在这一过程中，商家对顾客订单信息中诸如银行卡号之类的信息是不可见的，也无权和无法处理钱款等支付信息。经过电子钱包支付系统确认顾客的合法性后，银行和信用卡公司之间进行应收款项和账务往来的电子数据交换和结算处理。

（5）若顾客的账户余额不足或透支额受限，经银行确认后拒绝并不予授权，顾客可再单次使用电子钱包选择其他的电子货币进行支付。

(6) 经银行确认顾客支付有效并授权后，商家即可按顾客提供的订单信息将货物提交到顾客或指定人手中。与此同时，商家将保留整个交易过程中往来的数据，并向顾客在线提供电子发票、收据等购物凭证。

整个购物过程中间虽经过了信用卡公司与商业银行间的多次身份确认、银行授权以及各种财务数据交换和账务往来，但这些都在几秒钟时间内完成，是一种运作高效、安全可靠的购物方式。

五、虚拟账号

虚拟账号是一种安全的在线支付方式，可以保证在网上购物的时候卡号的隐私和安全。传统的银行卡在网上支付存在着泄露持卡人的账号、口令和其他的相关信息的安全隐患。而用虚拟账号交易的时候，用户的卡号等相关的信息都只会保存在银行或者支付机构当中，而且不会被传送到互联网上的商家和其他人，以保证支付安全。

2002 年，美国花旗银行就开始发行虚拟账号。这种虚拟账号可以在每次在线交易时产生随机的替代性号码，以保证真实的信息不会被泄露，而且虚拟账号得到花旗银行的零风险保证，使用户可以摆脱任何一个未授权者向账户收费的责任。所有拥有花旗银行卡号的人都可以免费申请一个虚拟账号。顾客在花旗银行网站上注册并安装客户端软件后即可使用虚拟账号。支付时，顾客只需输入用户名和密码获得授权，便可获得一个随机的替代卡号，并将该号码发送到销售商的结账单中，后者就像使用真的信用卡一样实现在线支付。该替代号码一经使用后即失效，不能再用于其他网上零售商。由于每个替代卡号都与持卡人的实际账号相关联，进而保证了支付的安全和便捷。

六、第三方支付

一个没有安全保证的电子商务环境，是没有真正的诚信和信任而言的。第三方支付是在网上商家与银行之间建立的一种中立的支付平台，为网上交易提供资金划拨渠道和服务。这种服务平台解决了银行无法解决的信用问题，消除了交易双方的担忧，因此得到市场的广泛认可。例如阿里巴巴开发的"支付宝"，最初作为淘宝网的支付工具，而现在已成为国内众多购物网站普遍使用支付手段。

这里以支付宝为例介绍第三方支付平台的运作机理。使用支付宝的交易双方必须同为支付宝的注册用户。当买方在卖方的网站上提交订单后，交易双方随即进入支付宝平台，买方将支付款提交给其所在的支付宝账户，支付宝即可通知卖方发货，在买方收到所订购的商品并验货无问题后，即通知支付宝，随后支付宝提醒买方将其账户中的预付款转到卖家在支付宝的账户中。可见，这种运作模式实质是以支付宝为信用中介，在买家确认收到商品前由支付宝替买卖双方暂时保管货款，让顾客可以在收到订购货物并验货以后再确认付款的增值服务。

第三节 电子银行

一、银行电子化服务的发展

计算机和通信技术的引入,使银行界发生了一次革命性的变革。开始是银行的传统业务处理实现电子化,接着大量新的自动银行服务项目应运而生。银行的电子化,使银行同往来银行、企事业单位、商业机构、政府管理部门,甚至每个家庭建立起紧密的联系,将银行业务拓展到社会的各个角落。随着银行电子化的兴起,网上银行、电话银行、手机银行,加上较早出现的自动柜员机(ATM)等电子化银行逐渐进入人们的日常生活。

(一)电话银行

1. 电话银行的功能

电话银行是发达国家和地区风行的金融工具之一。其系统设计思想是以一台工控机处理、接受客户通过电话银行服务电话传出的语音指令,然后分解这些指令,转入不同的主机系统(银证通、综合系统、客户管理系统等),为客户提供基于语音服务的银行业务。不同的电话银行提供的服务不尽相同,但差别不大,主要包括以下三种功能(以招商银行为例):

(1)自动语音服务:账务查询、转账服务、自助缴费、银证转账、银证通、银基通、国债买卖、外汇买卖、自助贷款、传真服务。

(2)人工服务:疑难账务查询、业务咨询、受理客户投诉、账户挂失、外拨服务。

(3)其他服务:人工交易业务、"一网通"在线服务。

2. 电话银行的服务特色

目前,许多银行已开通了电话银行业务,表6-1列举出我国电话银行的服务特色。

表6-1 我国部分商业银行电话银行的服务特色

银行	服务号码	服务特色
招商银行 http://www.cmbchina.com	95555	(1)超时空的3A服务:电话银行不受时间、空间的限制,用户可以在任何时间(anytime——每年365天、每天24小时不间断)、任何地点(anywhere——家里、办公室、旅途中)以任何方式(anyway——电话、手机、传真、互联网、电子邮件等)获得银行服务 (2)方便快捷的一站式服务:可以通过电话银行自助办理个人、公司、证券、资产、国际等业务;也可以将用户的问题、投诉、建议直接告诉银行,为用户提供一站式的服务
中国工商银行 http://www.icbc.com.cn	95588	
中国银行 http://www.bank-of-china.com	95566	
中国农业银行 http://www.abchina.com	95599	

续表

银行	服务号码	服务特色
中国建设银行 http://www.ccb.com.cn	95533	（3）费用低廉的服务方式：拨打本地服务电话，只需要支付普通市话费用，即可获得全方位的金融服务
中国光大银行 http://www.cebbank.com	95595	（4）使用简单，操作简易：电话银行将自动语音服务与人工接听服务有机地结合在一起，客户通过电话键操作，既能享受自动语音服务的快捷，又能享受人工服务的温馨
交通银行 http://www.bankcomm.com	95559	（5）手续简便、功能强大：开通电话银行服务，客户只需到当地各个银行指定网点办理申请手续，即可使用。客户可通过电话银行方便地查询本人的多个账户的情况，进行注册账户之间的资金划转，可以向已注册的他人账户转账，还可以实现自助缴费、银证转账、外汇买卖、股票买卖等多种理财功能
中信银行 http://www.ecitic.com/bank	95558	
华夏银行 http://www.hxbank.com.cn	95577	（6）省时便利、安全可靠：客户办理银行业务，不需到银行储蓄网点，直接通过电话处理，节省时间。同时电话银行采用先进的计算机电话集成技术，安全可靠

（二）自助银行

自助银行最常见的服务形式是自动柜员机（ATM），下面以招商银行的自助银行为例来介绍。"自助银行"是招商银行为客户提供 24 小时自助服务的营业场所。用户可以通过自助银行提供的各种设备，自行办理存款、取款、转账、证券买卖、外汇买卖、自助贷款、自助缴费、账务查询、补登存折、打印对账单以及修改密码、查询存贷款利率、外汇牌价和招商银行综合信息。这些自助银行设备包括：自动取款机（受理银行卡人民币取款、修改密码、转账、账户余额查询及代收费业务）、自动存款机、外币兑换机（受理外币兑换、取款、汇率查询、修改密码等业务）、夜间金库（满足小型商业、服务企业需要的自助设备，其突出特点是既可存放现金，又可存放票据、硬币、有价证券等贵重物品）、自助服务电话和其他自助终端（受理公共信息查询、账户信息查询打印、打印对账单、自助转账、自助缴纳话费、口头挂失、修改密码、存折补登等业务）。

（三）手机银行

手机银行是货币电子化与移动通信业务的结合，作为一项新兴业务，手机银行融合了网银和传统银行业务，客户能随时随地通过手机操作，获取银行的金融服务，如办理账务查询、缴纳话费、银行转账等，被称为随身相伴的银行。这种方式覆盖面广，省时便利，只要移动通信网络能覆盖的区域都可以获得银行服务；安全性好，移动通信公司与银行之间的数据加密传输，对外转账金额严格限制，设有专用的支付密码,保证用户的安全,而且通过短信进行操作,数据不容易外泄;实施反馈,手机支付的确认信息是在用户选择手机支付选项后,由支付银行将确认信息通过手机短信的形式立即实时反馈给用户和商户;功能强大,包括账务查询、缴纳费用(水费、电费、气费、手机话费等)、银行转账、异地汇款、查询利率、汇率、外汇买卖、证券债券投资、银证转账、查询历史明细、修改密码、变更支付卡、注销和帮助等。

手机银行的出现为银行金融业务的拓展提供了新的平台,使商户、用户、银行三者关系更加紧密,其功能的全面性可以替代诸如自助终端设备、柜台服务、电话银行等功能单一的业务,为银行带来更多中间业务收入,也使银行在金融脱媒趋势的背景下,更加具有竞争力,因此使用率也较高。

二、网上银行及其功能

网上银行是指采用 Internet 技术,将银行业基于网点、自助服务、特约商户支付和个人理财等各种传统的银行服务扩展到 Internet 覆盖的所有地点,使客户在家里、办公室、旅行中随时都能得到银行提供的金融服务。经过多年的发展,目前各家银行网上银行的功能已比较全面,完全可以满足电子商务的需求。

企业或个人在使用网上银行功能之前,一般都需要进行身份的识别和认证,只要通过了提供业务的银行的数字认证,才能通过登录对应银行的网站或安装客户端软件,才能使用该网上银行提供的在线服务。艾瑞市场咨询公司根据调查,总结出网上银行的主要业务如表 6-2 所示。

表 6-2 网上银行业务介绍

序号	业务种类	描述
1	基本网上银行业务	商业银行提供的基本网上银行业务包括:在线查询账户余额、交易记录、下载数据、转账和网上支付等
2	网上投资	由于金融服务市场发达,可以投资的金融产品种类众多,国外的网上银行一般提供包括股票、期权、共同基金投资和 CDs 买卖等多种金融服务
3	网上购物	商业银行的网上银行设立的网上购物协助服务,大大地方便了客户的网上购物,为客户在相同的服务品种上提供了优质的金融服务和相关的信息服务,加强了商业银行在传统竞争领域的竞争优势
4	个人理财助理	个人理财助理是国外网上银行重点发展的一个服务品种。各大银行将传统的银行业务中的理财助理转移到网上进行,通过网络为客户提供理财的各种解决方案,提供咨询建议,或者提供金融服务技术援助,从而极大地扩大了商业银行的服务范围,并降低了相关的服务成本

续表

序号	业务种类	描述
5	企业银行	企业银行服务是网上银行服务中最重要的部分。其服务品种比个人客户的服务品种多，也更为复杂，对相关技术的要求也更高，所以能够为企业提供网上银行服务是商业银行实力的象征之一，一般中小网上银行或者纯网上银行只能部分提供，甚至完全不提供这方面的服务 企业银行服务一般提供账户余额查询、交易记录查询、总账户和分账户管理、转账、在线支付各种费用、透支保护、储蓄账户与支票账户资金自动划拨、商业信用卡等服务，此外还包括投资服务等。部分网上银行还为企业提供网上贷款服务
6	其他金融服务	除了银行服务外，大商业银行的网上银行均通过自身或与其他金融服务网站联合的方式，为客户提供多种金融服务产品，如保险、抵押和按揭等，以扩大网上银行的服务范围

下面以中国工商银行（www.icbc.com.cn）网上银行的功能为例，介绍网上银行的功能。中国工商银行的网上银行业务分为个人网上银行和企业网上银行两部分。

（一）个人网上银行业务

相对于企业网上银行业务，个人网上银行业务在电子银行的交易总额中占的比重较小（不到2%）。绝大部分柜台业务都可以在银行的网站上实现而且还可以提供其他网上独有的功能，其中方便、快捷是网民选择使用个人网上银行服务的主要原因。个人网上银行主要有四个模块。

1. 投资理财业务

该业务包括人民币黄金买卖、基金投资、网上理财产品、网上保险、债券投资、汇市通、银证通、银证转账、B股证券业务、网上贷款、通知存款、协定金额转账、预约周期转账、理财服务、预约服务、组合存款设计、工行信使、理财计算器、理财数据管理、跨国理财、美元账户黄金买卖、理财服务协议以及诸如"工银财富"、"理财金账户"之类的个性化定制理财计划等。可以提供全方位的理财服务，满足个人投资理财的需求。

2. 转账汇款业务

该业务包括境内汇出汇款、电子速汇、国际卡购汇还款、国际卡外币还款、牡丹卡人民币还款、注册账户转账、工行与其他行转账汇款、牡丹卡自动还款等。

3. 缴费支付业务

该业务包括代缴学费、委托代扣、e卡、预留信息验证、网上商城和自助缴费功能。

4. 账户管理业务

该业务包括注册账户管理、账户信息查询、余额变动提示、个人电子对账单、银行户口账户查询、电子工资单查询、企业年金查询、网银积分查询、牡丹卡积分查询、牡丹国际卡年终结算清单、小额账户销户和个人电子回单等功能。

（二）企业网上银行业务

1. 账户管理业务

该业务包括账户明细查询、电子回单查询、电子对账单查询、电子工资单上传、客户账务提醒、工行信使、对账服务、自助缴纳年服务费、企业年金查询和账户余额查询等。

2. 收款业务

该业务包括批量扣企业、批量扣个人、自动收款、在线缴纳商户服务和集团理财等功能。

3. 付款业务

该业务包括网上汇款、向证券登记公司汇款、外汇汇款、代发工资、在线缴费和集团理财等功能。

4. 投资理财功能

该业务包括集团理财、公务用卡、票据托管、电子商务、预约服务、网上基金、网上国债、网上通知存款、网上协定存款和定期存款等。

5. 信贷业务

该业务包括网上信用证业务、网上委托贷款、网上还贷和贷款业务查询等。

6. 代理行业务

该业务包括代签汇票和代理汇兑等。

（三）信息发布

通过银行站点提供实时的国际市场外汇行情、黄金价格、对公利率、储蓄利率、汇率、国际金融信息、证券行情、银行信息等。方便企业或个人及时了解外汇行情、银行储蓄、证券投资等信息，是提供公众服务的一个快速通道。

三、网上银行的发展

在互联网应用和电子商务发展的推动下，网上银行业务已经在全球范围内蓬勃发展。为客户提供更多、更快速、更便利的银行服务，提高银行的核心竞争力等多种优势，成为银行业今后发展的重要方向之一。我国加入 WTO（世界贸易组织）后，逐步放开了外资银行在华的人民币业务，国内几十家商业银行也纷纷开通了网上银行业务，网上银行得到了长足的发展。

（一）网上银行发展现状

自 1995 年 10 月第一家网上银行 SFNB 在美国问世，德国、法国接踵而来，其发展势头之迅猛令人始料不及。在欧洲，发展网上银行已被认为比跨国兼并更能有效地拓展业务。在美洲，经济算不上发达的巴西已有半数以上的银行在 Internet 上开办了业务，这一比例直逼网上银行最为发达的美国。在亚洲，日本、新加坡都争先恐后地推出了网上银行服务。据不完全统计，全世界 1 000 多家较大的金融机构中已有 700 余家在 Internet 上开设了网上银行。

与此同时，随着经济全球化浪潮的迅猛发展，中国 Internet 的发展与电子商务的发展为网上银行的发展奠定了良好的基础。许多商家已经将网上银行服务作为电子商务的重要环节，通过网上银行开展银行业务的观念已经基本形成。

据 2013 年 7 月，中国互联网络信息中心发布的《第 32 次中国互联网络发展状况统计报告》显示，截至 2013 年 6 月底，我国 5.91 亿网民中有 2.4 亿人使用网上银行，使用率为 40.8%。而在 4.64 亿手机网民中，有 7 200 万人使用手机网上银行，其使用率为 15.6%。尽管如此，在 2012 年中国网上银行 820 万亿元人民币的交易规模中，企业网银交易规模占 80%，个人网银交易规模占 20.0%。截至 2013 年 6 月，中国企业网上银行的账户已接近 1 200 万户，成为网上银行市场的主力军。

2012 年以来，国内银行积极向互联网靠拢，纷纷搭建自己的电子商务平台。目前，国内电子银行市场呈现向多元化的发展态势，国有银行依托其资源的优势，大力开拓新的市场，全面发展网银业务。中国工商银行推出了个人网银私人银行专区，新增企业网银外汇买卖、积存金等新功能；中国农业银行推出了个人网银外汇业务功能，并推出了香港分行个人网银；中国建设银行推出了私人银行版和 e 账户，拓展银医、社保等生活服务功能，新增个人结售汇、储蓄国债（电子式）等投资理财产品，建行企业网银成功完成国内分行系统整合并推出海外版。

与国有银行不同，股份制银行不具备资源优势，所以未采取全面发展的战略，而是强调整体的品牌形象，注重完善自身金融环境，大多集中于某一个领域重点发展。如招商银行针对个人用户推出了基于微博的"微预约"办理网银专业版服务，并大力发展企业网银 U-BANK；光大银行则推出了"光大网上营业厅"、"理财夜市"、"阳光 e 缴费"等网上金融服务功能；华夏银行上线了新的电子支付平台"华夏 E 商宝"、企业网银理财、个人网银自动跨行资金归集等 23 个产品，新增和优化 467 个网银业务功能。进入 2013 年，各家银行开始优化各自的网银产品功能，并注重多种电子银行服务渠道的综合运用，线上与线下交叉融合性更强。

近几年来，随着传统金融机构、移动运营商以及第三方支付机构的携同合作，移动金融领域开始加速崛起。据美国 Aite Group 的研究发现，2011 年以来，已有 13% 的美国银行向企业提供移动银行服务，有 60% 的大中型银行已经开始筹划企业移动银行业务。企业移动银行不仅填补了企业移动商务运营中金融元素的缺失，还将银行业带入了崭新的移动化时代。在此背景下，银行必须意识到企业移动银行已经不仅是一种在线渠道的扩张，它还拥有改变金融服务业行业规则的潜力，随着企业财务向战略决策者的角色方向转移，银行产品能否紧跟客户需求就显得尤其重要。

（二）网上银行发展面临的问题

1. 网上银行的相关法制有待健全

发展网上银行以来，我国的相关法律体系得到了很大的发展。2005 年 4 月实施的《中华人民共和国电子签名法》规定，可靠的电子签名与手写签名或者盖章具有同等的法律效力；伪造、冒用、盗用他人的电子签名，构成犯罪的，依法追究刑事责任；给他人造成损失的，依法承担民事责任。2005 年 4 月 1 日起实施的《电子认证服务管理办法》规定了电子认证服务机构保证提供的服务和履行的义务。2005 年 8 月国务院制定的《国务院办公厅关于加快电子商务发展的若干意见》推进了在线支付体系建设。还有中国人民银行和银监会制定的《电子银行业务管理办法》、《电子支付指引》、《支付清算组织管理办法》等一系列政策的出台，也推动了相关法律体系的逐步完善。

值得一提的是，2013年以来，我国互联网领域的金融政策环境发生了较大的变化，首先，以基金、保险为代表的传统金融产品销售的电子商务化取得了突破性的进展，在政策层面确立了第三方支付公司、电子商务平台的合规地位；其次，包括支付宝、财付通、快钱在内的多家第三方支付公司获得了跨境支付牌照，为第三方支付企业扩展海外及跨境支付市场奠定了政策基础；最后，第三方支付牌照也首次向海外资本放开，为整体的支付产业带来了更为丰富的参与主体，也间接推动了国内支付企业的创新和国际化开拓。

尽管如此，相对于全球其他法制健全的国家对网上银行的相关法律体系来说，还有比较大的距离，而且网上银行作为一种新型的产业，必然会伴随着很多新的问题，需要新的法律来进行规范和解决。

2. 网上银行的银行产品需要进一步开发

目前国内的网银产品大多只是传统银行业务在网上的简单移植，如账务查询、转账服务、代理交费、银证转账、为企业销售网络办理结算、为集团客户进行内部资金调拨等，大多数银行的网上银行尚未完全摆脱传统业务的限制，且市场份额占比较小，不仅在如何对传统银行业务进行重组和重构方面还需要做出较大的努力，而且应该充分利用网络的特点推出更多直接面对客户的新产品和新应用，提高市场份额，形成良好的盈利机制。

3. 网上交易的安全防范系统尚待完善

根据艾瑞市场咨询调研的结果，68.1%的网民不使用网上银行的原因是担忧网上银行的安全性，这个因素是网民使用网上交易的最大障碍。

从技术上来说，网上交易的安全性主要涉及以下三个方面：一是客户端的安全性。客户端有被模仿和客户信息在客户端被窃取的可能性，比如黑客可能通过病毒获得和客户账户相关的信息和资料，用于盗取客户账户的资金和其他与交易相关的私密信息。二是信息传输过程中的安全性。其他的电子支付方式，支付信息只在银行的内部网络上传输，而内部网的安全性较高，与外部网有安全隔离的措施。但网上银行进行支付时，支付信息必然会在外部网公开传递，支付信息可能被修改或窃取。三是银行网站和电子商务网站的安全性，存在着被黑客攻击的危险。世界上第一家网上银行SFNB开业仅仅两个月就受到1万多名黑客企图入侵的攻击。而且网上银行网站和电子商务网站存在着被假冒的危险，中央电视台《经济信息联播》栏目曾经报道过在网上发现中国银行的假冒网站。这个网站从网页的内容来看与真正的中国银行的网站完全一样，只是在地址上有区别，http：//www.bank-of-china.com的网址被假冒成http：//www.bank-off-china.com。这种网站要求用户输入银行卡号和密码，后台的恶意假冒人员通过获取这些信息盗用客户的资金。有客户因为登录了这个假网站，被盗走了银行卡里的资金，同样的事情在中国工商银行也发生过。

虽然我国的网上银行从一开始就极为重视网络安全工作，如1997年，公安部就发布了《计算机网络国际网安全保护管理办法》；2000年1月1日颁布实施了《计算机信息系统国际联网保密管理规定》；由中国人民银行和全国 13 家商业银行共同组建的网上支付 CA 认证中心即将运行，还出台了《电子签名法》和《电子认证服务管理办法》等安全方面的法律，但仍然存在着巨大的资金隐患。由于信息在互联网上传递的开放性，网上银行的安全性较低。尽管目前各家网站均采取了防火墙和网络检测等各种各样的安全措施，但在互联网上，安全都是相对的，任何安全措施都不能做到 100%的安全。

4. 网上银行需进一步改善用户的使用体验

随着互联网的普及以及网络金融的发展，越来越多的网民开始尝试使用网上银行服务，有调查显示，有近 90%的网民尝试过使用网上银行服务。艾瑞市场咨询调查显示，网上银行用户比例高的原因既与近几年我国互联网普及率逐步提高有关，也与我国电子商务尤其是网络金融的快速发展有关，此外各大银行不断加大网上银行的宣传力度也在一定程度上刺激了网上银行在广大网民中的使用。尽管有大量的用户试图使用网上银行的服务，但单单是因为注册账户太麻烦是其不使用网上银行服务的原因的网民就占了不使用网上银行服务的用户的 34.7%。

因此，网上银行需要加强相关服务的营销和新产品使用的引导培训工作。同时完善网上银行的服务流程，使网上银行的服务界面更加友好，提高反应速度，降低服务成本，提高服务质量，给用户更加便利快捷的金融服务体验。

5. 我国的信用等级体系尚待健全

西方国家的个人信用联合征信制度已经有 150 多年的历史了，而我们国家前几年才开始在上海试点；而且，目前各个商业银行各自为政，没有联合个人客户的资信以支持网上银行对个人资信的评价。鉴于我国尚没有建立完善的社会信用体系，目前个体与个体、个体与企业以及企业相互之间缺乏信任，同时，我国又缺乏完善的具有权威性的信用评估体系，使信用评估非常困难，使不见面的网上银行开展起来就相当困难。因此，迫切需要建立和完善高标准的社会信用体系，而这将是长期而又艰巨的任务。

（三） 网上银行发展的对策

针对我国网上银行存在的问题，网上银行要实现可持续发展，安全和服务成为其要突破的关键。通过搭建安全性能更高的网络平台，打造个性化服务，进行金融产品创新和完善银行信用体系成为未来我国网上银行发展的关键。

1. 进一步提高网上银行的安全性

安全性是网上银行的立命之本。加大科技投入，确保网上交易的安全可靠；然后是以点带面，发挥典型示范作用，吸引众多客户的认同。艾瑞咨询公司的分析认为：一方面，网银和手机银行的不安全事件多来自于外部，与产品设计、运营系统关系较小，并且可以预防，风险可控；另一方面，艾瑞咨询公司的统计数据显示，无论网银还是手机银行，网银用户和手机银行用户对网上银行及手机银行的安全性的满意度都是最高的，因此对安全性的担忧主要源于用户根深蒂固的观念，未来银行还应加强对电子银行安全性方面的宣传，以加速电子银行的渗透。

2. 进一步完善网上银行功能

前面提到，网上银行的企业银行业务，特别是大额支付方面的需求并未得到充分的满足，需要开发和完善适合这些业务的新的支付平台。从长远来看，银行应该在怎样利用网络银行的独有特点，提供全新的服务模式上借鉴国外的先进经验，并结合我国的国情进行探索，在如何为客户提供快捷方便的财经信息服务，自动式、个人化理财服务，无实体金融服务等方面有大的飞跃；树立创新意识，从消费者的需求出发，结合消费者接触网上银行的方式，开发出新的金融产品，并保持这种创新精神，不断推出满足消费者的网上银行服务。以客户为导向进行产品和服务的设计，注重金融创新，体现产品和服务差异化和个性化是网上银行取得竞争优势的根本所在。

3. 提升网上银行服务的个性化

对于网上银行来说，加强金融创新，提高产品和服务的差异性，是影响中国网上银行核心竞争力的最重要因素。个性化服务是网银吸引用户的关键。针对特殊人群，开展特殊服务、个性化服务能够帮助网上银行在与客户互动中，实现有针对性的服务，从而提高客户满意度和忠诚度。

4. 建立健全我国的信用等级体系

网上交易比传统交易对商业信用有更高的要求，随着我国市场经济的发展成熟和电子商务大潮的推动，我国的金融业已经开始着手建立自己的信用体系。2002年由中国人民银行牵头，在全国300多个城市建立了针对单位的信贷咨询系统，2004年这一系统已实现全国联网。对企业的信用评级已有了一个较好的信用体系平台。针对个人的消费信贷评估机制已经在上海进行试点，并且进展顺利，最终的目标是实现跨银行的联网查询，形成一个较为完善的信用咨询体系，以便对网银用户进行跟踪和信用登记、评级，尽量避免信用风险。信用体系是一个庞大的工程，涉及方方面面，仅靠一个信贷咨询系统是不够的。中国人民银行应适应新形势，采取有力措施，积极推进我国网上银行健康快速地发展。

小结

本章介绍了Internet电子商务系统中支付的一般流程。电子商务要解决信息流、物流、货币流、商流四流整合的问题。电子支付的出现，为解决货币流问题提供了方向，目前的电子支付工具还不成熟，各类支付工具之间相互竞争。作为网上交易实现不可缺少的一环，网上支付带来了网上银行的兴起，电子银行的发展包括电话银行、自助银行和手机银行等。目前我国的网上银行发展出现了一些问题，本章针对这些问题提出了建议。

即测即评

请扫描二维码，在线测试本章学习效果

 **思考题**

1. 解释下列概念：电子支付、电子支票、电子信用卡、电子钱包、虚拟账号。
2. 网上商城的支付是如何实现的？请简述实现网上商城支付的基本流程。
3. 比较电话银行、手机银行、自助银行以及网上银行的异同。
4. 通过网上调研，阐述目前网上银行的发展现状以及网上银行发展面临的主要问题有哪些？

进入移动时代的支付宝

一、网上支付工具——支付宝

浙江支付宝网络科技有限公司是国内领先的提供网上支付服务的互联网企业，由全球领先的 B2B 网站——阿里巴巴公司创办。支付宝（www.alipay.com）致力于为中国电子商务提供各种安全、方便、个性化的在线支付解决方案。支付宝的支付流程如图 6-2 所示。

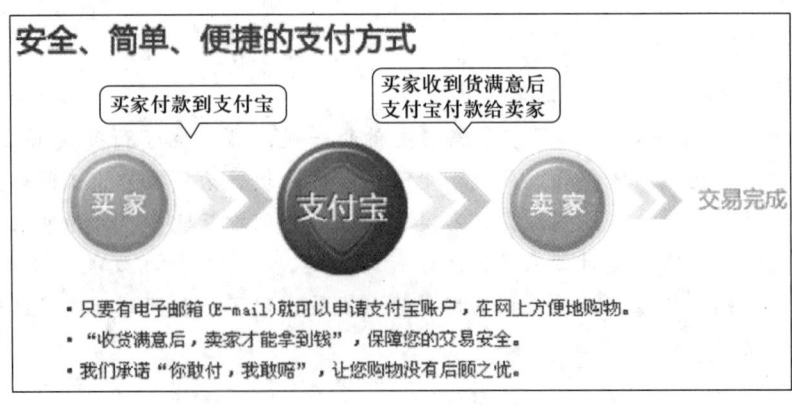

图 6-2 支付宝流程

支付宝交易服务从2003年10月在淘宝网推出，短短3年时间内迅速成为使用极其广泛的网上安全支付工具，深受用户喜爱，引起业界高度关注。用户覆盖了整个C2C、B2C以及B2B领域。截至2006年9月，使用支付宝的用户已经超过2 600万，支付宝日交易总额超过5 800万元人民币，日交易笔数超过29万笔。

支付宝庞大的用户群也吸引越来越多的互联网商家主动选择集成支付宝产品和服务，目前除淘宝和阿里巴巴外，支持使用支付宝交易服务的商家已经超过20万家，涵盖了虚拟游戏、数码通信、商业服务、机票等行业。这些商家在享受支付宝服务的同时，更是拥有了一个极具潜力的消费市场。

支付宝以其在电子商务支付领域先进的技术、风险管理与控制等能力赢得银行等合作伙伴的认同。目前已和国内中国工商银行、中国农业银行、中国建设银行、招商银行、上海浦发银行等各大商业银行以及VISA国际组织等各大机构建立了战略合作，成为金融机构在网上支付领域极为信任的合作伙伴。

支付宝交易是互联网发展过程中一个创举，也是电子商务发展的一个里程碑。支付宝品牌以安全、诚信赢得了用户和业界的一致好评。支付宝被评为2005年网上支付最佳人气奖、2005年中国最具创造力产品、2006年用户安全使用奖；同时支付宝也在2005年中国互联网产业调查中获得"电子支付"第一名，名列中国互联网产业品牌50强以及2005年中国最具创造力企业。2006年9月，在中国质量协会用户委员会及计世资讯主办的"2006年中国IT用户满意度调查"中，支付宝被评为"用户最信赖互联网支付平台"。另外，支付宝还获得"2006卓越表现奖之创新产品奖"和"2006年中国IT十佳市场策划"等多项殊荣。

二、移动化进程

手机是个更加私密的东西，有更多碎片化的使用场景，对用户的黏着度更高，很多PC上不太适合的东西在手机上可以实现。用资本圈的说法，支付宝的想象空间在移动互联网时代，再次几何级放大了。

（一）初期战略：用户的获取与黏性的培养

初期发展基于淘系业务。支付宝发展初期依然以资金通道和支付工具为核心属性。支付宝无线的初期战略方向，依然是依托于阿里巴巴电子商务平台的移动端业务发展。两者相辅相成，支付宝在自身PC用户导流的基础上，依托于淘系无线为自身提供用户、交易量以及场景方面的多重支撑，并基此形成了自身初步的用户基础和交易流量基础。

2011—2012年，中国电商企业开始在移动端和O2O市场进行广泛布局，而此时的支付宝已经在产品技术层面、用户层面形成了初步的积累。产品方面，支付宝在2012年完成移动支付与快捷支付体系的打通，建立起基于移动端的快捷支付业务体系，并在2012年年底推出功能已相对完善的支付宝钱包App，API产品也相对成熟；用户方面，基于国内最大的移动购物平台淘宝无线业务的市场扩张，支付宝无线也在移动端积累起巨大的用户体量，为淘外业务的市场拓展做好了用户方面的准备；黏性方面，移动快捷的便捷用户体验塑造了用户较高的品牌忠诚度，与此同时，各种生活类支付场景的不断推出，逐步培养起用户较高的使用黏性。基于产品和用户支撑，支付宝无线开始了其在淘外市场的迅速扩张，并将战略目标瞄准了更为广阔的线下市场。

（二）目前及远期战略：O2O+开放平台

支付宝的O2O及平台战略包含两个大的方向：基于O2O发展战略的支付宝钱包开放平台战略，基于母公司小微金融服务集团而展开的金融开放平台战略。

支付宝钱包的开放平台战略：2014年8月，支付宝钱包宣布正式推出开放平台，商家和开发者可通过平台API接口，共享支付宝钱包的技术、数据和用户资源，从而为用户创造更加丰富的移动应用场景。

基于金融业务的开放平台战略：小微金融服务集团旗下的金融业务的核心模块包含支付宝、天弘基金、众安在线、招财宝以及中小企业贷款（将包含），是从金融业务的底层——支付拓展到基金、保险、理财以及贷款的综合金融服务平台。

三、PC向移动端平移

2013年年底，支付宝启动了PC端转账收费、移动端转账免费的业务平移策略，目的是将PC端的业务和流量逐步带入移动端，进而形成用户、黏性和交易量的迅速爆发。免费的转账、还款及日常缴费的业务内容增加至App中，为用户提供更为便利的支付、缴费服务。一方面，此类服务从需求的角度看通常具有较强的普适性，具有同样需求的用户数量极为庞大，用户获取的潜在空间瞬间扩大；另一方面，此类交易通常具有周期性和高频性，在此基础之上更容易形成较强的用户黏性。传统的在线支付已经完成了在市场中的普及，并形成了大量的用户基础，尤其在网络购物、航空客票购买等环节中。因此，将传统的电子商务场景平移至移动端也更加容易获得用户的认可，包括了PC购买、移动购买以及PC购买之后实现的移动支付。

2014年，支付宝钱包成为全球最大的移动支付平台。支付宝从PC端向移动端平移、注重用户黏性的提升、维持用户使用的低门槛、线下场景的精准选择和为商户提供增值服务等五大市场策略，促其移动支付战略实现。

四、不断发展的移动端

支付宝的手机客户端9.0版本增加了"朋友"和"商家"菜单，"朋友"菜单的功能、界面均与微信相似，"商家"菜单则整合了由本地商家提供的生活服务。新增社交和O2O功能，是支付宝由网络支付工具向移动生活与金融服务平台转变的重要一步，也是"互联网+"背景下互联网工具转型升级的必然趋势。

支付宝升级至9.0版本，强化社交和O2O。新版本通过三方面的更新，布局基于支付功能的社交服务和LBS本地化生活服务。一是引入一级菜单"朋友"，可以通过添加好友进行一对一沟通与群组功能，并创新亲情账户、借款欠条、群组经费等基于支付的生活和沟通功能。二是添加一级菜单"商家"，用户可根据定位附近商户来进行消费。三是整合原本的金融服务功能，打通余额宝、招财宝等原有账户并集中显示，同时开通股票资讯、淘宝众筹等新功能。

应用场景持续丰富，打造综合移动平台。随着移动支付的快速发展和用户习惯的迁移，支付场景不再局限于手机购物等成熟模式，应用场景拓展成为本次升级的重点。通过上述三方面的更新，支付宝成为能够提供线上消费、线下消费、社交服务和投资理财等四大种类服务的移动生活与金融服务平台。应用场景的丰富,也为阿里巴巴庞大的业务和资源拓宽了移动互联网入口与平台。一方面,强化阿里巴巴对多元业务的整合,构建起包含社交、餐饮、电影旅游、城市服务、金融服务在内的全业务平台。另一方面,通过开放各业务平台,与开发者、企业、政府共享入口、数据、用户等资源,构建健全的生态体系。

持续强化金融服务,提升综合应用价值。自成立以来,支付宝一直以互联网金融为业务重心,拥有显著的先发优势、庞大的账户体系和海量的数据积累。此次新版本在理财金融的基础上,向社交金融、消费金融方向拓展,加强了对用户、企业数据的整合利用,为金融业务创新奠定基础。随着用户活跃度的提升和数据挖掘的深化,网络信用体系建设的健全,支付宝有望提供更加多样化、个性化、精准化的金融产品,满足中小微企业、创新型企业和个人的投融资需求,进一步提升移动平台价值。

此外支付宝还不断向日常生活渗透。人们可以用支付宝提取公积金、交罚款等;并且支付宝也尝试与医药企业合作,方便人们的生活。支付方面的安全问题,也开始尝试指纹支付,进行生物识别。不管支付宝将走向何方,有一点不可否认,我们的生活已经离不开支付宝了。

资料来源:
[1] 东方财富网. 支付宝向移动支付突围的策略. http://tech.hexun.com. 2014-11-05
[2] 赛迪智库. 解读:支付宝手机客户端为何要"微信化"? http://news.163.com. 2015-11-01

讨论题

1. 请思考支付安全在电子商务中的重要地位,以及如何为实现电子商务支付的安全提供保障。

2. 你认为除了材料中所述,支付宝还会有哪些移动化的发展?

第七章 电子商务物流

信息技术在企业中的应用开始逐步影响企业供应链的各个环节,电子商务的兴起所带来的变革力量波及企业的方方面面,对企业的物流配送也产生了巨大的影响。物流系统与信息技术的有机结合解决了长期困扰企业物流的效率问题。本章简要地介绍物流、物流管理、物流系统的相关基础知识,着重介绍电子商务环境下的物流,以及电子商务物流的技术基础。

第一节 物流概述

一、物流的相关概念

(一) 物流的定义

物流是一个很现代而大多数人却并不了解的概念,它的定义很多。例如:

美国物流协会认为物流是:有计划地将原材料、半成品及产成品由生产地送达消费地的所有流通活动。其内容包括为用户服务、需求预测、情报信息联系、物料搬运、订单处理、选址、采购、包装、运输、装卸、废料处理(也称反物流)及仓库管理等。

日本通商产业省运输综合研究所的物流定义为:物流是商品从卖方到买方的全部转移过程。

中国台湾地区物流协会对物流的诠释是:物流是一种物的实体流通活动的行为,在流通过程中,通过管理程序有效结合运输、仓储、装卸、包装、流通加工、咨询等相关物流机能性活动,以创造价值,满足顾客及社会需求。

由国家质量技术监督局发布的《中华人民共和国国家标准物流术语》中对物流进行了定义:物品从供应地向接受地的实体流动过程。根据实际需要,将运输、储存、装卸、搬运、包装、流通加工、配送、信息处理等基本功能实施有机结合。

各个国家和地区官方的物流定义各不相同,更不用说那些非官方的物流定义了。

对于这些大量的物流定义,大致可以把它们分为两类:一类是狭义的物流定义;另一类是广义的物流定义。

其中,狭义的物流仅仅指作为商品的物质资料在生产者与消费者之间发生的空间位移,属于流通领域。而广义的物流,除此之外还包括物质资料在生产过程中的运动,它既属于流通领域又属于生产领域。它是除人员以外所有货物流通的全过程,是从原材料到制成品直至消费者手中为止所发生的一系列的空间位移。

(二) 物流的分类

目前,对物流的研究主要从两个方面着手:一方面是从宏观角度出发,对社会物流的研究;另一方面则是从微观角度研究企业的物流。

社会物流是指面向社会,以一个社会为范畴的物流。这种社会性很强的物流往往是由专门的物流承担人承担的,社会物流的范畴是社会经济大领域。

社会物流研究再生产过程中所发生的物流活动,研究的是国民经济中的物流活动,研究既面向社会又在社会环境中运行的物流的形成,以及社会中的物流体系的结构和运行,因此带有全局性和广泛性。

企业物流是从企业角度研究与之有关的物流活动,是具体的、微观的物流活动的典型领域。它包括企业生产物流、企业供应物流、企业销售物流、企业回收物物流、企业废弃物物流五个部分。这五个部分也叫作企业物流的五个子系统,即供应物流子系统、生产物流子系统、销售物流子系统、回收物流子系统及废弃物物流子系统。

1. 企业生产物流

企业生产物流是指企业在生产工艺过程当中所产生的物流活动。这种物流活动与整个生产工艺过程同时产生，事实上已构成了生产工艺过程的组成部分。企业生产过程的物流大体是：原料、零部件、燃料等材料从企业仓库或企业的"入口"起，进入到生产线的开始端，再随生产加工过程一个一个环节地流动。在流动的过程中，原料等材料本身被加工，同时，产生一些废料、余料，直到生产加工结束，再流至生产成品仓库，便完成了企业整个生产物流过程。

2. 企业供应物流

企业为保证生产过程的节奏，不断组织原材料、零部件、燃料等材料的供应物流活动，这种物流活动对企业生产的正常、高效进行起着重大作用。企业供应物流必须解决有效的供应网络、供应方式、库存等问题。

3. 企业销售物流

企业销售物流属于流通领域，它是企业为获得经营效益，伴随销售活动，不断将产品所有权转给用户的物流活动。在现代社会中，企业销售物流的特点是通过包装、送货、配送等一系列物流实现所有权的转移，这就需要对送货方式、包装水平、运输路线等进行研究，并采取各种诸如小批量、多批次、定时、定量配送等特殊的物流方式以达到目的。

4. 企业回收物流

企业在生产、供应、销售的活动中总会产生各种边角余料、废料和废品，这些东西的回收是需要有物流活动伴随的。在一个企业中，如果回收物品处理不当，往往会影响整个生产环境，甚至影响产品的质量，同时也会占用很大空间，造成浪费。

5. 企业废弃物物流

企业废弃物物流是指对企业产生的无用物进行运输、装卸、处理的物流活动。

（三）物流的重要性

1. 物流对企业的重要性

企业最初主要把降低人工和材料成本作为提高利润的手段，称为"第一利润源泉"。当人工和材料成本被降低到一定限度时，企业又考虑采取扩大产品销售的方式增加利润，这种途径被称为"第二利润源泉"。

随着市场竞争的日益激烈，每个企业占有的市场份额终究有限，于是企业开始注意降低在成本中占据相当比例的物流费用，因此在西方，物流管理被形象地称为"第三利润源泉"。利润是企业追求的终极目标。物流技术、物流管理水平的提高导致的物流效率提高，大大地节约了资金，带来了企业净利润的显著上升。由此，物流对企业的重要意义不言而喻。例如海尔集团实施同步物流流程管理，使库存周期从原来的30天缩短到10~12天，每年节约资金上亿元。

2. 物流对社会的重要性

目前，美、日、欧等发达国家和地区已经形成了由完善的物流基础设施、高效的物流信息平台和比较发达的第三方物流企业组成的社会化物流服务体系，以第三方物流服务为基础的现代物流产业对社会、经济发展的贡献与日俱增。

中国商业联合会的资料显示，2005年以来中国物流总成本占当年GDP的比重一直保持在18%左右，居高不下，而西方发达国家同类指标是8%~10%。2010年全社会物流总额达125.4万亿元，按可比价格计算，同比增长15%。2010年全国物流业增加值为2.7万亿元，按可比价格计算，同比增长13.1%，物流业增加值占GDP的比重为6.9%，占服务业增加值的16.1%，均与上年持平。2006—2010年，全国物流业增加值复合增长率为17.59%，略高于同期GDP名义复合增长率。截至2013年10月，我国社会物流总额达到145.7万亿元，同比增加9.5%。物流已然成为国民经济中必不可少的重要行业。

中国产业发展跟踪研究指出，国民经济每增长1个百分点，将拉动社会物流总额增长2个百分点。据专家统计，日本在近20年内，物流产业每增长2.6个百分点，相应的经济总量就增加1个百分点。在荷兰，鹿特丹港的直接雇员有38万人，间接雇员达到60万人，该港年产值占荷兰GDP的10%。巨大的物流市场不但为世界范围内的生产和建设提供了物质前提和交易保障，而且通过使商品的时间价值和空间价值充分实现，从而实现商品的价值和使用价值，并推动着社会生产方式、流通方式以至于人民生活方式的改变。可以说，以第三方物流服务为基础的现代物流产业，已成为衡量一个国家现代化程度和综合国力的重要指标和现代经济的"加速器"。

（四）物流的任务

现代物流管理追求的目标可以概括为"7R"：将适当数量（right quantity）的适当产品（right product），在适当的时间（right time）和适当的地点（right place），以适当的条件（right condition）、适当的质量（right quality）和适当的成本（right cost）交付给客户。

物流的管理除了7R的刚性任务之外，还必须强调其弹性目标。所谓弹性，指的是物流活动必须与客户企业生产或销售节拍保持一致，即必须具有高度的实时性、动态性和灵活性。

（五）物流的功能

物流的主要功能分别是运输、储存保管、配送。除了这三大主要功能之外，包装、装卸、搬运、流通加工、物流信息处理也是物流的功能，即辅助功能。

1. 运输

运输是指用设备和工具，将物品从一地点向另一地点运送的物流活动。运输工具包括车、船、飞机、管道等。相应的运输方式有铁路、公路、航空、水路、管道以及联合运输等。

其中，联合运输又称联运，是指由两家以上运输企业或用两种以上运输方式共同将某一批物品运送到目的地的运输方式。根据联运的定义，联运的形式多种多样，其中常见的有六种，即公铁联运、铁水联运、公航联运、公水联运、公管（道）联运、水管（道）联运等。

合理的运输要求符合客观经济规律的要求和运输活动的特点，正确地区分合理与不合理的界限，减少以至消除不合理运输。目前我国存在的不合理运输形式主要有：返程或起程空驶、对流运输、交错运输、迂回运输、重复运输、倒流运输、过远运输、运力选择不当等。

2. 储存保管

储存保管是指对物品进行保存并对其数量、质量进行控制的活动。通常生产与消费之间有时间差，不能达到同步，保管的主要功能就是在供给和需求之间进行时间调整。此外，如果生产或收获的产品，马上按产出量进行销售，不进行保管，其市场价格必然暴跌。为了防止这种跌价的发生，也需要把产品保管在仓库里。可见储存不仅具有提高时间功效，同时还有调整价格的功能。

3. 配送

配送是指按用户的订货要求，在配送中心或其他物流节点进行货物配备，并以最合理方式送交用户的活动。配送是物流系统中由运输派生出的功能，是短距离、小批量、多批次、多品种的运输。配送的功能包括集货、分拣、配货、配装、送货。

（六）物流与配送

配送几乎囊括了所有的物流功能要素，是物流的一个缩影或在某个小范围中物流全部活动的体现。普通的配送活动包括商品集中、出货、保管、包装、加工、分类、配货、送货、信息处理，通过这一系列活动将货物送达目的地。

配送的主体活动与普通物流有所不同。普通物流的功能包括运输及仓储，而配送则主要是分拣配货及运送。分拣配货是配送有别于普通物流的独特功能。

从执行这两个功能的物流中心和配送中心来看，配送中心处于供应链的下游，而物流中心处于较上游的位置；配送中心的功能较单一，主要目的是完成商品的最终的传递，而物流中心的功能可以比较复杂，包括配送上游的功能以及配送与这些功能的协调，同时有的物流中心本身就具有配送的功能；而且一般的物流中心倾向于以较大的规模实现规模经济，而配送中心的规模则比较灵活；而且物流中心涉及的品种少、批量大、供应商少，而配送中心一般是品种多、批量小、供应商多。

从商流来讲，配送和物流不同之处在于，配送是商流和物流合一的产物，而物流是商流和物流分离的产物。

（七）物流与供应链

1. 供应链的定义

供应链围绕核心企业，通过信息流、物流、资金流、商流，从原材料采购开始到中间产品和最终产品，最后将产品配送到消费者手中，将原材料供应商、生产商、批发商、零售商以及最终消费者组成一个供需链条和网络。而物流正是推动供应链作为有机体而运转的重要组成部分。

供应链一般可分为内部供应链和外部供应链。内部供应链是由采购部门、生产部门、仓储部门、销售部门等组成的供需网络。外部供应链是由原材料供应商、生产厂商、储运商、零售商以及最终消费者组成的供需网络。内部供应链和外部供应链共同组成了企业产品从原材料到成品直至消费者的供应链。

供应链上的各个活动都包括物流、信息流、资金流和商流,其中,信息流、资金流和商流可以通过电子商务系统的虚拟过程完成,而物流需要在信息流的有效配合下完成实体的流动。物流的完善和高效运转是供应链降低成本,增加价值和提高应变速度,从而提高整个供应链竞争能力的重要条件。

2. 供应链的载体

供应链的载体分为两部分:一是计算机管理信息系统,包括企业内部网和企业外部网(Intranet & Extranet),前者包括企业内部的财务、营销、库存等所有业务环节的计算机管理系统,后者包括营销信息系统、库存查询系统和网上培训系统等;二是由计算机进行严格管理的物流配送系统,制定适应供应链的物流配送原则和管理原则。

(八)物流的演变

配送(distribution)一词最早出现在美国。1921年阿奇·萧在《市场流通中的若干问题》(Some Problem in Market Distribution)一书中提到了它。在这里,market distribution指的是商流。1918年,英国犹尼里佛的利费哈姆勋爵成立了旨在全国范围内把商品及时送到批发商、零售商以及用户手中的"即时送货股份有限公司"。这一举动被一些物流学者誉为有关"物流活动的早期文献记载"。

20世纪30年代初,在一部关于市场营销的教科书中,开始涉及物流运输、物资储存等业务的实物供应(physical supply)这一名词。1935年,美国销售协会最早对物流进行了定义:"物流(physical distribution)是包含于销售之中的物质资料和服务,在从生产地到消费地流动过程中伴随的种种活动。"

虽然物流产生较早,但是它从真正地得到广泛应用到现在的逐步成熟经历了半个多世纪。在此期间,其发展经历了三个阶段。

1. 产成品配送阶段(1950—1960年)

"配送"在第二次世界大战以后的1950—1960年间得到了广泛应用。此阶段的重要任务是,企业将成品的运输配送与顾客的需求结合起来考虑,以便在不降低顾客的期望水平的情况下用尽量低的成本将产品运至顾客手中。这实际是服务水平与成本之间的综合平衡。

在产成品配送阶段,物流通过配送中心实现产品从厂家到顾客的转移。配送中心配备货物(集货、加工、分货、拣选、配货)并组织对用户送货,以高水平地实现销售和供应服务。制造商、零售商、批发商都可能拥有自己的配送中心。按功能分类可以将配送中心分为储存型、流通型、加工型。配送的货物种类繁多,有食品、日用品、家电等。

2. 物流管理阶段(20世纪60—80年代中期)

物流管理的重点之一是库存管理。在一个典型的企业中,全部库存的30%处于采购阶段,30%处于生产阶段,40%处于配送阶段。在物流管理阶段,物流管理的范围从产成品的配送扩展到采购和生产阶段,使企业其余的60%库存也得到了较科学的管理。

库存的作用是为了保证生产的连续化、平稳化，作为抵抗采购和销售等风险的缓冲。统计发现，企业中库存资产平均占总资产的30%~50%，是企业高层决策者很头疼的问题。在这个阶段，为降低成本，企业更多地使用和思考的是"库存速度"这一概念，而在此之前，"库存水平"更受人们重视。

3. 综合物流管理阶段（20世纪80年代中期至今）

综合物流管理阶段的特点在于，管理内容从企业内部延伸到企业外部。企业开始注重外部关系的研究，包括与分销商、顾客、供应商以及第三方物流（TPL）的关系。企业的外部关系并非像"供应商—生产—顾客"这样简单的一维性关系；而是多维相互交叉在一起的复杂体关系，并且这种关系对企业在市场中表现的影响越来越重要。

信息技术的应用是该阶段物流管理的新趋势。近年来，电子数据交换（EDI）、准时生产制（JIT）、配送需求计划（DRP）以及其他物流技术不断涌现并得到广泛的应用和发展，这也为物流迈入综合管理阶段提供了强有力的技术支持和保障。此时，物流的实现不再仅限于单一职能的配送中心，而是建立起具有综合职能的、高效率的综合物流中心。

（1）综合物流中心的概念。所谓综合物流中心，是指将两种以上不同类型的物流中心集约在一起，形成有综合职能和高效率的物流设施。将铁路货站和公路运输货站集约在一起的综合物流中心较为广泛。此外，还有将铁路货站、公路货站、港口码头集约在一起的，将铁路货站、公路货站、航空货站集约在一起的综合物流中心。

（2）综合物流中心的作用。具体而言，综合物流中心的作用有很多，主要表现在集约作用，有效衔接作用，对联合运输的支撑作用，对于联合运输的扩展作用，扩张联合运输对象的作用，提高物流水平的作用，改善城市环境的作用这七个方面。总的来说，综合物流中心对促进城市经济发展的作用，主要表现两个方面：降低物流成本，从而降低企业生产成本，并最终促进经济发展；完善物流系统，从而保证供给和降低库存，最终解决企业的后顾之忧。

二、物流管理与物流系统

（一）物流管理

1. 物流管理的概念

与物流定义的状况类似，人们对物流管理的定义也很多。

军事上的后勤管理部门认为，物流管理是运输和后勤保障资源的计划与执行的科学，包括：军用物资调度的设计与开发；军用物资的采购、储存、运送、维护；人员和物资装备储运中心的建设、维修；等等。

美国物流管理协会（Council of Logistics Management）关于物流管理的定义是：物流管理是供应链的一个组成部分，是为了满足顾客需求而进行的对货物、服务及信息从起始地到消费地的流动过程，以及为使之能有效、低成本地进行而从事的计划、实施和控制行为。

根据对物流管理的理解和前人对物流管理的概括，我们将物流管理定义为：物流管理是在社会再生产过程中，根据物质资料实体流动的规律，应用管理的基本原理和科学方法，对物流活动进行计划、组织、指挥、协调、控制和监督，使各项物流活动实现最佳的协调与配合，以降低物流成本，提高物流效率和经济效益的管理活动。

2. 企业物流管理涉及的主要内容

企业物流管理涉及的主要内容有：配送网络的设置（distribution network configuration）、生产计划决策（production planning）、库存控制（inventory control）、交叉转运（cross docking）、库存与运输整合（integration of inventory and transportation）、车队管理（vehicle fleet management）、运送路线（truck routing）、包装问题（packing problems）、限时发送（delivery time-windows）、上门收货与递送（pickup and delivery systems）。

（二）物流系统

1. 物流系统的定义

物流系统是指在一定的时间和空间里，由所需输送的物料和有关设备、输送工具、仓储设备、人员以及通信系统等若干相互制约的动态要素构成的具有特定功能的有机整体。随着计算机科学和自动化技术的发展，物流管理系统也从简单的方式迅速向自动化管理演变，其主要标志是自动物流设备的出现。

2. 物流系统的目标

物流系统的目标归纳起来有五个（5S），它们分别是服务（service）、快速及时（speed）、节约（saving）、规模优化（scale optimization）和库存控制（stock control）。

（1）服务的目标。物流系统的送货、配送等功能，是其服务性的体现，客户要求无缺货、无损伤、无丢失等都是物流服务的目标。在技术方面，近年来出现的"准时供货方式"、"柔性供货方式"等，是对物流系统的服务水平和服务质量提出了更高要求的产物。

（2）快速及时的目标。在物流领域采用的直达物流、联合一贯运输、高速公路、时间表系统等管理技术，都是为了实现这一目标的。

（3）节约的目标。由于流通过程中消耗大但又基本上不能增加或提高商品使用价值，所以通过节约来降低投入，是提高相对产出的重要手段。

（4）规模优化的目标。物流系统比生产系统的稳定性差，难于形成标准的规模化格式。在物流领域采用分散或集中等不同方式建立物流系统，就是规模优化这一目标的体现。

（5）库存控制的目标。在物流领域中恰当地确定库存方式、库存数量、库存结构、库存分布。

3. 物流系统的构成

物流系统化是现代物流管理的重要模式。如何建立适合的物流系统（见图 7-1）是企业面临的一个重要问题。物流系统由作业系统和信息系统两个部分组成。

第七章 电子商务物流

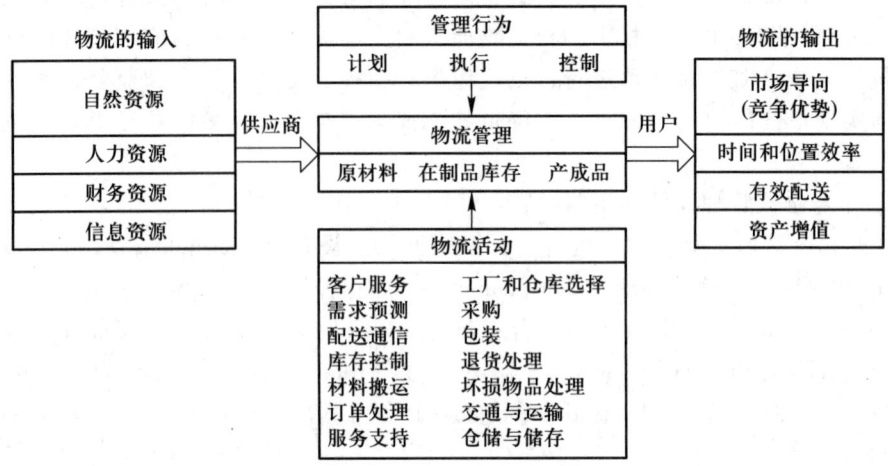

图 7-1 企业物流系统的组成

（1）物流作业系统。物流作业系统是指在运输、保管、搬运、包装、流通加工等作业过程中采用各种先进技术，使生产据点、物流据点、输配送路线、运输手段等网络化，以提高物流活动的效率。作业系统是物流系统构成的基础，包括运输（transportation）、存储（warehousing and storage）、包装（packaging）、物料搬运（material handling）、订单处理（order processing）、预测（forecasting）、生产计划（production planning）、采购（purchasing or procurement）、客户服务（customer service）、选址（location）以及其他活动。

（2）物流信息系统。物流信息系统是指在保证订货、进货、库存、出货、配送等信息通畅的基础上，使通信据点、通信线路、通信手段网络化，提高物流作业系统的效率。

物流信息系统是物流系统构成的神经。物流信息系统主要包括三个部分，即输入、数据管理、输出。系统的基本功能是进行物流信息处理，主要目标是为企业物流系统的计划和运行提供决策支持。

4. 物流系统化的内容

物流系统化的内容分别是：大量化、共同化、短路化、自动化、信息化。

（1）大量化。尽可能增加发货量，控制最低限额，以期降低成本。

（2）共同化。企业为了防止由于交通过密而产生的运输效率的降低，而希望参加共同配送行为，使装卸、保管、运输、信息等物流功能协作化。其中，小规模企业的共同化的愿望尤为突出。

（3）短路化。企业的销售物流去掉了中间环节，直接把商品从制造厂送至二次批发商或零售商，使物流路线缩短的行为，达到企业减少商品的移动次数，压缩库存量的目的。

（4）自动化。在运输等方面，由于运用托盘、集装箱而发展起来的单位载荷制，和用于提高货物分拣机械化水平的技术，以及在保管方面，由高层货架仓库发展而成的自动化仓库,都是物流系统中实现自动化的方法。

(5) 信息化。在物流系统中,信息系统是企业从订货到发货的信息处理机构;在企业活动中,信息是物流作业系统的组成部分。

5. 物流系统的物质基础

物流系统的物质基础有物流设施、物流装备、物流工具、信息技术及网络、组织和管理。

(1) 物流设施。组织物流系统运行的基础物质条件,包括物流站、场,物流中心,仓库,物流线路,建筑,公路,铁路,港口,等等。

(2) 物流装备。保证物流系统运行的条件,包括仓库货架、进出库设备、加工设备、运输设备、装卸机械等。

(3) 物流工具。保证物流系统运行的辅助工具,包括包装工具、维护保养工具、办公设备等。

(4) 信息技术及网络。掌握和传递物流信息的手段,包括通信设备及线路、传真设备、计算机及网络设备等。

(5) 组织和管理。物流网络的"软件",起着连接、调运、运筹、协调、指挥其他各要素以保障实现物流系统的目的作用。

第二节　电子商务与物流

一、电子商务物流的特点

电子商务时代的来临,给全球物流带来了新的发展,使物流具备了一系列新特点。

(一) 信息化

电子商务时代,物流信息化是电子商务的必然要求。物流信息化表现为物流信息的商品化、物流信息收集的数据库化和代码化、物流信息处理的电子化和计算机化、物流信息传递的标准化和实时化、物流信息存储的数字化等,并通过条码技术、数据库技术、电子订货系统、电子数据交换、快速反应及有效的客户反应、企业资源计划等技术得以实现。

(二) 自动化

物流的自动化建立在物流的信息化基础之上。自动化主要是有助于节约人力,此外还有扩大物流作业能力、提高劳动生产率、减少物流作业的差错等功能。物流自动化的设施非常多,如条码/语音/射频自动识别系统、自动分拣系统、自动存取系统、自动导向车、货物自动跟踪系统等。

(三) 网络化

物流领域网络化的基础也是信息化。这里指的网络化有两层含义:一是物流配送系统的计算机通信网络,包括物流配送中心与供应商或制造商的联系要通过计算机网络,以及与下游顾客之间进行联系的计算机网络通信。比如,物流配送中心向供应商发出订单这个过程，可以使用计算机通信方式，借助增值网上的电子订货系统和电子数据交换技术来自动实现。二是组织的网络化，即组织的内部网（Intranet）和与之相匹配的物流配送系统。最典型的例子就是"全球运筹式产销模式"，该模式是指按照客户订单组织生产，采取外包的形式将一台计算机的全部零部件外包给世界各地的制造商，通过全球的物流网将这些部件发往同一个配送中心进行组装，再由该配送中心将组装的计算机迅速发给订户的过程。这一过程需要有高效的物流网络与计算机网络的共同支持。

（四）智能化

智能化是物流自动化、信息化的一种高层次应用。在物流作业过程中，如库存水平的确定、运输（搬运）路径的选择、自动导向车的运行轨迹和作业控制、自动分拣机的运行、物流配送中心经营管理的决策支持等问题需要大量的运筹和决策才能解决。在物流自动化的进程中，物流智能化是不可回避的技术问题。

（五）柔性化

生产的柔性化，即根据消费者需求的变化来灵活调节生产工艺，需要与之相配套的柔性化的物流系统。20 世纪 90 年代，国际生产领域纷纷推出弹性制造系统（FMS）、计算机集成制造系统（CIMS）、制造资源系统（MRP Ⅱ）、企业资源计划（ERP）以及供应链管理的概念和技术。这些概念和技术的实质是要将生产、流通进行集成，根据需求端的需求组织生产，安排物流活动。柔性化的物流系统正是为适应这种多样化的消费需求而发展起来的一种新型物流模式，它要求物流配送中心要根据消费需求"多品种、小批量、多批次、短周期"的特色，灵活组织和实施物流作业。

除了以上五个特点之外，物流设施、商品包装的标准化，物流的社会化、共同化也都是电子商务下物流模式的新特点。

二、物流系统的建立

电子商务企业的运作由信息流、资金流、商流、物流的协同作用共同完成。前面的三个因素仅依靠网络技术就可以实现，而作为经营基础的物流却需要真实的物流网络。物流系统的建立方式主要有以下三种。

（一）电子商务与普通商务活动共用一套物流系统

对于已经展开普通商务活动的公司，可以建立基于 Internet 的电子商务销售系统，并利用原有的物流资源相配合，承担电子商务的物流业务。由于批发商和零售商的主业就是流通，他们应该比制造商更具有组织物流的优势。在美国，像 Wal-Mart、Kmart、Sears 等；在国内，像北京的翠微大厦、西单商场等都开展了电子商务业务，其物流业务都与其一般销售的物流业务共同安排。

（二）利用第三方物流、配送服务

这种将物流外包给第三方物流公司的做法在跨国公司的物流管理中相当普遍。按照供应链的理论，将不是自己核心业务的业务外包给从事该业务的专业公司去做，把公司的资源集中于自己的核心业务，这样所形成的供应链具有最大的竞争力。因此，

Compaq 和 Dell 分别将物流外包给 Exel 和 FedEx；Amazon 对于美国市场以外的业务则外包给 UPS 等专业物流公司。

（三）建立新的物流系统

因为国内的物流公司大多是由传统的储运公司转变过来的，还不能真正满足企业的电子商务的物流需求，因此，在中国经营的国外企业往往凭借它们在国外开展电子商务的先进经验，建立新的物流系统，使之与电子商务相适应。

三、新型电子商务物流配送中心

（一）新型电子商务物流配送中心的类型

1. 按运营主体分类

（1）以制造商为主体的配送中心。这种配送中心里的商品完全是由企业自己生产制造的，它的作用在于降低流通费用、提高售后服务质量、及时地将预先配齐的成组元器件运送到规定的加工和装配工位。由于从原料加工到产品完成的全过程中，产品的条码和包装的配合等多方面都较易控制，所以按照现代化、自动化的配送中心设计比较容易。但这种配送中心的专用性使之不具备社会化的要求。

（2）以批发商为主体的配送中心。在传统流通中，商品从制造者到消费者之间的批发环节一般是根据部门或商品类别的不同，把各个制造厂的商品集中，然后以单一品种或搭配品种组合的形式向消费地的零售商进行配送。这种配送中心的商品来自各个制造商，它所进行的一项重要的活动是对商品进行汇总和再销售。正因为它的全部进货和出货都是通过社会配送的，所以具有很高的社会化程度。

（3）以零售业为主体的配送中心。零售商发展到一定规模后，也可以考虑建立自己的配送中心，例如专业商品零售店、超级市场、百货商店、建材商场、粮油食品商店、宾馆饭店等。其社会化程度介于前两者之间。

（4）以仓储运输业者为主体的配送中心。运输配送能力是这种配送中心的强项，它地理位置优越，一般建在港湾、铁路和公路枢纽上，可迅速将到达的货物配送给用户。配送中心提供仓储储位给制造商或供应商，而配送中心货物的所有权没有转移，仍属于制造商或供应商所有，它只是提供仓储管理和运输配送服务。这种配送中心的现代化程度往往较高。

2. 按物流配送的模式分类

（1）集货型配送模式。这种模式主要是由下游厂家（简称下家）面向上游厂家（简称上家）的采购物流过程进行创新而形成的。上家的产品具有相互关联性，下家之间互相独立，上家对配送中心的依赖程度明显大于下家；上家相对集中，而下家分散，需求具有相当的分散性。同时，这类配送中心也强调其加工功能。此类配送模式适于成品或半成品物资的配送，如汽车配送中心。

（2）散货型配送模式。这种模式主要是对上家为下家所提供的供货物流进行优化而形成的。上家对配送中心的依存度小于下家，而且配送中心的下家相对集中或有利益共享关系（如连锁业）。采用此类配送模式的流通企业，其上家竞争激烈，存在买方市场；下家需求以多品种、小批量为主要特征，适于原材料或半成品物资的配送，如机电产品。

（3）混合型配道模式。这种模式综合了前面两种配送模式的优点，并对商品的流通进行全程控制，有效克服了传统物流的弊端。采用这种配送模式的流通企业，规模较大，具有相当的设备投资，如区域性物流配送中心。在实际流通中，这种物流中心大多采取多样化经营，降低了经营风险。这种运作模式比较符合新型物流配送的要求，特别是电子商务下的物流配送。

（二）新型电子商务物流配送中心应具备的条件

电子商务下的物流配送中心有别于传统的配送中心，它是信息化、现代化、社会化的产物。它的建立至少要具备以下三个条件。

1. 新型物流中心要求高水平的企业管理

新型物流配送中心作为一种全新的流通模式和运作结构，要求管理科学化和现代化。如果没有合理的科学管理制度、现代化的管理方法和手段，物流配送中心的基本功能和作用就难以得到发挥。

2. 新型物流配送中心要求高素质的人员配备

人才配置是新型物流配送中心能否充分发挥其各项功能和作用，完成其应承担的任务的关键。因此，新型物流配送中心必须配置数量合理、具有一定专业知识和较强组织能力、结构合理的决策人员、管理人员、技术人员和操作人员，以确保新型物流配送中心的高效运转。

3. 新型物流配送中心要求现代化的装备配置

新型物流配送中心要适应瞬息万变的市场，面对成千上万的供应厂商和消费者，承担着为众多用户的商品配送和及时满足他们不同需要的任务，这就要求它除了在软件方面要达到现代化水平之外，还必须具备必要的物质条件，配备现代化装备和应用管理系统，尤其是要重视计算机网络的运用。

在实际操作中，新型物流配送中心需要配置以下硬件装备和软件系统。

（1）硬件设备：

① 仓储设备料架、栈板、电动堆高机、拣货台车、装卸省力设备、流通加工设备。

② 配运设备厢式大小货车、手推车。

③ 咨询设备网路连线设备、计算机系统设备、电子标签拣货设备、通信设备。

④ 仓储设施仓库库房及辅助设施。

（2）软件系统：

① 仓管系统优秀的仓管管理和操作人员、仓储流程规划、储存安全管理、存货管理。

② 配运系统优秀的配运人员、配送路径规划、配运安全管理、服务态度。

③ 信息系统、进货管理系统、储位管理系统、补货管理系统、出货检取系统、车辆排程系统、流通加工管理系统、签单核单系统、物流计费系统、EIQ、MIS、EIS、EDI、VAN、Internet、信息系统规划等。

（三）新型电子商务物流配送中心的功能

根据服务功能特点可将新型物流配送中心的功能归纳为三个方面。

1. 整个物流过程中各个环节的连接点

物流配送中心可以建立在长途运输和短途配送的中转地，作为公路货物集散中心；也可以建立在港口码头、货运站、机场等地，成为公路与铁路、水路、空运等各种运输手段的连接点。在这种情况下，物流配送中心必须具有接单、拣货、分装、倒装、运输配送的综合功能。

2. 商流活动的连接点

当物流配送中心成为生产厂、批发商和零售商之间的连接点时，它具有保管、库存调节、流通加工（拆零、配货、贴标签）等功能。

3. 国际物流活动的连接点

物流配送中心也可设置在连接国内物流和国际物流的据点上，具有进口代理、通关报检、报税等特殊功能。

四、第三方物流

（一）第三方物流的定义

第三方物流（third-party logistics，TPL）是由供需双方以外的物流企业提供物流服务的业务模式，国外常称之为契约物流、物流联盟、物流伙伴或物流外部化。第三方物流提供者是一个为外部客户管理、控制和提供物流服务作业的公司，它们并不是供应链的成员，而仅仅是除买卖成员之外的第三方，但它通过提供一整套物流活动来服务于供应链。

（二）第三方物流产生的原因

对于供货方来说，企业自建物流组织的资金不足；即便是自建，企业自身的人、财、物也决定了所建立的物流组织规模小、效率不高；并且自建投资风险大，手段有限。为了将企业的人、财、物投入到其核心业务上去，寻求社会化分工协作带来的效率和效益的最大化，企业选择把物流业务外包。

同样，对于物流企业来说，汽车运输业放松管制、大量的仓库/运输供应者业务的不断熟练、用户和提供者之间重要的物流、市场信息通信体系的建立、个人计算机的增长以及 EDI 的推广都方便了外包协议的执行，在客观上也促进了第三方物流的形成。

（三）第三方物流的特点

第三方物流的主要特点有如下五点：

（1）第三方物流企业同货主企业的关系应该是密切的、长期的"伙伴"关系，而不是零星的业务往来。

（2）第三方物流企业能帮助企业建立物流系统，通过合作共同优化其供应链。

（3）第三方物流企业通过先进的集成供应链解决方案，能为货主企业的供应链运作产生更多的价值。

（4）第三方和货主企业公平分享利益以及共同分担风险。

(5) 第三方物流企业不一定要具有物流作业能力，它可以灵活运用自理和代理两种方式，提供客户定制的物流服务。

（四）第三方物流的分类

按照物流企业完成的物流业务范围的大小和所承担的物流功能，可将物流企业分为综合性物流企业和功能性物流企业两种。功能性物流企业能承担和完成某一项或几项物流功能。它包括运输企业、仓储企业、流通加工企业等。而综合性物流企业能够完成和承担多项甚至所有的物流功能，如扬子江快运、中远集图、阳光网达、中国储运公司。

按照物流企业是自行完成和承担物流业务还是委托他人进行操作，还可将物流企业分为物流自理企业、物流代理企业。物流自理企业就是人们常说的物流企业，它包括综合性物流代理企业、功能性物流代理企业。物流代理企业包括运输代理企业（即货代公司）、仓储代理企业（仓代公司）和物流加工代理企业等。

（五）物流一体化和第三方物流

所谓物流一体化，是指以物流系统为核心，由生产企业开始，经由物流企业、销售企业，直至消费者的供应链的整体化和系统化。它出现于物流业发展的高级和成熟的阶段。物流业越发达，物流系统越完善，物流业就可以逐步领导和协调社会生产链，为社会提供全方位的物流服务。

物流一体化是物流产业化的发展形势，它必须建立在第三方物流充分发展和完善的基础之上。物流一体化实际上是通过专业化物流管理人员和技术人员，充分利用专业化物流设备、设施，发挥专业化物流运作的管理经验，以求取得整体最优的效果。同时，物流一体化的趋势为第三方物流的发展提供了良好的发展环境和巨大的市场需求。

从物流业的发展历程来看，第三方物流最初是在物流一体化的第一个层次出现的。当时只有少量的功能性物流企业和物流代理企业存在。第三方物流在物流一体化的第二个层次得到迅速发展。在该阶段，专业化的功能性物流企业和综合性物流企业以及相应的物流代理公司出现了，且发展很快。这些企业发展到一定水平，物流一体化就进入了第三个层次。

五、电子商务下物流的发展趋势

（一）多功能化

在电子商务时代，物流发展进入集约化阶段，那些一体化的物流配送中心就不单单是提供仓储和运输服务，还必须开展包括配货、配送等各种提高附加值的流通加工服务在内的物流项目，此外还可以按客户的需要提供其他服务。

（二）一流的服务

在电子商务下，物流业是介于供货方和购货方之间的第三方，以服务作为第一宗旨。从当前物流的现状来看，由于顾客需要的服务点不止一处，而是多处，所以物流企业既要为本地区服务，也要作长距离的服务。因此，如何服务好，便成了物流企业管理的中心课题。配送中心离客户最近，联系最密切，商品都是通过它送到客户手中的。美、日等国物流企业成功的一个很重要的因素就在于它们都十分重视对客户服务的研究。

(三) 信息化

在电子商务时代，要提供最佳的服务，物流系统必须要有良好的信息处理和传输系统。良好的信息系统能提供极好的信息服务，以赢得客户的信赖。

大型的配送公司往往建立了 ECR（efficient customer response）和 JIT（just in time）系统。ECR，即有效客户信息反馈，通过它企业就可以根据客户反馈的信息及时地决定生产，使生产在适应市场需求上能够采取主动，提高仓库商品的周转次数；利用客户信息反馈这种有效手段，可以提高到更高的水平。这样，可使仓库的吞吐量大大增加。通过 JIT 系统，可从零售商店很快地得到销售反馈信息。配送不仅实现了内部的信息网络化，而且增加了配送货物的跟踪信息，从而大大提高物流企业的服务水平，降低成本，增强企业的竞争力。

例如，欧洲某配送公司通过远距离的数据传输，把若干家客户的订单汇集在一起，并在配送中心采用计算机系统编制出"一笔画"式的路径最佳化"组配拣选单"。配货人员只需到仓库一次，即可配好订单上的全部要货，节省了配货时间，有助于配送效率的提高。

(四) 全球化

20 世纪 90 年代初期，由于电子商务的出现，加速了经济全球化，也使物流企业的发展到了多国化的阶段。物流企业从许多不同的国家收集所需要的资源，加工后向各国出口。

物流模式的全球化趋势也给企业带来了新的问题，其中包括仓库建设问题、运输问题、如何设计合适的配送中心、如何提供良好服务的问题以及较难找到素质较好、水平较高的管理人员的问题。另外，很多企业有不少企业内部的秘密，物流企业很难与之进行沟通。因此，对物流企业来说，如何建立信息处理系统，以及时获得必要的信息，也是个难题。

全球化战略的趋势使物流企业和生产企业更紧密地联系在一起，形成了社会大分工。生产厂集中精力制造产品、降低成本、创造价值；物流企业则花费大量时间、精力从事物流服务。物流企业满足需求的能力比原来进一步提高了。

第三节　现代物流技术

一、条形码技术

条形码技术包括条形码的编码技术、条形符号设计技术、快速识别技术和计算机管理技术，是实现计算机管理和电子数据交换不可缺少的终端技术。

(一) 条码和条码的构成

条形码简称条码，是由一组黑白相间、粗细不同的条状符号组成的，条码隐含着数字信息、字母信息、标志信息、符号信息，主要用以表示商品的名称、产地、价格、种类等,是全世界通用的商品代码的表示方法。

构成条码的条纹由若干个黑色的"条"和白色的"空"的单元所组成,其中,黑色条对光的反射率低而白色的空对光的反射率高,正是由于不同颜色对光的反射率不同,再加上条与空的宽度不同,就能使扫描光线产生不同的反射接收效果,在光电转换设备上转换成不同的电脉冲,形成了可以传输的电子信息。

(二)条码识别装置

条码识别采用各种光电扫描设备(见图 7-2),主要有以下几种:

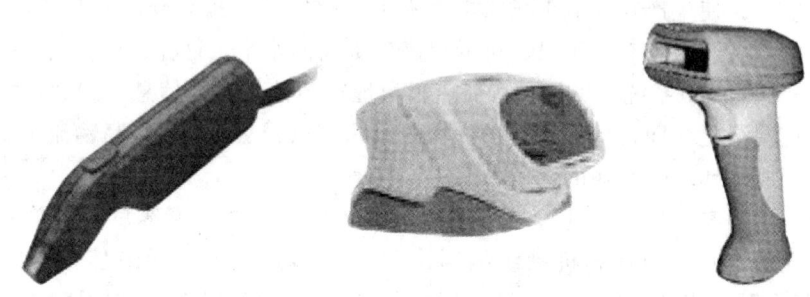

图 7-2　条形码阅读器(从左到右:光笔型、台式型、手持型)

1. 光笔扫描器

这是似笔形的手持小型扫描器。

2. 台式扫描器

这是固定的扫描装置,手持带有条码的卡片或证件在扫描器上移动,完成扫描。

3. 手持式扫描器

这是能手持使用和移动使用的较大的扫描器,用于静态物品扫描。

4. 固定式光电及激光快速扫描器

这是由光学扫描器和光电转换器组成的,在物流领域应用较多的固定式扫描设备,安装在物品运动的通道边,对物品进行逐个扫描。

(三)常用的几种码制

条码的种类很多,常见的有 20 多种码制,其中包括 Code 39 码(标准 39 码)、Codebar 码(库德巴码)、Code 25 码(标准 25 码)、ITF 25 码(交叉 25 码)、Matrix 25 码(矩阵 25 码)、UPC-A 码、UPC-E 码、EAN-13 码(EAN-13 国际商品条码)、EAN-8 码(EAN-8 国际商品条码)、中国邮政码(矩阵 25 码的一种变体)等一维条码和 PDF417 等二维条码。

1. 商品条码

EAN 条码是国际上通用的商品代码。我国通用商品条码标准也采用 EAN 条码结构。标准版由 13 位数字及相应的条码符号组成,在较小的商品上也采用 8 位数字码及其相应的条码符号。图 7-3 是标准版的商品条码。

标准版的商品条码(见图 7-4)由左侧空白区、起始符、左侧数据符、中间分隔符、后侧数据符、校验符、中止符、右侧空白区构成。

图 7-3　标准版 EAN 码

左侧空白区	起始符	左侧数据符	中间分隔符	右侧数据符	校验符	中止符	右侧空白区

图 7-4　标准版商品条码符号的构成

标准版商品条码中表示数据的部分，由前缀码、制造厂商代码、商品代码、校验码组成。

（1）前缀码。由三位数字组成，是国家的代码，我国为 690，是国际物品编码会统一规定的。

（2）制造厂商代码。由四位数字组成，我国物品编码中心统一分配并统一注册，一厂一码。

（3）商品代码。由五位数字组成，表示每个制造厂商的商品，由厂商确定，可识别 10 万种商品。

（4）校验码。由一位数字组成，用以校验前面各码的正误。

其中，左侧数据符由前缀码、制造厂商代码组成，后侧数据符则是产品代码。此外，校验符就是校验码。

图 7-5 是缩短版的商品条码。缩短版的商品条码的构成与标准版的类似，同样是由左侧空白区、起始符、左侧数据符、中间分隔符、后侧数据符、校验符、中止符、右侧空白区几个部分构成。

图 7-5　缩短版 EAN 条码

但与标准版不同的是，缩短版的数据部分只有 8 位，其中，左侧数据符只表示前缀码，右侧数据符表示商品代码。

2. 物流条码

国际上通用的和公认的物流条码制只有三种：ITF-14 条码、UCC/EAN-128 条码及 EAN-13 条码（见前面介绍）。物流条码标志的内容主要有项目标志（货运包装箱代码 SCC-14）、动态项目标志（系列货运包装箱代码 SSCC-18）、日期、数量、参考项目（客户购货订单代码）、位置码、特殊应用（医疗保健业等）及内部使用。

ITF 条码是一种连续型、定长、具有自校验功能，并且条、空都表示信息的双向条码。ITF-14 条码的条码字符集、条码字符的组成与交叉 25 码相同。它由矩形保护框、左侧空白区、条码字符、右侧空白区组成。

UCC/EAN-128 应用标识条码是一种连续型、非定长条码，能更多地标志贸易单元中需表示的信息，如产品批号、数量、规格、生产日期、有效期、交货地等。UCC/EAN-128 应用标志条码由应用标志符和数据两部分组成，每个应用标志符由 2 位到 4 位数字组成。条码应用标志的数据长度取决于应用标志符。条码应用标志采用 UCC/EAN-128 码表示，并且多个条码应用标志可由一个条码符号表示。UCC/EAN-128 应用标志条码（见图 7-6）是由双字符起始符、数据符、校验符、终止符及左、右侧空白区组成。

图 7-6　UCC/EAN-128 应用标志条码

UCC/EAN-128 应用标志条码从左到右分别由左侧空白区、双字符起始符、数据符、校验符、中止符、右侧空白区构成（见图 7-7）。

左侧空白区	双字符起始符	数据符	校验符	中止符	右侧空白区

图 7-7　128 条码符号的构成

不同的货物和不同的商品包装，采用的条码码制不同。单个大件商品，如电视机、电冰箱、洗衣机等商品的包装箱往往采用 EAN-13 条码。储运包装箱常常采用 ITF-14 条码或 UCC/EAN-128 应用标志条码，包装箱内可以是单一商品，也可以是不同的商品或多件商品小包装。

3. 二维条码

由于一维条码只是一种商品的标志，不含有对商品的任何描述，并且，它无法标志汉字的图像信息，在需要大量产品信息的场合就显得尤为不便。二维码正是为了解决一维条码无法解决的问题而诞生的。

二维条码也有许多不同的编码方法。就这些码制的编码原理而言，通常可分为以下三种类型：

（1）线性堆叠式二维码。这是在一维条码编码原理的基础上，将多个一维码在纵向堆叠而产生的。典型的码制如 Code 16K、Code 49、PDF417 等。

（2）矩阵式二维码。这是在一个矩形空间通过黑、白像素在矩阵中的不同分布进行编码。典型的码制如 Aztec、Maxi Code、QR Code、Data Matrix 等。

（3）邮政码。通过不同长度的条进行编码，主要用于邮件编码，如 Postnet、BPO 4-State。

与一维条码相比，大部分二维条码具有以下六个方面的优点：① 储存量大，可以储存中文；② 可以在编码及解码时加上密码；③ 可影印及传真；④ 使"资讯跟着产品走"，可追踪产品的流向；⑤ 使用"错误纠正码"的技术，可将磨损率高达 50% 的条码正确读出；⑥ 在无法得到产品资料或达到资料库时，二维条码可以成为备援资料。

以 PDF417 为例（见图 7-8），每一个 PDF417 码是由 3~90 横列堆叠而成，而为了扫描方便，其四周皆有空白区，空白区分为水平空白区与竖直空白区，至少应为 0.02 寸。每一层都包括起始符、左标区、右标区、资料区、中止符、空白区。

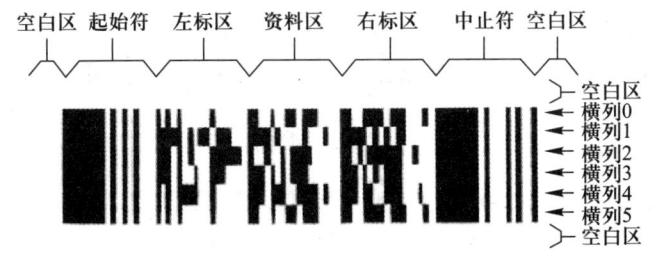

图 7-8　PDF417——线性堆叠式二维码

（四）条码的主要应用领域

条码技术到目前为止已经在很多领域中得到了广泛的应用，主要应用于商业零售领域、图书馆流通领域、仓储管理与物流跟踪、质量跟踪管理以及数据自动录入等方面。其中，条码在零售业中的使用最为成熟。

（五）条码在我国的发展现状

条码自动识别技术是实现国民经济信息化的一个基础信息领域，是促进国民经济现代化的重要手段。我国条码自动识别技术起步较晚，但发展迅速。我国于1988年12月成立中国物品编码中心，并于1991年4月由中国物品编码中心代表我国加入了国际物品编码协会（EAN）。1991年和1997年我国以中国物品编码中心和中国自动识别技术行业协会名义分别参加了国际物品编码协会和国际自动识别制造商协会，促使我国在条码自动识别技术推广应用和条码自动识别技术装备生产两方面获得了迅速的进展。到2006年2月，我国申请注册商品条码的企业已超过10万家，数量居世界第三位，仅次于美国、日本。根据我国条码发展战略，到2008年，我国条码系统成员数量达到16万家。到2008年，我国条码系统将实现系统成员数量翻一番，系统成员保有量居世界第二；使用条码的产品总数达到200万种。

二、射频技术

（一）射频技术的概念和系统的组成

射频技术的基本原理是电磁理论，利用无线电对记录媒体进行读写。它具有不局限于视线，识别距离比光学系统远，射频识别卡可具有读写能力，可携带大量数据、难以伪造和有智能等优点。

根据不同的应用目的和应用环境，射频识别系统的组成会有所不同，但从工作原理来看，系统一般都有信号发射机、信号接收机、发射接收天线几部分组成。

1. 信号发射机

在射频识别系统中，信号发射机存在的形式很多，典型的形式是标签。标签必须能够在外力的作用下，把存储的信息主动发射出去。

按标签获取电能的方式不同，可分为主动式标签、被动式标签；根据内部使用存储器类型的不同，标签分为只读标签、可读可写标签；根据标签中存储器数据存储能力的不同，分为标识标签、便携式数据文件。

2. 信号接收机

在射频识别系统中，信号接收机一般叫作阅读器。阅读器的基本功能是提供与标签进行数据传输的途径。此外，阅读器还提供相当复杂的信号状态控制、奇偶校验与更正功能等。

3. 发射接收天线

天线是标签与阅读器之间传输数据的发射、接收装置。

（二）射频识别系统的分类

按照射频系统具体作用的不同可以分为电子物品监控系统、便携式数据采集系统、物流控制系统、定位系统。

1. 电子物品监控系统

电子物品监控系统（electronic article surveillance，EAS）是一种设置在需要控制物品出入的门口的无线射频识别（radio frequency identification，RFID）技术装置。这是一种非接触式的自动识别技术。最简单的RFID系统由标签（tag）、阅读器（reader）

和天线（antenna）三部分组成，在实际应用中还需要其他硬件和软件的支持。其工作原理并不复杂：标签进入磁场后，接收阅读器发出的射频信号，凭借感应电流所获得的能量发送出存储在芯片中的产品信息（passive tag，无源标签或被动标签），或者主动发送某一频率的信号（active tag，有源标签或主动标签），阅读器读取信息并解码后，送至中央信息系统进行有关数据处理。这种技术的典型应用场合是商店、图书馆、数据中心等地方，当未被授权的人从这些地方非法取走物品时，EAS 系统就会发出警报。

2. 便携式数据采集系统

便携式数据采集系统是使用带有 RFID 阅读器的手持式数据采集器采集 RFID 标签上的数据。这种系统具有比较大的灵活性，适用于不易安装固定式 RFID 系统的应用环境。

3. 物流控制系统

在物流控制系统中，信号发射机是移动的，一般安装在移动的物体、人上面。当物体、人流经阅读器时，阅读器会自动扫描标签上的信息，并把数据信息输入数据管理星系系统储存、分析、处理，达到控制物流的目的。

4. 定位系统

定位系统用于自动化加工系统中的定位以及对车辆、轮船等进行运行定位支持。阅读器放置在移动的车辆、轮船上或者自动化流水线中移动的物料、半成品、成品上，信号发射机嵌入到操作环境的地表下面。信号发射机上储存有位置识别信息，阅读器一般通过无线的方式或者有线的方式连接到主信息管理系统。

（三）系统的应用

射频技术的应用比较广泛，主要用于：高速公路自动收费及交通管理、门禁保安、RFID 卡收费、生产自动化、仓储管理汽车防盗、防伪、电子物品监视系统、畜牧管理、火车和货运集装箱的识别、运动计时等。

国内已有几家公司在引进国外的先进技术，开发自己的射频识别系统。射频识别系统，特别是非接触 IC 卡应用潜力最大的领域之一就是公共交通领域，现在，大多数大城市的公共汽车使用了电子月票。这种系统也可以用于对车辆进行管理，比如监督、统计和调度车辆，防止车辆盗窃，辅助交通违规管理；还可以用于高速公路和交通系统的自动收费管理以提高道路和车辆管理效率等。

三、全球定位系统（GPS）

（一）GPS 的概念和特点

GPS 是美国国防部发射的 24 颗卫星组成的全球定位、导航及授时系统。这 24 颗卫星分布在高度为 2.2 万千米的 6 个轨道上绕地球飞行。每条轨道上拥有 4 颗卫星，在地球上任何一点、任何时刻都可以同时接收到来自 4 颗卫星的信号。也就是说，GPS 的卫星所发射的空间轨道信息覆盖着整个地球表面。

与其他导航系统相比，GPS 的主要特点在于：全球地面连续覆盖，功能多、精度高，实时定位速度快，抗干扰性能好，保密性强。

（二）利用 GPS 技术实现货物跟踪管理

货物跟踪是指物流运输企业利用现代信息技术及时获取有关货物运输状态的信息，提高物流运输服务的方法。

利用 GPS 技术进行货物跟踪的工作过程：货物装车发出后，运输车辆上装载的 GPS 自动计算出自身所处的地理位置的坐标，由 GPS 传输设备将计算出来的位置坐标数据经移动通信系统发送到 GSM（全球移动通信系统），GSM 再将数据传送到基地指挥中心，基地指挥中心将收到的坐标数据及其他数据还原后，与 GIS（地理信息系统）的电子地图相匹配，并在电子地图上直观地显示车辆实时坐标的准确位置。管理人员可以在电子地图上清楚而直观地掌握车辆的动态信息，同时还可以在车辆遇险或出现意外事故时进行种种必要的遥控操作。

（三）GPS 在物流领域的应用

1. 用于汽车自定位、跟踪调度

车载 GPS 产品是 GPS 技术的应用，通常是指安装在车辆上，可以确定车辆的位置，并结合通信模块把位置信息发送给服务中心的系统。车载 GPS 主要由 GPS 接收板、通信模块、天线和电路主板组成。GPS 车辆定位系统包括报警、反劫、查询、调度等功能。基于 GPS 的物流运输调度管理系统主要是通过调用 GPS 系统的 WebGIS 服务实现对车辆的监督、控制，优化运输线路，合理安排运输任务。

2. 用于铁路运输管理

我国铁路基于 GPS 的计算机管理信息系统开发的系统，可以通过 GPS 和计算机网络实时收集全路列车、机车、车辆、集装箱及所运货物的动态信息，可实现列车、货物追踪管理。如果要从近 10 万千米的铁路网上流动着的几十万辆货车中找到某一辆，只需要知道该货车的车种、车型、车号，就可以立即找到，还可以知道这辆货车现在何处运行或停在何处，以及所有的车载货物发货信息。铁路部门运用这项技术对货运进行管理，可大大提高其路网及运营的透明度，为货主提供更高质量的服务。

3. 用于军事物流

全球卫星定位系统最初是为军事目的而建立的。在军事后勤中，GPS 在如装备的保障等方面，应用相当普遍。尤其是在美国，其在世界各地驻扎的大量军队无论是在战时还是在平时都对后勤补给提出很高的需求。美军的后勤对 GPS 的依赖度很高，在战争中，如果失去 GPS 的协助，美军的后勤补给就会变得一团糟。美军在 20 世纪末的地区冲突中依靠 GPS 和其他顶尖技术，以强有力的、可见的后勤保障，为保卫美国的利益做出了贡献。目前，我国军事部门也在运用 GPS。

四、地理信息系统（GIS）

地理信息系统是以地理空间数据库为基础，采用地理模型分析方法，适时提供多种空间的和动态的地理信息，为地理研究和地理决策服务的计算机技术系统。GIS 地理信息系统是存于计算机中的地图数据库（database），但能比纸上地图更为精致复杂。可以是三度空间以显示地形图，也可包括其他有用的信息，如加油站、旅游胜地的照片等。汽车导航系统就是 GPS 和 GIS 的组合。GIS 由计算机硬件平台、GIS 专业软件、地理数据、GIS 人员、GIS 模型五个要素组成。

GIS 具有非常广泛的应用。目前，GIS 已经比较成熟地应用于军事、自然资源管理、土地和城市管理、电力、电信、石油和天然气、城市规划、交通运输、环境监测和保护、110 和 120 快速反应系统等。

尤其是在企业物流过程中，GIS 技术发挥了极其重要的作用。完整的 GIS 物流分析软件集成了车辆路线模型、最短路径模型、网络物流模型、分配集合模型。它可以无缝集成到企业信息化的整体业务平台中，与企业的财务系统、销售系统、工作流管理系统、客户关系管理系统等融合，并且在底层数据库层面上实现数据的相互调用，当建立在网络架构上时则可以实现远程和分布式计算。

小结

物流是指物品从供应地向接收地的实体流动过程，包括社会物流和企业物流。企业物流系统建立在作业系统和信息系统的基础之上，追求大量化、共同化、断路化、自动化、信息化的目标。为了实现这些目标，信息技术被引用到物流活动中，新型的物流配送中心随之发展起来。通过条形码、射频技术、全球定位系统以及地理信息系统等现代化物流技术，实现了物流的智能化和柔性化。电子商务时代的来临给"老资格"的物流业带来了机遇与挑战。为了适应这种时代环境，物流业必将不断变革，发展成能实现多种功能、提供一流服务、系统信息化、发展全球化的产业。

 即测即评

请扫描二维码，在线测试本章学习效果

 **思考题**

1. 请解释下列概念：物流、物流系统、条形码、全球定位系统、地理信息系统。
2. 试述物流与配送的区别与联系。
3. 试述物流的演变过程。
4. 什么是"物流柔性化"？
5. 电子商务下的新型物流中心的类型是什么？
6. 电子商务企业物流系统的建立方式有哪些？

7. 什么是"物流一体化"和"第三方物流",它们的关系如何?
8. 为什么要产生二维条码?试述二维条码的优点。

 **实践题**

1. 上网查询联邦快递公司(www.FedEx.com.cn)的网上投递流程,并画出流程图。
2. 了解条形码的制作原理,自己制作一个条形码。

顺丰速运的物流服务

一、行业分析及公司基本概况

(一)物流行业分析

目前我国从事快递业的民营企业有上万家,从业人员多达100万之众,年营业规模在100亿元人民币左右,主要分布在以上海、广州、深圳、北京为核心的长江三角洲、珠江三角洲和环渤海经济圈。

由于我国快递行业发展历史较短,绝大多数企业成立时间短,服务功能较少,不能提供有关法规和规章允许的所有服务。有些中国的民营快递企业坚持独立发展的道路,也有外资与民营企业结合发展,从而有利于实现双方的优势互补。

(二)顺丰简介

顺丰于1993年3月27日在广东顺德成立。初期的业务为顺丰与我国香港地区之间的即日速递业务,随着客户需求的增加,顺丰的服务网络延伸至中山、番禺、江门和佛山等地。在1996年,随着客户数量的不断增长和国内经济的蓬勃发展,顺丰将网点进一步扩大到广东省以外的城市。至2006年年初,顺丰的速递服务网络已经覆盖国内20多个省及直辖市,101个地级市,包括香港特别行政区,成为中国速递行业中民族品牌的佼佼者之一。顺丰作为一家主要经营国际、国内快递业务的港资快递企业,为广大客户提供快速、准确、安全、经济、优质的专业快递服务。

(三)顺丰的发展历程

1. 从"深港挟带人"引发的第一桶金

1992年后,"前店后厂"模式在深港之间形成。深港线上的货运商机,是那个黄金时代的缩影。当时,由于政策原因许多通港货件被私人以挟带的方式运送到内地。

公司成立之初,王卫不仅是老板,也是"挟带人",亲自上阵送货。在这样发展不规范的模式下,许多在这条线路上起家,看似光鲜的企业最终逃不出"昙花一现"

的命运,但顺丰的深港货运,却成就了王卫的第一桶金。

2. 扩大市场后的整改

创业之初,由于缺乏资金的支持,顺丰选择了加盟制。顺丰的客户对价格相对不敏感,而是更重视速度和可靠性。而在加盟制下,顺丰的很多地方公司由于出身于运输公司,他们在承揽快件的同时,本身还会接一些别的货。这就出现了一个问题:无论是时效性还是装卸质量,顺丰人为造成了与服务定位之间的背离。

2000年,在发生了几次大的事故之后,顺丰创始人王卫终于下定决心抛弃加盟制,重新自建网点,建立起国内快递市场中除中国邮政之外唯一的直营网络。这个行业的竞争格局在过去的5年中被颠覆:曾经毫不起眼的顺丰速运,通过选择高价值的"小众市场"或者按照现代流行的说法是"利基市场",并重新构建资源和能力,最终成为整个行业的游戏规则制定者。

3. 危机也是转机

2003年的"非典",让很多人在足不出户的无奈选择下开始尝试网络购物。网络购物所依赖的快递服务,也进入了一个爆发增长期。那些城市中的年轻白领们,也开始通过网店购买一些电子产品和其他价值更高的消费品。为了消除这种非体验消费模式下的不安全感,他们中的很多人在购买商品时,宁愿多花5~10元钱,也希望找到一家更可靠的快递公司。顺丰抓住了这样的心理,快速发展,同时也成就了顺丰自己的粉丝圈。

4. 全面发展

2003年,顺丰速运集团成为国内首家包机夜航的民营速递企业,目前仍然是国内唯一一家启用全货机运输快件包裹的。

2009年12月,顺丰速运集团旗下的顺丰航空有限公司也正式开航。

2010年顺丰创建了属于自己的航空公司,并且以每年平均新增2~3架自有货机的速度逐步扩充,同时,顺丰也仍将继续使用外部包机和散航班作为补充,结合航空枢纽基地的建立,顺丰将抢滩国内外货运快递市场。

二、商业模式

(一)价值主张

(1)探索客户需求,为客户提供快速安全的流通渠道:速度是快递市场竞争的决定性因素,也是顺丰的核心竞争能力。顺丰有着自己的专运货机,这无论从配货的机动性上还是从输送快件的时效性上来看,具有相当的主动性。

(2)统一全国网点,大力推行工作流程的标准化,提高设备和系统的科技含量。

(3)打造民族速递品牌:以客户需求为核心,提升员工的业务技能和素质,谨守服务承诺,建设快速反应的服务团队,努力为客户提供更优质的服务。全天候不间断提供亲切和即时的领先服务。从客户预约下单到顺丰收派员上门收取快件,1小时内完成;快件到达顺丰营业网点至收派员上门为客户派送,2小时内完成。实现快件"今天收明天到"(除偏远区域将增加相应工作日)。尽量缩短客户的贸易周期,降低经营成本,提高客户的市场竞争力。

(4)不断推出新的服务项目,帮助客户更快更好地根据市场的变化而做出反应:

顺丰把快递服务当作一般商品，不时地推出新的营销计划或者是类似电信业的套餐。时常有优惠更吸引顾客也更有利于顾客。例如，2010年7月1日起，顺丰打造高价值物品的安全通道，为客户的高价值物品（2万元以上，10万元以下）提供优质安全的快递服务。资费标准是快递的标准运费+保费（保费=声明价值总金额×5‰）等。把服务完全当作一种产品。在这样一个多变的市场条件下，消费者面对的是更多的选择、更多的优惠，如何才能抓住顾客的心，如何才能抓住市场，就是要不断地推新，在顾客还没有反应过来的时候，让他不得不选择你。

（二）消费者目标群体

顺丰的价格与其他快递公司相比相对较高，标准的价格是22元，而EMS是20元，其他的几家都在10元左右，有的甚至更低；它的价格也就决定了它的目标客户。顺丰的大客户也是它的主要客户是月结客户，对象主要是企业。顺丰可以按照寄件方客户（卖方）与收件方客户（买方）达成交易协议的要求，为寄件方客户提供快捷的货物（商品）专递，并代寄件方客户向收件方客户收取货款；同时，可以提供次周、隔周返还货款的服务。他们由于贸易的需要，需要选择一家有能力承载大批量运载，效率高又安全的物流公司来帮助他们实现价值的转移。而顺丰正是看中了这样的机会，看中了这一块多金之地，不仅仅是因为顺丰所要配送的产品是大宗的、多金的，同时也是因为顺丰所要服务的对象是特殊的。虽然事实上，由物流公司代收款项，从以往的不愉快的经历（物流公司携款而逃）来看，对企业来说似乎存在着很大的风险。但是，随着物流行业的再次崛起以及顺丰这个品牌的形象地位不断提高，代收的业务还是会有很大的市场。所以，顺丰要提升自身的层次级别，往高端发展。另外也有一部分是公司白领或者是金领，他们讲求的是效率，对价格不敏感所以会自然地跳过价格这一层。

近年来随着顺丰的发展壮大，业务不断扩张，这一条中国龙早已将龙须伸向了国外市场。所以，国外快递客户也在日益成为顺丰的目标客户。

（三）分销渠道

顺丰的网点覆盖范围正不断扩大。在中国大陆，目前已建有2 200多个营业网点，覆盖了近250个大中城市及1 300多个县级市或城镇。1993年在我国香港特别行政区设立营业网点，目前营业网点覆盖了香港18个行政区中的17个（离岛区暂未开通）。2007年在我国的台湾设立营业网点，覆盖了台北、桃园、新竹、台中、彰化、嘉义、台南、高雄等主要城市。2010年顺丰在韩国开通了收派服务，在新加坡设立营业网点，覆盖了新加坡除裕廊岛、乌敏岛外的全部区域。对于一家物流公司来说，真正能够给顾客带来便利的是覆盖全国最大范围内的网点，这也是抢占市场的关键。但是，顺丰在全国的网点建设还不够健全，在较偏远和不发达地区，顺丰的业务尚未到达。

（四）客户关系

在客户关系管理这一方面，顺丰做得最多的是它的公共关系。由于顺丰自身业务的性质，即为一个传递方，它在传递货物、服务的过程中，也在传递着作为一个行业巨头的风范——在"非典"人心惶惶的时候，在地震一片混乱的时候，在"世博"

被世界关注的时候，顺丰都在第一线以它的高效和专业的服务传递温暖。顺丰没有花很多的资金做营销，创始人甚至多次拒绝电台的专访，其实真正精明的营销在这里。这些传递，传递的其实是公司的品牌。让潜在顾客、固有顾客时刻感受这样一家快递公司的存在。顺丰在自身的企业文化建设上特别注意"企业公民"形象的建设：从2002年到2010年，顺丰先后为希望工程、各大慈善基金、地震灾区、各大贫困山区捐赠现金和物资，助养地震灾区儿童，为少数民族村落建设水电站等，并在2009年正式成立广东省顺丰慈善基金会。

三、技术模式

长期以来，顺丰不断投入资金加强公司的基础建设，先后与IBM、ORACLE等国际知名企业合作，积极研发和引进具有高科技含量的信息技术与设备，建立了庞大的信息采集、市场开发、物流配送、快件收派等业务机构，建立服务客户的全国性网络，不断提升作业自动化水平、信息处理系统的科技含量，实现了对快件流转全过程、全环节的信息监控、跟踪、查询及资源调度工作，促进了快递网络的不断优化，确保了服务质量的稳步提升，奠定了业内客户服务满意度的领先地位。

（一）快递信息系统

顺丰资讯科技本部涉及的业务管理系统种类，大体分为四个方面。

1. 运营类业务管理系统

此类管理系统面向对象为营运本部用户，通过此类系统可对顺丰全网的运营业务做出有效的调度配置和管理。主要包括：① 资源调度系统（SCH），主要完成快递物品在收取、中转、运输、派送环节的资源调度。② 自动分拣系统（ASS），主要根据快递物品所要寄送的目的地区位编码，自动完成分类。③ 第二代手持终端系统（HHT），主要完成收件订单信息的下发、个人订单管理工作、收派人员管理工作等。第二代手持终端系统利用先进的2.5G通信技术（GPRS），管理全国4万余个同时在线的用户，在业务高峰时段平均每分钟处理超过3 500条订单信息，同时也为调度环节需要处理的快递物品件数及目的地提供准确的信息。④ 路由系统（EXP），主要完成快递物品的路由运算，记录着快递物品在快递周期中的路由与实际路由，从而可以进行快件状态追踪。

2. 客服类业务管理系统

此类管理系统面向对象为客户服务部门及其全国呼叫中心，通过与顾客的信息交流互动，实现顺丰的快速及时服务。客服系统包括：① 呼叫中心，共拥有3 000余座席位，引进先进的CTI综合信息服务系统，客户可通过呼叫中心系统快速实现人工或自助下单、快件查询等服务。② 下单系统，能为客户提供信息管理、系统维护、订单取件等服务。③ 在线客服系统，顺丰拥有专业的在线客服系统及服务团队，帮助线上客户解决任何关于快件的咨询、查询、建议等需求。

3. 管理报表类管理系统

此类管理系统面向对象为综合本部等相关部门，将其业务规划等资料形成电子单据，统一制度标准，及时实现管理指令的上传下达，并以清晰规范的形式完善报表考核制度。

4. 综合类管理系统

此类管理系统涉及运营、客服、管理报表三项业务类系统的整合，是对前三类管理系统的业务统一合并，同时也是对前三类管理系统的有效补充。多个业务管理系统整合统一化、集中平台化管理是顺丰关注的发展重点。

（二）自有庞大的服务网络

顺丰自1993年成立以来，每年都投入巨资完善由公司统一管理的自有服务网络。顺丰的自有服务网络具有服务标准统一、服务质量稳定、安全性能高等显著优点，能最大程度地保障客户利益。

2010年11月，顺丰速运集团有限公司与飞友科技达成合作协议，顺丰速运集团将利用飞友科技提供的VariFlight航班动态技术升级顺丰速运内部信息系统，加强对顺丰速运航空运输物品的离港进港的监控，通过variflight技术实时了解顺丰速运航班起降情况，从而提升顺丰速运工作效率，顺丰速运为提高整个物流速递体系服务效率迈出了坚实的一步。顺丰速运集团表示将继续加强信息化建设，使顺丰速运信息化服务水平再获提高。

资料来源：
顺丰官网. http://www.sf-express.com/cn/sc/

讨论题

1. 顺丰速运公司提供的快递服务包括哪些内容，这些内容是如何实现的？
2. 请结合中国的电子商务需求，分析顺丰速运将来的发展战略。

第八章
电子商务的安全管理

企业利用电子商务面临的最重要问题就是安全问题,保证安全是进行网上交易的基础和保障。电子商务的安全问题是一个系统性问题,需要从技术上、管理上和法律上来综合建设和完善安全保障体系。

第一节　电子商务的安全问题及要求

一、电子商务的安全问题

(一) 电子商务交易带来的安全威胁

在传统交易过程中，买卖双方是面对面的，因此很容易保证交易过程的安全性和建立起信任关系。但在电子商务过程中，买卖双方是通过网络来联系的，彼此可能远隔千山万水，建立交易双方的安全和信任关系相当困难。因此，电子商务交易双方（销售者和购买者）都面临着安全方面的威胁。

1. 销售者面临的威胁

销售者面临的常见的安全威胁有：

（1）中央系统安全性被破坏。入侵者假冒成合法用户来改变用户数据（如商品送达地址）、解除用户订单或生成虚假订单。有时恶意入侵者在一个很短的时间内以大量的电子邮件配合，针对银行或电子商务网站进行攻击，声称这个站点"正在维护中，请从这里访问你的账户"。

（2）竞争者检索商品递送状况。恶意竞争者以他人的名义来订购商品，从而了解有关商品的递送状况和货物的库存情况。

（3）系统中存储的客户资料被竞争者窃取。

（4）被他人假冒而损害企业的信誉。不诚实的人建立与销售者服务器名字相同的另一个服务器来假冒销售者。

（5）消费者提交订单后不付款。

（6）竞争对手提交虚假订单。

（7）被他人试探，丢失商业机密。比如，某人想要了解另一人在销售商处的信誉时，他以另一人的名义向销售商订购昂贵的商品，然后观察销售商的行动。假如销售商认可该订单，则说明被观察者的信誉高，否则，则说明被观察者的信誉不高。

2. 购买者面临的威胁

购买者面临的常见的安全威胁有：

（1）虚假订单。假冒者可能会以客户的名义来订购商品，而客户却被要求付款或返还商品。

（2）付款后不能收到商品。在要求客户付款后，销售商中的内部人员不将订单和钱转发给执行部门，因而使客户不能收到商品。

（3）丢失机密。比如当用户在输入合法的网址后，被引导到伪装的网页上；有时，用户被诈骗的电邮吸引到此类网站。客户有可能在这些引导下将秘密的个人数据或自己的身份数据（如账号、口令等）发送给冒充销售商的机构，这些信息也可能会在传递过程中被窃取。某些网页中插件，如 JavaScript 脚本代码等，可能带有恶意的代码，会对客户机造成安全威胁，破坏客户机里的资料，甚至造成客户机瘫痪。一旦通过非法手段看到了未经顾客允许的 Cookie 内容，会造成不可估算的损失，因为

Cookie 里可能包含着顾客的个人信用卡号、密码、住址等一些隐私资料。

（4）拒绝服务。恶意攻击者可能向销售商的服务器发送大量的虚假订单来穷竭它的资源，从而使合法用户不能得到正常的服务。

（二）电子商务的安全风险来源

上面从交易双方分析了电子商务交易安全方面受威胁的常见现象。如果从整个电子商务系统着手分析，可以将电子商务的安全问题按照来源，分为如下五类风险，即网络系统自身的安全风险、信息传输风险、信用风险、管理风险以及法律风险。

1. 网络系统自身的安全风险

（1）物理实体的安全风险。物理实体的安全风险主要包括以下几种。① 设备故障。设备会出现一些比较简单的故障，而有些则是灾难性的。有些简单故障，往往比那些大的故障更难于查找与修复。有些故障只有破坏了系统数据或其他设备时才能被发现，后果往往非常严重的。② 电源故障。网络设备的供电电源突然中断或者产生较大的波动，可能会中断计算机系统的工作，导致正在操作的数据出错或丢失。同时，也会对系统硬件设备产生不良后果。③ 电磁泄漏导致信息失密。计算机和其他网络设备工作时会产生电磁泄漏，拥有先进电子设备的恶意使用者可以通过电磁信号窃取机密信息，给通信双方的信息保密性带来威胁。④ 搭线窃听。非法者将导线接到网络传输线路进行监听，通过解调和正确的协议分析可以掌握通信的内容。⑤ 自然灾害。各种自然灾害，如地震、风暴、泥石流、建筑物破坏等，对计算机网络系统也构成了严重的威胁。另外，计算机设备对环境的要求也很高，如温度、湿度、各种污染物的浓度等，所以也要注意火灾、水灾、空气污染等对计算机网络系统所构成的威胁。

（2）计算机软件系统风险。网络软件的漏洞和"后门"是进行网络攻击的首选目标。现代软件系统越来越复杂，对于较大的系统或应用软件，很难进行全向彻底的测试，总会留下某些缺陷或漏洞。这些缺陷很难被发现，而只有当被利用或特定条件得到满足时，才会显现出来。微软公司就常常针对其 Windows 软件发布新的补丁程序。恶意攻击者可以在漏洞被填补以前利用这些漏洞进行攻击而获利。

（3）网络协议的安全漏洞。网络服务是通过各种各样的协议完成的，协议的安全性是网络安全的一个重要方面。如果网络通信协议存在安全上的缺陷，攻击者不必攻破密码体制即可获得所要的信息或服务。而且，网络协议的安全性很难得到绝对保证。目前 Internet 提供常用服务所使用的协议，如 Telnet、FTP 和 HTTP，在安全方面都存在一定的缺陷，许多黑客攻击都是利用这些协议的安全漏洞得逞的。

（4）黑客的恶意攻击。黑客攻击无孔不入，目前已成为个人、企业和政府机构在互联网所面临的重大威胁。2006 年 9 月 21 日，中国用户人数最多的一家域名注册公司遭到黑客攻击，造成约 20%的国内网站瘫痪；2007 年 2 月 6 日，强大的黑客攻击一共持续了 12 个小时，被"攻陷"的服务器包括美国 UltraDNS 公司管理的".org"等域名的根服务器、美国国防部运行的一个根服务器以及"互联网域名与网络编号管理组织"（ICANN）下属的一个根服务器，造成大量网站不能正常运行。类似的攻击层出不穷，而且黑客恶意攻击的手段多种多样、方式灵活多变，令人防不胜防。

(5) 计算机病毒攻击。计算机病毒是编制或者在计算机程序中插入的破坏计算机功能或者毁坏数据、影响计算机使用，并且能自我复制的一组计算机指令或程序代码。调查显示，2012 年，参与调查的用户中 33.29% 发生过信息网络安全事件，比 2011 年下降了 35.54%。感染恶意代码以 56.68% 高居首位，仍然是用户面临的主要威胁；其次是垃圾邮件和网页遭篡改，分别占 38.15% 和 33.39%；23.41% 的用户遭受了网络盗窃或网络钓鱼，微博作为信息共享和交流的新平台受到用户的青睐，同时也成为不法分子进行网络钓鱼和网络欺诈的新阵地。"未修补网络（系统）安全漏洞"占 44.97%，比 2011 年略有下降，但仍是网络安全事件发生的最主要原因；"内部安全管理存在漏洞"占 42.4%，比 2011 年上升了 12.28%，成为导致网络安全事件的主要原因之一。

2. 信息传输风险

信息传输风险是指进行网上交易时，因传输的信息失真或者信息被非法地窃取、篡改和丢失，而导致网上交易的不必要损失。网上交易的信息传输风险主要来自如下几个方面：

(1) 冒名偷窃。如"黑客"为了获取重要的商业秘密、资源和信息，常常采用源 IP 地址欺骗攻击。

(2) 篡改数据。攻击者未经授权进入网络交易系统，使用非法手段，删除、修改、重发某些重要信息，破坏数据的完整性，损害他人的经济利益，或干扰对方的正确决策，造成网上交易的信息传输风险。

(3) 信息丢失。交易信息的丢失，可能有三种情况：一是因为线路问题造成信息丢失；二是因为安全措施不当而丢失信息；三是在不同的操作平台上转换操作不当而丢失信息。

(4) 信息传递过程中的破坏。信息在网络上传递时，要经过多个环节和渠道。由于计算机技术发展迅速，原有的病毒防范技术、加密技术、防火墙技术等始终存在着被新技术攻击的可能性。计算机病毒的侵袭、"黑客"非法侵入、线路窃听等很容易使重要数据在传递过程中泄露，威胁电子商务交易的安全。此外，各种外界的物理性干扰，如通信线路质量较差、地理位置复杂、自然灾害等，都可能影响到数据的真实性和完整性。

(5) 虚假信息。从买卖双方自身的角度观察，网上交易中的信息传输风险还可能来源于用户以合法身份进入系统后，买卖双方都可能在网上发布虚假的供求信息，或以过期的信息冒充现在的信息，以骗取对方的钱款或货物。现在还没有很好地解决信息鉴别的办法。

与传统交易相比，网上交易的信息传输风险更为严重。传统交易中的信息传递和保存主要是通过有形的单证进行的，信息接触面比较窄，容易受到保护和控制。即使在信息传递过程出现丢失、篡改等情况，也可以通过留下的痕迹查找出现偏差的原因。而在网上传递的信息，是在开放的网络上进行的，与信息的接触面比较多，而且信息被篡改时可以不留下痕迹，因此网上交易时面临的信息传输风险比传统交易更为严重。

3. 信用风险

信用风险主要来自三个方面：

（1）来自买方的信用风险。对于个人消费者来说，可能在网络上使用信用卡进行恶意透支，或使用伪造的信用卡骗取卖方的货物；对于集团购买者来说，存在拖延货款的可能，卖方需要为此承担风险。

（2）来自卖方的信用风险。卖方不能按质、按量、按时寄送消费者购买的货物，或者不能完全履行与集团购买者签订的合同，造成买方的风险。

（3）买卖双方都存在抵赖的情况。

传统交易时，交易双方可以直接面对面进行，信用风险比较容易控制。而在网上交易时，物流与资金流在空间上和时间上是分离的，因此如果没有信用保证，网上交易是很难进行的。再加上网上交易一般是跨越时空的，交易双方很难面对面交流，信用的风险就很难控制。这就要求网上交易双方必须有良好的信用，而且有一套有效的信用机制降低信用风险。

4. 管理风险

网上交易管理风险是指由于交易流程管理、人员管理、交易技术管理的不完善所带来的风险。

（1）交易流程管理风险。在网络商品中介交易的过程中，客户进入交易中心，买卖双方签订合同，交易中心不仅要监督买方按时付款，还要监督卖方按时提供符合合同要求的货物。在这些环节上，都存在着大量的管理问题，如果管理不善势必造成巨大的潜在风险。为防止此类风险，需要有完善的制度设计，形成一套相互关联、相互制约的制度。

（2）人员管理风险。人员管理常常是网上交易安全管理上的最薄弱的环节，近年来我国计算机犯罪大都呈现内部犯罪的趋势，其原因主要是因工作人员职业道德修养不高，安全教育和管理松懈所致。一些竞争对手还利用企业招募新人的方式潜入该企业，或利用不正当的方式收买企业网络交易管理人员，窃取企业的用户识别码、密码、传递方式以及相关的机密文件资料。

（3）网络交易技术管理的漏洞也带来较大的交易风险。有些操作系统中的某些用户是无口令的，如匿名FTP，利用远程登录（Telnet）命令登录的这些无口令用户，有可能恶意地把自己升级为超级用户。

传统交易经过多年发展，在交易时有比较完善的控制机制，而且管理比较规范。而网上交易还只经历了很短时间，存在许多漏洞，这就要求对其加强管理和进行规范。

5. 法律风险

网上交易信息系统的技术设计是先进的、超前的，具有强大的生命力。但必须清楚地认识到，目前的保护网络交易的法律并不健全，因此还存在法律方面的风险。一方面，在网上交易可能会承担由于法律滞后，即目前尚没有相关法律进行规范，因而无法保证合法交易的权益所造成的风险。另一方面，在网上交易可能承担由于法律的事后完善所带来的风险，即在原来法律条文没有明确规定下而进行的网上交易，在后来颁布新的法律条文下属于违法经营所造成的损失，如一些电子商务公司在开通网上证券交易服务一段时间后，国家颁布新的法律条文规定只有证券公司才可以从事证券交易服务，从而剥夺了电子商务服务公司提供网上证券交易服务的资格，给这些电子中间商造成巨大损失。

二、电子商务的安全要求

电子商务发展的核心和关键问题是交易的安全性。由于 Internet 本身的开放性，使网上交易面临了种种危险，由此提出了相应的安全控制要求。

（一）有效性

电子商务以电子形式取代了纸张，要对网络故障、操作错误、应用程序错误、硬件故障、系统软件错误及计算机病毒所产生的潜在威胁加以控制和预防，以保证贸易数据在确定的时间、确定的地点是有效的。

（二）机密性

作为贸易的一种手段，电子商务的信息直接代表着个人、企业或国家的商业机密。电子商务是建立在一个较为开放的网络环境上的（尤其是 Internet），维护商业机密是电子商务全面推广应用的重要保障。因此，要预防非法的信息存取和信息在传输过程中被非法窃取。

（三）完整性

电子商务简化了贸易过程，减少了人为的干预，同时也带来维护贸易各方商业信息的完整、统一的问题。贸易各方信息的完整性将影响到贸易各方的交易和经营策略，保持贸易各方信息的完整性是电子商务应用的基础。因此，要预防对信息的随意生成、修改和删除，同时要防止数据传送过程中信息的丢失和重复。

（四）真实性和不可抵赖性的鉴别

电子商务可能直接关系到贸易双方的商业交易，如何确定要进行交易的贸易方正是进行交易所期望的贸易方，这一问题是保证电子商务顺利进行的关键。在无纸化的电子商务方式下，通过手写签名和印章进行贸易方的鉴别已是不可能的了。因此，要在交易信息的传输过程中为参与交易的个人、企业或国家甚至是交易信息本身提供可靠的标识，如电子签名、时间戳等。

三、电子商务安全管理思路

电子商务的安全管理，就是通过一个完整的综合保障体系，规避信息传输风险、信用风险、管理风险和法律风险，以保证网上交易的顺利进行。网上交易安全性问题是电子虚拟市场中的首要问题。首先，它是保证市场游戏规则顺利实施的前提，因为市场竞争规则强调的是公平、公正和公开，如果无法保证市场交易的安全，可能导致非法交易或者损害合法交易的利益，使市场游戏规则无法贯彻执行。其次，它是保证电子虚拟市场交易顺利发展的前提，因为虽然网上交易可以降低交易费用，但如果网上交易安全性无法得到保证，造成合法交易双方利益的损失，可能导致交易双方为规避风险选择传统的交易方式，势必制约电子虚拟市场的发展。

因此，无论从保护合法市场交易利益，还是市场本身发展来看，确保网上交易安全是电子虚拟市场要解决的首要问题和基本问题，这需要各方配合加强对网上交易安全性的监管。

网上交易安全管理，应当跳出单纯从技术角度寻求解决办法的圈子，采用综合防范的思路，从技术、管理、法律等方面去思考。建立一个完整的网络交易安全体系，至少应从三个方面考虑，并且三者缺一不可。一是技术方面的考虑，如防火墙技术、网络防毒、信息加密存储通信、身份认证、授权等。但只有技术措施并不能完全保证网上交易的安全。二是必须加强监管，建立各种有关的合理制度，并严格监督，如建立交易的安全制度、交易安全的实时监控、提供实时改变安全策略的能力、对现有的安全系统漏洞的检查以及安全教育等。在这方面，需要充分发挥政府有关部门、企业的主要领导、信息服务商的作用。三是社会的法律政策与法律保障，尽快出台和完善相关的法律制度，通过健全法律制度和完善法律体系来保证合法网上交易的权益，同时对破坏合法网上交易权益的行为进行严惩。在这方面，要发挥立法部门和执法部门的作用。下面将分别分析网上交易安全的技术、管理和法律上的保障。

第二节 电子商务安全技术

根据洪国彬（2006）的总结，电子商务安全技术上的保证主要包括交易方自身网络安全保障技术、电子商务信息传输安全保障技术、身份和信息认证技术以及电子商务安全支付技术几个方面。

一、交易方自身网络安全保障技术

为了维护电子商务交易者内部网络的安全性，可以采取以下四种不同的技术。

（一）用户账号管理和网络杀毒技术

用户账号是计算机网络的安全弱点之一，获取合法的账号和密码是"黑客"攻击网络系统最常使用的方法。因此，用户账号的安全管理措施不仅包括技术层面的安全支持，即针对用户账号完整性的技术，包括用户分组管理（对不同的成员赋予不同的权限）、单一登录密码制（用户在企业计算机网络任何地方都使用同一个用户名和密码）、用户认证（结合多种手段如电话号码、IP地址、用户使用的时间等精确地确认用户），还需要在企业信息管理的政策方面有相应的措施，即划分不同的用户级别、制定密码政策（如密码的长度、密码定期更换、密码的组成等），对职员的流动采取必要的措施，以及对职员进行计算机安全的教育。二者相互作用才能在一定程度上真正有效地保障用户账号的保密性。

在网络环境下，计算机病毒具有更大的威胁和破坏力，它破坏的往往不是单独的计算机和系统，而可能是整个网络系统。有效地防止网络病毒的破坏对网络系统安全及电子商务的安全运作具有十分重要的意义。因此必须采取多方面的防治措施预防病毒、检测病毒、消除病毒等。

（二）防火墙技术

防火墙是由软件和硬件设备（一般是计算机或路由器）组合而成的，是处于企业内部网和外部网之间，用于加强内外之间安全防范的一个或一组系统。在 Internet 上利用防火墙来完成进出企业内部网和外部网检查的功能，迫使所有的连接都必须通过它来完成，通过对数据来源或目的地、数据的格式或内容进行审查来决定是否允许该数据进出，也可以以代理人的形式避免内外网之间直接的联系，即限制非法用户进入企业内部网络，过滤掉不符合规定的数据或限制服务类型，对网络威胁状况进行分析，从而达到保护内部网络安全的目的。

（三）虚拟专网技术

普通线路接入 Internet 在经过路由器时不知道数据报文通往何处，且在各路由器上要对数据包进行复制，这使看到数据包的内容成为可能。尽管可以采用加密技术作为有效的防御手段，但是加密只能针对数据部分进行。因此，保存在 IP 地址数据报头的信息还是可以被看到的。这样，通过 IP 地址数据报头，就可以知道 IP 地址以及在 IP 地址之间执行了哪些应用等信息；一旦了解了这些信息，就可以对自己想要知道的数据进行窃听。将作为窃听对象的加密户的数据复制下来之后，再用一定的时间对其解密，就有可能达到窃听的目的。

虚拟专用网（VPN，这是指利用隧道技术把两个或多个专用网络通过公共网（通常指 Internet））安全地连接到一起，组成虚拟的统一的专用网的技术。虚拟专用网系统使分布在不同地方的专用网络在不可信任的公共网络（如 Internet）上安全地通信。总体来看，虚拟专用网主要提供如下功能：数据保密，传输的信息利用加密算法处理过，窃听者无法解密；信息验证，保证信息在传输中的完整性与发送方的真实性；身份认证，只有容许的用户才能够加入虚拟专用网；访问控制，不同的用户有不同的访问权限。

（四）入侵检测技术

目前网络入侵的特点是没有地域及时间的限制，网络的攻击者往往混杂在进行正常的网络活动的人员之间，隐蔽性强，而入侵手段更加隐蔽和复杂。

入侵是指任何试图破坏资源完整性、机密性和可用性的行为，也包括合法用户对于系统资源的误用。入侵检测是指对面向计算资源和网络资源的恶意行为的识别和响应（包括安全审计、监视、识别和响应）。它是防火墙之后的第二道安全闸门，在不影响网络性能的情况下能对网络进行检测，从而提供对内部攻击、外部攻击和误操作的实时保护。具体是通过执行监视、分析用户及系统活动；系统构造和弱点的审计，识别反映已知进攻的活动模式并向相关人士报警；异常行为模式的统计分析，评估重要系统和数据文件的完整性，操作系统的审计跟踪管理，并识别用户违反安全策略的行为等任务来实现的。

入侵检测系统（IDS）作为重要的网络安全工具，可以对系统或网络资源进行实时检测，及时发现系统或网络的入侵者，也可预防合法用户对资源的误操作。入侵检测系统通过对系统或网络日志分析，获得系统或网络目前的安全状况，发现可疑或非法的行为，因此它是对防火墙的必要补充。

二、电子商务信息传输安全保障技术

要保证电子商务信息传输过程中的机密性和完整性，一般采用加密技术和数字摘要技术来实现。

（一）加密技术

加密技术是最基本的安全技术，是实现信息保密的一种重要技术。目的是防止合法接收者之外的人获取信息系统中的机密信息后知悉其中的内容。数据加密技术是对信息进行重新编码，从而达到隐藏信息内容，使非法用户无法获得信息真实内容的一种技术手段。网络中的数据加密通过对网络中传输的信息进行加密，实现网络中信息传输的保密性，防止信息泄露。即使非法接收者获得了被加密的内容，也由于不能对其进行解密而无法知悉其中的内容。

（二）数字摘要技术

加密技术只能解决信息的保密性问题，防止信息在传输过程中被泄露，但不能防止加密信息在传输过程被增、删、改等操作后再发给信息的接收方，因此对于信息的完整性无法保障。数字摘要技术可以解决这个问题。数字摘要又称 Hash 算法，是 Ron Rivest 发明的一种单向加密算法，其加密结果是不能解密的。所谓数字摘要，是指从原文中通过 Hash 算法而得到的一个有固定长度（通常为 128 位）的散列值，即信息鉴别码（message authenticator code，MAC）。不同的原文所产生的数字摘要一定不相同，相同的原文产生的数字摘要一定相同。这样，信息在传输前对原文使用 Hash 算法得到数字摘要，将摘要与原文一起发送给接收者，接收者对接收到的原文应用 Hash 算法产生一个摘要，将接收者用 Hash 算法产生的摘要与发送者发来的摘要进行对比，若二者相同则表明原文在传输中没有被修改，否则就说明原文被修改过。因此，数字摘要技术就是单向 Hash 函数技术，由于其摘要类似于人类的"指纹"，可以通过"指纹"去鉴别原文的真伪，故也称为数字指纹。它除了用于信息的完整性检验之外，还可以用于数字签名、各种协议的设计以及计算科学等。

三、身份和信息认证技术

在网上，客户需要确保只有被授权的人可以获得和修改他们与网站共享的信息，而网站需要确保只有获得授权的用户才能获得其提供的内容和服务。客户认证（client authentication，CA）就是实现这样的功能的一种机制，包括在网上提供对用户的识别和对服务器的识别两个方面。通过 IP 地址进行认证是其中的一种方式，如果客户认证是通过这种方式来进行的，那么它允许系统管理员为具有某一特定 IP 地址的授权用户定制访问权限，而对访问的协议不做直接的限制。服务器和客户端无须增加、修改任何软件。系统管理员可以决定对每个用户的授权、允许访问的服务器资源、应用程序、访问时间以及允许建立的会话次数等。

客户认证技术是保证网上交易安全的一项重要技术。从认证途径来看，客户认证主要包括身份认证、信息认证和认证机构认证。信息认证和认证机构认证常常用于鉴别用户身份，而信息认证常用于保证通信双方的不可抵赖性和信息的完整性。在某些情况下，信息认证显得比信息保密更为重要。例如，买卖双方发生日用品业务或交易时，可能交易的具体内容并不需要保密，但是交易双方应当能够确认是对方发送或接收了这些信息，同时接收方还能确认接收的信息是完整的，信息在通信过程中没有被修改或替换。因此，在这些情况下，信息认证将处于首要的地位。

（一）身份认证

身份认证就是在交易过程中判明和确认贸易双方的真实身份，这是目前网上交易过程中最薄弱的环节。某些非法用户常采用窃取口令、修改或伪造、阻断服务等方式对网上交易系统进行攻击，阻止系统资源的合法管理和使用。因此，要求认证机构或信息服务商应当提供如下认证的功能：① 可信性。信息的来源是可信的，即信息接收者能够确认所获得的信息不是由冒充者所发出的。② 完整性。要求信息在传输过程中保证其完整性，即信息接收者能够确认所获得的信息在传输过程中没有被修改、延迟和替换。③ 不可抵赖性。要求信息的发送方不能否认自己所发出的信息。同样，信息的接收方不能否认已收到的信息。④ 访问控制。拒绝非法用户访问系统资源，合法用户只能访问系统授权和指定的资源。

一般来说，用户身份认证可通过三种基本方式或其组合方式来实现：① 用户所知道的某个秘密信息，例如用户知道自己的口令。② 用户所持有的某个秘密信息（硬件），即用户必须持有合法的随身携带的物理介质，例如智能卡中存储用户的个人化参数，以及访问系统资源时必须有的智能卡。③ 用户所具有的某些生物学特征，如指纹、声音、DNA 图案、视网膜等，这种认证方案一般造价较高，多适用于保密程度很高的场合。

（二）信息认证

随着网络技术的发展，通过网络进行购物交易等商业活动日益增多。这些商业活动往往通过公开网络如 Internet 进行数据传输，这对网络传输过程中信息的保密性、完整性和不可抵赖性提出了更高的要求。① 对敏感的文件进行加密，这样即使别人截获文件也无法得到其内容。② 保证数据的完整性，防止截获人在文件中加入其他信息。③ 对数据和信息的来源进行验证，以确保发信人的身份。

通常采用秘密密钥加密系统（secret key encryption）、公开密钥加密系统（public key encryption）或者两者相结合的方式，以保证信息的安全认证。比如对于加密后的文件，即使他人截取信息，由于得到的是加密后的信息，因此无法知道信息原始含义；同时加密后，他人也无法加入或删除信息，因为加密后的信息被改变后就无法得到原始信息，或者即使被获得原始信息，也不能篡改而危害交易；为保证信息来源的确定性，可以采用加密的数字签名方式来实现，因为数字签名具有法律效力，是唯一的和不可否认的。

（三）通过认证机构认证

买卖双方在网上交易时，必须鉴别对方是否可信。可以设立专门机构从事认证服务（类似于公证服务），通过认证机构来认证买卖双方的身份，以保证网上交易的安全性和高效性。

通过认证机构提供认证服务的基本原理和流程是：在做交易时，应向对方提交一个由 CA（certified authentication）签发的包含个人身份的证书，以使对方相信自己的身份。顾客向 CA 申请证书时，可提交自己的驾驶执照、身份证或护照，经验证后，颁发证书。证书包含了顾客的名字和他的公钥，以此作为网上证明自己身份的依据。在 SET（security electronic transaction）安全协议中，最主要的证书是持卡人证书和商家证书。持卡人证书实际上是支付卡的一种电子化的表示。由于它是由金融机构以数字化形式签发的，因此不能随意改变。持卡人证书并不包括账号、密码和终止日期等信息，取而代之的是用一种计算算法根据这些信息生成的一个码。如果知道账号、截止日期、密码值，即可导出这个码值，反之不行。商家证书用来记录商家可以结算卡的类型，也是由金融机构签发的，不能被第三方改变。在 SET 环境中，一个商家至少应有一对证书，与一家银行打交道；一个商家也可以有多对证书，表示它与多家银行有合作关系，可以接受多种付款方法。除了持卡人证书和商家证书以外，还有支付网关证书、银行证书和发卡机构证书。

CA 作为提供身份验证的第三方机构，是由一个或多个用户信任的组织实体组成的。CA 的功能主要有：接收注册请求，处理、批准/拒绝请求，颁发证书。在实际运作中，CA 也可由大家都信任的一方担任。例如，在客户、商家、银行的三角关系中，客户使用的是由某家银行发的卡，而商家又与此银行有业务关系（有账号）。在此情况下，客户和商家都信任该银行，可由该银行担当 CA 角色。又如，对商家自己发行的购物卡，则可由商家自己担当 CA 角色。

四、电子商务安全支付技术

如何通过电子支付安全地完成整个交易过程，是人们在选择网上交易时所必须面对的，而且是首先要考虑的问题。就目前而言，虽然电子支付的安全问题还没有形成一个公认成熟的解决办法，但人们还是不断通过各种途径进行大量的探索，SSL 安全协议和 SET 安全协议就是这种探索的两项重要结果，它们已经广泛地在国际的电子支付中使用。

（一）SSL 安全协议

1. SSL 安全协议的概述

SSL 安全协议（secure socket layer，安全套接层）是由网景（Netscape）公司推出的一种安全通信协议，它能够对信用卡和个人信息提供较强的保护。SSL 是对计算机之间整个会话进行加密的协议。在 SSL 中，采用了公开密钥和私有密钥两种加密方法，主要用于提高应用程序之间的数据的安全系数。SSL 安全协议的整个要领可以被总结为：一个保证任何安装了安全套接层的客户和服务器间事务安全的协议，它涉及所有 TCP/IP 应用程序。

SSL 安全协议主要提供三方面的服务：

（1）认证用户和服务器，使得它们能够确信数据将被发送到正确的客户机和服务器上。

（2）加密数据以隐藏被传送的数据。

（3）维护数据的完整性，确保数据在传输的过程中不被改变。

2. SSL 安全协议的运行步骤

（1）接通阶段。客户通过网络向服务商打招呼，服务商回应。

（2）密码交换阶段。客户与服务商之间交换认可的密码。一般选用 RSA 密码算法，也有的选用 Diffie-Hellman 和 Fortezza-KEA 密码算法。

（3）会谈密码阶段。客户与服务商间产生彼此交谈的会谈密码。

（4）检验阶段。检验服务商取得的密码。

（5）客户认证阶段。验证客户的可信度。

（6）结束阶段。客户与服务商之间相互交换结束的信息。

当上述动作完成之后，两者间的资料传送就会加以编码，等到另外一端收到资料后，再将编码后的资料还原。即使盗窃者在网络上取得编码后的资料，如果没有原先编制的密码算法，也不能获得可读的有用资料。

在电子商务交易过程中，由于有银行参与，按照 SSL 协议，客户购买的信息首先发往商家，商家再将信息转发银行，银行验证客户信息的合法性后，通知商家付款成功，商家再通知客户购买成功，将商品寄送客户。

3. SSL 安全协议的应用

SSL 安全协议也是国际上最早应用于电子商务的一种网络安全协议，至今仍然有许多网上商店在使用。在使用时，SSL 安全协议根据邮购的原理进行了部分改进。在传统的邮购活动中，客户首先寻找商品信息，然后汇款给商家，商家再把商品寄给客户。这里，商家是可以信赖的，所以，客户须先付款给商家。在电子商务的开始阶段，商家担心客户购买后不付款，或使用过期作废的信用卡，因而希望银行给予认证。SSL 安全协议正是在这种背景下应用于电子商务的，因此，SSL 安全协议简便易行。

SSL 安全协议运行的基点是商家对客户信息保密的承诺。如美国著名的亚马逊（Amazon）网上书店在它的购买说明中明确表示：" 当你在亚马逊公司购书时，受到'亚马逊公司安全购买保证'保护，所以，你永远不用为你的信用卡安全担心。" 但是在上述流程中，SSL 安全协议有利于商家而不利于客户。客户的信息首先传到商家，这就导致客户资料的安全性无法保证，且整个过程中缺少了客户对商家的认证；而且 SSL 只能保证资料传递过程的安全性，而传递过程是否有人截取则无法保证；由于 SSL 安全协议的数据安全性是建立在 RSA 等算法上的，因此其系统安全性较差。在电子商务的开始阶段，由于参与电子商务的公司大都是一些大公司，信誉较高，这些问题没有引起人们的重视。随着电子商务参与的厂商迅速增加，对厂商的认证问题越来越突出，SSL 安全协议的缺点完全暴露出来。SSL 安全协议逐渐被新的 SET 协议所取代。

（二）SET 安全协议

1. SET 安全协议的概述

SET 安全协议（secure electronic transaction，安全电子交易）是由 VISA 和 MasterCard 两大信用卡公司联合推出的规范。SET 主要是为了解决用户、商家和银行之间通过信用卡支付的交易而设计的，以保证支付信息的机密、支付过程的完整、商户及持卡人的合法身份以及可操作性。SET 中的核心技术主要有公开密匙加密、电子数字签名、电子信封、电子安全证书等。SET 安全协议比 SSL 安全协议复杂，因为前者不仅加密两个端点间的单个会话，它还可以加密和认定三方间的多个信息。

在开放的互联网上处理电子商务，如何保证买卖双方传输数据的安全成为电子商务能否普及的最重要的问题。为了克服 SSL 安全协议的缺点，两大信用卡组织，Visa 和 Master-Card，联合开发了 SET 电子商务交易安全协议。这是一个为了在互联网上进行在线交易而设立的开放的、以电子货币为基础的电子付款系统规范。SET 在保留对客户信用卡认证的前提下，又增加了对商家身份的认证，这对于需要支付货币的交易来讲是至关重要的。由于设计合理，SET 安全协议得到了 IBM、HP、Microsoft、VeriFone、GTE、VeriSign 等许多大公司的支持，已成为事实上的工业标准。目前，它已获得了 IETF 标准的认可。

SET 是在开放网络环境中的卡支付安全协议，它采用公钥密码体制（PKI）和 X.509 电子证书标准，通过相应软件、电子证书、数字签名和加密技术能在电子交易环节上提供更大的信任度、更完整的交易信息、更高的安全性和更少受欺诈的可能性。SET 安全协议用以支持 B 2 C（business to consumer）这种类型的电子商务模式，即消费者持卡在网上购物与交易的模式。

为了推动电子商务的发展，首先要验证或识别参与网上交易活动的各个主体（如持卡消费者、商户、收单银行的支付网关）的身份，并用相应的电子证书代表他们的身份。电子证书是由权威性的公正认证机构管理的，在每次交易活动时还需逐级往上地验证各认证机构电子证书的真伪。各级认证机构是按根认证机构（root CA）、品牌认证机构（brand CA），以及持卡人、商户或收单行支付网关认证机构（holder card CA，merchant CA or payment gateway CA）由上而下按层次结构建立的。认证机构的最高层（顶层）即根认证机构（root CA），由 SETCO 负责管理，其功能为：

（1）生成和安全保存符合 SET 安全协议要求的属于根认证机构的公、私密钥。

（2）生成和自行签署符合 SET 安全协议要求的根证书及其数字签名。

（3）处理品牌认证机构的申请，生成、验证品牌证书并在品牌证书上进行数字签名。

（4）生成品牌证书撤销清单。

（5）支持跨域交叉认证。

（6）制定安全认证政策。

安全电子交易是基于互联网的卡基支付，是授权业务信息传输的安全标准，它采取 RSA 公开密钥体系对通信双方进行认证，利用 DES、RC4 或任何标准对称加密方法进行信息的加密传输，并用 HASH 算法来鉴别消息真伪和有无篡改。在 SET 体系中有一个关键的认证机构（CA），CA 根据 X509 标准发布和管理证书。

SET 是一个非常复杂的协议，因为它非常详细而准确地反映了卡交易各方之间存在的各种关系。SET 还定义了加密信息的格式和完成一笔卡支付交易过程中各方传输信息的规则。事实上，SET 远远不止是一个技术方面的协议，它说明了每一方所持有的数字证书的合法含义，希望得到数字证书以及响应信息的各方应有的动作，以及与一笔交易紧密相关的责任分担。SET 设计成运用 1 024 位密钥加密，成为世界上最强大的加密应用技术之一。要对这些加密的代码进行破解的话，必须由 100 台每秒能运行 1 000 万条指令的计算机一起运算 28 000 亿年的时间，方有可能破解其中一条信息，而要破下一条的话还得从头开始。

2. SET 安全协议运行的目标

SET 安全协议要达到的目标主要有五个：

（1）保证信息在互联网上安全传输，防止数据被黑客或被内部人员窃取。

（2）保证电子商务参与者信息的相互隔离。客户的资料加密或打包后通过商家到达银行，但是商家不能看到客户的账户和密码信息。

（3）解决多方认证问题。不仅要对消费者的信用卡认证，而且要对在线商店的信誉程度认证，同时还有消费者、在线商店与银行间的认证。

（4）保证网上交易的实时性，使所有的支付过程都是在线的。

（5）效仿 EDI 贸易的形式，规范协议和消息格式，促使不同厂家开发的软件具有兼容性和互操作功能，并且可以运行在不同的硬件和操作系统平台上。

3. SET 安全协议涉及的范围

SET 安全协议规范所涉及的对象有：

（1）消费者。包括个人消费者和团体消费者，按照在线商店的要求填写订货单，通过由发卡银行发行的信用卡进行付款。

（2）在线商店。提供商品或服务，具备相应电子货币使用的条件。

（3）收单银行。通过支付网关处理消费者和在线商店之间的交易付款问题。

（4）电子货币（如智能卡、电子现金、电子钱包）发行公司，以及某些兼有电子货币发行的银行。负责处理智能卡的审核和支付工作。

（5）认证中心（CA）。负责对交易对方的身份确认，对厂商的信誉度和消费者的支付手段进行认证。

SET 安全协议规范的技术范围包括：

（1）加密算法的应用（例如 RSA 和 DES）。

（2）证书信息和对象格式。

（3）购买信息和对象格式。

（4）认可信息和对象格式。

（5）划账信息和对象格式。

（6）对话实体之间的消息的传输协议。

4. SET 安全协议的工作原理

SET 安全协议规定的工作流程如下：

（1）客户向商家发送购货单和一份经过签名、加密的信托书。书中的信用卡号是经过加密的，商家无从得知。

（2）商家把信托书传送到收单银行，收单银行可以解密信用卡号，并通过认证验证签名。

（3）收单银行向发卡银行查问，确认用户信用卡是否属实。

(4) 发卡银行认可并签证该笔交易。
(5) 银行认可商家并签证此交易。
(6) 商家向客户传送货物和收据。
(7) 交易成功,商家向收单银行索款。
(8) 收单银行按合同将货款划给商家。
(9) 发卡银行向客户定期寄去信用卡消费账单。

根据 SET 安全协议的工作流程,可将整个工作程序分为下面七个步骤(见图 8-1):

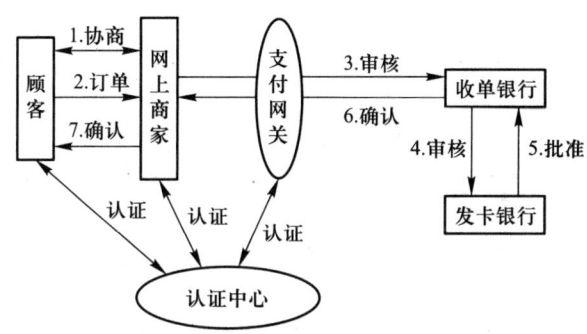

图 8-1　SET 安全协议交易的工作流程

(1) 消费者利用自己的个人计算机通过互联网选所要购买的物品,并在计算机上输入订货单。订货单上需包括在线商店、购买物品名称及数量、交货时间及地点等相关信息。

(2) 通过电子商务服务器与有关在线商店联系,在线商店做出应答,告诉消费者所填订货单的货物单价、应付款数、交货方式等信息是否准确,是否有变化。

(3) 消费者选择付款方式,确认订单,签发付款指令,此时 SET 开始介入。

(4) 在 SET 中,消费者必须对订单和付款指令进行数字签名,同时利用双重签名技术保证商家看不到消费者的账号信息。

(5) 在线商店接受订单后,向消费者所在银行请求支付认可。信息通过支付网关到收单银行,再到电子货币发行公司确认。批准交易后,返回确认信息给在线商店。

(6) 在线商店发送订单确认信息给消费者。消费者端软件可记录交易日志,以备将来查询。

(7) 在线商店发送货物或提供服务,并通知收单银行将钱从消费者的账户转移到商店账户,或通知发卡银行请求支付。

在认证操作和支付操作中间一般会有一个时间间隔,例如,在每天的下班前请求银行结一天的账。前两步与 SET 无关,从第三步开始 SET 起作用,一直到第七步。在处理过程中,通信协议、请求信息的格式、数据类型的定义等,SET 都有明确的规定。在操作的每一步,消费者、在线商店、支付网关都通过 CA 来验证通信主体的身份,以确保通信的对方不是冒名顶替。所以,也可以简单地认为,SET 规格充分发挥了认证中心的作用,以维护在任何开放网络上的电子商务参与者所提供信息的真实性和保密性。

5. SET 安全协议的缺陷

从 1996 年 4 月 SET 安全协议 1.0 版面市以来，大量的现场实验和实施效果获得了业界的支持，促进了 SET 良好的发展趋势。但细心的观察家也发现了一些问题。这些问题包括：

（1）协议没有说明收单银行给在线商店付款前，是否必须收到消费者的货物接受证书。否则，在线商店提供的货物不符合质量标准，消费者提出疑义，责任由谁承担。

（2）协议没有担保"非拒绝行为"，这意味着在线商店没有办法证明订购是不是由签署证书的消费者发出的。

（3）SET 技术规范没有提及在事务处理完成后，如何安全地保存或销毁此类数据，是否应当将数据保存在消费者、在线商店或收单银行的计算机里。这些漏洞可能使这些数据以后受到潜在的攻击。

（4）在完成一个 SET 安全协议交易的过程中，需验证电子证书 9 次，验证数字签名 6 次，传递证书 7 次，进行 5 次签名、4 次对称加密和 4 次非对称加密。所以，完成一个 SET 安全协议交易过程需花费 1.5～2 分钟，甚至更长的时间（新式小型电子钱包将多数信息放在服务器上，时间可缩短到 10～20 秒）。SET 安全协议过于复杂，使用麻烦，成本高，且只适用于客户具有电子钱包的场合。

（5）SET 的证书格式比较特殊，虽然也遵循 X.509 标准，但它主要是由 Visa 和 Master Card 开发并按信用卡支付方式来定义的，这对其他支付方式的使用有所限制。

第三节　电子商务安全制度

一、安全管理制度

参与网络交易的个人或企业，都有责任维护网上交易系统的安全，对于在网上从事大量贸易活动的企业来说尤为重要。下面针对企业的网上交易系统进行研究，但其中的许多方法对于个人网络消费者也具有较高的借鉴意义。网上交易系统安全管理制度是用文字形式对各项安全要求的规定，它是保证企业在网上经营管理取得成功的基础。企业安全制度应当包括人员管理制度，保密制度，跟踪、审计、稽核制度，系统维护制度，病毒防范制度，等等。是否健全及实施安全管理制度，关系到网上交易能否安全地、顺利地运作。

（一）人员管理制度

参与网上交易的经营管理人员在很大程度上支配着企业的命运，他们面临着防范严重的网络犯罪的任务。而计算机网络犯罪同一般犯罪不同的是，它们具有智能型、隐蔽性、连续性、高效性的特点，因而，加强对有关人员的管理变得十分重要。首先，对有关人员进行上岗培训。其次，落实工作责任制，对违反网上交易安全规定的行为应坚决进行打击，对有关人员要进行及时的处理。最后，贯彻网上交易安全运作基本原则：① 双人负责原则。重要业务不要安排一个人单独管理，实行两人或多人相互制约的机制。② 任期有限原则。任何人不得长期担任与交易安全有关的职务。③ 最小权限原则。明确规定只有网络管理员才可进行物理访问，只有网络管理人员才可进行软件安装工作。

（二）保密制度

网上交易涉及企业的市场、生产、财务、供应等多方面的机密，必须实行严格的保密制度。保密制度需要很好地划分信息的安全级别，确定安全防范重点，并提出相应的保密措施。信息的安全级别一般可分为三级：① 绝密级。如企业战略计划、企业内部财务报表等。此部分网址、密码不在 Internet 上公开，只限于公司高层人员掌握。② 机密级。如企业的日常管理情况、会议通知等。此部分网址、密码不在 Internet 上公开，只限于公司中层以上人员使用。③ 秘密级。如企业简介、新产品介绍及订货方式等。此部分网址、密码在 Internet 上公开，供消费者浏览，但必须有保护程序，防止"黑客"入侵。

保密工作的另一个重要的问题是对密钥的管理。大量的交易必然使用大量的密钥，密钥管理贯穿于密钥的产生、传递和销毁的全过程。密钥需要定期更换，否则可能使"黑客"通过积累密文增加破译机会。

（三）跟踪、审计、稽核制度

跟踪制度要求企业建立网络交易系统日志机制，用来记录系统运行的全过程。系统日志文件是自动生成的，其内容包括操作日期、操作方式、登录次数、运行时间、交易内容等。它对系统的运行进行监督、维护分析、故障恢复，这对于防止案件的发生或在案件发生后，为侦破工作提供监督数据，起着非常重要的作用。

审计制度包括经常对系统日志的检查、审核，及时发现对系统故意入侵行为的记录和对系统安全功能违反的记录，监控和捕捉各种安全事件，保存、维护和管理系统日志。

稽核制度是指工商管理、银行、税务人员利用计算机及网络系统，借助于稽核业务应用软件调阅、查询、审核、判断辖区内各电子商务参与单位业务经营活动的合理性、安全性，堵塞漏洞，保证网上交易安全，发出相应的警示或做出处理处罚的有关决定的一系列步骤及措施。

（四）系统维护制度

对于企业的电子商务系统来说，企业网络系统的日常维护就是针对内部内联网（Intranet）的日常管理和维护，因为计算机主机机型和相关网络设备种类很多，这是一件非常繁重的工作。对网络系统的日常维护可以从几个方面进行。一是对于可管设备，通过安装网管软件进行系统故障诊断、显示及通告，网络流量与状态的监控、统计与分析，以及网络性能调优、负载平衡等。二是对于不可管设备应通过手工操作来检查状态，做到定期检查与随机抽查相结合，以便及时准确地掌握网络的运行状况，一旦有故障发生能及时处理。三是定期进行数据备份，数据备份与恢复主要是利用多种介质，如磁介质、纸介质、光碟、微缩载体等，对信息系统数据进行存储、备份和恢复。这种保护措施还包括对系统设备的备份。

（五）病毒防范制度

病毒防范是保证网上交易很重要的一个方面。如果网上信息及交易活动遭到病毒袭击，将阻碍和破坏网上交易的顺利开展，因此必须建立病毒防范措施。目前主要通过采用防病毒软件进行防毒。应用于网络的防病毒软件有两种：一种是单机版防病毒产品；另一种是联机版防病毒产品。前者是以事后消毒为原理的，当系统被病毒感染之后才能发挥这种软件的作用，适合于个人用户。后者属于事前的防范，其原理是在网络端口设置一个病毒过滤器。即事前在系统上安装一个防病毒的网络软件，它能够在病毒入侵到系统之前，将其挡在系统外边。由于许多病毒都有一个潜伏期，因此有必要实行病毒定期清理制度清除处于潜伏期的病毒，防止病毒的突然暴发，使计算机始终处于良好的工作状态，从而保证网上交易的正常进行。

二、法律制度

市场经济是法治经济，电子商务的发展需要建设和完善相关的法律体系。虽然技术专家已从技术角度开发了许多保证网上交易安全顺利进行的技术保障措施，但仍难以完全保障网上交易的安全性，因此使许多企业和消费者对网络上交易的安全心存疑虑。他们担心合同的执行、赔偿、个人隐私、资金安全、知识产权保护、税收等诸问题难以解决，而妨碍他们积极参与网上交易。因此，研究与制定网上法律，采取相应的法律保障措施势在必行。目前，各国政府正在加大法律调整的研究力度，纷纷出台各种法律法规，规范网上交易行为。美国作为电子商务发展的先行者，在电子虚拟市场交易建设方面做了大量工作，特别对涉及网上交易的电子商务法进行了较大的调整。

（一）美国保证电子商务安全的相关法律

1. 与网上交易相关法律调整的基本原则

以网上交易为基础的电子商务是未来商业发展的一个主要形式，其独特的运作方式对传统的商业规范模式提出了技术、财务和交易安全等方面的重大挑战。没有法律规范的网上交易是难以正常发展的。政府应及时地制定和出台相应的法律法规，支持和引导电子商务沿着正确的轨道发展。

政府在围绕电子商务制定法律条文时，应采取非限制性、面向市场的做法，即颁布实施的法律是保护电子商务发展，而不是限制电子商务的发展，对目前电子商务发展还不成熟的地方应在全面考察后立法，如网上征税问题，在现阶段为避免制约电子商务发展，而采取无政府状态，即对网上交易不另外征税。特别是对买卖双方在网上自愿签订合同，合法地买卖产品和服务时，政府应当尽量减少参与和干涉，并力戒对网络上发生的商业活动加以新的、不必要的限制，增加烦琐手续，或增加新的税收和资费。但是，政府仍需要提供一个透明的、和谐的商业法律环境，使商业活动得以正常进行。这种法律框架应着眼于保护公平交易，保护平等竞争，保护消费者免受欺诈之苦，保护知识产权免受侵权之害和保护个人隐私。

目前，需要制定的有关的法律法规主要有：市场准入制度、合同有效认证办法、电子支付系统安全措施、信息保密防范办法、知识产权侵权处理规定、税收征收办法以及广告的管制、网络信息内容的过滤等。目前，即使在电子商务发达的国家仍缺乏统一的、规范的网上法律，如美国还没有专门制定针对网上交易的法律，只是将传统的一些有关商务法律进行重新解释，应用到电子商务中。之所以采取这样策略，是为保护电子商务的创新发展。

为了鼓励电子商务，美国政府同时支持国内和全球的统一商业法律框架（Uniform Commercial Legal Framework）。这个法律框架将确证、认可、强化和促进美国和全世界的网上交易。在美国各州已实行了《统一商业法规》（UCC）。这是一个涉及美国商业法重要领域的、范围广泛的法规集。UCC将通过下面一些方式来克服传统法规的对网上交易推行带来的执行障碍。

（1）确定和认可通过电子手段形成的合同的规则和范式，规定约束电子合同履行的标准，定义构成有效电子书写文件和原始文件的条件，鼓励政府各部门、厂商认可和接受正式的电子合同、公证文件等。

（2）规定为法律和商业目的而做出的电子签名的可接受程度，鼓励国内和国际规则的协调一致，支持电子签名和其他身份认证手续的可接受性。

（3）建立电子注册处。

（4）推动建立其他形式的、适当的、高效率的、有效的国际商业交易的纠纷调解机制，支持在法庭上和仲裁过程中使用计算机证据。

（5）建立与软件和电子数据的许可证交易、使用和权利转让有关的标准和任选的合同履行规则。

（6）在国际上，美国政府支持所有国家采用联合国国际贸易法委员会（United Nations Commission on International Trade Law，UNCITRAL）提出的示范法作为电子商务使用的国际统一商业法规。

2. 电子支付的法律制度

随着网上交易的发展，许多企业与消费者开始采用跨国界的电子支付方法。为了保证电子支付的安全性，需要制定和实施电子支付的法律制度。制定电子支付相关法律时，既要结合本国实际情况，又要积极同国内及跨国网上交易的其他政府合作，制定出符合需要的法律法规。

美国对于网上交易的电子支付法律方面先行一步。目前，在美国80%以上的美元支付是通过电子方式进行的，每天大约有2万美元通过联储电子资金系统（Fdewire）及清算银行间支付系统（CHIPS）划拨。为了适应电子支付的需要，美国1978年制定了《1978年电子资金划拨法》（Electronic Fund Transfer Act of 1978）。这部法律的主要内容是保护银行客户的合法权益，适用于客户是自然人的小额电子资金划拨。

1989年，美国全国统一州法专员会议和美国法律学会批准了《统一商业法规》第4A编，对大额电子支付系统进行了调整。该法第一次对电子支付下了定义：电子支付是支付命令发送方把存放于商业银行的资金，通过一条线路划入收益方开户银行，以支付给收益方的一系列转移过程。该法详细规定了电子支付命令的签发与接受，接受银行对发送方支付命令的执行，电子支付的当事人的权利、义务以及责任的承担，等等。

3. 信息安全的法律制度

网上交易的通信和数据的安全是网上交易的基础。保证网上交易信息安全，除了实行技术保障措施外，还需要有完整的法律规定的保障。

美国政府已经批准了 OECD 的《信息系统安全性指南》。该指南涵盖了九项安全性原则，这些原则系统地阐述了高层次的需求，诸如明确安全责任的需求、知晓安全措施和手续的需求以及尊重其他用户的权利和合法利益的需求等。美国联邦政府为了保证网上交易信息的安全，制定与实施了相关的法规。他们从源头入手，大力开发和利用有效的加密产品。而功能强大的加密产品可以使公民更好地保护其商业秘密和个人档案，为避免被犯罪分子和恐怖分子用加密产品掩匿其活动和阻挠法律授权的调查工作，美国对最先进的加密产品实行出口管制。

4. 消费者权益保护的法律制度

消费者在网上购物，面临着与传统的购物方式不同的新的购物方式。一方面，消费者在网上购物，个人隐私信息可能被商家掌握和非法利用。另一方面，消费者网上购物无法亲自体验和挑选产品，当消费者对购买商品不满意时，存在退货问题。网上购物可以跨越国界，消费者的权益易受到侵犯，因此，消费者如何利用有效的法律武器来保护自己的权益，也是一个难题和新的课题。

为解决这些问题，美国颁布了相应法规来禁止商家利用消费者的个人隐私信息进行商业活动，侵犯消费者的权益。欧盟规定消费者在欧盟内部跨国购买商品，起诉商家时可以用消费者本国相关法律起诉，而不用到商家所在国家进行起诉，以保护消费者的权益。

（二）我国保证电子商务安全的相关法律

我国电子商务的发展仍处在初级阶段，有关立法仍不够健全。我国的计算机立法工作开始于 20 世纪 80 年代。1981 年，公安部开始成立计算机安全监察机构，并着手制定有关计算机安全方面的法律法规和规章制度。1986 年 4 月开始草拟《中华人民共和国计算机信息系统安全保护条例》（征求意见稿）。1988 年 9 月 5 日第七届全国人民代表大会常务委员会第三次会议通过的《中华人民共和国保守国家秘密法》，在第三章第十七条中第一次提出："采用电子信息等技术存取、处理、传递国家秘密的办法，由国家保密工作部门会同中央有关机关规定。"1989 年，我国首次在重庆西南铝厂发现计算机病毒后，立即引起有关部门的重视。公安部发布了《计算机病毒控制规定（草案）》，开始推行"计算机病毒研究和销售许可证"制度。

1991 年 5 月 24 日，国务院第八十三次常委会议通过了《计算机软件保护条例》。这一条例是为了保护计算机软件设计人的权益，调整计算机软件在开发、传播和使用中发生的利益关系，鼓励计算机软件的开发与流通，促进计算机应用事业的发展，依照《中华人民共和国著作权法》的规定而制定的。这是我国颁布的第一个有关计算机的法律。1992 年 4 月 6 日，机械电子工业部发布了《计算机软件著作权登记办法》，规定了计算机软件著作权管理的细则。

1991年12月23日,国防科学技术工业委员会发布了《军队通用计算机系统使用安全要求》,对计算机实体(场地、设备、人身、媒体)的安全、病毒的预防以及防止信息泄露提出了具体措施。

1994年2月18日,国务院令第147号发布了《中华人民共和国计算机信息系统安全保护条例》,为保护计算机信息系统的安全,促进计算机的应用和发展,保障经济建设的顺利进行提供了法律保障。这一条例于1988年4月着手起草,1988年8月完成了条例草案,经过近四年的试运行后方才出台。这个条例的最大特点是既有安全管理,又有安全监察,以管理与监察相结合的办法保护计算机资产。

1996年3月14日,国家新闻出版署发布了电子出版物暂行规定,加强对包括软磁盘(FD)、只读光盘(CD-ROM)、交互式光盘(CD-I)、图文光盘(CD-G)、照片光盘(Photo-CD)、集成电路卡(IC-Card)和其他媒体形态的电子出版物的保护。

1997年10月1日起我国实行的新刑法,第一次增加了计算机犯罪的罪名,包括:非法侵入计算机系统罪,破坏计算机系统功能罪,破坏计算机系统数据程序罪,制作、传播计算机破坏程序罪,等等。这表明我国计算机法制管理正在步入一个新阶段,并开始和世界接轨,计算机法制的时代已经到来。

针对国际互联网的迅速普及,为保障国际计算机信息交流的健康发展,1996年2月1日国务院令第195号发布了《中华人民共和国计算机信息网络国际联网管理暂行规定》,提出了对国际联网实行统筹规划、统一标准、分级管理、促进发展的基本原则。1997年5月20日,国务院对这一规定进行了修改,设立了国际联网的主管部门,增加了经营许可证制度,并重新发布。1997年6月3日,国务院信息化工作领导小组在北京主持召开"中国互联网络信息中心成立暨《中国Internet域名注册暂行管理办法》发布大会",宣布中国互联网络信息中心(CNNIC)成立,并发布了《中国Internet域名注册暂行管理办法》和《中国互联网络域名注册实施细则》。中国Internet信息中心将负责我国境内的Internet域名注册、IP地址分配、自治系统号分配、反向域名登记等注册服务;协助国务院信息化工作领导小组制定我国Internet的发展、方针、政策,实施对中国Internet的管理。1997年12月8日,国务院信息化工作领导小组根据《中华人民共和国计算机信息网络国际联网管理暂行规定》,制定了《中华人民共和国计算机信息网络国际联网管理暂行规定实施办法》,详细规定国际互联网管理的具体办法。与此同时,公安部颁布了《计算机信息网络国际联网安全保护管理办法》,原邮电部也出台了《国际互联网出入信道管理办法》,旨在通过明确安全责任、严把信息出入关口、设立监测点等方式,加强对国际Internet使用的监督和管理。

为保护计算机网络安全,《中华人民共和国计算机网络国际联网管理暂行规定》规定,我国境内的计算机互联网必须使用国家公用电信网提供的国际出入信道进行国际联网。任何单位和个人不得自行设立或者使用其他信道进行国际联网。除国际出入口局作为国家总关口外,邮电部还将中国公用计算机互联网划分为全国骨干网和各省、市、自治区接入网进行分层管理,以便对入网信息进行有效的过滤、隔离和监测。此外，还规定了从事国际互联网经营活动和从事非经营活动的接入单位必须具备的条件，以及从事国际互联网业务的单位和个人应当遵守国家有关法律、行政法规，严格执行安全保密制度，不得利用国际互联网从事危害国家安全、泄露国家秘密等违法犯罪活动，不得制作、查阅、复制和传播妨碍社会治安的信息和淫秽色情等信息。

1999年3月，我国颁布的《合同法》第11条规定："书面形式是指合同书、信件和数据电文（包括电报、电传、传真、电子数据交换和电子邮件）等可以有形地表现所载内容的形式。"将传统的书面合同形式扩大到数据电文形式。

2004年8月28日，十届全国人大常委会第十一次会议表决通过《中华人民共和国电子签名法》，并于2005年4月1日起施行，首次赋予了可靠的电子签名与手写签名或盖章同等的法律效力，并明确了电子认证服务的市场准入制度。它是我国第一部真正意义的电子商务法，是我国电子商务发展的里程碑。它的颁布和实施极大地改善了我国电子商务的法制环境，促进安全可信的电子交易环境的建立。

此外，还有一系列的保护互联网安全的相关法律法规，如2000年12月18日全国人民代表大会常务委员会通过的《关于维护互联网安全的决定》和公安部于2006年3月1日开始实施的《互联网安全保护技术措施规定》等，都在保护电子商务安全上做出了重大的贡献。

我国电子商务法体系还处于初建阶段，主要存在以下几个问题：专门法律、法规和规章较少，至今只有电子签名法是专门解决电子商务中的法律；等级较低，主要是部门规章和政府规章，甚至起主要作用的是各地工商行政管理部门的规范性文件。但是上述法律的制定和实施表明，我国对于电子商务安全相关的立法一直很重视。我国一些现有的市场法律体系还不健全，也影响到网上立法的发展。根据美国的经验，许多网上交易的规范其实是可以借鉴传统市场交易的法律规范的，只是形式和方式有所变化，因此只需对传统的一些相关法律进行重新解释和补充说明即可沿用。加强网上交易的相关立法是推动电子虚拟市场发展的有力保障。这就需要我国立法机关，一方面尽快完善现有市场的法律体系建设；另一方面，要针对新市场、新问题提出新法案。对于电子虚拟市场的立法，我国政府与其他国家政府是处在同一起点上的，因此应当加强各国之间的相互学习和相互协作，尽快进行网上立法，进一步规范网上交易。

第四节　防止非法入侵

2007年的达沃斯世界经济论坛，全球网络概念的开发者文森特·瑟弗表示，在目前接入国际互联网的大约6亿台计算机中，有1.5亿台左右都已成为黑客们的"俘房"，并被用来发送垃圾邮件、病毒或是组织网络攻击行动。许多非法入侵者（也称为"黑客"）频频攻击一些著名站点，使得站点的正常运转被迫中断，造成巨大的经济损失。因此，为保证电子商务交易的安全，加强对"黑客"的打击和防范已是刻不容缓的任务。

一、网络"黑客"常用的攻击手段

(一)"黑客"的概念

"黑客"(hacker)源于英语动词 hack,意为"劈,砍",引申为"辟出,开辟",进一步的意思是"干了一件非常漂亮的工作"。在20世纪早期的麻省理工学院校园语中,"黑客"则有"恶作剧"之意,尤其是指手法巧妙、技术高明的恶作剧。今天的"黑客"可分为两类。一类是骇客,他们只想引人注目,证明自己的能力,在进入网络系统后,不会去破坏系统,仅仅会做一些无伤大雅的恶作剧。他们追求的是从侵入行为本身获得巨大的成功的满足。另一类是窃客,他们的行为带有强烈的目的性。早期的这类"黑客"主要是窃取国家情报、科研情报,而现在的这类"黑客"的目标大部分瞄准了银行的资金和电子商务的整个交易过程。

(二)"黑客"的攻击手段

"黑客"们攻击电子商务系统的手段可以大致归纳为:

1. 中断(攻击系统的可用性)

破坏系统中的硬件、硬盘、线路、文件系统等,使系统不能正常工作。

2. 窃听(攻击系统的机密性)

通过搭线和电磁泄漏等手段造成泄密,或对业务流量进行分析,获取有用情报。

3. 篡改(攻击系统的完整性)

篡改系统中数据内容,修正消息次序、时间(延时和重放)。

4. 伪造(攻击系统的真实性)

将伪造的假消息注入系统、假冒合法人接入系统、重放截获的合法消息实现非法目的,否认消息的接收或发送等。

5. 轰炸(攻击系统的健壮性)

用数百条消息填塞某人的 E-mail 信箱也是一种在线袭扰的方法。当用户受到这种叫作"电子邮件炸弹"的攻击后,用户就会在很短的时间内收到大量的电子邮件,这样使得用户系统的正常业务不能开展,系统功能丧失,严重时会使系统关机,甚至使整个网络瘫痪。

二、防范非法入侵的技术措施

防范"黑客"的技术措施根据所选用的产品的不同,可以分为七类:网络安全检测设备、访问设备、浏览器/服务器软件、证书、商业软件、防火墙和安全工具包/软件。

(一)网络安全检测设备

预防为主是防范"黑客"的基本指导思想。网络安全检测设备主要用来对访问者进行监督控制,一旦发现有异常情况,马上采取应对措施,防止非法入侵者进一步攻击。

(二) 访问设备

访问设备方法是通过给访问者提供智能卡，通过智能卡的信息来控制用户使用。非法入侵者如想入侵就必须防止类似的访问设备，这增加了非法入侵者的入侵难度。

(三) 防火墙

防火墙是目前保证网络安全的必备的安全软件，它通过对访问者进行过滤，可以使系统限定什么人在什么条件下可以进入网络系统。非法入侵者入侵时，就必须采用 IP 地址欺骗技术才能进入系统，但增加了入侵的难度。

(四) 安全工具包/软件

安全工具包/软件主要是提供一些信息加密和保证系统安全的软件开发系统。用户可以在这些安全工具包的基础上进行二次开发，开发自己的安全系统，如 RSA 的 BSAFE 支持 RSA、DES、Triple DES、RC2、RC4 和其他密码技术。Terisa 的系统也提供一种比较高级的客户机和服务器工具包。该工具包可使开发商实现安全的通信系统集成，如 SSL 和 S-HTTP 等。

对"黑客"的防护是一项系统性的长期工作。要真正保护系统的安全，防止非法入侵者，加强系统的监控和使用，必要的安全系统是非常关键的。要杜绝"黑客"的入侵，从技术上是很难完全解决的，但可以增加"黑客"非法入侵的难度。因此，解决"黑客"问题还需要全社会关注，建立完善的监控体系和严厉的法律惩罚体系，才是解决问题的出路。

电子商务安全管理是电子商务健康发展的保证。电子商务安全问题的主要来源有信息传输风险、信用风险、管理风险以及法律风险四个方面。解决这些安全问题，必须从技术上、管理上和法律制度上进行综合解决。技术方面，主要从交易方自身网络安全、信息传输安全、身份认证和信息认证以及安全支付技术等方面保证交易的安全；管理方面，需要建立人员管理制度，保密制度，跟踪、审计、稽核制度，系统维护制度，病毒防范制度；法律制度方面，需要通过制定完善的法律法规并实施以保证交易的合法安全。目前，电子商务安全最大的威胁是非法入侵者的攻击，采取一些必要技术手段防止"黑客"的攻击是非常必要的。

 即测即评

请扫描二维码，在线测试本章学习效果

思考题

1. 请解释下列概念：电子商务安全、客户认证、个人隐私、黑客。
2. 为什么说电子商务的安全问题非常重要？
3. 电子商务的安全威胁主要有哪些？
4. 如何解决电子商务的安全问题？

购物型网站的电子商务安全

一、淘宝"错价门"引发争议

互联网上从来不乏标价 1 元的商品。2011 年 10 月，淘宝网上大量商品标价 1 元，引发网民争先恐后哄抢，但是之后许多订单被淘宝网取消。随后，淘宝网发布公告称，此次事件为第三方软件"团购宝"交易异常所致。部分网民和商户询问"团购宝"客服得到自动回复称："服务器可能被攻击，已联系技术紧急处理。"导致"错价门"的真实原因依然是个谜，但与此同时，这一事件暴露出来的我国电子商务安全问题不容小觑。在此次"错价门"事件中，消费者与商家完成交易，成功付款下了订单，买卖双方之间形成了合同关系。作为第三方交易平台的淘宝网关闭交易，这种行为本身是否合法？蒋苏华认为，按照我国现行法律法规，淘宝网的行为涉嫌侵犯了消费者的自由交易权，损害了消费者的合法权益，应赔礼道歉并赔偿消费者的相应损失。

目前，我国电子商务领域安全问题日益凸显，比如，支付宝或者网银被盗现象频频发生，给用户造成越来越多的损失，这些现象对网络交易和电子商务提出了警示。然而，监管不力导致消费者权益难以保护。公安机关和电信管理机关、电子商务管理机关应当高度重视电子商务暴露的安全问题，严格执法、积极介入，彻查一些严重影响互联网电子商务安全的恶性事件，切实保护消费者权益，维护我国电子商务健康有序发展。

二、黑客热衷攻击重点目标

国外几年前就曾经发生过电子商务网站被黑客入侵的案例，国内的电子商务网站近两年也发生过类似事件。浙江义乌一些大型批发网站曾经遭到黑客近一个月的轮番攻击，网站图片几乎都不能显示，每天流失订单金额达上百万元。阿里巴巴网站也曾确认受到不明身份的网络黑客攻击，这些黑客采取多种手段攻击了阿里巴巴在我国大陆和美国的服务器，企图破坏阿里巴巴全球速卖通的正常运营。随着国内移动互联网的发展，移动电子商务也将迅速发展并给人们带来更大便利，但是由此也将带来更多的安全隐患。黑客针对无线网络的窃听能获取用户的通信内容、侵犯用户的隐私权。

黑客攻击可以是多层次、多方面、多种形式的。攻击电子商务平台，黑客可以轻松赚取巨大的、实实在在的经济利益。比如：窃取某个电子商务企业的用户资料，贩卖用户的个人信息；破解用户个人账号密码，可以冒充他人购物，并把商品货物发给自己。黑客有可能受经济利益驱使，也有可能是同业者暗箱操作打击竞争对手。攻击电子商务企业后台系统的往往是专业的黑客团队，要想防范其入侵，难度颇大。尤其是对于一些中小型电子商务网站而言，比如数量庞大的团购网站，对抗黑客入侵更是有些力不从心。如果大量电子商务企业后台系统的安全得不到保障，我国整个电子商务的发展也将面临极大威胁。

三、360网购先赔，成网购安全先锋

电子商务市场迎来了自己的黄金时代，而我国也已成为全球网购人数最多的国家，网购欺诈陷阱也变化多端，消费者是防不胜防。据北京市公安局与360网络安全中心合作建立的网络诈骗举报平台"猎网平台"数据显示，2015年平台共收到全国用户有效理赔申请的网络诈骗举报24 886例，举报总金额为1.27亿余元，人均损失5 106元。据介绍，由于网络交易犯罪具有异地作案、小额多发、取证困难、损失追回难等特点，因此执法部门监管难度较大。

360是网络购物安全方面的先驱，2013年7月份开始，360搜索推出了"欺诈推广全赔计划"，使360成为全球范围内，第一家愿意为自己的推广链接承担全额赔付责任的公司。同时，360搜索还为用户提供"360网购先赔计划"，帮助用户开启网购先赔功能。双重赔付机制，最大限度地减少了用户因为使用搜索引擎给自己造成的损失。

用户只需在360安全卫士主界面，点击左侧网购先赔图标。在360网购先赔界面中，点击立即开启。开启成功后您使用360浏览器或IE浏览器购物，就可享受全年36 000元，单笔1 000元的先赔保障金了。用户如需追加保额，可点击升级按钮。设置360浏览器为默认浏览器、设置360搜索为默认搜索，都可相应增加1 000元保额，使用360安全浏览器并使用360搜索后，如果被骗可享受单笔最高3 000元，全年72 000元的理赔额度。

360网购先赔这一服务，是网络购物安全的一大保障，随着电子商务的不断深化，安全问题将会变得越来越重要，这需要各方面的共同努力。

资料来源：

[1] 佚名. 360：坚决拥护互联网广告新规促进行业健康发展. http：//jiangsu. china. com. cn. 2016-07-11

[2] 新华网. 北京警方联手360推出网络诈骗举报"猎网平台". http：//news. ifeng. com. 2015-05-12

讨论题

1. 看完上述资料，你对电子商务的安全有何看法？
2. 结合本章内容和案例，你认为该如何保证电子商务活动的安全？

第三篇 电子商务应用

第九章
网络商务信息处理

> 随着网络应用的发展，Internet 已经成为当今世界上最大、最丰富的信息库，几乎涉及人类社会的各个方面，并且以每半年翻一番的速度递增。对于从事电子商务的企业而言，有效利用这个巨大的信息库，可以给企业带来无限商机。然而，如何快速准确地在网络信息的海洋中找到所需要的信息，成为人们面临的一大难题，很多人经常处于"要找的信息找不到，不要的信息到处跳"的状况。要改变这种状况，必须进行合理的网络信息收集和必要的整理。

第一节　网络商务信息的概念和收集

一、网络商务信息的概念和特点

（一）网络商务信息的概念

信息的概念非常广泛，从不同的角度可以对信息下不同的定义。在商务活动中，信息通常是指商业消息、情报、数据、密码、知识等。网络商务信息限定了商务信息传递的媒体和途径，只有通过计算机网络传递的商务信息（包括文字、数据、表格、图形、影像、声音以及能够被人或计算机识别的符号系统），才属于网络商务信息的范畴。

网络商务信息可以分为四个等级：第一级是免费商务信息，这类信息主要是社会公益性的信息；第二级是收取较低费用的信息，这类信息属于一般性的普通类信息；第三级是收取标准信息费的信息，这类信息属于知识经济类的信息，收费采用成本加利润的资费标准；第四级是优质优价的信息，这类信息是具有极高使用价值的专用信息，一条高价值的信息一旦被用户采用，将会给企业带来较高的利润，给用户带来较大的收益。

（二）网络商务信息的特点

相对于传统的商务信息，网络商务信息有如下特点。

1. 时效性强

传统的商务信息传输速度慢、传递渠道不畅，而 Internet 已成为全球信息传播最快的途径之一。在网站的搜索框中输入所要搜寻信息的关键字，便可在几分钟内获得最新的商务信息，既快捷又方便。

2. 准确性高

网上信息基本上都是通过搜索引擎直接找到信息发布源获得的，由于无中间环节的中转，因此减少了信息的误传和变更的可能性，有效地确保了信息的准确性。Internet 上的许多著名站点，如中国经济信息网（www.cei.gov.cn）等，其发布的信息经过经济专家的加工，去伪存真，对企业的经营活动有一定的参考价值。

3. 便于存储

现代社会的信息量非常大，使用传统的信息载体存储难度相当大，而且不易查找。用户在网上浏览到的商业信息可以十分方便地从网上下载到用户的计算机上，并长期保存，供用户随时使用。即使自己的信息资料遗失，也可以到原有的信息源中再次查找。

4. 检索难度大

在 Internet 这一浩如烟海的信息海洋中，要迅速查找自己所需的信息，不是一件容易的事。虽然网上提供了许多搜索工具和检索手段，但要熟练掌握，需要相当一段时间的培训和经验积累。

二、网络商务信息的收集要求

网络商务信息收集是指在网络上对商务信息的寻找和获取，这是一种有目的、有步骤地从各个站点查找和获取信息的行为。有效的网络商务信息收集必须能够保证源源不断地提供合适的信息，因此，网络商务信息的收集要具有及时性、准确性、可靠性和适度性。

（一）及时性

市场信息具有很强的时效性、多变性，其价值与时间成反比。要抓住瞬息万变的市场机遇，就要善于及时发现、及时收集、及时处理各类市场信息。网上信息的时效性主要通过发布的时间来判断。运作较规范的网站一般在网页上都提供有网站信息的更新时间，但也有一些网站尤其是那些提供免费服务的网站，对所发布的信息往往不注意及时更新和维护，如某企业通过搜索引擎查询国内一中文网站，已是8月份了，而该网站上却是当年2月份的信息，这类网站所提供的信息就不一定有效了。

（二）准确性

在网络社会中，由于买卖双方不直接见面交流，因而信息的准确就更为重要。只有准确的信息才可能导致正确的决策，而信息失真则有可能贻误商机，甚至造成重大损失。信息失真通常可能有三方面的原因：一是信息源提供的信息不准确；二是信息在编码、译码和传递的过程中受到干扰而失真；三是接收方在接收信息时出现偏差。为了减少网络商务信息的失真，必须在以上三个环节进行控制。

（三）可靠性

网络作为一个自由度极高的媒体，人们几乎可以不受限制地发布自己的言论。在这种情况下，来自网上的信息质量良莠不齐，因此若不严格分析、评估和审查，就直接引用，是非常危险的，甚至可能带来不可挽回的损失，所以必须对所收集到的资料进行认真的分析和评估。政府网站、国际组织、行业协会、知名企业的网站或一些著名站点所提供的资料一般比较可靠和公正，可以从其机构域名上初步辨识，如".gov"是政府网站、".org"是非营利性组织的网站等，或通过浏览其网站的背景材料进行判断。有时无法判定某个网站的性质，也可以给该网站管理者发E-mail进行核实。

（四）适度性

任何企业或个人的时间和精力都是有限的，因此网络信息的收集要有针对性和目的性，不要无的放矢。网上的信息资源越来越多，而且很分散，漫无目的地收集很多没有价值的信息，会造成不必要的浪费。不同的企业、不同的管理层次对信息的需求也不同，因此，网络信息的收集必须有重点、有选择，信息收集的范围和数量都要适度。收集前应制定一定的信息收集计划，使所收集的信息目标明确、收集方法得当。

三、网络商务信息的收集方法

（一）网络商务信息收集的方法

网络商务信息的收集方法主要有两种：网上直接市场调查和二手资料的收集。网上直接市场调查就是利用互联网直接进行问卷调查，收集一手资料，调查方法主要采用站点法，辅助以电子邮件法通过 Internet 直接进行。与传统的市场调查相同，进行网上调查首先要确定调查目标、方法、步骤，在实施调查后要分析调查的数据和结果，并进行相关的定量和定性分析，最后形成调研结论。网上直接调查的突出特点是：时效性和效率性很高，初步调查结果可以在调查过程中得出，便于实时跟踪调查过程，分析深层次原因。

在网上直接市场调查中，调查者通过网络收集的信息一般都是过去没有的，即原始资料或第一手资料。作为一种信息媒体，Internet 所涵盖的信息远远超过任何传统媒体。对调查者来说，其中蕴藏着大量有价值的商业信息，如网上广告、企业、政府部门网站上发布的需求信息、招商、招标信息等，这些需要经过编排、加工处理后才能成为有用的资料，称为二手资料。

（二）网络二手资料收集法

在网上收集所需商务信息的二手资料，可以采用以下几种方法。

1. 利用搜索引擎

搜索引擎（search engine）是 Internet 上的一种网站，其功能是在网上主动搜索 Web 服务器的信息，并将其自动索引，其索引内容存储于可供查询的大型数据库中。每个搜索引擎都提供了一个良好的界面，当用户在查询栏中输入所需查找信息的关键字（keyword），并单击"search"按钮（或其他类似的按钮），搜索引擎将在索引数据库中查找包含该关键字的所有信息，最后给出查询的结果，并提供该信息的超级链接。

在网上收集市场信息前，首先要选择方便适用的搜索引擎，目前在 Internet 上的中、英文搜索引擎有几百个，如 Yahoo、Sohu、Google、百度等都是比较著名的，通过这些搜索引擎可检索到许多相关的市场信息。不同的搜索引擎都有各自的优势，用户应根据所需要的信息内容来确定选择哪个搜索引擎。

2. 访问专业信息网站

这也是网上收集市场信息的一种重要途径。通常这些专业信息网站都是由政府或一些业务范围相近的企业或某些网络服务机构开办的，所提供的信息比较可靠，如中国诚商网（www.chinamarket.com.cn）、中国机械管理网（www.chinajx.com.cn）等。

3. 运用观察法

所谓观察法，是指通过观察正在进行的某一特定网上营销过程来解决某一营销问题。与传统市场环境下的观察法相似，这种方法是在被调查者无察觉的情况下进行的。网络环境使观察法的运用更加自如。比如，现在许多 Web 站点要求访问者在线注册后，才能成为该网站的合法用户，因此这些注册信息，如用户姓名、地址和电话号码以及兴趣爱好等，就成为发掘客户需求的有意义的信息。

运用观察法时，除要注意注册信息这类显式信息外，还要注意发掘有意义的隐式信息，有意义的隐式信息是用户在 Web 站点上表述需求的信息，可采用下面两种方法：

（1）设置计数器。几乎所有的网站都设置了流量计数器，记录网页的访问流量，许多经营者认为"流量就是一切,没有流量就没有现金的流入",流量的多少意味着访问网站的客户多少。通过对流量的分析不仅可以掌握真正消费者的数量,而且可以了解市场趋势。例如,对某类或某种产品信息的访问流量分析可以反映出访问者(即潜在消费者)的需求和兴趣;对同行业访问流量的分析可以了解本企业在市场中的地位和所占的比例;对主页访问流量和各主题访问流量分布规律的分析可以了解企业网络营销的效果;等等。

统计访问流量是次要的,必须由此进行分析,使经营者了解真正的顾客是从哪里来的。比如通过访问者的 IP 地址可以发现访问者集中于哪些地区,这里隐藏着大量的潜在消费者。

(2) 利用 Cookie 技术。作为一种可以跟踪来访者的程序,许多网站利用 Cookie 来识别"回头客"和发现新的顾客群。当某用户第一次访问某站点时,被访问的 Web 服务器就产生了唯一能标识该用户的数字记号 ID,并通过 Cookie 安置到该用户的计算机中,当这位用户再次访问该站点时,服务器就通过 Cookie 从这位用户的计算机中获取他的 ID 号,于是该站点就能记录下某人访问的时间、次数等信息。

美国 Double Click 公司提供了一种可以记载网上用户行为的软件。Double Click 也运用 Cookie 技术来跟踪浏览者,当用户访问与该公司签约的商业网站时,同时就会被赋予一个私人账号,属于该账号的个人资料也将被记录保存,并作为今后营销之用。而当这位用户在网上活动时,他的行为(包括访问了什么站点、停留了多长时间等)就被完全追踪记录下来。根据这些信息,该公司就可以精确地掌握其广告目标,例如一位曾经同时到过歌剧与音响站点的人,就很可能会是 CD 唱片公司的潜在客户。

4. 通过新闻组(Usenet)获取商务信息

新闻组就是一个基于网络的计算机组合,这些计算机可以交换一个或者多个可识别标签的文章(或称为消息),一般称作 Usenet 或 newsgroup。随着 Internet 的发展,一些商业机构或企业也迅速侵入 Usenet,使其逐渐丧失其非商业化的纯洁,各种商业广告散布其中,纯商业性的讨论组也大量涌现,因此通过这类 Usenet 获取商业信息也是途径之一。如 www.dejanews.com 是 Web 界面的新闻组,带有查询功能,它集中了一万多个讨论组,用户可以很方便地搜索自己所需的信息。

5. 利用 BBS 获取商务信息

在 Internet 日趋商业化的今天,能够吸引无数上网者的 BBS(公告栏),当然也会成为商业活动的工具,如今网上有许多商用 BBS 站点,如网易。另外,还有一些网络服务机构在网站上开设了商务讨论区,可以在上面发布工商产品的需求信息,如中国黄页供求热线(www.chinapages.com)。

BBS 软件系统有两大类:一类是基于 Telnet 方式的文本方式,查看阅览不是很方便,在早期用得比较多;另一类是现在用得较多的基于 WWW 方式,它通过 Web 网页加上程序(如 JavaScript)实现,这种界面友好,非常受欢迎,使用方法如同浏览 WWW 网页。

6. 使用 E-mail 获取商务信息

E-mail 是 Internet 使用最广泛的通信方式，它不仅费用低廉而且使用方便，是最受欢迎的应用方式，许多用户上网主要就是为了收发 E-mail。目前许多 ICP 和传统媒体，以及企业都利用 E-mail 发布信息，甚至采用 E-mail 营销。一些传统的媒体公司和企业，为了保持与用户的沟通，也定期给企业用户发送 E-mail，发布公司的最新动态和有关的产品信息。因此通过 E-mail 收集商务信息非常快捷有效，收集资料时只需要到相关的网站进行注册，以后等着收 E-mail 就可以了。但是，这种方式也有缺点，就是容易收到一些垃圾邮件，所以在注册前一定要注意是否可以取消订阅、是否还有其他要求等，以免带来不必要的麻烦。

（三）常用检索工具举例

常用检索工具如表 9-1 所示。

表 9-1 常用检索工具举例

检索工具分类	全文检索软件
全文搜索引擎	谷歌搜索引擎
目录搜索引擎	必应搜索引擎
元搜索引擎	百度搜索引擎
其他搜索引擎	搜狐搜索引擎

第二节 网络商务信息的处理

一般来说，从网上下载的信息最初都是杂乱无章的，因此直接从网上下载的原始信息不能原封不动地提供给使用者。为了从中挑选出对企业有用的信息，应该根据信息使用者的实际需要对原始信息进行分析处理，剔除其没有价值的部分，使之成为使用者能够快速获取和使用的信息资源。

一、传统的网络商务信息处理

（一）信息的储存

信息的储存是指对已获得的信息用科学的方法保存起来，以便进一步地加工、处理和使用。信息的高效安全存储是信息利用的基础，也是信息网络能正常运行的基本要求。对于信息的使用者而言，信息的储存可以保证在需要信息的时候，能够及时提取和使用，为管理决策服务。此外，已经储存的信息可以供内部人员共享，并且可以重复使用，提高信息利用率。

信息储存的方法主要是根据信息的提取频率和数量，建立适当的信息库系统。信息库系统是由大小不一、相互联系的信息库组成的。信息库的容量越大，信息储存的越多，对企业的决策越有帮助。但是，信息库的容量过大，提取和整理信息会比较麻烦，而且虽然有些信息库容量很大，但是其中部分信息却从来没有人提取过，甚至已经无法提取，这样的信息占用信息库的空间，反而不如小容量信息库好。

从网上下载信息的方法有很多种，下面介绍几种常用的方法。

1. 下载全文

对于需要保存的文档，在"文件"菜单下选择"另存为"，把它作为一个 HTML 文档保存到适当的位置。如果需要保存的是网页中的部分文档，则可以用鼠标选中所需要的文档，点击鼠标右键，选择"复制"，即可把所选中的文档复制到写字板上，再保存到适当的位置。

2. 下载图片

将鼠标置于图片上面，点击鼠标右键，在出现的工具栏中，选择"图片另存为"会出现是否保存图片的对话框，选择适当的文件夹，即可保存图片。

3. 保存整个网页

如果需要保存的文档中既包含有文字，同时还包含有图片，则可以用 FrontPage 编辑、修改、保存整个网页。具体步骤如下：查看到需要下载的页面后，在"文件"菜单中选择"使用 Microsoft FrontPage 编辑"功能，或者直接在工具栏中点击"编辑"按钮，就可以进入 FrontPage 对页面进行编辑、修改，修改完毕保存页面到适当的位置。

4. 使用下载软件

如果需要下载的内容比较多，可以使用下载软件。下载软件非常多，目前使用比较多的有"网络蚂蚁"等，用户可以根据自己的需要选择适当的软件产品。

5. 离线浏览

有时候由于上网条件的限制，使得不能方便在线浏览所需要的信息。这种情况下可以采用离线浏览的方法。离线浏览软件可以将需要浏览的内容先下载下来，等待离线后的适当时候用户再详细浏览。

6. 收藏夹的使用与整理

网络信息的整理还有一个特点，就是对那些需要经常进行贸易往来的站点和需要经常从中了解信息的新闻、杂志、同类企业的网站进行必要的整理。这些地址如果仅仅靠人工记忆，既增加了工作量，也容易出现错漏，而且人工录入速度十分缓慢，浪费上网时间和精力。为了改变这种状况，可以利用微软公司的 IE 浏览器所提供的收藏夹功能来保存记录网站的网址。

用户浏览到某个可能对以后有用的页面时，可以用收藏夹将其连接、保存下来，以后再到该网址访问时就不需要再输入网址了。添加收藏夹的方法是：单击工具栏中的"收藏"，就会在页面的左侧出现收藏夹列表，单击"添加"，即可把正在访问的页面添加到收藏夹。以后再浏览该页面时，可以直接单击收藏夹列表中的页面进入。

当用户储存的页面越来越多时，为了快速查找所需要的页面，需要对收藏夹进行整理。单击收藏夹中的"整理"，出现新窗口后，单击"创建文件夹"，用户可以自己创建新的文件夹。用户可以按照自己的需要将常用的网址分门别类地建立在不同的文件夹下，并添加不同的文件名。在向已有的文件夹添加页面时，可以用鼠标单击该页面网址，按住鼠标左键，将其拖至文件夹中。此外，还可以对已有的文件夹重命名、删除文件夹或页面等。

（二）信息的整理

信息的整理是将原始资料汇总、归纳、比较，使其更加系统化、条理化和科学化，其目的在于提高信息的价值和提取效率，为信息的进一步加工做准备。信息整理工作一般分为以下几个步骤。

1. 明确信息来源

下载信息时，应该把确切的网址保存下来以便以后有机会再次查询。如果因为种种原因没有保存下来，首先应该查看前后下载的文件中是否有同时下载或域名相近的文件，然后用这些接近的文件域名作为原文件的信息来源。对于重要的信息，一定要有准确的信息来源，没有下载信息来源的，一定要重新检索补上。

2. 添加文件名

刚从网上下载的信息，由于下载时间的限制，一般都是沿用原有网站的文件名。而这些文件名基本上都是由数字或者字母构成的，仅从文件名上很难区分文件的内容，查找起来比较麻烦。因此，从网站下载的文件，需要重新浏览一遍，并添加文件名。

3. 信息鉴别

信息的鉴别是对信息内容的可靠性予以确认的过程。可靠性包括信息本身是否真实，内容是否正确，数据有无遗漏、失实、冗余等。经过鉴别把那些多余的、虚假的信息鉴别出来，以便在筛选时把它们剔除出去。信息鉴别的方法有很多种，可以通过信息的来源可信度推测信息的可靠性，也可以与其他信息进行比较来判别信息的真假，此外还有一些专门的网站对其他网站进行评估、评级和审查，可以参考它们的评价结果。一般而言，政府的官方网站、专家学者、权威性学术团体网站等发表的信息可靠性大，而其他来自私人网站、广告宣传等的信息则需要进一步查证。

4. 信息筛选

在浏览和分类的过程中，需要对大量的信息进行初步的筛选。信息的筛选是指在鉴别的基础上，对收集到的信息做出选择的过程。信息筛选的目的在于提高信息的准确性和适用性。从信息论的角度讲，筛选实质上是对信息进行检测和评估。进行信息筛选时，要先分析企业的信息需求，不符合需求的信息以及完全没有用的信息应当及时删除，还要检查信息是否重复收集，以免浪费资源。不过应当注意有些信息单独看起来没有作用，但是累积起来就有价值了，比如市场的销售趋势就是在数据的长期积累和一定程度的整理后才能表现出来的。

5. 信息分类

信息的分类就是把信息按照一定的标准（即属性和特征）加以区别，分门别类地把所收集到的信息整理成为有条理的一组信息。信息分类的任务就是通过分类，把各种信息归入适当的位置，把性质相同的聚集到一个文件夹中，以便合理地存储、组织和查找，提高效率。分类的方法有多种，可以按照信息内容，信息来源的地理位置、时间等进行分类。比如，企业目前收集的信息包括竞争对手的市场信息、顾客的购买行为信息、供应商的市场信息等，就可以分别建立四个文件夹，叫作一级文件夹。在每个一级文件夹下面，比如竞争对手市场信息文件夹下，可以设立多个二级文件夹，包括不同的省市地区的竞争对手的信息等。这样在需要调用信息时，可以快速查找、调用。

（三）信息的加工处理

信息的加工处理是将各种有关信息进行比较、分析，并以自己企业的目标为基本参照点，充分发挥人的才智，对信息进行综合设计，形成新的信息产品，如市场调查报告、营销策划、销售决策、新的人事安排等。信息加工的目的在于有效地利用信息，提高企业的工作效率，要进一步改变或改进企业的运行状况，使其向着既定的目标状态运行。因此，信息加工处理是一个信息再创造的过程，它不是停留在原有信息水平上的，而是通过人的参与，加工出能够帮助人们了解、控制计划，做出决策的有价值的信息产品。

信息产品通常包括两类：一类是商业性的信息产品；另一类则是创新型的信息产品。前者可以给企业带来直接的经济效益，一般包括消费者的行为特征，消费趋势，产品市场预测，竞争对手的生产、经营情况等；后者则是通过信息加工得到创新的产品或者合理化建议等形式，间接地为企业创造经济效益，提高工作效率，这类信息产品包括专利技术、产品革新技术等。创新型信息产品的加工比商业性的信息产品加工更具有科学研究的性质，要求信息加工人员不仅具备敏感性、洞察力，还要有一定的专业水平。

信息加工的方式主要有两种，即人工处理和机器处理。人工处理是指由人脑（包括专家和专家集团）进行信息处理；机器处理是指计算机的信息处理。两种方式各有优劣：人脑神经系统可以识别和接收多种多样的明确或模糊信息，具有丰富的想象力和创造力；专家系统可以把握极广泛的知识，并且可以在处理中合理地加入一定的情感因素，这是计算机所不能达到的。但是，计算机有强大的计算能力，在速度和准确性上要大大超过人脑。综合这两种信息处理方式的优点，形成一个合理的人、机结合的信息处理系统是当前信息处理的较好的方法。

二、大数据分析

（一）大数据的概念和特点

大数据（big data），指无法在一定时间范围内用常规软件工具进行捕捉、管理和处理的数据集合，是需要新处理模式才能具有更强的决策力、洞察发现力和流程优化能力来适应海量、高增长率和多样化的信息资产。IBM 提出大数据具有 5 大特点：volume（大量）、velocity（高速）、variety（多样）、value（价值）、veracity（真实性）。从技术上看，大数据与云计算的关系就像一枚硬币的正反面一样密不可分。大数据必然无法用单台的计算机进行处理，必须采用分布式架构。它的特色在于对海量数据进行分布式数据挖掘。但它必须依托云计算的分布式处理、分布式数据库和云存储、虚拟化技术。

（二）大数据分析的五个基本方面

1. 可视化分析（analytic visualization）

大数据分析的使用者最基本的要求就是可视化分析，因为可视化分析能够直观地呈现大数据的特点，同时能够非常容易被读者接受。

2. 数据挖掘算法（data mining algorithms）

大数据分析的理论核心就是数据挖掘算法，各种数据挖掘的算法基于不同的数据类型和格式才能更加科学地呈现出数据本身具备的特点，也正是因为这些被全世界统计学家所公认的各种统计方法能够深入到数据内部，从而挖掘出公认的价值，另外一方面也是因为有这些数据挖掘的算法才能更快速地处理大数据。

3. 预测性分析能力（predictive analytic capabilities）

大数据分析最重要的应用领域之一就是预测性分析，从大数据挖掘出特点，通过科学的建立模型，之后便可以通过模型带入新的数据，从而预测未来的数据。

4. 语义引擎（semantic engines）

大数据分析广泛应用于网络数据挖掘，可从用户的搜索关键词、标签关键词或其他输入语义，分析、判断用户需求，从而实现更好的用户体验和广告匹配。

5. 数据质量和数据管理（data quality and master data management）

大数据分析离不开数据质量和数据管理，高质量的数据和有效的数据管理，无论是在学术研究还是商业应用领域，都能够保证分析结果的真实和有价值。

大数据分析的基础就是以上五个方面，当然更加深入地进行大数据分析的话，还有很多更有特点的、更加深入的、更加专业的大数据分析方法。

（三）大数据的 IT 分析工具

大数据分析是在研究大量数据的过程中寻找模式、相关性和其他有用的信息，可以帮助企业更好地适应变化，并做出更明智的决策。一般会用到的分析工具有以下这些：数据仓库技术、数据库技术、Hadoop 等衍生系统技术、数据挖掘技术、自然语言处理技术、社交网路分析技术（图分析）、信息检索技术、云计算技术、No-SQL 技术、数据可视化技术等。根据不同的需求使用不同的工具。

第三节　企业网上市场调查

一、网上市场调查的特点与方法

调研市场信息，发现消费者需求动向，从而为企业细分市场提供依据，是企业开展市场营销的重要内容。网络首先是一个信息媒体，为企业开展网上市场调查提供了一条便利途径。网上市场调查又称联机市场调查（online survey 或 Web-based survey），即通过网络（Internet/Intranet 等），针对网上市场特征进行的有系统、有计划、有组织地收集、调查、记录、整理、分析有关产品、劳务等市场数据信息，客观地测定、评价及发现各种事实，获得竞争对手的资料，摸清目标市场和营销环境，为经营者细分市场、识别消费者需求和确定营销目标提供相对准确的决策依据，以提高企业网络营销的效用和效率。在当今网络与传统商业业务不断融合的趋势下，国内外越来越多的网络服务商和市场研究机构开始涉足网上市场调查领域。

网上市场调查包括网上直接市场调查和网上间接市场调查。网上直接市场调查是为当前特定的目的而收集原始资料的活动；网上间接市场调查则是间接地收集、加工整理二手资料使其成为有价值的商业信息的行为。由于网上间接市场调查与网络商务信息整理是相似的，这里重点介绍网上直接市场调查的特点和方法。

（一）网上市场调查的特点

通过互联网进行市场调查，可以借鉴传统市场调查的理论、方式和方法，但由于 Internet 自身的特性，网上市场调查也有一些与传统市场调查不同的特点。

1. 无时空限制

这是网上市场调查所独有的优势。如澳大利亚的市场调查公司在中国与十多家访问率较高的 ICP 和网络广告站点联合进行了"1999 中国网络公民在线调查活动"，如果利用传统的方式进行这样的调查活动，其难度是无法想象的。

2. 高效率

传统的市场调查周期一般都较长，网上调查利用覆盖全球的 Internet 的优势弥补了这一不足。Web 和电子邮件大大缩短了调查的时间，这比用几周或几个月来邮寄调查表或是通过电话方式联系调查对象获得反馈信息快得多。

以问卷星为例，问卷星是一个专业的在线问卷调查、测评、投票平台，专注于为用户提供功能强大、人性化的在线设计问卷、采集数据、自定义报表、调查结果分析等系列服务。其主要实现方式都是通过互联网完成，用户在网上完成问卷设计，并通过各种社交聊天工具发送给被调查者。问卷星拥有超过 260 万份的样本资源，这比在线下进行样本搜集省时方便得多。

3. 组织简单，费用低廉

网上市场调查在信息采集过程中不需要派出调查人员，不需要印刷调查问卷，调查过程中最繁重、最关键的信息采集和录入工作分布到网络用户的终端上完成，可以无人值守和不间断地接收调查填表，信息检验和信息处理，并由计算机自动完成。

在传统调查方式中，纸张、印刷、邮资、电话、人员培训、劳务以及后期统计整理等要耗费大量的人力和财力。虽然通过 Internet 进行联机调查没有降低调查的基本费用，如设计调查问卷表、分析调查结果等，但网上调查确实降低了调查实施的附加成本、接触成本以及数据分析处理方面的费用。网上调查的初期费用仅包括组织核对 E-mail 地址、创建调查网页与数据库等方面的费用，对于座谈场地、访问场合的要求均简单地在网上实现。

4. 更加准确的统计

在调查信息的处理上，网上调查省去了额外的编码录入环节，被调查者直接通过 Internet 将信息以电子格式输入数据库，从而减少了数据录入过程中的遗漏或编误，在自动统计软件配合更为完善的情况下，用很短的时间就能完成标准化的统计分析工作。

5. 时效性强

网上调查的数据来源直接，而且可以事先编制好软件进行处理，所以在一些网上调查中，一旦应答者填写完毕，即可迅速被确认或显示出调查的简要结果，并做出相应的反馈，如对调查满意的响应者，可以通过电子邮件来表达感谢；而对于那些不满意的响应者，可以返回一些表示抱歉的信息；反馈信息也可包括要求提供的产品信息等。

6. 更加方便

早在 20 世纪 90 年代初，美国路易斯安那州立大学教授 Donna Mitchell 就对网上调查与传统纸笔调查效果进行了对比研究。结果表明，被调查者认为网上调查更重要、更有趣、更愉快、更轻松。他们不仅愿意回答更多的问题，而且反馈的信息更坦白。与传统方式不同，调查对象可以在一种无调查人员在场的相对轻松和从容的气氛中填写问卷，达到面对面提问无法比拟的效果。此外，由于网上调查一般都是在线封闭式填写，所以回答非常方便。

7. 更好的保密效果

网上调查使用匿名提交的方法，因此比其他传统的调查方法拥有更加彻底的保密性。这也部分地消除了被调查者的心理障碍，保护了被调查者的隐私权。网上调查的保密性，尤其在一些敏感问题上的保密保证，使得在一些特定问题的调查中，采用网上调查能够比传统的电话或人员访问取得更好的效果。

8. 调查结果受制于调查对象

在传统调查中，一般是调查者主动向被调查者提出问题或要求。而在 Internet 上，被调查者是在完全自愿的原则下参与调查，调查的针对性更强。但网上调查的问卷能否收回，取决于被调查者对调查项目的兴趣。这种区别将会在一定程度上影响调查结果的可靠性和样本的准确性，因此可能会出现下面两种情况：

一方面，通过电子邮件或 Web 方式进行调查，其调查结果均由调查对象自己填写，而且不可能更改，所以能够保持其真实性。另外由于被调查者在完全独立思考的环境下接受调查，不会受到调查员及其他外在因素的误导和干预，这将能提高调查结果的客观性。

另一方面，由于网上调查是在非面对面的情况下进行的，调查对象没有任何的压力和责任，这也很容易导致他在回答问题上的随意性，甚至还有可能弄虚作假，再加上网上的调查对象来源具有不确定性，在调查过程中很难进行复核。另外，网上调查中往往会出现回答不完整，甚至重复回答的现象，这些在数据处理中很难剔除。而且，网上调查不像传统方式面对面容易判断答案的准确性，这需要在分析调查结果阶段根据所得到的数据加以论证分析，去伪存真。

9. 调查对象群体受到限制

市场调查中的抽样调查，如入户调查和街头拦访等，能保证以小部分人的意见代替全体人（目标群体）的意见，因为这小部分人在群体中是随机产生的，具有数理上的科学性，但是在网上调查中情况就不同了。首先，Internet 是一个极为开放的空间，任何人都可参与；其次，目前上网的消费者人数很少，这意味着被调查对象的规模不大，而且上网者是一个高收入、城市化和高学历的群体，难以具有真正的代表性。因此，网上调查受网民特征的限制，其调查结果一般只反映网民中对特定问题有兴趣的"舆论积极分子"的意见，它所能代表的群体可能是有限的。所以，网上调查要看具体的调查项目和被调查者群体的定位，如果被调查对象规模不够大，就意味着不适合在网上进行调查。

（二）网上市场调查的基本方法

按照调查者组织调查样本的行为，目前在网上采用的调查方法基本上可分为主动调查和被动调查两类。调查者主动组织调查样本，完成统计调查的方法称为主动调查法。调查者被动地等待调查样本造访，完成统计调查的方法称为被动调查法。

按网上调查采用的技术可以分为站点法、电子邮件法、随机 IP 法和视频会议法等。

1. 站点法

这是将调查问卷设计成网页形式，附加到一个或几个网站的 Web 页上，由浏览这些站点的用户在线回答调查问题的方法。站点法属于被动调查法，这是目前网上调查的基本方法，也将成为近期网上调查的主要方法。如有人在网上发起的关于蒙牛牛奶的市场调查。

蒙牛的网上调查页面见图 9-1 和图 9-2。

图 9-1　问卷星上关于蒙牛牛奶的调查页面（1）

图 9-2　问卷星上关于蒙牛牛奶的调查页面（2）

2. 电子邮件法

这是通过给被调查者发送电子邮件的形式将调查问卷发给一些特定的网上用户，由用户填写后以电子邮件的形式反馈给调查者的调查方法。电子邮件法属于主动调查法。与传统邮件法相似，优点是邮件传送的时效性大大地提高了。

3. 随机 IP 法

这是以产生一批随机 IP 地址作为抽样样本的调查方法。随机 IP 法属于主动调查法，其理论基础是随机抽样。利用该方法可以进行纯随机抽样，也可以依据一定的标志排队进行分层抽样和分段抽样。

4. 视频会议法

这是基于 Web 的计算机辅助访问（computer assisted Web interviewing，CAWI），是将分散在不同地域的被调查者通过互联网视频会议功能虚拟地组织起来，在主持人的引导下讨论调查问题的调查方法，适合于对关键问题的调查研究。该方法属于主动调查法，其原理与传统调查法中的专家调查法相似，不同之处是参与调查的专家不必实际地聚集在一起，而是分散在任何可以连通 Internet 的地方，如家中、办公室等。因此，网上视频会议调查的组织比传统的专家调查法简单得多。

二、网上直接市场调查

网上直接市场调查主要采用站点法，辅助以电子邮件法，通过 Internet 直接进行。与传统的市场调查相同，进行网上调查首先要确定调查目标、方法、步骤，在实施调查后要分析调查的数据和结果，并进行相关的定量和定性分析，最后形成调研结论。

一般企业开展网上直接市场调查活动可通过以下几种方式进行。

（一）电子邮件问卷

以较为完整的 E-mail 地址清单作为样本框，使用随机抽样的方法通过电子邮件发放问卷，并请调查对象以电子邮件的方式反馈答卷。这种调查方式较具定量价值，在样本框较为全面的情况下，可以将调查结果用以推论研究总体，一般用于对特定群体网民的多方面的行为模式、消费规模、网络广告效果、网上消费者消费心理特征的研究。这种方式的好处是，可以有选择性地控制被调查者；缺点则是容易遭到被调查者的反感，有侵犯隐私之嫌。因此，使用这种方式进行调查时，首先应该征得被调查者的同意，或者估计被调查者不会反感，并向被调查者提供一定的补偿，如赠送小礼品等。

（二）网上焦点团体座谈

直接在上网人士中征集与会者，并在约定时间利用网上视频会议系统举行网上座谈会。该方法适合于需要进行深度或探索性研究的主题，通过座谈获得目标群体描述某类问题的通常语言、思维模式以及理解目标问题的心理脉络。该方法也可与定量电子邮件调查配合使用。

（三）在网站上设置调查专项

在那些访问率高的网站或自己的网站上设置调查专项网页，访问者按其个人兴趣，选择是否访问有关主题，并以在线方式直接在调查问卷上进行填写和选择，完成后提交调查表，调查即可完成。此方式所获得的调查对象属于该网页受众中的特殊兴趣群体，它可以反映调查对象对所调查问题的态度，但不能就此推论一般网民的态度。调查专项所在网页的访问率越高，调查结果反映更大范围的上网人士意见的可能性也越大。因此为获取足够多的样本数量，一般设计成调查问卷网页都要与热门站点进行直接链接，如 CNNIC 的网上调查就与国内著名的站点都进行链接。由于网上调查的数据可以即刻保存到数据库中，调查对象在填写完调查表后，一般就能看到初步的调查结果。这种调查方式适用于对待某些问题的参考性态度研究。目前许多 Web 站点都是通过设置调查专页以征询用户意见，了解受众需求。

（四）利用 BBS 或新闻组进行调查

许多企业设立 BBS 以供访问者对企业产品进行讨论，提出意见或建议，或者参与某些专题新闻组进行讨论，以更加深入地调查获取相关资料。及时跟踪、参与新闻组和 BBS，有助于企业获取一些问卷调查无法发现的问题，因为问卷调查是从企业的角度出发考虑问题，而新闻组和 BBS 则反映用户自发的感受和体会，他们所传达的信息也是最接近市场和最为客观的；缺点是信息不够规范，需要专业人员进行整理和挖掘。这种方法尤其适合于新产品的发布。

三、网上市场调查问卷的设计

在采用电子邮件问卷或者在网站上设置调查任务时，都需要进行问卷设计。问卷设计的质量直接影响到调查的效果。对于设计不合理的调查问卷，被调查者可能拒绝参与调查，更谈不上调查效果了。因此合理的设计问卷对于网上市场调查非常重要。

在设计问卷时，除了遵循一般市场调查问卷设计中的一些要求外，还应该考虑网络环境注意以下几个方面的问题。

（一）附加多媒体背景资料

在网上调查问卷上可以附加多种形式的背景资料，可以是文字的、图形的、图像的和声音的，这是它所拥有的比传统调查方式的优越性，在实施网上调查时应充分利用这一优势。例如，对每个调查指标附加规范的指标解释，便于调查对象正确理解调查指标的含义和口径，这对于市场调查和民意调查是一项十分重要的功能。

（二）注意特征标志的重要作用

特征标志是进行分类统计的有效工具，通过设置特征标志可以实现对采集信息的分组处理和数据质量的检验控制。特征标志还兼有"过滤器"的作用，通过特征标志可以将调查表中代表性差的样本过滤出去。可以用作特征标志的指标很多，如年龄、性别、学历、职业、职务、地区以及其他品质标志和数量标志等，要根据具体调查问题选取有效的指标作为特征标志。

（三）多采用选择性问题

网民们在访问网站时，一般很少输入信息，大多数是用鼠标进行选择，因此网上调查时应该提供更多的选择性问题，尽量减少要求被调查者输入信息回答的问题，避免被调查者厌烦。如 CNNIC 进行调查时，绝大部分问题都是选择性的，当然选择可以是单选，也可以是多选。这就要求进行问卷设计时必须对调查问题有足够的分析和了解否则可能导致选择项目过少或者区分不清楚，失去调查的意义。

（四）注意保护被调查者的个人隐私

由于网上信息传播速度快，网民的个人信息一旦被他人掌握，很容易受到侵犯，因此网民在上网时特别注意保护自己的个人隐私。如果设计的问卷调查中包含很多被调查者不愿意透露的问题，被调查者很可能会拒绝回答。如果问卷中设计了包含隐私信息的问题，则应说明采取什么方法保护个人信息，提供或不提供信息的结果等，以取得网民的信任。CNNIC 在进行问卷设计时考虑到了保护被调查者的隐私信息，只对那些愿意透露个人信息的被调查者进行深入调查，一般则不要求公开个人信息。

（五）注意问卷版面合理性

网上调查的被调查者在计算机终端填写问卷时，经常由于眼睛疲劳而退出调查。因此在设计问卷时，应该尽量保持问卷简洁（一或两屏），字体尽量使用冷色调而且不能使用明亮的背景。此外，尽量使用图画和颜色使调查问卷变得有趣，以引起被调查者的兴趣。

CNNIC 的调查问卷见图 9-3。

2002 年中国互联网络信息资源数量网站调查问卷（节选）

问卷编号：_____

访问员姓名：_____

问卷时间：____年____月____日____时____分至____时____分

审核员姓名：_____

审核时间：____年____月____日____时

_____公司/网站：您好！

受国务院信息化工作办公室委托，中国电子信息产业发展研究院和中国互联网络信息中心正在进行 2002 年中国互联网络信息资源数量调查，目的是为了考察当前中国互联网络信息资源的发展状况，以便政府从宏观上把握、引导信息资源的建设，指导企业有目标地、健康有序地开发信息资源。

我们从全国 30 多万家网站中随机抽取 6 000 家网站问卷调查，贵网站是其中一家，贵网站的参与将对此次调查的完成、对我国政府制定相关政策做出直接贡献，希望贵网站能积极配合我们完成此次调查。

请您放心，贵网站提供的所有信息将只用于总量统计分析，不作个样分析。我们郑重承诺，我们决不向外界透露有关贵网站的任何信息，您提供的数据也不会作为任何评比、考核的依据。

第一部分：关于网站的一般问题

Q1. 请问贵网站名称：_____

Q2. 请问贵网站成立的时间：____年____月

Q3. 请问贵网站现有全职员工人数：_____人

图 9-3 CNNIC 的调查问卷

 小结

　　本章介绍了网络商务信息的概念、收集、处理和企业进行网上市场调查的特点与方法。网络商务信息具有实效性强、准确性高、便于存储、检索难度大等特点，因此在收集网络商务信息时，要注意信息的及时性和可靠性，以免所收集的信息失去价值。网络信息的收集分为一手资料的收集和二手资料的收集。一手资料主要通过网上直接市场调查获得，二手资料则可以通过搜索引擎、访问专业信息网站、观察法、新闻组、BBS 和 E-mail 等手段进行收集。本章在介绍网络信息收集的一般方法基础上，重点介绍了网上市场调查的特点和实施方法。随着大数据时代的到来，无论是网络商务信息的收集还是处理、运用，都离不开大数据。体量大、多样性、价值密度低、速度快的特点使得企业进行决策时拥有更加准确真实的信息做辅助。

 即测即评

请扫描二维码，在线测试本章学习效果

 思考题

1. 请解释下列概念：网络商务信息、网上市场调查、大数据。
2. 如何利用搜索引擎收集市场信息？
3. 网上市场调查的基本方法有哪几种？
4. 大数据时代给企业带来了哪些变化？

 实践题

　　设计一份网上调查问卷表，并通过 E-mail 将问卷发送给你熟悉的人进行试调查，以检验问卷设计是否合理。

艾瑞市场咨询——互联网行业数据提供商

艾瑞市场咨询（iResearch，以下简称艾瑞）是一家专注于网络媒体、电子商务、网络游戏、无线增值等新经济领域，深入研究和了解消费者行为，并为网络行业及传统行业客户提供市场调查研究和战略咨询服务的专业市场调研机构。艾瑞的发展目标是成为网络经济时代中国最优秀的专业市场调研公司。

一、背景介绍

艾瑞成立于 2002 年，公司创始人杨伟庆毕业于华东理工大学，于 1998 年开始接触网络广告行业，是中国最早的一批网络营销专业人士。在创立艾瑞之前，杨伟庆于 1999 年年底参与创建商业版本的"网络广告先锋"（WiseCast）网站并负责具体运营。"网络广告先锋"最早由任向晖于 1997 年 5 月创立，是中国第一批网络行业从业人员的行业研究资讯网站，主要提供网络广告行业发展相关资讯。

艾瑞目前的主要服务产品有 iUserTracker（网民行为连续研究系统）、iAdTracker（网络广告监测分析系统）、iUserSurvey（网络用户调研分析服务）、iDataCenter（网络行业研究数据中心）等，每年发布中国网络经济研究报告超过 50 份，为中国互联网行业的发展起到重要的推动作用。

艾瑞以上海为公司总部，并于 2003 年 10 月在北京成立分部，目前已经有员工 360 名，在中国上海、北京、广州、深圳、成都及美国硅谷等地设有办事机构。

二、艾瑞的发家史

在公司创立之初，艾瑞最早推出一系列中国网络经济研究报告。中国第一家网络经济领域研究咨询网站艾瑞网的开通，及其网站中大量自有的免费报告、数据和行业观点，帮助了很多行业人士准确了解中国互联网以及无线相关领域的发展全貌，艾瑞网发展至今已经成为中国最为权威的行业数据和研究资讯来源。

艾瑞一直致力于为新经济领域提供可量化的数据产品服务，公司从最早自行研发的 iAdTracker 网络广告投放监测开始，不断扩充对网络经济领域的研究，优化数据质量和服务体验。2006 年发布调研通软件，正式启动网民连续监测项目，建立规模最大的付费样本社区；2007 年正式推出 iUserTracker 网民行为研究产品，覆盖中国超过 80% 以上的网络广告公司和主流网络媒体。

作为新经济领域的第三方研究机构，艾瑞也为行业内搭建了各种交流和讨论的平台，2006 年 4 月第一个大型会议艾瑞新经济年会成功举办，至今已经举办多届各类高峰会议和沙龙研讨会议，已有逾万人参与。

在发展时期，艾瑞进行了多项创新，包括首家中国新经济资讯门户艾瑞网于 2006 年 12 月正式上线，广告营销人士每日必读网站艾瑞广告先锋于 2008 年正式上线，艾瑞研究院于 2009 年年初正式成立，旗下包括行业研究、创新研发和企业研究三大部门，着力面对市场客户提供更加完善的研究咨询产品服务。

三、主要业务及服务顾客

作为国内最早进行网民行为研究和网络广告监测的市场研究机构，艾瑞通过自主开发，建立并拥有国内数据累积时间最长、规模最大、最为稳定的各类数据库，通过多种指标研究帮助行业建立评估和衡量的标准。其中网民行为研究涵盖家庭办公用户、网吧用户以及无线手机网民用户等各种应用平台；广告投放监测涵盖网络品牌广告、无线品牌广告、搜索关键词广告等多种媒体类型和多种广告形式；此外基于市场需求，艾瑞建立了针对网络媒体和无线媒体流量审计、网络广告和无线广告投放效果认证，推动行业健康持续发展。

艾瑞迄今已经服务超过200家客户，涵盖互联网、电信无线、广告公司、投资公司、政府以及各类传统企业，如汽车行业、IT家电、金融、消费品等，积累大量的不同行业客户研究服务经验，并根据各行业客户需求及特点提供更具针对性的研究咨询解决方案服务。

四、移动时代的艾瑞咨询

随着社交化、移动化的深入，用户时间的碎片化，对艾瑞咨询服务的使用也在移动端有了新的发展。为了方便用户使用，艾瑞也开通了微博平台和微信公众号平台。微博平台可以接收最新报告信息，也有后台客服可供咨询。微信公众号平台功能更加多样，不仅有最新的行业报告和咨询，还开发了一个平台节目"研控来了"，对最新的观点进行辨解。艾瑞咨询移动端的发展更加方便用户接收信息，但目前还是一个辅助的网站，并未成为主要部分。

五、大数据时代的艾瑞

郝欣诚（艾瑞集团首席技术官）说，其实艾瑞很早甚至原本就是一家用大数据方案解决问题的公司。作为国内最早进行网民行为研究和网络广告监测的市场研究机构，艾瑞咨询集团（iResearch）通过自主开发，建立并拥有国内数据累积时间最长、规模最大、最为稳定的各类数据库，通过多种指标研究帮助行业建立评估和衡量的标准。其中网民行为研究涵盖家庭办公用户、网吧用户以及无线手机网民用户等各种应用平台；广告投放监测涵盖网络品牌广告、无线品牌广告、搜索关键词广告等多种媒体类型和多种广告形式；此外基于市场需求，艾瑞建立了针对网络媒体和无线媒体流量审计、网络广告和无线广告投放效果认证，推动行业健康持续发展。

六、艾瑞的数据产品

（一）用户行为产品

艾瑞自2006年起，推出了艾瑞用户行为系列产品，帮助企业及时了解瞬息万变的市场发展趋势，了解与竞争对手之间的用户差异。艾瑞用户行为产品是由艾瑞咨询自主研发，基于中国PC终端和移动智能终端的用户行为研发的产品。通过深入分析多维度PC及移动网民的行为特征，及竞争对手的数据情况，为互联网、移动互联网、广告公司、广告主及电信等行业客户，将PC及移动互联网需求量化呈现，是真实反映中国互联网及移动互联网市场发展状况的数据产品。其中主要包括iUserTracker、mUserTracker（移动用户行为监测）和iVideoTracker（网络视频市场监测)。

(二) 广告营销产品

专业的第三方网络流量审计与用户行为监测工具。iWebTracker 是通过网站加码形式，实现对网站全流量、用户结构、访问路径、访问内容以及接入地点等关键指标进行深度追踪的监测工具，真实地反映网站实际流量情况以及网络用户访问体验状况。其中主要包括 iAdTracker 和 iAdValue（网络广告效果审计）。

(三) 企业数据产品

艾瑞依托技术及市场的优势，为客户提供基于海量数据下的数据管理、数据交换、数据分析、流量审计等服务，帮助企业充分发挥数据的价值，在大数据时代释放动能。iDataManagement（海量数据管理平台）帮助广告主充分利用自身受众数据和第三方数据，提高在线广告投放的精准度和有效性。帮助广告公司及广告主挖掘和完善用户标签数据从而获取足够的商业洞察和线索。iDataExchange（海量数据交换服务）帮助企业之间建立安全高效的私有数据交换通道，从而提高用户标签库的丰富程度。为企业提高数据交换效率的同时，也降低了技术实施成本。iWebTracker（网络媒体流量审计）帮助互联网公司向品牌及代理公司证明媒体的真实流量，帮助消除外界对媒体真实流量的认知误差。

七、与永宏 BI 的合作

伴随中国互联网行业的迅猛发展，艾瑞咨询作为国内领先的提供数据服务的机构，在大数据领域精耕细作，先后与永洪 BI 等专业数据分析厂商建立良好的合作关系。与永宏的合作让艾瑞更加深入大数据方向。因为艾瑞要对客户进行定制化需求满足，但是定制化的项目效率很低，艾瑞咨询集团迫切需要一种更加敏捷、高效的大数据分析工具提升定制化业务的效率。

相对传统分析方法，通过敏捷 BI 和 Hadoop 的互补，艾瑞咨询集团的业务效率获得数倍的提升"线下报告交付周期从 3 至 4 周缩短至小于 1 周，软件交付从半年缩短至一个月。不仅如此，为了提供更加直观可交互的分析报告，提升企业用户体验，艾瑞咨询集团基于敏捷 BI 工具，构建了一个新型 SaaS 平台，艾瑞咨询集团把企业客户"用 Hadoop 架构存储"数据，通过敏捷 BI 提供的接口导入到数据集市内，然后通过敏捷 BI 快速呈现出结果。

由于业务效率的极大提升，有能力承接更多的项目，艾瑞咨询集团的收入空间也出现了数倍的增长。与此同时，艾瑞咨询集团的客户满意度也稳步提升。通过销售 SaaS 账号也为艾瑞咨询集团新增一项长期稳定的收入，一改原来仅仅依靠独立项目的单一业务模式。艾瑞咨询集团旗下子机构迅速跟进敏捷 BI 的使用和新模式的改变。同时，SaaS 平台的构建也使得艾瑞咨询集团将自己的价值定位从媒体/咨询服务公司向提供大数据服务的互联网应用提供商转变，大幅提升了公司在资本市场的价值。

八、未来的发展方向

基于大数据，艾瑞未来希望打造一个生态圈。这个圈里，包括原来的咨询业务，还有投资资本等新业务，甚至还有 CEO 高端社群。具体而言，艾瑞的"四驾马车"分别是：第一，利用艾瑞的大数据和研究核心能力，实现用户 NPS 洞察；第二，将

CEO教练与管理咨询相结合，帮助企业解决战略落地问题；第三，与招聘机构合作，搭建起更加靠谱的人才对接体系；第四，借助艾瑞资本及其他投资机构，通过股权投资等手段帮助企业解决资金问题。而艾瑞究竟要不要上市，是否需要将重心转移，还需要看其进一步发展。

资料来源：

[1] 佚名. 艾瑞咨询肖嘉敏：企业大数据精细化运营之道. http：//soft.chinabyte.com. 2016-08-10

[2] 艾瑞官网. http：//www.iresearch.com.cn

讨论题

1. 企业该如何运用网络新兴的调查机构（如艾瑞）在收集高质量信息的同时，节约信息收集成本？

2. 艾瑞如何运用大数据进行企业运营？

第四篇 电子商务实现

第十章
交易型电子商务

电子商务现今主流的模式为 B2C 和 B2B，B2C 是直接面向消费者的零售型电子商务模式（如天猫商城），B2B 是企业供应商之间的电子商务模式（如阿里巴巴）。网上电子商务，B2B 电子商务模式占比超过 70%，B2C 占比虽低于前者，但其发展潜力和影响力是相当巨大的。本章结合现实中的实用电子商务模式，介绍两者的特点、功能和经验策略。

第一节　B2C 电子商务应用

一、B2C 电子商务模式的特点

B2C 电子商务模式适用的对象主要是传统商业零售企业或消费性产品生产企业。与传统的零售方式相比，网上零售主要呈现出以下四个特点。

（一）以商品信息中介功能为核心

在网络环境中，B2C 电子商务企业面临来自内部的交易费用和利润的双重压力，同时受到来自外部的同类企业的竞争和生产厂商直销的威胁，因此 B2C 企业要生存和发展，一方面要利用传统的品牌、营销渠道、支付环节和配送体系，但更重要的是要充分发挥网络的信息媒体优势，因此，商品信息中介是 B2C 网站的核心作用。

以网上销售图书起家的 Amazon 网上商城，其成功经验之一是与出版商建立了最直接的链接，以最快速度将书目送上网；它通过 Internet 向全世界消费者提供 400 万种书目信息，在短短几年中积聚了巨大的无形资产：上千万的顾客群；它与众多搜索引擎链接，使自己一直是网民关注的焦点；它与每本书的内容链接，使图书内容摘要能在读者需要时立即展现于眼前。Amazon 比传统书商的高明之处就在于：它在更深更广的层次上提供了商品信息的中介服务，当 Amazon 的销量可观时，出版商便不请自来。

（二）以强大的商品配送功能为支撑

传统的零售企业以商品交易为核心，是一个不折不扣的商品集中交易的场所，其储运系统处于从属的地位。而对于 B2C 企业来说，销售环节会相对弱化，而仓储运输环节则得以强化，转化为商品配送中心。随着网上直销 B2C 模式越来越普遍的应用，企业对现代化的大型商品配送中心的需求也就成为发展的必然。

电子商务才刚刚开始，适应未来需要的商品配送中心还非常稀少，在我国像联邦快递、UPS 和 DHL 这类专业化的物流企业几乎没有。目前少数有实力的商贸企业正在建立自己的商品配送中心，这种仅为一家企业服务的配送中心是不可能满足网上交易的需求的，它必须响应和满足成千上万 B2C 企业的需求，形成专业化的商品配送中心。武汉中百集团的做法值得借鉴，2002 年武汉中百投资近 2 亿元人民币建起了物流配送中心，利用武汉中百网站（www.zon100.com）为其几百家超市和武汉及周边地区的街边小店提供商品配送信息的交互平台，并由中百物流配送中心实施商品的配送。从发展趋势来看，这种专业化的商品配送中心将成为电子商务应用中的又一个主角。

（三）提供个性化服务是主要价值所在

传统零售企业提供的是面向广大消费者的大众化服务，任何顾客的特殊需求都必须服从于企业所能提供的有限商品与服务。保持与顾客接触，了解顾客的特殊需要是每个企业都想做到的。零售企业的一个重要的功能就是收集市场信息并反馈给生产厂商，但在传统市场环境中，这个处理过程较长，信息几经传递而失真，难以实现满足顾客需求的个性化服务。而在 B2C 网站上却不同于以往，利用 Web 提供的在线表单或电子邮件自动回复、转发系统，能对每位顾客的需求做出及时响应，同时将订单传输至生产厂商，厂商按订单生产，不仅大大缩短了供货时间，同时也能满足顾客的各种特殊需求，实现了个性化的服务。因此，提供个性化的服务成为 B2C 网站的特色之一。

Internet 不只是另一个销售渠道或一种"新媒体"，它的实时性和交互性将给网上零售企业带来深刻影响。大众化的大宗销售不会消失，但个性化的服务市场将获得巨大的发展空间。

（四）客户管理取代商品管理

传统零售企业是以其商品的组织、服务和销售为核心，围绕商品管理来做文章，提供服务类产品的企业所能提供的也是大众化的服务。而网上零售企业的个性化服务是与用户管理紧密相关的，企业以用户管理为核心，通过针对每个用户的需求，提供相应的产品和服务，这已成为 B2C 电子商务活动的基本原则。

网上零售企业从商品管理到用户管理是更高层次的管理，可以说这个变化恰当地把握了商业企业是服务性企业的本质，也是 B2C 电子商务模式的活力之源。做好用户管理就能吸引住客户，就能发现新的商机。

二、B2C 电子商务应用的类型

在实际应用中，B2C 电子商务中的 C（customer，客户）可以是个人消费者（consumer），也可以是企业客户（client），甚至是政府组织（organization）。不同类型的企业可以结合自身的特点采取合适的 B2C 电子商务模式（见表 10-1）。下面介绍几种比较流行的 B2C 型电子商务模式。

表 10-1　传统企业采用不同 B2C 型电子商务模式的优缺点

比较内容	网上商店	网上拍卖	网上商厦	网上直销
网站建设投资方	新兴互联网企业	新兴互联网企业	新兴互联网企业	企业自己
与网站关系	供方与买方关系	临时交易关系	租借关系	拥有
企业投资情况	无须	无须	少量租金	需大量资金
站点管理	不用	提供产品信息	提供产品信息	自己管理
网上产品销售推广费用	提供相关产品信息，无费用	借用拍卖网站知名度，无费用	借用门户网站知名度，无费用	自己承担，费用较高
网上品牌知名度	没有独立品牌	没有独立品牌	相对独立品牌	独立品牌
适合企业类型	不限	不限	中小型企业	大型企业
适合产品类型	信息类产品或相关产品	一般没有多大限制	信息类产品或相关产品	信息类产品或相关产品
企业获取利益	补充型的网上分销渠道	尝试型的网上促销手段	重要型的网上分销渠道	核心型的网上直销渠道
实施周期	很快	较快	较快	较长

（一）网上商店（e-Shop）

网上商店又称虚拟商店（virtual shop）或电子商店（e-Store），是指商家直接面对消费者进行电子商务活动的网站。网上商店是目前市场推广力度最大的交易形式之一。这些虚拟的店面通过精心编制的图片和文字来描述其所提供的商品，进行促销活动。商店销售的大部分是有形商品或服务类商品，提供可直接下单的"购物车"系统和在线支付系统，所销售的商品大都便于运送。

这类网站的经营主体有两种形式：第一种是以新兴的互联网企业为主体，如全球最大的网上商城 Amazon。生产企业与这类 B2C 网站的关系类似于传统市场上的企业与零售商的关系，借助于网上商店，生产企业可以规避经营风险，同时又可将自己的产品通过网络直接销售给最终用户。第二种是以传统零售企业为主体，如美国的沃尔玛（www.walmart.com）、百事拜（www.bestbuy.com）等都开展了网上零售业务，并实现与传统经营模式的有机整合。

（二）网上拍卖（Internet auction）

网上拍卖是指交易双方借助于 Web 网站提供的交易平台，通过不断变化的标价进行的交易行为。根据拍卖站点是否持有物品，拍卖网站可分为：拍卖销售型和拍卖中介型，典型的拍卖销售型的有美国的 uBid（www.ubid.com）和 OnSale（www.onsale.com），拍卖中介型的有美国的 eBay（www.ebay.com）和我国的淘宝（www.taobao.com）。拍卖网站的特点是主要面对最终消费者，交易数量大，但每次的交易额小。对于传统企业来说，可以借助这些网站进行一些营销活动，促进市场销售。如美国 Compaq 公司为推广其新型号的个人计算机，曾利用网易的拍卖站点进行不限底价的拍卖，参与竞价活动的有几十万人，起到了很好的宣传效果。企业也可将一些难以通过正常渠道销售的产品，以网上拍卖方式寻求更多的有购买意向者，使这些产品得以实现市场价值。对于网上拍卖，既可以是企业主导进行的拍卖销售，也可以是消费者个体之间的拍卖交易。目前最主要的网上拍卖是 C2C 的个人网上拍卖交易。本书重点介绍 C2C 的个人拍卖交易，具体内容见下一章。

（三）网上商厦（e-Mall）

网上商厦也称网上商城（e-Market）或虚拟商业街（virtual shopping centre），是指由网站为入驻企业进行网上商务活动提供的功能性服务平台。通常是由入驻企业在网站上集中展示其各自的商品信息，并由网上商厦代入驻企业接受消费者的在线购买和收入结算等，最终由入驻企业直接进行商品的配送、售后服务并承担商品质量保证责任。

一些信息门户网站几乎都开设了网上商城，如美国最大的网络服务商 AOL（www.aol.com）、信息服务商 Yahoo!（www.yahoo.com）、我国的新浪（www.sina.com.cn）等。它们的共同特点是：都由有强大实力的互联网企业开设，网站具有很高的品牌知名度和访问流量。企业开设购物门户是实现增值服务的一种方式，商厦的运营商只提供网上交易场所和技术服务，不直接参与网上销售经营活动，入驻企业通过租借网上空间销售产品，销售收入归其所有，只需支付一定中介费用即可。

（四）网上直销（e-Sale）

这种模式是指生产企业无须任何中介，把自己的销售体系放到网上，通过自己建设的网站直接向用户提供产品或者服务。由于企业能与顾客直接沟通，减少了批发、代理等中间环节，最大限度地降低中间环节的信息和利润损失，进一步降低了销售成本，这使网上直销成为 B2C 电子商务的一个重要发展方向。Dell 公司（www.dell.com）、Cisco 公司（www.cisco.com）等企业都已开始实施网上直销。

据美国的统计研究，企业要独自构建一个具有网上销售功能的网站，投资一般都在 100 万美元以上，而且每年用于网站的维护与运转的费用高达 30 万美元以上。对于小型企业，如此昂贵的投资成本是难以承受的。而且，企业销售规模过小，可能通过网上扩大的销售收入和节约的销售费用带来的利润，不足以弥补昂贵的运转维护费用。另外，采用网上直销模式，还将影响到企业的生产经营方式。因为网上直销是以顾客的网上订单作为生产依据，而网上订单具有很强的个性化，企业的生产方式相应的要从原来的小批次大批量生产转变成多批次少批量的生产方式，即从原来的刚性生产方式转变为弹性生产方式。对一般企业来说，很难采用这种类型。

（五）O2O（online to offline）

O2O 即 online to offline（在线离线/线上到线下），是指将线下的商务机会与互联网结合，让互联网成为线下交易的前台。O2O 的概念非常广泛，只要产业链中既可涉及线上，又可涉及线下，就可通称为 O2O。O2O 电子商务模式需具备五大要素：独立网上商城、国家级权威行业可信网站认证、在线网络广告营销推广、全面社交媒体与客户在线互动、线上线下一体化的会员营销系统。

O2O 在传统企业的表现是线下实体店开始了线上宣传或者线上销售。京东的是"大数据+商品+服务"的 O2O 模式，苏宁云商的是"门店到商圈+双线同价"的 O2O 模式。这些 O2O 模式有一个共同点，就是将线上与线下结合起来，共同为企业创造价值。当下，线上与线下渠道彼此需要，传统企业需要结合时代潮流，开拓线上渠道拓宽宣传面；线上电商企业也逐渐回归线下，提供实体店或者体验店让消费者有更好的消费体验。线上与线下结合已经是大势所趋。

下面将在第二节、第三节重点介绍网上商店和网上直销。

第二节 网 上 商 店

一、网上商店的功能与架构

（一）网上商店的功能

随着网上零售市场的建立，网上商店可以在一定程度上满足企业网上销售的需要，拓宽企业的营销渠道，与此同时也避免了传统渠道竞争，降低了渠道风险，因此开拓网上销售渠道已成为企业重要的经营战略之一。

网上商店和传统商店在部门结构及功能上没有区别，但由于网上消费者在网上购物的方式与传统方式有很大的不同，见图 10-1，因此，与传统购物方式相比，网上商店在实现消费者购买的方式上发生了变化。

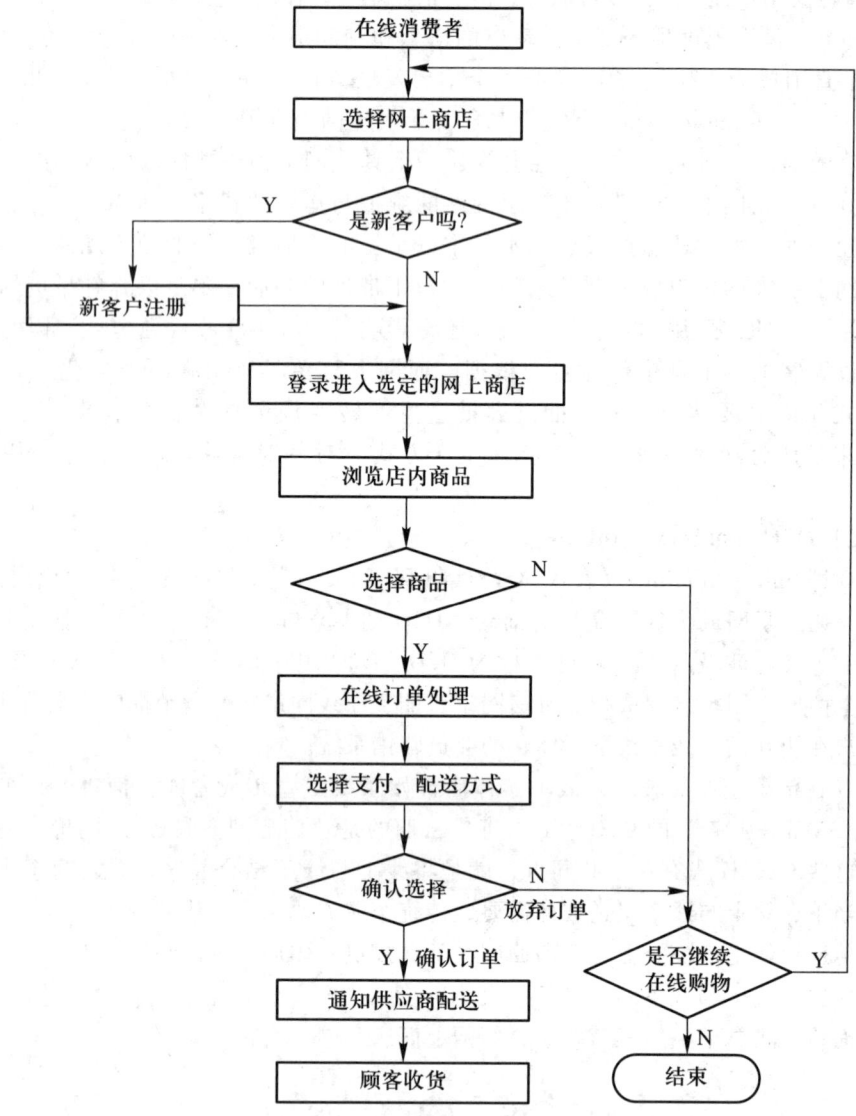

图 10-1　消费者网上购物流程

（二）网上商店的架构

网上商店的前台是一种特殊的 Web 服务器。在这种建立在网络技术的多媒体支持和良好交互性功能基础上的虚拟商店中，顾客可以像在现实的商店里推着购物车挑选商品并在付款台结账那样，任意选购所需的商品。这种运作模式组成了网上商店的三大基本架构。

1. 商品目录

通过建立有效的商品目录，让顾客通过网站导航和搜索功能以最简单的方式找到所需的商品，并可通过文字说明、图片显示、客户评论等充分了解商品及各种信息。

2. 购物车（shopping cart）

网上商店提供的一种目录式的购物清单，是连接商品订购和支付结算的关键环节。它是可视的，动态地跟踪顾客的整个在线购物过程，即时显示顾客的购物清单及价格、总费用等信息，甚至还创建与相关商品的链接，以便为购物者提供最好的购物选择机会，一个高效的购物车使用非常简便。

3. 支付方式

目前，网上商店主要有电子支付和传统支付两种支付方式。目前，国内很多商业银行都开通了网上银行业务，许多银行卡已实现了网上支付功能。传统的支付方式可以是顾客在网上购物后，通过邮局或银行将货款汇入商店账户，也可由配送部门送货上门时当面收取。

网上商店的基本结构决定了网上购物方式是一种基于目录查询浏览形式实现的非现实体验型的交易方式，为弥补这种不足，目前一些网上商店已开始借助虚拟现实和多媒体技术来营造一种实现顾客虚拟体现现实购物氛围的环境，如一些汽车经销商开设的虚拟商店，可让顾客在这里实现从选择车型、颜色、试驾（模拟）到洽谈、支付及提车方式等购车的全过程。

二、网上商店的经营模式

目前运作比较成功的网上商店主要采取以下一些经营模式。

（一）广告促销型

这类网上商店并不以直接在线销售商品为主要目的，属于推广商品的广告型商业网站，广告收入是其网站收入的主要来源之一。它侧重于对商品的全面介绍，其页面都制作精美，并利用多媒体、虚拟现实等技术尽现商品的外观或功能，而且在这类网站上常常汇集了许多厂商和多种商品的信息内容，使 Internet 的信息媒体优势得以充分发挥，因此很容易吸引顾客，实现良好的广告促销效果。

这类网上商店适用于产品品种单一的生产厂商或代理商在网上进行的销售业务。无论是刚刚上市的新产品，还是人们熟悉的品牌产品，为弥补因产品品种单一带来的网站题材单调的缺陷，这类网站大都围绕该商品的销售开展各种形式的广告及促销活动，对商品的介绍主题鲜明、内容详尽，在销售该商品的同时，也实现了该商品的广告发布作用。因此培育消费者对商品品牌的忠诚度是这类网上商店的经营特色。葡萄酒专营店（www.wine.com），不仅在线销售葡萄酒，还与美国著名葡萄酒经销商 Granoff 和一批美食专家携手推出了葡萄酒的酿造工艺、葡萄酒种类、质量鉴别的知识，同时网站提供了许多趣味与深度兼具的美食信息，消费者还可以选择收到该网站不定期发出的 E-mail 美食期刊。使来虚拟葡萄园的每位顾客很难不被这些信息所吸引，并愿意尝试订购其产品。

（二）专业零售型

这类网站犹如专卖店，销售的是相关的某一类商品，如书籍、汽车、计算机软硬件、鲜花、礼品、玩具等。这种商店的优势在于能够满足顾客在某一方面的消费需求，使顾客容易挑选到满意的商品，因此适用于在线零售方式。同时由于商品种类单一，故可降低成本，是目前网上商店采用较多的一种形式。美国的网上鲜花店（www.1-800-flowers.com）、宠物用品商店（www.PetSmart.com）、韩国 Samsung 的家居产品网（www.zipe.co.kr）、我国的当当书店（www.dangdang.com）等都取得了良好的经营业绩。

（三）综合零售型

这类网站如同传统的百货商场或大型超市，提供的商品门类繁多、品种齐全，衣食住行无所不包，适合于各种消费需求的顾客光顾。这种网上大卖场容易吸引顾客，因此销售的机会也较多。它兼有前两种网上商店的优点，其盈利模式主要依托规模效应。由于销售的商品多，网站建设要有一定的"规模"，因此前期投入较大，维护费用也较高，需有一定的实力支撑，一般适用于商业门户网站或传统的大型零售企业。

这类网上商店目前主要有这样几种形式：第一种是由经济实力较强的网络公司建立的完善的网上商城，如 Amazon、京东商城等；第二种是由网络公司与传统的商贸企业联合建立的网上连锁商店，如 58 同城网（http://bj.58.com）；第三种是传统商贸企业自己建立的网上商店，如美国的 Wal-Mart（www.walmart.com）、德国的 Metro（www.metro.com）、英国的 TESCO 公司（www.tesco.com）、我国的武汉中百（www.zon100.com）等。

随着 Internet 日新月异的发展，各种网上商店的数量和形式越来越多，未来的网上商店将会是什么形式，谁也无法预料，但以上各类网上商店至少还将继续存在和发展。

三、网上商店的实现

（一）建设方案

企业决定以网上商店的方式销售自己的产品时，可选用的建设方案有自建、开发与服务外包、加入网上商厦三种。

1. 自建

从电信部门或 ISP 处申请专线入户自建网站。通常自建的网站一般都具有功能强大、灵活、系统有最大的可控性和较好的适应性、可扩充性以及便于维护等优点；缺点是开发和初始建设费用高，建设周期长，以及相关的技术及维护人员如要达到市场先进水平和标准难度很大。

自建网上商店可采用 ISP 提供的虚拟主机或主机托管服务。其优越性在于：起步速度快，相对费用低，可以拥有一个自己的域名，不需要自己进行服务器、网络及通信设备等硬件的维护，可专注于网上商店。虚拟主机或主机托管方式的不足之处在于：企业的财务和库存、销售管理系统必须捆绑在 ISP 的系统上。此外，不利于对网上商店的维护和升级，内容更新速度慢。

2. 开发与服务外包

将网站全部或部分技术、制作、开发、服务，甚至包括系统升级与维护均外包给专业公司来完成。其优点是最大限度地减少了企业的技术风险，起步快，可以得到最先进的互联网技术与运作模式，投入比较均衡；缺点是对第三方在技术上产生依赖，但可筹划在自身条件成熟的情况下逐步接管力所能及的技术环节。

3. 加入网上商厦

这可能是最简单的方法，大多数网上商厦都提供现成的技术或服务，用来发布网页、处理销售统计、支付结算等具体业务，因此，采用这种方法可以立即开展自己的业务。但是，无论哪一个在网上商厦上开设的网上商店，一般都不能运行自己独立的财务和销售管理系统。企业与整个网上商厦的管理系统是捆绑在一起，就像在一个现实的商场里租用柜台的经营状态一样。

该方案的优点是开发和建设方便简单、容易实现，免去了网站软、硬件的维护管理工作，而且初始建设费用低；缺点是网站受限于服务商提供的开发平台和开发手段，不灵活，也不利于网上商店的个性化经营，因此一般适合于中、小企业采用。

（二）系统的实现

作为一个完整的网上零售商店系统，由网上商店（B2C 网站）、支付系统和物流配送系统三大基本模块构成。

1. 网上商店

最重要的是设计好网站的内容，向顾客提供尽可能详尽的商品信息，并为网上购物和与顾客沟通提供便利。

网上商店要解决的一个重要问题是如何吸引消费者并使其成为自己的忠诚客户，因此，建立有效的客户管理体系显得尤为重要，为此，以下几个问题尤其值得关注：

（1）注意商品信息的及时更新。对网上商店发布的商品信息的日常维护十分重要，清除已售完的商品，将新商品尽早上网，对长期滞销的商品要定期进行清理。

（2）顾客的跟踪调查。通常，企业对顾客实施跟踪调查是比较困难的，而网上商店从技术上解决这些问题却比较容易，通过顾客对网站的访问情况和提交表单中的信息，可以得到许多关于顾客情况的调查资料。因此，网站上应设立在线调查表单，可以是对某个企业、某种商品或某项服务措施的专项调查，也可以是对某个市场、某类企业或商品的全面调查。

（3）售后服务。顾客对售后服务保证措施是非常在意的。研究结果表明：有效便捷的退货是顾客购买动机影响力的最大因素，甚至超过了顾客服务和产品选择。要清楚、明白地告诉消费者：什么样的条件下可以退货，退货后多长时间可将货款退还给用户，往返运输费用由谁来承担，等等。否则，会让不少顾客对网上购物产生顾虑。

2. 支付系统

支付系统是网上交易的重要环节，也是目前人们进行网上购物时关注最多的环节。目前，国外最普遍的网上支付方式是用银行卡支付，它具有方便、快捷、安全、可靠的优点，许多网站都是利用自动的电子转账系统来管理信用卡支付。除了银行卡之外，近些年比较流行的是第三方支付。第三方支付是指具备实力和信誉保障的第三方企业和国内外的各大银行签约，为买方和卖方提供的信用增强。在银行的直接支付环节中增加一个中介，在通过第三方支付平台交易时，买方选购商品，将款项不直接打给卖方而是付给中介，中介通知卖家发货；买方收到商品后，通知付款，中介将款项转至卖家账户。

移动支付逐渐流行起来，移动支付行业出现百家争鸣之态。微信支付是靠红包引爆的，之后又延伸到打车、转账等场景，是典型的 C2C 形式，之后才在 B2C 即商家支付中扎根。C2C 支付场景存在着小额、高频等特征。支付宝是 B2C 场景起家，尽管它一直想要社交化，这些年场景并没有太大变化，更多是被应用于消费场景，而不是社交场景，所以频次会低一些，但是由于其有先发优势，渗透场景太多，交易额度惊人，手续费依然十分可观。百度钱包、三星、苹果、华为、小米等也正在进军移动支付行业。强刚需、全支付、钱包战略是移动支付的战略出路，NFC（near field communication，近距离无线通信技术）、二维码、磁条是移动支付之间技术的对抗。移动支付是否会改变国人支付习惯，我们拭目以待。

3. 物流配送系统

顾客在网上商店购买的有形商品，只能采取传统的配送系统来递送。目前，国外的商务网站通行的配送系统主要是通过快递公司或邮局。在我国，主要有邮寄、快递和送货上门三种商品配送方式。由于缺乏完善的由第三方组成的专业配送系统，国内的网上商店主要还是通过邮递，少数传统商业企业的网上商店依托自有的配送系统开通了送货上门服务，使顾客能够放心地购买，但一般只局限于大中城市，而且并非所有网上商店都能做得到的。随着第三方物流的兴起和加入 WTO 后服务市场的开放，外国快递公司也将进入我国的物流服务市场。可以预言，不久的将来，专业化商品配送系统将在网上购物中发挥越来越重要的作用。

值得一提的是，顾客在订货之后期盼货物的准时到来，没有按时送到的货物很有可能被拒收，尤其对于货到付款的订单。因此网站上的配送信息应该清晰明了。受客观环境的影响，顾客一般也不会过分苛求商家，但对网上商店来说，并不能因此降低服务的标准，在网站承诺的期限内将货物送到顾客手中应当是网上商店实施商品配送服务的一条底线。

第三节　网上直销

一、网上直销的功能与架构

直销是最原始的一种销售方式，也是最简单的经销渠道，即不需要任何中间机构来协助产品的流通，因此称为"零级渠道"。随着网络技术的发展和电子商务时代的到来，Internet 提供了生产厂家和最终用户能够顺利沟通和交流的无形物理通道，给直销这一古老的销售方式赋予了新的内涵。网络直销正是在这种环境下产生的新型营销方式，它是生产厂家将网络技术的特点和直销的优势巧妙地结合在一起，借助于网络进行商品销售的活动。

网上直销真正实现了"一切以客户为中心"的商业模式。如今，除利润、市场占有率等经营指标外，客户满意度、忠诚度等也成为评价企业经营绩效的重要指标。因此许多企业都提出"以客户为中心"的口号，但实际运作却是比较困难的，因为传统的经营方式很难让企业及时跟踪用户的需求。网络的发展解决了这些难题。仔细考察美国 Dell 公司利用网上直销创造的 Dell 模式，不难发现，其成功的秘诀就是"满足客户需求"。Dell 直销的核心是"按订单生产"，在这种经营理念下，Dell 将产品按用户的要求定做。通过直销的销售方式和售后服务，与客户建立起更密切、更直接、更长期的互动关系，在为用户提供最满意的产品的同时，也给自己带来了丰厚的利润。

网上直销使企业可以真正达到"减少成本就是盈利"的经营目标。网上直销大大降低了企业的营销成本，营销人员可以根据用户的愿望和需要，通过网络开展各种形式的促销活动，迅速扩大产品的市场占有率。企业按客户需求组织生产，可有效地减少库存，降低生产成本。在 Dell 生产中心的周围，聚集了一大片供应商的工厂。Dell 将自己的库房建成了"别人的工厂"。它的库存周转率为一年 50 次，产品库存期平均为 7 天。快速周转使 Dell 的增长速度 4 倍于市场发展的速度，2 倍于主要竞争对手的速度。没有库存压力，减少了中间渠道，因此，它比其他厂商有着更丰厚的利润。Dell 的税前利润率超过 9%，是 IT 行业平均利润率水平的 2 倍多。

网上直销实现了"与客户一对一互动交流"的微营销。网上直销最主要的特点是其具有互动性和信息的可反馈性。随着市场环境和运作方式的变化，目前的市场划分越来越细，越来越个性化，直至演变成针对每一位消费者的微营销。借助于网络，企业在网上发布有关产品和企业的信息，收集各种市场信息，使用 E-mail 等工具及时实现与客户的交流沟通，由此获得快捷、准确的反馈信息，跟踪消费者的需求及变化情况。网络使企业对消费者有了较高的选择性，可按照他们的要求安排生产和销售，避免了生产的盲目性，提供的产品和服务也更具有针对性和效益性。

网上直销系统的构成方案没有定式，图 10-2 所示是一种网上直销系统的基本结构，它包括信息、交易、物流和服务等几个部分。由于企业和产品的不同，网上直销系统的结构也有所不同，企业可根据自己的实际和营销的着力点在此基础上进行扩充或强化。

二、网上直销的经营策略

（一）直销网站的目标

直销网站一般是由生产型企业建立的。它绕过了传统的中间商，直接面对市场和目标用户，其目的是建立或维持企业的市场优势。但是相当一部分企业开展网上直销并不仅仅是为了推销自己的产品，更何况在目前的条件下，一些产品并不适合采取 B2C 网上直销的方式，这些企业的网站在销售产品的同时，更主要的目的还是通过网站来开展全方位的市场营销活动。因此直销网站不仅是推销产品，同时还应围绕企业与客户的关系这条主线大做文章。

244　第十章　交易型电子商务

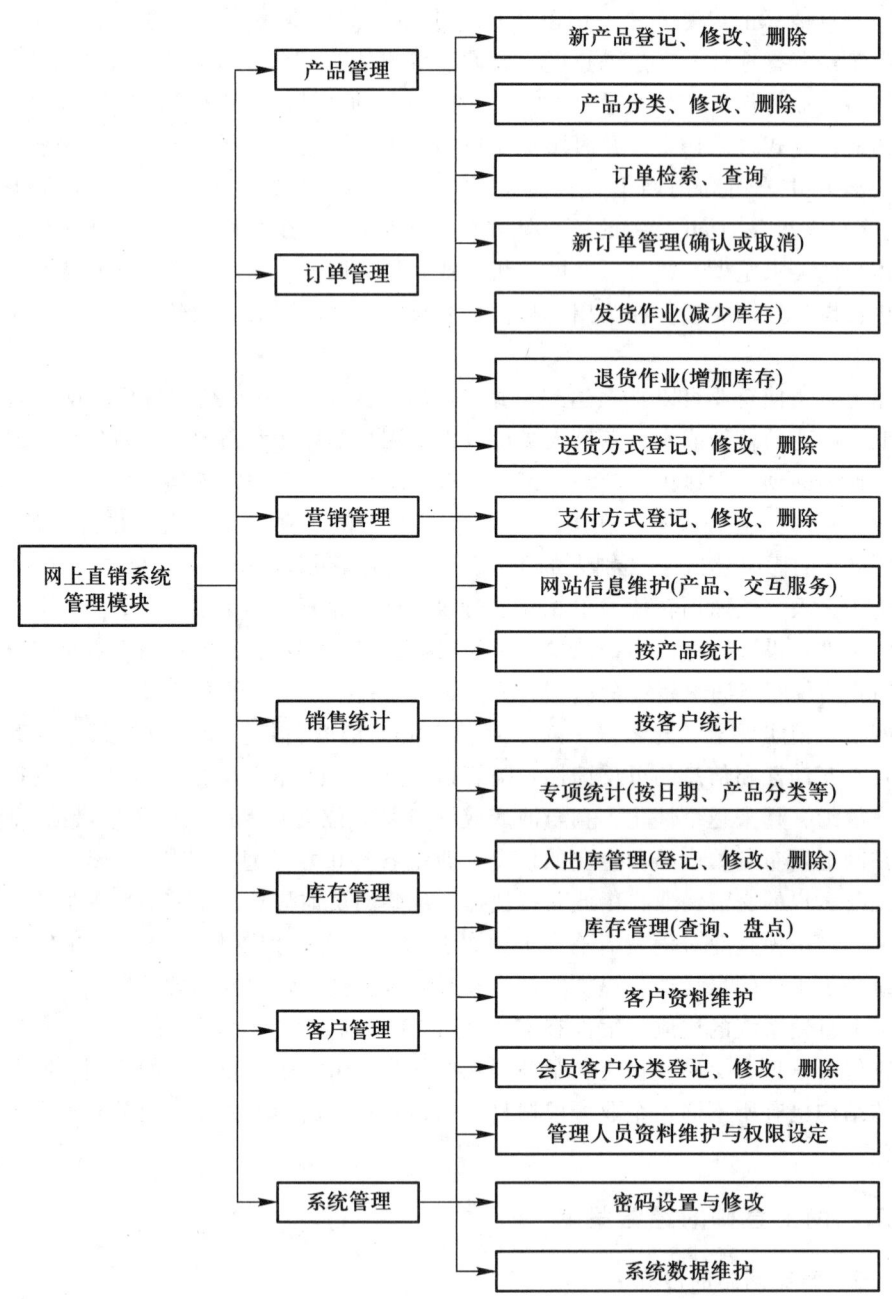

图10-2　网上直销系统基本功能模块

对企业来说，单纯追求市场占有率的时代正在过去，营销的目的是抓住消费者的真实需求，并提供适销对路的产品。市场占有率只是单纯地从企业和产品的角度出发。从长期的市场战略来分析，高的市场占有率并不能保证高的客户占有率。再者，当市场占有率上升到临界点，形成寡头垄断的格局之时，再想要提高市场占有率不仅难上加难，而且是一种不经济的行为。

许多企业已经实施客户忠诚计划，在吸引新客户的成本远高于维系老客户的成本的今天，这种战略确实重要。企业网站将能在这方面发挥非常重要的作用，这应当是企业网站的基本目标之一：培育客户忠诚度，为客户创造价值。如 Dell 利用网站直销，为顾客提供定制服务，满足顾客的个性化需求，从而最大限度地为顾客创造价值，提升顾客的忠诚度。

网站的第二个目标是：寻找能为企业带来最大利润的消费者，并为他们服务。每个消费者对企业的贡献率是不同的，企业不应将营销的努力平摊在每位消费者身上，而应充分关注重要的消费者，将有限的资源用在能为企业创造较高利润的关键消费者身上，如企业产品的大量使用者、老顾客和一些相关顾客。Dell 公司在实施网上直销的过程中，首先深入分析了消费者中不同的群体为公司带来利润的巨大差异，借助网络的互动功能，为他们提供一对一的服务，监测其行为的变化并及时做出反应。试想，如果通过中间商销售，企业就不能将不同价值的消费者区分出来、区别对待，往往会失去对关键消费者群体的吸引力。采用网上直销，Dell 有能力将市场细分之后再细分，寻找那些能够为公司带来最大利润的消费者，为他们服务。同时，Dell 还削减了那些不能为公司带来很大收益甚至是无利可图的业务。

(二) 网络直销的经营原则

B2C 网上直销从产品推销的具体形式上看，与网上商店的营销策略和网上商厦的基本经营原则没有本质的区别，需要注意的是以下几点。

1. 产品和市场定位的准确性原则

目前，尽管网络技术发展迅速，但还远远没有达到普及的程度，因此成功地使用网络直销需要准确的产品和市场定位。企业应深入了解什么样的产品、什么样的消费者适合于采用网络直销技术。在当前和今后一段时间里，网上直销面对的主要是那些受过良好教育和收入水平较高的消费群体。

2. 网站吸引消费者的黏着力原则

网上直销将传统市场上消费者被动接受信息的模式变为消费者积极主动地选择信息，这种变化也改变了企业获得和留住消费者的方式。网上客户掌握着控制网络的主动权，因此企业要有效地实施网上直销，必须下功夫吸引消费者的注意力，即网站要具有黏着力，虽然有黏着力的网站不等于成功，但是没有黏着力的网站肯定是不能成功的。一方面，网上直销本身将因为其产品价格的低廉，增加消费者访问网站的价值。另一方面，对客户有价值的内容和服务也会增强网站的黏着力，具体可采取以下策略：

（1）相关联策略，即以网站需要什么样的顾客和顾客想从网站得到什么为出发点，为顾客提供与企业相关联的内容，以及与顾客密切相关的信息、产品和服务，尽力拓展网站的宽度和深度。

（2）顾客参与策略。设立"社区、论坛、讨论、意见与建议"等栏目，鼓励顾客积极参与感兴趣或关心的信息和话题，发表自己的观点和建议，并为顾客提供细致周到的服务或娱乐活动，如企业与顾客间、顾客与顾客间的互动沟通，将购物、服务和娱乐有机结合。

（3）共有性策略。网络为消费者提供了更加广泛的选择余地。网站可采用共同创造、定制、个性化等方式，如共同创建网站的某些栏目或内容，使顾客产生一种强烈的归属感和拥有感，以此增强网站的黏着力。

3. 注重网上消费心理研究，刺激网上消费心理动机

网上消费者购买行为的心理动机主要体现在理智动机、感情动机和惠顾动机三个方面。理智动机具有客观性、周密性和控制性的特点，因此在选择网上直销的产品时，应首先考虑商品的先进性、科学性和质量高低，其次再考虑产品的经济性。感情动机是由人的情绪和感情所引起的购买动机，包括低级和高级两种形态。一般新、奇、乐之类的产品刺激消费者低级形态的感情购买动机，而馈赠的实物或礼品等，则刺激消费者高级形态的感情购买动机。惠顾动机是基于理智和感情动机之上的，具有这种动机的消费者往往是某一产品或企业或品牌的忠实消费者。直销网站应尽可能采取相应的措施及手段诱导和刺激这些动机，才有可能赢得更多的忠实消费者，促成更多的消费行为。

4. 注重推广网站，吸引用户访问

不同于网上商店和网上商厦的是：由于直销网站的产品比较单一，而用户一般比较喜欢访问综合型的网站，因此直销网站的访问量会比较少。对于网上直销企业来说，必须通过网络促销方式和传统促销方式来让用户了解公司的直销网站，提升直销网站的知名度。如 Dell 经常在一些知名的 ICP 网站做网络广告，也通过传统报纸做广告宣传公司的网站地址，吸引用户的访问。

三、网上直销的构建与实现

在技术实现方面，网上直销的构建方式与网上商店基本相同，可以自建或外包，故不赘述。网上直销所面临的经营和安全方面的风险与其他 B2C 电子商务模式所面临的情况也是相同的，因此其防范策略和措施可以参阅本章第二、第三节的相关内容。

在经营策略方面，网上直销渠道建立时，要在充分考虑企业原有的销售模式和自身的能力基础上进行选择，关键一点是要考虑与原有的传统渠道是否有冲突。一般有三种可供选择的模式。

（一）直—直模式

企业原来采取直销模式，在网络营销中也采取直销模式。Dell 是一个典型。Dell 在开展网上直销以前，就一直利用电话直接销售产品。网上直销对 Dell 的营销渠道本身并没有进行改变，只是销售手段的变化而已。因此，也就不存在网络营销渠道与原有营销渠道之间的冲突问题。再如麦网（www.m18.com）是国内的直销公司"麦考林国际"于 2001 年创建的时尚商品和生活用品在线销售网站，网站包括市场营销、商品采购、物流配送、订单处理、财务结算和客户服务等方面的功能，其在线销售的商品均以邮寄的方式送到购买者手中。网上直销大大拓展了麦考林公司原来以电话邮购方式开展业务的空间。

（二）分一直模式

企业原来采取间接分销方式，在网络营销中采取直销模式。网上直销对售后服务的要求比较高，由于企业在传统营销中采取间接分销方式，因而在直销方面有可能因经验不足造成管理上的失误。另外，网上直销的营销渠道与原有的传统间接分销渠道存在着比较明显的冲突，给渠道的管理增加了难度。因此，企业若选择这种模式，应当注意处理好两种渠道的关系，尽量避免或减少渠道冲突，使网上直销渠道的优势得以有效地发挥。

（三）分一分模式

企业原来采取间接分销方式，在网络销售中也采取同样的模式。由于网络销售和传统销售采用相同的分销方式，因此网络销售渠道与传统销售渠道之间并不存在明显的冲突，只是分销渠道之间的冲突，可通过对分销渠道的管理来减少或避免冲突。

第四节 B2B 电子商务应用

一、直销型 B2B 电子商务

（一）直销型企业间电子商务概述

网上直销型企业间电子商务是指直接提供产品服务的企业，改变传统的营销渠道，将 Internet 作为新兴的销售渠道实现企业间的交易。其主要特点是利用 Internet 代替传统的中间商，如零售商和批发商。网上直销型企业间电子商务主要有两种方式：一种是企业作为提供产品服务者，通过建立网上直销电子商务站点为其客户提供网上直销渠道；另一种是企业作为产品服务的使用者，从供应商建立的网上直销电子商务站点中进行直接购买。

企业通过建立网上直销渠道模式能大大提高企业的竞争能力。首先，可以提高企业对市场反应速度；其次，可以减少企业的营销费用，特别是营销渠道费用，从而以更低廉的价格为客户提供更满意的服务；最后，可以直接与客户建立企业间电子商务交易方式，突破经由传统中间商分销时所受到的时间和空间的限制，从而扩大企业的市场份额。

实现网上直销型企业间电子商务，要求企业的实力比较雄厚，而且企业必须能进行柔性化生产，其业务流程必须是顾客导向的。

（二）网上直销型企业间电子商务的功能

网上直销型企业间电子商务系统，必须具备网上商店所具备的网上订货功能、网上支付功能和配送功能，而且还要保证企业内部的柔性生产、后勤系统的配套。

1. 网上订货功能

企业提供网上订货功能时，要根据企业产品特性和企业生产的能力，最大限度地满足客户的需求。一般可以分为三个阶段：第一阶段是企业将已经设计产出的产品在网上进行展示，允许客户随时随量进行订购，这只要求企业的生产系统的生产能力比较充足即可；第二阶段是企业不但展示已经设计生产的产品，还允许顾客对产品某些配置和某些功能进行调整,以满足客户对产品的个性化需求,这就要求企业的生产系统必须是标准化的和柔性化的;第三阶段就是允许客户提出需求,在企业设计系统引导下,客户自己设计出满足自己需求的产品,这要求企业的内部系统必须高度柔性化和智能化。目前,最多的方式是第一阶段的模式,少数企业如 Dell 公司实现了第二阶段,至于要达到第三阶段还需要很多智能化技术进行配合。

2. 网上支付功能

企业可以借助第三方提供的网上支付平台,来建立企业的支付系统,如采用银行提供的信用卡支付方式实现。

3. 配送功能

由于网上直销服务的客户可以超越时空,因此仅仅依赖传统的企业内部固有的配送系统是远远不够的,必须与一些专业化的全球性的物流公司建立紧密的合作伙伴关系。如 Dell 公司的配送服务是通过联邦快递公司进行的,它们之间通过网络实现配送信息的同步,当 Dell 公司有订单需要配送服务时,该订单同时送达联邦快递公司,由联邦快递公司根据订单需要从生产地直接送到顾客手中。

4. 企业内部的柔性生产、后勤系统的配套

一旦实现网上直销型的企业间电子商务模式,企业可以直接与客户面对面接触,这就要求企业能根据客户直接提出的要求生产满足客户需求的产品,因此企业内部的生产系统和后勤系统必须与客户需求同步。要真正实现及时满足客户需求,做到与市场同步就要求企业的生产系统必须是柔性化的,即根据订单进行生产;同时企业的后勤系统必须紧密配合柔性化生产过程中的原料需求和人员配备需求。例如,企业购买 Dell 的计算机时,通过网站选择自己合适的配置,然后提交订单并选择支付方式(信用卡、转账支票等)付款,Dell 公司将订单送到中国台湾的工厂组装,并委托联邦快递配送。因此,Dell 公司主要负责产品设计和售后服务。

(三)网上直销型企业间电子商务的实现

一般由产品服务提供商负责建设电子商务系统,负责为客户提供企业间电子商务平台。企业单独建立网上直销站点对企业的要求非常高,因为建设一个功能完善的电子商务站点费用高达 100 多万美元,而且维护费用也非常高。一般的小型企业单独建设难以满足功能需求。

要建立完善的直销型企业间电子商务,必须改变企业的业务流程,实现按订单生产。要实现企业业务流程的转变,还必须改变企业的组织结构,实现横向沟通,扁平化和网络化结构更有利于横向沟通。

同时,实现网上直销型企业间电子商务,不仅仅是在网上销售产品服务,还需要注意将传统营销渠道中提供的各种服务特别是售后服务整合到网上去,否则难以完全满足客户的全部需求。如 Dell 公司在网上为客户提供产品同时,允许客户实时查询订单处理情况,从网上获取技术支持和升级软件。当然,网上不可能提供所有的售后服务,但可以提高企业整体售后服务水平。

目前实现直销型的企业间电子商务主要是生产型企业,它们将分销渠道移到网络。值得注意的是,企业在采用网上直销模式时,必须考虑企业客户的习惯和已经建

立的营销渠道中间商的反应。如果贸然采用网上直销型模式，而摒弃已经建立完善的传统营销渠道，可能给企业带来巨大的市场风险。目前，企业采取较多的模式还是依赖传统营销渠道，只是尝试网上直销型渠道这种模式。

二、中介型 B2B 电子商务

（一）中介型企业间电子商务概述

网上中介型企业间电子商务，也称电子虚拟市场，是指企业利用第三方提供的电子商务服务平台实现企业与客户或者供应商之间的交易。它与直销型企业间电子商务的根本区别在于：直销型的电子商务服务平台是由参与交易的一方提供，一般是产品服务的销售方；而中介型则是交易双方都参与由第三方提供的服务平台进行交易。网上中介型方式一般适合于中小型企业，或者大企业建设自己电子商务站点不合算的情况。

网上中介型企业间电子商务系统一般是由第三方的新兴的电子商务服务公司提供。这类公司在建设初期，一般通过风险投资推动市场的发展，对加入客户一般采取免费策略，在积累一定客户资源后主要是通过收取中介费用和会员费来获取收入。网上中介型服务网站发展有两大趋势：一是由原来的综合型服务向专业型服务转型，如针对特定行业（如中国化工网服务于化工行业）；二是由提供初步的信息服务向提供全方位的交易支持服务发展，如提供支付结算和配送等全方位服务。例如，阿里巴巴网站一开始只是以中介方式提供信息，后来又开发"支付宝"为企业提供网上支付服务。

（二）网上中介型企业间电子商务的功能

1. 提供买卖双方的信息服务

这是网上中介型企业间电子商务的最基本功能。买方或者卖方只要注册后就可以在网上发布自己的采购信息，或者发布企业的产品出售的信息，并根据发布信息来选取企业自己潜在的供应商或客户。网上发布的信息一般是图片或者文字信息，随着带宽增加，发布信息将越来越丰富。

2. 提供附加信息服务

提供附加信息服务即为企业提供企业需要的相关经营信息，如行业信息、市场动态。为买卖双方提供网上交易沟通渠道，如商务电子邮件和即时通信工具等。阿里巴巴网站还可以根据客户的需要，定期将客户关心的买卖信息发送给客户，又开发"阿里旺旺"即时通信软件方便企业洽谈生意。

3. 提供与交易配套的服务

最基本的服务是提供网上签订合同服务，网上支付服务等实现网上交易的服务，例如阿里巴巴的"支付宝"服务。

4. 提供客户管理功能

提供客户管理功能即为企业提供网上交易管理，包括企业的合同、交易记录、企业的客户资料等信息的托管服务。当然这些属于企业的保密资料，但对于中小型企业来说有安全保密的托管服务机构是非常必要的而且是可以接受的。

（三）网上中介型企业间电子商务的应用

网上中介型的企业间电子商务服务对象主要是中小型企业，这些企业急需拓展市场，但又缺乏资金实力和技术力量。与网上零售不一样的是网上中介的产品是不受限制，它可以是工业品、消费品，也可以是科学技术成果等，只要是企业需要的，能够提供的产品服务都可以通过网上中介实现交易。如阿里巴巴网站还为企业提供"商务服务"中介，包括物流服务、广告服务和进出口代理等，企业可以在阿里巴巴网站上来寻找合适的企业为自己提供这类服务。

网上中介市场对企业既是机会也是挑战。机会在于利用中介服务实现网上交易可以拓宽市场范围，企业可以将市场覆盖到原来难以覆盖的地区，甚至向国外延伸。挑战在于这种方式同时也使企业之间的竞争更加激烈，因为利用网上中介服务，买卖双方可以不再受到地理位置的限制，在原来的市场竞争格局中还可能出现网上来的新竞争对手。

企业利用中介服务实现企业间电子商务的应用时，必须考虑企业的自身力量和情况。首先，企业如果自身有力量建设以自己为主的直销型的企业间电子商务系统，则应该考虑自行建设，如果企业缺乏力量，则可以利用中介服务实现网上交易。其次，企业在选择中介服务时要慎重，一是要选择提供的服务与自己行业比较相近的中介服务；二是要选择有一定品牌形象和知名度中介型网站，企业可以选择几个中介网站提供服务，但不宜过多，如果选择过多可能影响到企业收集到商业机会信息的质量，有的网站提供中介服务信息缺乏有效控制，导致虚假商业信息过多，反而给企业带来负面的影响。

三、网上采购

（一）网上采购概述

采购是企业为了进行正常的生产、服务和运营，而向外界购买产品和服务的行为。随着信息技术的迅猛发展，企业的采购活动也向电子化、网络化发展，网上采购的概念也随之应运而生。简单地说，网上采购就是通过互联网络，借助计算机管理企业的采购业务。具体说来，开展电子化采购的企业在网络上公布所需的产品或服务的内容，供相应的供应商选择；采购企业通过电子目录了解供应商的产品信息，通过比较选择合适的供应商，然后下订单并开展后续的采购管理工作。

企业的网上采购一般是通过应用相关的软件来实现的，不同的软件提供了不同的解决方案。这些解决方案各有其特点，但基本都包括如下过程。

（1）填写订购单。采购部门的员工或采购申请部门通过软件提供的界面提出要求并填写订购单。

（2）审核订购单。一般通过管理软件自动进行审核，当订单要求超过限额时或一些特殊的订单要提交企业主管进行审核。

（3）联系供应商。订单批准后，就通过网络联系供应商，供应商根据企业的采购要求，通过网络提供相应的商品或服务的信息。

（4）选择供应商。采购企业根据供应商提供的各种资料信息进行比较选择，择优选定一家或数家供应商。

（5）采购结算。通过相应软件进行采购货款的结算，借助银行的参与实现货款的支付转移。

从上可见，在网上采购的整个流程中，人工参与因素越来越少，信息的传递基本依赖网络进行，保证了采购过程的公正、高效，对克服采购过程中的"暗箱操作"十分有效。

（二）网上采购的优点

1. 降低采购成本

电子化采购在降低成本方面是全方位的，从原材料和零部件的价格以及各种人工服务费用等都将会大幅度降低，表现在两个方面：一方面，采购企业可以通过网络进行全方位的选择，改变过去人工采购时供应商数量的局限性，可以在更大范围内进行比较选择，从中选择报价和服务最优秀的供应商；另一方面，采购过程基本可在办公室通过网络进行，采购商与供应商大部分面对面的接触被信息传输所代替，可大大节省采购人员的差旅费开支，并且一些不规则采购行为也失去了市场。据美国全国采购管理协会称，使用电子化采购系统可以节省大量成本：采用传统方式生成一份订单所需要的平均费用为150美元，使用电子化采购可以将这一费用降低到30美元。美国三大汽车公司的采购网站是一极好的例子。

2. 获得采购主动权

在传统的采购模式中，采购商根据自己的采购要求，要对供货方进行访问、了解，进而谈判、交易，商品价格以及与采购过程相关服务的主动权很大程度上掌握在供货方手里，特别是采购量较小的中小企业往往处于被动地位。对采购商而言，他们都希望获得质量最好、价格最便宜的商品与服务，这就需要有一个比较和筛选的过程，而这对通过传统渠道进行采购的企业来讲是十分困难的，因为采购企业无法掌握足够多的供货方信息，也无法与之共同展开谈判。在人力、物力较为薄弱的企业更是难以承受的。电子化采购可使采购企业牢牢把握采购的主动权。首先，电子化采购中，企业充分考虑了企业的实际要求，再提出对产品的采购要求。其次，产品价格是竞价的结果。采购商将自己所需的产品信息在网上公布出来，供应商展开价格与质量的竞争，胜者负责将质优价廉的商品送到采购商指定的地点。最后，采购商可以与供应商随时进行沟通，获得即时的售后服务。

3. 提高采购效率

在电子化采购中，采购商与供应商以及采购公司内部烦琐的手续都将得到简化，信息的传递会更快捷、方便，物流配送可由专门的第三方物流提供方来完成等，这都将大大提高采购的效率。借助网上的搜索引擎，采购信息几乎可在瞬间得到，过去要在十天、半个月才能生成的采购订单，在电子化采购中可以立即完成。对于那些极为分散的、种类多而数量并不大的商品，电子化采购的优势将表现得更为充分。

另外，在传统的采购过程中，由于大量的人工数据传输，往往会出现一些人为错误，如装运日期、不同规格商品的数量等往往会出现差错，常会给采购工作带来不利影响，甚至造成采购工作的失败，产生不必要的经济损失。电子化采购实现了采购信息的数字化、电子化，减少了重复录入的工作量，也使人工失误的可能性降到了最低限度。

4. 优化存货管理

电子化采购是一种"即时性"采购，提出采购需求到采购品的到位可以做到紧密衔接，不会产生大的延误，这样可使存货管理达到最优化的水平。因为采购信息的公开化，采购商可以掌握全国甚至全球范围内的供应商数据，这就使得过去局限在一家或数家供应商的采购渠道得以拓宽，采购企业不必因为一家供应商的停产、减产等原因而准备充足的存货，可以大大减少存货量，从而显著降低存货的开支，避免不必要的风险。

5. 保证采购质量

采购品的质量高低直接影响产成品的质量，因此，质量能否保证是采购成功与否的关键因素。在传统的采购活动中，因为有人情、回扣等因素影响，并且采购的范围相对较小，只能"货比三家、五家"，采购中出现质量问题是极为常见的，企业采购到的往往是"价不廉、物不美"的商品，影响企业的生产经营。

电子化采购中采购商可以在很大范围内选择供应商，可以做到"货比百家、千家"，尽可能找到质量和价格最为理想的合作伙伴。如对对方的供货信息有疑问，还可进行实地考察，防止质量事故的发生。对原来通过中间商采购的企业来说，可以直接通过网络与生产商联系，防止假货的骚扰。比如，一家经营名烟、名酒的经销商，过去因为生产厂家远在千里之外，无法与其直接沟通，只能直接从中间商那里进货，但很难断定中间商销售的商品是真是假。如果通过电子化采购，经销商只要直接登录到生产厂家的站点，选择所需要的商品品种，再在网上支付一定数量的预订金，当厂家确认订单后，即可为经销商安排货源，通过物流配送部门或设在经销商当地的生产厂家的分支机构送货上门，使经销商采购到"正宗"的商品，并且价格更为合理。

（三）企业网上采购的电子商务应用

网上采购涉及软件系统和硬件设施的投入，同时，采购系统的利用率影响到这些投入的效益，同时，运用采购系统也需要一定的熟练过程，因此，在实践中，企业可以根据自身的实际情况，选择不同的采购方法。

1. 行业采购平台

降低成本永远是企业竞争的有力武器，在利用互联网进行采购的企业中，自然会想到从竞争关系转化为合作关系，利用共同的采购平台，降低采购成本。世界两大零售巨头——西尔斯公司和家乐福公司已将各自的5万家供应商编成一个网络。之后，福特公司、通用汽车公司退出相互竞争，与戴姆勒—克莱斯勒公司一道，建立了统一的互联网，进行采购和营销。

2. 独立采购

独立采购是指企业独立设计开发网上采购系统，并利用该系统完成企业自己的采购任务。这种做法的优点是：系统的专用性强，比较能够适合企业的特殊要求；同时，企业员工能够比较熟练地运用该系统，不必在多种采购系统中花费大量的时间学习。例如，波士顿·爱迪生公司有 3 400 名职工，它每年的零部件、设备、维护维修及运营供应所产生的采购订单 7 万份。该公司采用独立的自动采购系统，允许职工在网上直接订购所需物品。一名办公人员订购某种办公用品后，办公用品第二天就已送到了他的办公桌上。

3. 外包采购

外包采购是指结合企业外部的专业与人力有效地完成采购目标。目前国内提供这种采购服务的企业中，亚商在线（现更名为欧迪办公）是首家网上商务采购服务商，通过网站、电子商务采购软件、直销、直邮等多种渠道，亚商在线向几十万家企业客户提供涵盖企业日常运营所需的办公用品、办公耗材、办公设备、IT 产品、办公家具、商务礼品、商务印刷等产品与服务。目前，亚商在线已成为我国最大的办公产品和服务提供商及最大的 B2B 电子商务企业之一。

小结

本章介绍了交易型电子商务。B2C 模式最适合于传统的商业零售企业或消费性产品生产企业。B2C 电子商务可具体分为网上商店、网上商厦和网上直销等运作形式。

网上商店是商家直接面对消费者进行电子商务活动的网站。实现其有效经营的基础是满足消费者的需求。网上商店的业务流程与传统零售商店相比有很大不同。目前运作比较成功的网上商店主要采用的经营模式有广告促销型、专业零售型、综合零售型等。网上商店的构建方式有自建、开发与服务外包、加入网上商厦三种。

网上直销是生产企业直接向用户提供产品或者服务的电子商务模式。直销网站一般由生产型企业建立，它绕过了传统的中间商，直接面对市场和目标用户，其目的是建立或维持企业的市场优势。对许多企业来说在网上直销其产品的同时，更主要的目的还是通过网站来开展全方位的市场营销活动。因此网站的基本功能是：培育客户忠诚度，为客户创造价值。

B2B 模式是电子商务应用的主流。其中网上直销、网上中介和网上采购是目前应用比较广泛的形式。

 即测即评

请扫描二维码，在线测试本章学习效果

思考题

1. 请解释下列概念：网上商店、购物车、网上商厦、网上直销。
2. 简述 B2C 电子商务应用的特点。
3. 为了使 B2C 电子商务取得良好的成效，企业需采取哪些相应的经营策略？
4. 有人说"网上购物不会取代传统的购物方式，只是对传统的购物方式的补充"，你同意这一观点吗？说说你的理由。
5. 简述网上商店的营销策略。
6. 简述网上直销的基本功能与作用。
7. 网络环境下企业如何选择自己的营销渠道？
8. 简述 B2C 网上直销的营销策略。
9. 比较网上直销和中介型企业间电子商务。
10. 网上采购相比传统采购有哪些优势？
11. 网上采购市场有哪些类型？

唯品会的 B2C 模式

唯品会是广州唯品会信息科技有限公司旗下的 B2C 电子商务网站。以低至一折起的价格售卖名牌商品，囊括品牌时装、箱包、鞋子、皮具、配饰、香水等。唯品会坚持以安全诚信的交易环境和服务平台、可对比的低价位、高品质的商品、专业的唯美设计、完善的售后服务，全方位地服务于每一位会员，打造成中国最大名牌折扣网。

一、公司简介

唯品会率先在国内开创了"名牌折扣+限时抢购+正品保险"的商业模式。加上其"零库存"的物流管理以及与电子商务的无缝对接模式，唯品会得以在短时间内在电子商务领域生根发芽。

目前唯品会网站云集上千家二三线品牌商品，囊括名牌服装、鞋子、箱包、配饰、香水、化妆品、奢侈品、旅游等品类。在唯品会，顾客能享受安全诚信的交易环境和服务平台、可对比的低价位、高品质的商品、完善的售后服务、跨越时间、空间的完美购物体验。现如今唯品会拥有在职人员 2 000 多人。公司在 2010 年 11 月和 2011 年 5 月获得红杉、DCM 共计 7 000 万美元的联合风投。2012 年 3 月 23 日，唯品会成功登陆美国纽交所，成为华南第一家在美国纽交所上市的电子商务企业。

唯品会的总部在广州，在上海、北京设立分公司，深圳设立办事处。位于广州总部的办公地点在荔湾区醉观公园西门旁，环境优雅，占地9 000平方米，分为6栋办公楼建筑群：行政楼、商务楼、客服楼、摄影楼、综合楼、会所。唯品会为员工提供优美、舒适、艺术观感强烈的办公环境，办公区域内设阳光咖啡室、员工餐厅、活动室等设施。

仓储建设是唯品会发展的重点。位于佛山南海普洛斯物流园的华南仓储中心为华南最大的B2C仓库，占地面积3万平方米，先进的复式货架使其吞吐过百万件货品。占地面积2.4万平方米的昆山淀山湖物流中心2011年8月正式运行，为华东物流提速并且开启全国分仓战略。随后，位于成都的西南物流中心及位于北京的华北物流中心分别于2011年11月、12月建成并投入使用。截止到2011年年底，唯品会在全国的物流仓储面积达到近10万平方米。

二、唯品会的商业模式

（1）模式解读：品牌折扣+限时抢购，类似于线上的outlets模式。

具体做法是：采购。与正规品牌合作，采购服装鞋帽、箱包、化妆品等百货产品知名高端品牌的库存及滞销货。但现阶段限于渠道影响力较弱，难以争取到世界顶级奢侈品合作。销售。根据策划，每天定期上线多款新品，价格普遍在2~5折。

（2）模式核心竞争力：高端品牌供应商资源和营销能力。①供应商资源保证了稀缺货源的供给，以及对同样品类拿到比竞争对手更高毛利；②营销能力带来利润空间。新用户成本过高时，老用户的重复购买决定企业生死。营销能力要求企业有持续的营销宣传能力，团队成员要熟悉网络营销、性格外向、热情开放、善于沟通。

（3）模式延伸：开发自有（奢侈）品牌、定制化生产、其他基于流量寻租的衍生模式。

三、市场定位

二三线时尚品牌二三线城市：唯品会据说最早是要做奢侈品折扣的，后来转向二三线时尚品牌，同样都是做品牌折扣，但这种定位转型使其由小众市场转向大众市场，一方面中国有大量二三线品牌，多少都有库存压力，通过线下促销方式成本较高，而唯品会提供了一个新的低成本营销渠道；另一方面现阶段中国二三线消费品牌的需求人群是很庞大的，特别是唯品会主打的二三线城市商业渠道相对匮乏，但是价格敏感人群更多。

四、盈利模式

唯品会采取限时销售，一个品牌只进行4~5次销售，一次销售只维持8~11天。它采取的模式对传统的服装渠道几乎没有什么冲击，把这种冲击消减到最低的另一原因是，唯品会瞄准的是其品牌，打造和维护品牌。

唯品会的是线上销售模式，通过唯品会网络平台直接提供厂方的商品销售，省去了中间多级的销售渠道，价格自然低很多。而且唯品会与许多品牌厂方，经过长期的合作建立了信任的关系，价格可以更为优惠，甚至就是最基本的成本价！同时彼此间又有许多合作模式，如跨季度的商品采购、计划外库存采购、大批量采购等，使货源价格优惠最大化。另外由于"限时限量"的模式，不用担心商品的积压，并且可以根据订单制定货量，降低了经营成本，有更大的让利空间。

当然唯品会还做一些线下的延展，比如：唯品会实体店，还针对一些电信、银行等团体定制线下特卖场，同时计划向周边城市复制这种线下定制模式、这在一定程度上既增加了客户的黏性，也扩大了自己的品牌宣传。

良品铺子的商业模式

一、公司简介

良品铺子是一家集休闲食品研发、加工分装、零售服务的专业品牌连锁运营公司。良品铺子秉承着"品质·快乐·家"的企业核心价值观，坚持研发高品质产品，不断引进先进的经营管理思想。主推产品有坚果类、炒货类、肉脯鱼干类、果干果脯类、糕点糖果类、素食山珍类、花茶类等。线下店铺以加盟+直营方式进行，线上开辟了微信商城和天猫旗舰店进行销售。

作为一家区域型、专售零食的实体零售商，良品铺子自创立以来，以独特定位和高质量产品，使线下业务发展迅速。2012年开始转型后，又在全渠道建设和O2O实践方面取得了突破性进展。借助互联网+和领先的IT系统，2015年，良品铺子电商渠道预期销售额10亿元，到2016年，电商渠道销售额预计达20亿元，并实现盈利。而线上线下整体销售额，也可望从去年的25亿元增长到46亿元。

二、良品铺子的商业模式

（1）模式解读：全渠道战略。从一开始，良品铺子就非常重视信息化建设，近几年更是快马加鞭，分三期规划来实现全渠道业务的落地。所谓全渠道，即建立全渠道零售模式击中所有的消费者触点：全面进入地面商圈、互联网商圈、消费者的个人社交商圈，围绕五个核心展开工作："定需求、引流量、促转换、结关系、做服务"。

SAP HANA项目作为2015年良品铺子"全渠道布局"信息化建设重大项目之一，良品铺子不仅希望能进一步优化整合之前的信息系统，还将通过以SAP CRM（客户关系管理软件）、ERP（企业资源计划管理软件）和Hybris（电子商务软件与多渠道商务解决方案）为核心的新平台进一步降低企业运行风险与管控成本，加速企业内部的管理变革，将其打造成良品铺子的核心竞争力，为良品铺子在2018年实现百亿销售目标打下基础。通过高度集成的信息化平台，基于顾客不同场景下的消费需求进行大数据的分析研究，才有可能度身打造完全贴合未来顾客需求的应用环境，持续提升、优化客户的购物体验。

（2）模式核心竞争力：网络流量、极致客户体验以及不需要风投的扩张模式。①良品铺子将线下流量引入线上，线上下单、线下店配送模式逐步落实。②无论客户是通过线下门店，还是第三方电商平台，还是微信、APP，或者自电商网站，用户都可以随时、随地、随意地享受良品铺子的产品和服务。这是良品铺子推行的全渠道、全触电、全流程的商业模式体系。③良品铺子独特的加盟模式，加盟者必须拥有稀缺的店铺资源，才可以加盟。而加盟后，所有的运营全部是良品铺子打理，这样可以规范化服务，标准化运营，并形成规模和品牌效应。

（3）模式延伸：开发新产品，进军线上渠道。良品铺子正在尝试进行线上渠道的售卖，重点用线上渠道进行宣传。

三、潜在问题

食品行业最重要就是食品本身的安全问题，这是消费者最敏感的神经。良品铺子之前有视频爆出的质量问题，发霉、有蛀虫等，如果后期不好好处理将会引发信任危机。这将是良品铺子的致命伤。

四、盈利模式

良品铺子的盈利主要是线上和线下渠道的销售。良品铺子全渠道的商业模式已经逐步成型，加上华为的技术支持，整体运营趋向完善。良品铺子的产品大多是专业人员实地考察之后选择的原材料，靠良品铺子自身的技术进行研发，改造。其味道和包装都大受欢迎。

良品铺子围绕个人生活，不断丰富产品品类；推进全员营销，让人人都成为经营者；缩短关系链条，只做中间服务。用电商渠道作为诱因，将内在变革作为新引擎，良品铺子将用户价值与自我价值统一起来。

资料来源：

［1］东南网. 良品铺子荣获2015新锐商业模式奖. http：//news.ifeng.com. 2015-12-21

［2］华为IT产品解决方案. 良品铺子单日过亿销售额背后有华为身影. http：//server.it168.com. 2015-12-09

［3］CIO俱乐部. 全渠道挺近，良品铺子如何重构移动战略？http：//mt.sohu.com. 2016-10-14

讨论题

1. 唯品会与良品铺子模式有什么不同？
2. 未来这两种模式哪一个会更加受欢迎？

第十一章 社会化电子商务应用

> 社会化电子商务就是消费者和消费者之间的电子商务,是普通消费者能很容易参与的电子商务。本章重点介绍了比较成熟的社会化应用——网上拍卖,同时对社会化电子商务的新应用,即时通信和 Web 2.0 应用也进行了介绍。

第一节　网上拍卖

一、网上拍卖概述

(一) 网上拍卖的主要特点

随着市场经济的发展，拍卖成为产品市场和资本市场必不可少的交易方式。互联网的产生，扩展了传统拍卖的时空，互联网技术和传统拍卖机制的结合产生了网上拍卖。网上拍卖是指交易双方借助于 Web 网站提供的交易平台，通过不断变化的标价进行的交易行为。美国的 eBay（www.ebay.com）是最成功的拍卖网站之一，其首创的面向所有人的消费品网上拍卖，是典型的 C2C 电子商务模式。

从形式上看网上拍卖与传统拍卖似乎只是手段的改变，即利用 Internet 技术实现的拍卖活动，但实际的运作却并非如此，网上拍卖有着不同于传统拍卖的、具有网络环境特有的"拍卖"方式。作为一种新型的网上交易模式，与传统意义上的拍卖相比，网上拍卖有其自己的特点。

1. 拍卖标的范围不同

传统的拍卖物品（比如艺术品、不动产、大型机器设备等）一般价值昂贵。而网上拍卖物品的价格区间却非常有弹性，从几元到上千万元不等，拍卖物品的种类从旅游帐篷、计算机软件到生活用品、玩具、艺术品、大型机器设备等，种类极其繁多。

2. 参与拍卖活动的空间不同

传统拍卖一般在一定的场所和环境中进行，要求参加拍卖活动的投标者共处一室，并且实时投标。而在网上拍卖中，参加拍卖的竞买者分布在世界各地，并且一般都是进行异步投标，它更自由灵活。

3. 拍卖活动结束方式不同

传统拍卖中，拍卖师三声询问无人应答后即宣布拍卖结束，出价最高或最低者获胜。而在网上拍卖中，一般是规定预定的截止时间的方式来结束拍卖，确定获胜者。

4. 拍卖活动的成本不同

在网上拍卖中，买者和卖者可以方便地通过网络参与拍卖过程，不受时间和空间的限制，他们的参与成本降低了，而且拍卖仲裁人可以由先进的网上拍卖程序来代替，不仅方便快捷，不易出错，而且可以 24 小时仲裁拍卖。

5. 中介机构的服务不同

传统的拍卖一般由实业性质的拍卖中介机构（拍卖行或者拍卖公司）来承担，中介机构同时代表买卖双方的利益，必须依照法律和章程的规定来进行拍卖活动，中介机构有义务保证拍卖的公正性和公平性。网上拍卖中，有些中介机构并不是传统意义上的拍卖公司，而只是拍卖中介网站，它一般不对买卖双方的拍卖行为承担法律责任，在网上拍卖中所遇到的风险由买卖双方共同承担。

（二）拍卖网站的经营模式

根据拍卖法，实际上只有由实业性质的拍卖中介机构建立的拍卖网站才是符合拍卖法的，因此按经营模式可将拍卖网站分为两类：一类是符合拍卖法的网上拍卖；另一类不符合拍卖法，不妨称为网上竞价买卖。

1. 网上拍卖型网站

这类网站需按拍卖法规定进行网上拍卖运作，其实现的条件和特点是：

（1）网站的经营者应当是按照拍卖法设立的有拍卖企业营业执照的企业，必须具有拍卖法所规定的拍卖人资格，拥有一批经验丰富的拍卖师。

（2）网站的经营者是拍卖人，即可作为经纪人接受他人的委托进行拍卖，也可作为出卖人，以自己的名义进行拍卖。

（3）严格按拍卖规则进行网上拍卖，应由符合法律规定的拍卖师主持网上拍卖活动。

网上拍卖型网站是传统拍卖在互联网上的延伸，只是拍卖环境和手段发生了变化。因此，这类网站多是由传统拍卖公司建立的，如嘉德在线、中拍网等。

2. 网上竞价买卖型网站

这类网站采用与网上拍卖相同的公开竞价机制进行商品交易，具有如下特点：

（1）网站的经营者没有相应的拍卖资质，只具有经营性网站许可和企业营业执照，可在网上从事经营性活动。

（2）没有专业的拍卖师。竞拍活动均通过计算机程序自动完成，通常是按网站自定的规则进行交易。

（3）拍卖的物品大多是拍卖人自己的或经销的商品。

可见，网上竞价买卖只是借助于拍卖的形式进行的特殊交易活动。这类网站有许多是互联网企业，如 eBay（www.ebay.com）、淘宝（www.taobao.com）等，甚至像腾讯这样的即时通信服务商也依托其即时通信工具建立了网上拍卖系统拍拍网（www.paipai.com）。此外还有一些是由电子商务企业和传统拍卖公司联合推出的，如 Amazon、大中华拍卖网（www.iBid.com.cn）等，它们主要为个人或机构进行网上竞价买卖提供交易平台。

（三）网上拍卖方式

目前常见的网上拍卖方式有英式、荷兰式和密封拍卖等。此外，又出现了更加适应于互联网的集体议价方式。

1. 英式拍卖

英式拍卖也称为出价逐升式拍卖。拍卖中，竞买人出价由低开始，此后出价一个比前一个要高，直到没有更高的出价为止，出价最高即最后一个竞买人将以其所出的价格获得该商品。

传统拍卖和网上英式拍卖的最大区别是拍卖结束条件的不同。传统拍卖不需要事先确定拍卖时间，而是采用连续三声喊价确定赢家。而网上拍卖则需事先确定拍卖的起止时间，一般是数日或数周。如 eBay 网站规定的拍卖持续时间一般为 7 天。这种结束条件使得投标人为了以较低价格成为赢家，从而选择在拍卖接近结束时间投标，即网络拍卖的结束效应。

英式拍卖是目前网上拍卖最常用的方式。竞买人在网上浏览了自己感兴趣的物品以及其当前出价，就可以决定是否出更高价格。当他提供更高的投标价后就可以暂时离开网站，并在拍卖结束前的任何时刻返回网站并检查拍卖状态。绝大多数拍卖网站都能使得竞买人很容易返回自己感兴趣的网页，而且这些网站也会自动向买者发送邮件通知，告诉他"其投标价被别人超过"，以便竞买人能够迅速做出反应。

英式拍卖对卖方和竞买人来说都有缺点。既然获胜的竞买人的出价只需比前一个最高价高一点，那么每个竞买人都不愿马上按照其预估价出价。当然，竞买人也要冒风险，他可能会被令人兴奋的竞价过程吸引，出价超出了预估价，这种心理现象称为赢者诅咒（winner's curse）。

2. 荷兰式拍卖

荷兰式拍卖是英式拍卖的逆行，也称为出价逐降式拍卖。它是先由拍卖人给出一个潜在的最高价，然后价格不断下降，直到有人接受价格。荷兰式拍卖成交的速度特别快，经常用来拍卖诸如果蔬、食品之类的不易长期保存的鲜活产品。如果拍卖的是同类多件物品，竞买人一般会随着价格的下降而增多，拍卖过程一直进行到拍卖品的供应量与总需求量相等为止。

网上荷兰式拍卖的缺点是拍卖速度比较快，持续时间比较短，从而使竞标买者失去了异步投标的便利性。

目前中国台湾一些网站采用了循环喊价的方法，使得拍卖价格不再单调递减，而是在一个价格区间内循环，这样竞买者即使错过了某个投标价后，拍卖还可能再一次达到这个价格，从而在一定程度上保证了网络的异步性。

3. 密封拍卖（sealed auction）

网上密封拍卖多用于工程项目、大宗货物、土地房产等不动产交易以及资源开采权出让等的交易。目前，这种拍卖方式已被越来越多的国家政府用于在网上销售库存物资以及海关处理的货物。

与传统拍卖相对应，网上封标拍卖也有两种类型，分为一级密封拍卖和二级密封拍卖。在一级密封拍卖下，竞买者利用 E-mail 将出价发给拍卖人，且一旦提供投标就没有机会更改，投标价同时公开，最高投标价获胜，竞买人支付的是自己的投标价；如果拍卖的是多件物品，出价低于前一个的竞买人购得剩余的拍卖品。二级密封拍卖与一级密封拍卖类似，只是出价最高的竞买人支付的不是自己的投标价，而是按照出价第二高的竞买人所出的价格来购买拍卖品。这种拍卖方式能使卖方获得更高的收益，由于它鼓励所有的竞买人都按其预估价出价，降低了竞买人串通的可能性，获胜者不必按照最高价付款，从而使所有的竞买人都想以比其在一级密封拍卖中高一些的价格出价。威廉·维克瑞（William Vickrey）因对此拍卖的研究而荣获 1996 年诺贝尔经济学奖，因此，二级密封拍卖也称维氏拍卖。

4. 双重拍卖

该方式是买方和卖方同时递交价格和数量来出价的。在网上双重拍卖中，买方和卖方出价是通过软件代理竞价系统进行的。拍卖开始前，买方向软件代理竞价系统提交最低出价和出价增量，卖方向软件代理竞价系统提交最高要价和要价减量。网上拍卖信息系统把卖方的要约和买方的要约进行匹配，直到要约提出的所有出售数量都卖给了买方。双重拍卖只对那些事先知道质量的物品有效。例如，有价证券或有标准级别的农副产品，通常这类物品交易的数量很大。网上双重拍卖既可按照公开出价方式也可按照密封递价的方式进行。

5. 集体议价

集体议价通常也称团购，是适应互联网特性而出现的一种新型的拍卖方式，通过互联网集合买家的购买力从而使得集体中的每个成员都可以获得价格折扣。

集体议价充分利用互联网的特性将零散的消费者及其购买需求聚合起来，形成类似集团采购的庞大订单，从而与供应商讨价还价，争取最优惠的折扣。集体议价完全改变了传统商业中牌价出售的一对一讨价还价的定价模式，也有别于传统拍卖中价格自低而高或自高而低的竞价方式，使得大范围内的多对多和多对一的讨价还价成为可能。

集体议价和个人竞价有所不同，商品的价格不是由竞价者自由出价，而是由卖家根据不同的购买量制定不同的价位。所以，同一种商品，买的人越多，最终成交的价格就越低。买者在满意的价位下单之后，随着不断有人加入，买者最终需要支付的价格可能会更低。

二、网上拍卖的系统构建与实现

（一）网上拍卖系统的构建

根据拍卖系统应具备的功能，一个完善的拍卖系统可划分为四个层次：基础数据层——存放商品、用户和交易等业务数据；作业处理层——实现拍卖、信用评价等实际业务；统计分析层——进行相关信息的统计与分析；决策支持层——提供决策支持。

为了更好地服务于拍卖管理，一个网上拍卖系统的数据库系统至少应包括用户信息、账户信息、拍卖信息、竞买信息以及用户信用表等工作表。

具体来说，一个网络拍卖系统的组成应该包括下面的基本模块：

（1）会员管理：注册、认证、信用评价等；

（2）商品管理：拍品登录、查询、检索等；

（3）拍卖管理：代理拍卖、卖方自由拍卖、买方竞价、竞价代理等；

（4）信息管理：拍卖动态信息、用户交流、拍卖指南、新品推荐、友情链接等；

（5）支付与交割管理：接受网上支付或传统支付、拍品递送的有关处理。

（二）网上拍卖系统的安全与防范

网上拍卖系统的安全风险主要来自技术和经营管理两个方面。

1. 来自技术方面的风险与防范

（1）系统硬件导致的系统运行不稳定或功能不能正常发挥；

（2）计算机病毒、黑客等的入侵可造成系统的瘫痪；

（3）不法分子利用网络窃取或破坏系统和拍卖信息，给系统和用户造成不可挽回的损失。

对技术方面的风险防范主要是采取有针对的防范措施，加强对系统的维护和监测，杜绝故障隐患，同时制定有效的系统恢复方案，确保系统安全可靠地运行。具体内容参见第八章。

2. 来自经营方面的风险与防范

这方面的风险主要来自一些人利用网上拍卖在经营方面的某些弱点采取的行为，如提供的物品与描述的不符或销售非法的物品。由于网上拍卖很难让竞买人检查竞买的物品的质量，因此卖方常常由于销售的物品与说明不符、销售假货等而受到起诉。网上拍卖还经常出现付款后收不到货或发货后收不到款的情况。

在竞价过程中，雇用出价、出价抽取、出价保护、狙击（sniping）等违规或投机取巧的手段也是一些人常用的。雇用出价是卖方假装买方提交出价来提高被拍卖物品的价格。例如，卖方用一个别名注册，伪装成一个独立的竞买人提交出价。出价抽取是卖方在了解到他感兴趣的竞买人的 E-mail 地址后，直接与竞买人联系销售，避免缴纳一笔拍卖费用。在出价保护中，多个竞买人合谋，不让合法的竞买人参与竞买，例如，卖方出售一辆旧车，起拍价为 2 万元，某个竞买人出价 2.5 万元，立即有竞买人（雇用）出价 5 万元，这样其他竞买人不会再出价了，于是雇用的竞买人将与合谋人实际以 2.5 万元获得该车。

由于网上拍卖的持续时间较长，这为一些网上竞买人创造了"狙击"的机会，即直到拍卖结束前的最后数分钟才开始出价，以便能击败其他竞买人，并使其没有时间进行反击。为有效地解决"狙击"现象，一些拍卖网站采取了在固定的时期内增加"扩展期"的做法。例如，扩展期设定为五分钟，这意味着如果在最后五分钟内有出价，则拍卖的关闭时间自动延长五分钟。这一过程一直持续下去，直到五分钟以内没有出价，拍卖才终止。另外有些网站采取了"代理竞价"机制，如 eBay 的代理系统是为每一个竞买人设定一个代理来帮助出价，竞买人只需告诉代理希望为该物品支付的最高价格，代理会自动出价，直到达到最高价格。

总之，网上拍卖比传统拍卖具有更高的风险，因此，网上拍卖系统需要有更加严格完善的控制。

三、网上拍卖的经营策略

在网上拍卖中，客户有了更多自主权，因此网上拍卖网站设计营销策略时应围绕顾客来进行，从更加以顾客为中心的 4C（consumer, cost, convenience, communication）角度来考虑。

（一）以客户的需要为中心

在网络时代，消费者有更多自主选择的权利。拍卖网站应该了解客户的需要，根据客户的需要来设计网站功能和进行服务。哪个拍卖网站能更好地满足客户的需要，客户就会选择哪个拍卖网站。

安全是网上拍卖用户最关心的问题，eBay 最早采用由买卖双方互相进行信用评价的体系，使得用户进行交易之前可以了解对方的信用情况。但是这种方式对后进入市场的卖方造成了很大困难,而且在用户了解评价规则后也可以进行作弊来获得较好评价。实际上用户在交易时最担心的就是钱的安全问题。第三方支付平台是一个很好地解决这个安全问题的工具,交易中由买家先把钱交给第三方平台,待收到商品以后向第三方平台确认,然后平台再把钱交给卖家,这一方法由淘宝的"支付宝"首创,而易趣一年后才开通了自己第三方支付平台"安付通",这也是易趣目前落后于淘宝的重要原因之一。

(二)以客户能接受的成本定价

传统方式是以生产成本为基准进行定价,而在网上拍卖中,拍卖网站应以顾客能接受的成本来制定价格。免费价格策略是在网络中非常受用户欢迎的价格策略,采用免费策略,拍卖网站可以有效地占领市场。占领市场后,拍卖网站可以在用户免费使用习惯后再开始收费,也可以通过广泛的客户群来发掘后续商业价值。

在国内网上拍卖网站目前的竞争中,易趣落后于淘宝的一个原因就是淘宝采用的免费策略。易趣成立于1999年,不到4年时间就几乎垄断了国内C2C市场,2003年6月被全球最大的个人交易网站eBay收购,后又转手给TOM网经营。而淘宝是阿里巴巴网2003年5月才建立的拍卖网站,但是诱人的免费策略让淘宝的用户数在成立之初的几个月就迅猛增长,2006年5月易趣的市场份额已经缩水到不到30%,淘宝在C2C市场迅速占领了领导地位。

(三)给客户交易提供方便

网上拍卖是跨时空的交易方式,客户可以随时随地利用拍卖网站进行交易。方便是客户选择网上拍卖的重要原因,因此拍卖网站应尽量为客户的交易提供方便才能吸引客户和留住客户。

在当今国内的网络拍卖业务当中,同城交易占了很大的比例,淘宝针对同城交易进行了优化,例如在网站中可以直接搜索商品所在地以便于同城交易,而且允许私下交易,这吸引了大量在城市中拥有实体店铺的小业主加盟,提升了网站的人气和成交率。淘宝还推出了即时通信工具"淘宝旺旺"(现已更名为阿里旺旺),这一通信工具根据交易的需要设计了针对性的功能,例如交易双方可以在聊天窗口很方便地看到买家有兴趣的商品的情况,方便了买卖双方进行沟通,促成了交易的完成。

(四)加强与用户的沟通和交流

与传统交易方式相比,用户在是否选择网上拍卖,选择哪家网上拍卖网站上用户有更大的自主空间,因此网上拍卖网站应该与自己的目标用户选择恰当的方式让用户了解自己,并增进相互的沟通。

在易趣与淘宝的竞争中,易趣启动了一项少见的广告封杀计划,2004年动用巨资与三大门户网站——新浪、搜狐、网易签署了排他性协议,阻止淘宝等拍卖网站在上述三家网站做广告。而淘宝则采用了曲线宣传道路,在上千的个人网站上投放广告,同时结合电视、路牌和地铁等传统广告方式,这一策略有效地使得大量网民了解了淘宝,特别是使得很多传统的中小制造商或是零售商从这些传统的广告中知晓了C2C,并最终成为淘宝的用户。此外淘宝还积极地组织会员进行网下的聚会和沟通交流,对他们进行培训,从而增进了会员之间的感情,增强了会员对网站的忠诚度。

第二节 即时通信

一、即时通信概述

(一) 即时通信的概念

即时通信是以软件为执行手段，以多种信息格式（文字、图片、声音、视频等）沟通为目的，通过多平台、多终端的通信技术来实现的同平台、跨平台的低成本高效率的综合性通信工具。

即时通信作为正在兴起的网络服务，其概念是不断发展的。最初即时通信是用来方便登录到同一主机的人之间的相互沟通，后来被用到局域网，最后被扩展到互联网，就有了我们熟悉的 ICQ 和 QQ 这样的即时通信软件。而现在进一步的发展趋势是扩展到其他通信终端，如手机，从而实现跨平台的沟通。而沟通的形式也从原来仅仅可以进行文字沟通发展到可以以语音和视频沟通，还可以发送文件。

在即时通信中，用户登录后可以设定自己的资料、管理账户信息并进行隐私设置，还可以设置自己的状态（是否在线，是否有空聊天）。即时通信软件中可以建立一个好友列表。从好友列表中用户可以知道他的好友是否上线和是否有空聊天。即时通信可以使得互相对话的两个人有一个独立的空间来进行封闭式的对话。即时通信也支持多方实时通话，一组里的多个人可以在组里实时沟通，而且沟通不单只是文本的，也可以是语音的，同时可以进行视频交流。

(二) 即时通信的历史

早在 20 世纪 70 年代，柏拉图系统（PLATO system）就开始使用即时通信的形式。之后在 80 年代，UNIX/Linux 的即时通信在工程师中和学术界被广泛应用。现代真正意义上的、用于互联网通信的即时通软件是 1996 年开始在美国普及的 ICQ（I seek you）。它由一家小型以色列网络通信公司 Mirabilis 开发。1997 年 ICQ 进入中国即时通信市场，1999 年腾讯公司在互联网上推出 OICQ 的第一个测试版本，随后迅速发展，成为国内最普及的即时通信软件。

在早期的即时通信中，使用者输入的每一个字符都会实时显示在双方的屏幕上，且每一个字符的删除与修改都会实时地反映在屏幕上。这种模式比起使用 E-mail 更像是电话交谈。在现在的实时通信程序中，交谈中的另一方通常只会在本地端按下送出键（Enter 或是 Ctrl+Enter）后才会看到信息。

(三) 即时通信的价值

互联网改变了人们沟通的方式。E-mail 在不到 20 年就成为沟通的主流，被广泛采用。即时通信在不到 10 年的时间在全世界范围广泛采用，其主要价值也在于其提供的独一无二的沟通作用——实时互动的多媒体沟通。

1. 实时性

即时通信的沟通是实时的，它降低了等待 E-mail 的反应的需要，比 E-mail 更快捷。E-mail 发送过去后，无法知道接收者什么时候可以回复。而在即时通信中，只要双方同时在线，对方可以在数秒时间内接收到提问，并且可以及时予以回答。

2. 交互性

这种实时的沟通使得双方可以很好地互动。这种快捷性类似于电话，但是与普通电话相比，不那么具有打扰性，接收者并不是非要立刻回答收到的消息。而且即时通信的沟通比电话的形式更丰富，不单可以进行语音对话，还可以传送文字和文件以及视频对话。

即时通信服务根据应用的范围，可以分为公众即时通信服务和企业即时通信服务两类。下面分别予以介绍。

二、公众即时通信的电子商务应用

公众即时通信市场面向广大公众，通常通过网络免费向广大公众提供，是广大即时通信用户最为熟悉的产品市场。

（一）公众即时通信市场概况

自1998年面世以来，特别是近几年的迅速发展，即时通信的功能日益丰富，逐渐集成了电子邮件、博客、音乐、电视、游戏和搜索等多种功能。即时通信不再是一个单纯的聊天工具，它已经发展成集交流、资讯、娱乐、搜索、电子商务、办公协作和企业客户服务等为一体的综合化信息平台。

目前人们熟知的，既有腾讯QQ、微软MSN等综合类即时通信工具，也有网易泡泡、新浪UC、百度Hi、阿里旺旺、盛大圈圈等垂直即时通信工具，还包括中国移动飞信、中国电信天翼Live、Skype等跨平台、跨网络即时通信工具。

自2011年年底起，即时通信就一直保持着互联网应用使用率第一的位置，特别是在手机端的应用，使用率更是超过了整体的发展水平。截至2013年12月，我国即时通信网民规模达5.32亿，比2012年年底增长了6 440万，年增长率为13.8%；即时通信使用率为86.2%，较2012年年底增长了3.3个百分点，使用率位居第一。

（二）公众即时通信服务功能

最初即时通信只是用来文本聊天，经过逐步发展，目前市场上的即时通信主要包括以下五大类功能。

1. 基础功能

即时通信软件基础辅助性功能，包括资料和账户信息设置、在线状态设置和对联系人进行添加和管理。

2. 通信功能

即时通信软件最基本的与他人进行联系的功能，包括文本聊天、语音聊天、视频对话、发送手机短信、文件的传输和共享。

3. 个性化功能

随着即时通信软件在网民中的普及，即时通信不仅只是用来沟通，也成为个人形象在网络上的映射方式，包括昵称、个性头像、个性信息、个人虚拟形象、表情、音效和界面定制等。

4. 活动功能

即时通信提供的附加服务，包括游戏、电子宠物、内容面板（定制自己感兴趣的互联网内容）、远程协助、网络收音机和网络电视等。

5. 集成功能

集成 E-mail 和博客（Blog）。用户登录实时通信时，即可被告知是否有邮件，自己或是他人的 Blog 是否有更新，并可以通过按钮方便地进入 E-mail 或是 Blog，在使用中，如果有新的邮件或是 Blog 有新的回复，也可立刻被告知。

（三）公众即时通信服务的盈利模式

目前大众即时通信都是供用户免费下载使用，但是即时通信服务商通过三种方式对用户进行收费服务。

1. 会员费用

一般对基本服务免费，但对于一些高级功能，例如上传聊天记录和 VIP 服务器登录等，只有付费的会员才能使用。

2. 虚拟产品销售

通过销售虚拟产品包括头像、表情和个人虚拟形象等来获取收入。

3. 增值通信功能

通过缴纳一定费用，用户可以使用即时通信软件与手机互发短信，或是用手机来接收即时通信软件的信息，甚至还可以用即时通信软件给手机或固定电话拨打电话。

此外，即时通信服务商也会通过给企业提供营销服务来向企业收取费用。

（四）公众即时通信的经营管理

公众即时通信已经越来越成为企业青睐的营销平台。这主要有两个原因：最重要的原因就是公众即时通信软件在网民中有非常高的普及率和市场占有率，全球有超过 4 亿的即时通信用户，中国国内有 1 亿左右的即时通信用户，由此产生的巨大的用户群体使得即时通信不再仅仅是一个通信工具，而是形成了一个独特的社区，从而成了企业营销的平台和媒体。另一个重要原因就是宽带的普及。宽带用户相比拨号用户在网上收发更多的信息，宽带也使得语音和视频沟通更流畅，CNNIC 2007 年 1 月发布的《中国互联网络发展状况统计报告》显示即时通信已经与搜寻信息一起成为最活跃的网上活动。

1. 广告

即时通信广告不仅可以宣传品牌，而且可以为企业网站带来更多的流量。用同样多的媒体预算，即时通信广告产生的点击流量是标准媒体的 3~4 倍。例如雅虎即时通信工具上的一个 3 个月的广告，点击可以达到 50 万次。

国内用户所熟知的即时通信工具 QQ 就有多种广告形式，其特色之一——"QQ 皮肤"，让用户可以制作和使用不同的软件界面。其营销应用开始于 2004 年年底，腾讯和诺基亚公司联合推出了一个"诺基亚 A3220 特别版本"，让 QQ 穿上了诺基亚的外衣。好友列表是 NOKIA 手机屏幕，手机按钮是 QQ 的各项功能键的组合。这种方式不仅宣传了 NOKIA 的手机，而且用户也容易对其产生亲切感。

宝洁的"Secret"品牌除臭剂则专门设计了一种聊天机器人来鼓励小孩们参加宝

洁的产品世界，分享宝洁的思维方法。假设你是一个名叫泰勒的男孩，当你打开了你的即时通信软件（AIM 或 MSN 都可以），与机器人建立联系后就可以开始聊天了。机器人会像朋友似的问候你，跟你谈音乐、游戏。在聊天过程中主动向你介绍宝洁的产品或回答你的问题。虽然做得还不是很完美，比如聊天机器人没有足够的知识来让聊天更有趣些，但宝洁通过这种方式很容易地与目标群体建立了联系。

2. 在线客户服务

即时通信工具用于对客户进行在线服务主要有两个优势。首先，用即时通信可以对客户进行更即时的服务。客户通过电子邮件提问几个小时甚至几天后才能收到回复，而用即时通信则可以立刻得到回答，大大提高了顾客的满意度。其次，即时通信可以自动保存消费者与企业之间交流的文本，这可以加强服务质量的控制，因为这些文本比起电话对话来说更容易存档和搜索，这样客服人员就有可能同时处理多个信息。同时，客户服务代理还可以通过保存常见问题的答案来节约时间，从而提高服务效率。

企业在向消费者提供即时通信服务时还有一些问题需要注意。一个就是与电话服务支持一样，即时通信在线服务需要大量员工处理实时的消息，而且有些问题可能很尖锐，因此企业要系统地做好规划。另一个就是要选择正确的即时通信软件产品，即时通信软件非常多，企业选择的软件既应该对其客户有足够的覆盖量，也应该能使企业方便对顾客进行服务。

3. 在线导购

即时通信可以较好地解决电子商务网站的消费者中途放弃购物的难题。实现在线销售需要多个环节，包括商品查询、阅读产品介绍、比较价格、了解交货时间和退货政策、最终选择商品并加入购物车，然后还要经过订单确认、在线付款等环节才能完成购物过程。消费者在这个过程中很容易出现问题，如果得不到网站的及时帮助就很容易终止购物。

而即时通信可以帮助电子商务网站解决上述问题，即时通信就像商场的问询处，消费者通过这种快捷的手段来解决购物中遇到的难题，购物篮被中途放弃的现象大幅度减少。美国研究咨询公司 Basex 的研究认为：如果采用合适的在线服务手段如即时通信等，购物车被放弃的比例可以降低 20%。

即时通信在电子商务中的应用还面临着重重困难。首先是技术和成本上的困难，现在多数电子商务网站无法处理"信息洪流"——数以千计的即时通信信息同时到达，也还没有办法对每条提问进行分类，并做出令人满意的回答；其次，即时通信工具标准繁多也阻碍了它在该领域内的应用。

4. 病毒式营销

利用即时通信进行病毒式营销就是鼓励"某个人"向自己联系人名单上的朋友们传播与自己产品或服务相关的信息，这种信息可以是他自己对一个产品或服务的看法，也可以以有趣的笑话、节日祝福和 Flash 等作为载体来传播产品或服务的相关信息。当用户喜欢这些内容或是觉得这些内容有用时就可能会将该内容向自己的好友转发，通过用户之间的相互转发，产品或服务的信息就得到了很好的传播。

这种营销主要是利用了即时通信工具所形成的社区。因为用户即时通信联系人名单上的人都是已经与他们建立起了某种联系的人。而通常消费者更愿意相信他们熟悉的人关于产品或服务的意见，而不是企业的宣传。企业通过与某个用户建立联系，这个用户可以已经是他的消费者，也可以仅仅是对信息感兴趣而愿意进行传播的人，由这个用户将产品和服务的有关信息通过即时通信工具发布给自己的联系人，由于即时通信传播的便捷性这个人也很有可能再继续转发，从而影响到即时通信上的一个社会网络，而且由于这种传播都是来自自己熟悉的人，因此更具可信性。

三、企业即时通信服务

（一）企业即时通信服务概况

　　即时通信和个人计算机、E-mail、www 相似，它们被用来作为商业沟通渠道都是因为雇员个人在工作中越来越多的使用，而不是由企业信息技术部门要求或提供的。

　　由于企业即时通信的安全性和合法性需要，企业即时通信服务需要专门的服务商提供。企业即时通信工具（EIM）最初由 Lotus 软件公司在 1999 年发布。微软紧接着就推出了 Microsoft Exchange Instant Messaging，还建立一个新的平台，叫作 Microsoft Office Live Communications Server，后来 IBM Lotus 和微软在他们的 EIM 系统和公共 IM 服务之间建立了联盟，这样雇员可以在同一个软件中应用他们的内部 EIM 系统，也可以显示他们在如 MSN 这样的软件上的好友列表。国内目前针对企业应用的即时通信工具也已经开始普及，主要有腾讯公司推出的 TM 还有阿里巴巴的贸易通（现更名为阿里旺旺）。

（二）企业即时通信服务的应用

1. 企业内部沟通

　　对在同一办公地点的同事，即时通信首先可以方便同事之间随时进行非正式的对话，而这种对话由于 E-mail 的大量使用和雇员们大部分时间都坐在计算机前面正变得越来越少。其次，如果同事确实需要当面讨论问题，可以通过即时通信联系人列表上对方的在线状态很容易知道对方是不是在计算机旁，而在工作繁忙的时候用 E-mail 来对话则需要很长时间才能得到答复。

　　而对在位置上分散的同事，即时通信就更重要了。一些实时沟通工具，如长途电话或是视频会议很昂贵，而且很有打扰性。而即时通信通过免费的不受限制的实时沟通解决了这些问题，可以让位置分散的同事即时地沟通和反馈，从而来解决问题、完成项目，或是通过即时通信软件给正在进行销售的人员提供顾客所需要的信息，从而促成交易的完成。

2. 企业间商务交流

　　即时通信软件可以用来促成企业间交易和销售的完成，企业可以用即时通信来方便地进行跨区域的沟通，扩展市场。特别是对那些需要实时完成交易，否则会丧失很多利润的行业更适用，例如金融交易行业。

　　即时通信还可以帮助企业和重要的顾客或贸易伙伴进行进一步关系的维系和发

展,还可以用来与其他企业组建全球团队来共同完成一个庞大的需要深度合作的项目。

3. 企业应用即时通信的问题

即时通信工具在提高企业沟通效率的同时,在某种程度上也给员工的工作带来了麻烦。在员工处理 E-mail 的过程中,常常要用接近半小时来阅读和回复来自朋友和同事的问题,删除垃圾邮件或是邮件笑话。即时通信也有这样的趋势,不论人们如何想要忍住,但还是经常忍不住要给朋友或是同事发个消息或是回复消息,很可能使对话偏离原来的主题并且耗费大量时间。

另一个阻碍即时通信成为严肃的商业工具的重要的问题就是它的接受程度。也就是说,一个软件只有在有足够多的人用它时才会是有用的。大部分商业人士并不认为他们必须得要即时通信工具才能完成工作,因为即时通信是电话或是 E-mail 的替代。而且很多商业人士觉得即时通信是一种打发时间的方法而不是真正在工作而拒绝使用。

四、即时通信的安全管理

(一) 安全问题类型

虽然即时通信提供了很多好处,但也会带来一些风险,特别是在工作环境中使用,主要包括病毒威胁和保密性问题。

1. 病毒威胁问题

即时通信在提供实时沟通服务的同时也很容易给个人,特别是企业带来实时的安全威胁,对企业轻则造成经济损失,重则使整个运转系统瘫痪。即时通信之所以很容易带来安全问题,首先是由于即时通信软件的技术特性导致了相关安全问题。即时通信软件进行点对点数据交换,即两台终端之间的直接交流,而不需要通过任何第三方服务器中转。这就使得网络监管对即时通信用户的数据交换进行监控的难度增加,造成了病毒以及黑客攻击即时通信软件得逞的机会大大增加。其次,即时通信软件的大量用户群是吸引黑客、病毒攻击的重要因素。目前,主要的即时通信软件用户规模都以千万计,在流行程度上,即时通信也正逐渐取代电子邮件的地位,成为最流行和普遍的互联网服务。

黑客使用即时通信网络来携带恶意代码已经越来越多。黑客用两种方法来通过即时通信软件传播恶意代码:一是通过被感染的软件传播病毒,如特洛伊木马或是间谍软件;二是使用包含一个网址的社交性信息,这些 URL 只要一点击就会连接到会下载恶意代码的网站。病毒、蠕虫和木马通常会通过被感染用户的好友列表来快速传播。通过有毒的 URL 来进行有效的攻击会在短短几分钟到达上百万人,因为每个人对来自好友列表的信息都会比较信任。接收者点击了网页地址后,这个传播的循环就会被启动。据一份国外调查数据显示,病毒通过即时通信工具在半分钟内就可以感染 50 万台计算机,一种传播速度极快的即时通信病毒可以利用一种软件漏洞突破计算机的安全防御系统,然后执行一些非授权命令。

2. 保密性问题

使用即时通信的另一个安全问题就是个人或企业的机密信息被泄露。造成这种情况的原因主要有两个。

首先,即时通信软件的信息很容易被截获和窃取,因为它们是通过单纯文本传输,而不是加密文本。虽然有的即时通信软件具有加密功能,但并不是免费的,使用很有限。所以任何通过即时通信软件进行的对话都类似于公共对话,这就意味着发送出去的消息很可能被截获、修改。大多数终端用户表面看来是良性的信息可能在不知不觉中危及他们的公司的安全。这种泄密可能对于一些特殊行业如金融、证券行业构成巨大的商业安全威胁,而这些行业却又是即时通信最适宜推广的行业。

其次,在于即时通信软件的记录保存能力。当使用免费的即时通信软件时,一旦对话完毕软件被关闭后,信息就会丢失。用户也可以将对话复制粘贴保存下来,但通常商务人士不愿意再花时间。也有软件允许将对话保存在计算机的硬盘中。但这会造成更多安全问题,因为它可以随时被其他计算机使用者打开,如 MSN Messenger。

(二) 解决安全问题的途径

解决即时通信安全问题主要可以通过两种途径:即时通信技术的改善和企业自身管理的强化。

1. 即时通信技术的改善

即时通信服务提供商需提高产品的安全性能,减少由于产品自身原因而存在的安全隐患。在技术手段没有质的飞跃的情况下,版本升级是一个必要的手段。即时通信服务商需要为企业搭建更为独立、安全的系统平台,例如为企业搭建内部服务器,从而建立起一道屏障,使内网和外网之间的信息交换能获得更好的监控。

2. 企业自身管理的强化

所谓"三分技术,七分管理",网络安全不仅仅是技术部门的事,应该转变传统的网络安全观念,提高普通员工的网络安全意识。管理层应该制定规章制度,规范企业内部的网络使用,加强员工的责任感,严格限制员工使用工作用机传送与工作无关的信息,鼓励员工使用更为安全的企业级即时通信产品。

五、即时通信的发展

(一) 即时通信软件嵌入手机

随着手机的普及,预计即时通信软件将会集成在其中而成为未来通信很重要的方式之一。在未来,通过 3G 网络或者其他无线传输网络,人们利用手机上网并通过手机里预装的即时通信软件进行文件的传输,包括音乐、电影等的传输。电话号码将被即时通信账号或网名取代,同时基于手机的即时通信平台的语音或视频聊天的费用将按照数据费来计算而不再是高昂的语音话费。即时通信软件在 PC 上可以实现的功能通过无限终端设备也完全可以做到,并且没有了时间空间的限制。

和使用手机短信相比,在手机上使用即时通信软件的好处在于即时通信的用户使用数据而不是短信文本信息;可以使用即时通信的聊天模式,使信息更快地传输。有些 IM 软件还允许群组沟通。

目前提供这类服务的软件主要有两类:一类是由现有即时通信服务商开发的可以在手机上运行的即时通信软件,这类客户端软件一般都是使用 Java 语言开发的,可以在下载后通过 GPRS 连接到服务器。另一类是由大型的移动服务商公司开发,例如中国移动推出的即时通信工具"飞信",中国联通推出的"超信"。

但是,如果要在手机上提供真正充分、强大但是方便的移动体验,还有一些形式因素和移动性的因素需要考虑。例如手机频率的带宽、内存大小和支持的多媒体格式,还有手机键盘输入、显示屏效果、CPU 的表现和电池电量都是要考虑的关键因素,而这些在笔记本电脑上通常都不用考虑。

(二) 即时通信工具的互联互通

目前,绝大多数企业的即时通信软件不允许互联互通进行沟通,这给个人和企业用户都带来了麻烦。对个人来说由于即时通信软件之间无法互通,有的用户只好同时安装 2~3 个不同的软件,既占用了空间,又消耗了资源。对企业来说,即时通信软件不能互通会使信息延后或是联系不到一部分客户,因此起不到即时通信的作用。如果为了即时通信的正常进行,同时采用多家即时通信工具,必然会导致成本的增加,而且管理和安全也会受到威胁。

实现即时通信软件互联互通在技术上有两种整合各种协议的方法:一种在即时通信客户端软件上整合各种通信协议,例如微软的 MSN Messenger;另一种是在即时通信服务器端整合各种协议。这种方法将沟通的转换转移到了服务器。用户就不需要去了解即时通信的协议。

在技术上实现即时通信软件之间互联互通的难度并不高,主要的困难在于服务商。因为多数即时通信软件的用户都具有从众心理,他们希望通过即时通信软件寻找网友实现网络交流,当然会首先选择使用已经拥有相当多使用者的即时通信软件。而且一般来说,用户群体庞大的即时通信软件在功能上已相当完善,在程序运行上会更加稳定,这也是许多用户青睐 QQ 及 MSN 的主要原因。对于 QQ 和 MSN 这样已经拥有数百万用户的企业而言,产品间的互联互通在一定程度上会分流这些企业的潜在用户甚至现有用户。而用户群较小的即时通信软件则希望通过即时通信软件的互联互通来扩大自身即时通信软件产品的用户群。

目前在即时通信互联互通上已经有一些有益的尝试。2005 年 9 月 AOL 和 Google 战略联盟达成协议——Google Talk 的用户可以和 AIM 和 ICQ 的用户进行聊天,只要他们在 AOL 上进行注册。

第三节 基于 Web 2.0 的电子商务应用

一、Web 2.0 概述

(一) Web 2.0 的概念

Web 2.0 这个术语是在美国 O'Reilly Media 公司和 MediaLive 公司之间的一次头脑风暴中提出的。但目前关于 Web 2.0 尚无统一定义。2004 年国际Web 2.0大会提出Web 2.0 是将"互联网作为一个平台"。维基百科全书认为 Web 2.0 是国际互联网发展的一个阶段的统称——国际互联网正在从网站的集合转变为向终端用户提供网络应用服务的计算机平台。

简单来说，Web 2.0 的意思就是新一代互联网提供的在线服务，由 Web1.0 单纯通过网络浏览器浏览 HTML 网页模式，向内容更丰富、关联性更强、工具性更强的 Web 2.0 互联网模式的发展。Web 2.0 时代互联网用户从信息消费者变为信息生产者，Web 2.0 的最大特点是个人化、去中心化，同时强调社会化，强调开放、共享，强调参与、创造。

元内容是 Web 2.0 的核心关键词，它是指由于用户使用形成的任何数据，如一篇网络日志、一个评论、一幅图片、收藏的书签、喜好的音乐列表、想结交的朋友，等等。这些元内容，充斥在了人们的生活、工作和学习的方方面面。而 Web 2.0 重点要解决的正是对这些元内容的重新发现和利用。

（二）Web 2.0 与 Web1.0 的主要区别

从以上定义可以看出，Web 2.0 并不是一个具体的事物，而是互联网的一个阶段，是促成这个阶段的各种相关原则、技术和应用的总称。O'Reilly 在《什么是 Web 2.0》中分析了 Web 1.0 和 Web 2.0 的区别（见表 11-1）。

表 11-1 Web1.0 和 Web 2.0 的区别

项目	Web 1.0	Web 2.0
典型企业案例	大英百科全书在线	维基百科全书
典型个人案例	个人网页	博客
经营重点	域名投机	搜索引擎优化
经营核心	页面浏览数	每次点击成本
服务重点	屏幕抓取	网络服务
管理重点	发布	参与
技术重点	内容管理系统	维基
核心技术	目录（分类）	标签（社会性标签）
客户重点	黏性	聚合

MOP（猫扑）网董事长兼 CEO 陈一舟认为可以从四个角度来认识 Web 2.0 与 Web1.0 的区别：从知识生产的角度看，Web1.0 的任务是将以前没有放在网上的人类知识，通过商业的力量放到网上去。而 Web 2.0 的任务是将这些知识，通过每个用户浏览求知的力量，协作工作，把知识有机地组织起来，在这个过程中继续将知识深化，并产生新的思想火花。从内容生产者角度看，Web1.0 是以商业公司为主体把内容往网上搬。而 Web 2.0 则是以用户为主，以简便随意的方式，通过博客或播客的方式把新内容往网上搬。从交互性看，Web1.0 是网站对用户为主，而 Web 2.0 是以个人对个人为主。从技术上看，Web 2.0 是互联网客户端化，工作效率越来越高。

（三）Web 2.0 的核心原则

虽然一系列技术在 Web 2.0 中扮演着非常重要的角色，但 Web 2.0 最核心的是基于一系列原则和理念的服务，而技术是实现这些服务的保障。目前公认的 Web 2.0 应该至少包括两个原则：Web 作为平台和社会网络。

1. Web 作为平台（Web as platform）

从技术来说，Web 2.0 强调依托 Web 技术。Web 2.0 强调的个人信息交互，为便于用户的信息交流和互动，Web 2.0 采用通用的 Web 浏览器来提供服务。下面介绍的 Web 2.0 技术都是基于 Web 浏览器的方式来实现的。如 AJAX 技术可以让用户利用 Web 浏览器来实现以前需要专门办公软件处理的功能，也就是说用户无须安装 Office 软件就可以利用 Web 处理文档和幻灯片。

2. 社会网络（social networking）

从运作来说，Web 2.0 强调社会网络的协同作用。Web 2.0 的核心是依靠集体智慧，由众多用户来生产内容，鼓励用户参与、协作和贡献。一个典型的例子是内容信息分类，以往的信息分类依靠的是网站制作者设置标签来进行分类，而在 Web 2.0 时代，内容分类依靠的是社会大众的力量设置社会标签来进行分类，如新闻推荐网站 Digg 便是通过这一理念获得成功的典型，它依靠用户来发布和筛选内容，用户可以根据自己经验和喜好推荐和编辑内容。

二、Web 2.0 的技术实现

（一）开放的应用程序接口 API

API（application programming interface）就是应用程序编程接口，它是能与应用程序进行交互的一组小程序（函数）。也就是说如果某网站开放 API，外部开发者就可以通过开放的 API 来使用该网站的数据和技术，并在此基础上开发新的应用。很多著名的 Web 2.0 网站通过开放 API 获得了很多有趣、有用的想法，并借助外部的力量，让用户获得了更好的体验。目前很多大公司也加入到开放 API 的潮流中，如亚马逊公司（Amazon）、雅虎公司、电子港湾公司（eBay）等。这样，就非常便于各种网站之间交换数据和通信。国内许多地图网站，如 51ditu、丁丁地图、E 都市都开放了免费的接口来供其他网站来整合其应用。

典型的例子是 Google Maps（网络地图），通过开放 API 标准，Google 公司无须花费力气做更多的市场推广，其他公司就会主动地整合它的应用。如美国著名的分类广告网站 Craigslist 整合了 Google Maps 的应用，在该公司推出的 housingmaps 上，纽约和旧金山的电子地图已经密密麻麻地布满了各种商店的方位点。如果用户在出售的房屋信息中对某所房子有一定的兴趣，就可以直接点击该地址，它会自动呈现在地图上，房子的照片也会出现在方位点的旁边，并可获得用户从自己的居所到达该地的交通路线图。这种立体化的使用感受，也许会激发出更多的富有创意的应用来，这就是开放 API 的魔力。

（二）AJAX 技术

AJAX 是 asynchronous、JavaScript 和 XML 的简称。异步交互（asynchronous）、基

于 JavaScript 脚本和 XML 封装数据是 AJAX 的三大特征。AJAX 克服了以往 Web 页面更新时,需要将所有页面内容重新提交到服务器,然后再由服务器重新生成整个页面并传送回来到客户端,客户端才能显示页面内容,导致页面更新的效率较低的缺陷。AJAX 可以通过 XML 技术只向服务器请求更新的数据,然后通过 Javascript 技术在客户端自己运算生成整个页面,不用依靠服务器来生成页面,这样提高了数据传输效率,增强了用户体验。

著名的图像网站 Flickr.com 就是利用 AJAX 技术的一个成功案例。Flickr.com 的用户在管理图片时,可以非常方便地对图片的标题、描述以及标签等进行任意修改,当用户将鼠标掠过这些标签和描述时,会发现页面出现动感的书写框,提示用户键入任何想添加和修改的文字,当用户提交后,页面却无须刷新,几乎是所见即所得,非常方便。这些人性化的设计就是 AJAX 的典型应用。

在谷歌公司(Google)的 Google Maps 里面也体现了 AJAX 的魅力。Google Maps 可以允许用户任意放大、缩小和移动图片,这种平滑的迁移做得十分出色,这正是依靠 AJAX 实现的,而且也是 Google Maps 和其他的同类产品的最大区别,Google 的许多产品都用了这项技术如 Orkut、Gmail、Google earth 和 Google Groups。

(三) RSS 技术

RSS 诞生于 1997 年,是如下两种技术的汇合:一种是戴夫·温纳(Dave Winer)的"真正简单的聚合"(really simple syndication)技术,用于通知博客的更新情况;另一种是 Netscape 公司提供的"丰富站点摘要"(rich site summary)技术,该技术允许用户用定期更新的数据流来定制 Netscape 主页。后来 Netscape 公司失去了兴趣,这种技术便由温纳的一个博客先驱公司 Userland 承接下来。

RSS 是 Web 2.0 标杆式的技术,是站点用来和其他站点之间共享内容的一种简易方式(也叫聚合内容),通常被用于新闻和其他按顺序排列的网站,例如 Blog(博客)。一段项目的介绍可能包含新闻的全部介绍等。或者仅仅是额外的内容或者简短的介绍。这些项目的链接通常都能链接到全部的内容。

用户可以在客户端借助于离线或在线 RSS 阅读器(例如 IE7.0 或 Firefox 自带的 RSS 阅读器,以及 Google Reader,Bloglines),在不打开网站内容页面的情况下阅读支持 RSS 输出的网站内容。通过订阅 RSS 源,用户可以很容易地发现已经更新了的站点,及时追踪和阅读网站更新的内容,同时也可以根据自己的需求定制需要的信息。RSS 内容提供者和接收者都能从中获益。对内容提供者来说,RSS 技术提供了一个实时、高效、安全、低成本的信息发布渠道;对内容接收者来说,RSS 技术提供了一个崭新的阅读体验。

如今,RSS 内容的聚合形式也越来越趋于多样化,如视频和音频格式等多媒体信息源也都开始支持 RSS 输出。还可以用于通知其他各种各样的数据更新,包括股票报价、天气情况以及图片。

(四) Tag 标签技术

Tag(标签)是用来描述内容的分类信息的标识,是由用户自主定义的分类。总的说来,Tag 是一种分类系统,但是每个 Tag 由用户自建,不必遵从某一分类体系。

例如一篇文章或一个 Blog 的标签可以来自关键词，也可以来自分类，作为关键词标记，用户可以用几个关键词来概括文章或者 Blog，这个关键词可以是文章中出现过的，也可以是没有的，作为分类标记。Tag 又不同于一般的目录结构的分类方法，可以自由地不考虑目录结构地给文章进行分类，各个 Tag 之间的关系是一种平行的关系，但是又可以根据相关性分析，将经常一起出现的 Tag 关联起来，而产生一种相关性的分类。

在著名的书签收藏网站 del.icio.us 上，通过 Tag，不同用户还可以进行交叉查询，用户可通过关键词找到其他用户收藏的网站，也可以通过大家共同收藏的 URL 找到其他用户，这就相当于将自己的知识收藏发布到了全球网络上。用户在提供信息的同时，也从他人的信息中受益。

三、Web 2.0 环境下的用户行为模式

（一）消费者参与传播

从信源的角度来看，Web 2.0 带来的最大变化就是信息源的多样化，消费者也参与到信息的生产和传播中。在传统的营销活动中，营销信息的传播模式基本上是"营销人员→顾客"单向流动模式。而顾客之间，由于时间、空间和心理上的距离，也很少进行沟通。在这个传播过程中，只有一个单向的信道，顾客要获得对于某种产品或者服务的信息，只得寻求营销人员的帮助。而在 Web 2.0 的背景下，传统的"单信道、单向度"传播模式向"多信道、网状"传播模式发生了转变，人人都可以平等地发表自己的意见。顾客不仅可以向产品、服务提供者反馈意见，顾客之间还可以进行互动交流，在网上发布自己对产品、服务的消费体验和购后的评价。

因此传统的营销观念必须做出很大调整，由"发布信息"向"影响并控制信息流"转变。由传统的无差异地对待所有消费者的"大众营销"，向有差异地对待普通消费者和"信息节点消费者"的"小众营销"转变。通过在公司网站上增加博客内容，以个人的角度从不同层面介绍与公司业务相关的问题，丰富了企业网站内容，从而为用户提供更多的信息资源，在增加顾客关系和顾客忠诚方面具有一定价值，尤其对于具有众多用户消费群体的企业网站更加有效，如化妆品、服装、运动健身、金融保险等领域。

不过信息源的多样化对营销人员来说也是一个极大的挑战。以在网上闹得沸沸扬扬的海南三亚小商贩围攻游客事件为例。老驴在三亚旅游时遭受了不愉快的事件，随后在自己的博客上发表了《如此让人恶心的三亚》一文。此事件随后迅速升级为一场全国范围内的大讨论和大批斗，三亚旅游业遭受到的打击无疑是毁灭性的。从营销的角度看，这是一次消极营销信息的传播活动，由于营销人员未能迅速做出反应，直接导致了这次灾难性的事件。

（二）消费者网络社区群体

Web 2.0 的一个重要原则就是建立和依靠社会网络。网络社区群体正在逐渐向线下转移，不再只是游戏社区之类，而是进入到人们的现实生活，形成了大批基于个人喜好和用户体验的相关社区。

这种网络社区具有相当的稳定性和延续性，而且在社群内部信道是十分畅通的，当意见领袖接触到某种概念时，他会将这种概念传播出去，而社群内的其他成员由于在心理上对其有好感，便会十分乐意地接受这些信息。当网络社群的参与者分享个人喜好或者共同体验，并通过网络跟帖或发表新帖表述意见时，浏览信息所获得的用户体验可以得到提高。这种用户体验分享的方式，达到的效果已不仅仅是单个的累加，而是几何级数的增长。

Web 2.0 带来的为数众多、特质各异的网络社区群体环境，实际上就是一个个高质量的细分市场。与传统市场细分标准中的地理因素、人口因素、心理因素、行为因素四大标准相比，个人喜好和用户体验是一种更加有效的细分法则，因为喜好和体验在很大程度上直接决定了消费者的购买决策。此外 Web 2.0 也为营销人员的市场定位工作带来了极大的便利，营销人员可以根据社群的喜欢和需求来准确地理解潜在目标市场的需要和可能的购买决策过程，并利用 Web 2.0 的媒体特性来进行营销宣传。

四、维基电子商务（Wiki）

（一）维基概述

第一个维基诞生于 1995 年，WardCunningham 为了方便模式社群的交流创建了全世界第一个维基系统——WikiWiki-Web，并用它建立了波特兰模式知识库。WikiWiki 一词来源于夏威夷语的"weekeeweekee"，英文就是"quick"，中文就是"迅速"的意思。

维基是一种超文本系统。这种超文本系统支持面向社群的协作式写作，同时也包括一组支持这种写作的辅助工具。有人认为，维基系统属于一种人类知识网格系统，人们可以在 Web 的基础上对维基文本进行浏览、创建、更改，而且创建、更改、发布的代价远比 HTML 文本小；同时维基系统还支持面向社群的协作式写作，为协作式写作提供必要帮助；最后，维基的写作者自然构成了一个社群，维基系统为这个社群提供简单的交流工具。与其他超文本系统相比，维基有使用方便及开放的特点，所以维基系统可以帮助人们在一个社群内共享某领域的知识。

截至 2013 年 1 月，维基百科条目数第一的英文维基百科已有 415 万个条目，而全球所有 282 种语言的独立运作版本共突破 2 100 万个条目，总登记用户也超越 3 200 万人，而总编辑次数更是超越 12 亿次。大部分页面都可以由任何人使用浏览器进行阅览和修改，英文维基百科的普及也促成了其他计划。

国内目前与之相似的主要有百度百科、360 百科等。百度百科已成为全球最大中文网络百科全书，全球华人地区影响最广的互联网知识平台，拥有最全面的知识系统，也最受华人地区网友的欢迎。

（二）维基的特点

1. 使用的便捷性

维基的便捷性主要表现在一是维护快捷，可以快速创建、存取、更改超文本页面；二是内容编辑的格式简单，用简单的格式标记来取代 HTML 的复杂格式标记

(类似所见即所得的风格);三是链接方便,通过简单标记,直接以关键字名来建立链接(页面、外部连接、图像等);四是命名简单容易记忆,关键字名就是页面名称。

2. 组织的灵活性

维基的内容采取的自组织方式,一是同页面的内容一样,整个超文本的组织结构也是可以修改、演化的;二是具有可汇聚性,系统内多个内容重复的页面可以被汇聚于其中的某个页面,相应的链接结构也随之改变。

3. 内容的增长性

页面的链接目标可以尚未存在,通过点击链接,维基的用户可以创建这些页面,从而使系统的内容得到增长;记录页面的修订历史,页面的各个版本都可以被获取。

4. 系统的开放性

维基的内容是开放的,社群的成员可以任意创建、修改、删除页面;系统内页面的变动可以被访问者观察到。

(三) 维基的应用

现在维基应用的案例越来越多,应用的范围也越来越广泛,主要包括以下几类。

1. 个人知识管理工具

由于具有使用方便、开放性、自组织等特性,维基最常在知识管理的过程中扮演储存的角色。储存的规模小到个人,大到上千人的社群,都有实际使用的例子。John Abbe 是旅居国外的美国人,他利用"PikiePikie"这个维基软件来管理个人在网络上所获取的重要信息,以供后备查询,并且改写版面,做成类似博客的可以依照时序来发表短文的平台。

2. 社群交流平台

拓展到个人之外,就是社群的利用。主题明确、规模较小的社群计划如 Personal Telco(http://www.personaltelco.net/stab)的。这个计划的诉求是群聚美国波特兰市当地所有无线网络社群的使用者,提供最新热点(hotspot)消息,并且有许多关于如何架设个人无限局域网络的说明和讨论。社群成员的地域性颇强,但是由于这些使用者的工作并不相同,平时也无法约定一个时间来进行讨论,因此他们利用维基的技术,凝聚社群的知识,并且塑造一个跨越时空的交流平台。这个计划比知识管理中仅仅是担任储存的角色又更进了一步,但还达到传播和孕育讨论的功效。计划的所有参与者完全是义务协助,并没有主要的负责人员。

3. 基于主题的协作共创

基于主题的协作共创是维基最常见的一种应用情境,比如"中文 Weblog 百科全书"(http://www.cnblog.org/Wiki/)就是非常典型的网络社群共同创作。Social Software Alliance Wiki(http://www.socialtext.net/ssa/index.cgi)是国外的一个基于主题的协作共创维基,其探讨主题就是关于社会性软件(social software)发展。

4. 共建资源的目录索引

对于协同建立的资源库,由于资源的来源与种类繁多,对其进行分类是一件困难的事情。所以人们利用维基对共建资源进行目录索引。这可以参考挪威文学数字典藏计划（Project Ruenberg）。这完全是一个由自愿工作者所维护的数字典藏计划，其成立宗旨在于整理零散的挪威古老文献和挪威文学作者的作品摘要和书目数据库。一般数字典藏流程没有维基般的透明化。维基的快速、免费，还有简单的学习曲线，正好让人们可以免除工具性的障碍，提高中高龄的、不熟悉网络技术的工作者直接对文献进行数字处理的能力，绕过目前学习其他软件必须付出精力和再适应的烦琐过程。

5. 有效的企业管理工具

瑞典的Hammarskjold Informatio（http://www.hammarskjold.se）使用TWiki来管理社区内某双月刊约30页左右的出版品流程。TWiki支持工作流程与文件附档，从编辑到最后的认可与排版。整个工作小组对于项目内近期的各项动作都有渠道可以实时得知，概观全案发展。这也提高了小组间的聚合力。

五、社会网络服务（SNS）

SNS（social network service）即社会网络服务，维基百科将其定义为专注于建立和巩固网上社会网络的社会性软件。很多社会网络服务同时也提供博客服务。社会网络服务能让用户创建自己的个人档案，用户可以上传他们的照片并成为他人的朋友。在大部分社会网络服务网站，某个用户如果要将其他人加到其好友列表，必须得到他人的同意，有些社会网络服务网站则不需要他人的同意就能将他人加到朋友列表。通常社会网络服务网站都有隐私控制，能够让用户选择哪些人可以看到他们的档案并和他们联系。还有一些网站支持上传视频，或是建立有共同爱好或属性的小组。

社会网络软件基于六度分隔理论运作。1967年，哈佛大学的心理学教授Stanley Milgram提出六度分隔理论（six degrees of separation）。简单地说："你和任何一个陌生人之间所间隔的人不会超过六个，也就是说，最多通过六个人你就能够认识任何一个陌生人。"许多社会学上的深入研究也给出令人信服的证据，说明这一特征不只是特例，在一般情形下也存在。基于这一理论，一个人可以通过他的朋友找到新的朋友，通过新的朋友找新的朋友，其实这种方式在非互联网世界也可以实现，但是互联网为这种方式的实现提供了便利，节约了成本，最终拓展人际网络，获取更多的机会。

2004年，Friendster首先推出社会网络服务，此后在全世界掀起了社会网络服务热潮。国外比较著名的社会网络服务网站还有Myspace、Orkut、Liring等。国内也已经出现了一大批社会网络服务网站，如亿友、UUZone、若邻网络、联络家、天际网等。

在Friendster中，通过搜索和邀请，可以把对方加为朋友，同时可以方便地把朋友的朋友加为朋友，因此人际网络可以很快扩大，很容易拥有数万朋友，这是六度分隔理论在社会网络服务网站中最基本的应用。而目前最受关注的SNS网站是MySpace，它已经超越了Friendster。MySpace成立于2003年，不到4年时间已经拥有用户 1.4 亿。根据 Alexa 公司的调查，MySpace 成为全世界第四受欢迎的英语网站。2005 年 7 月，MySpace 被美国新闻集团（News Corporation）以 5.8 亿美元收购。

小结

网上拍卖是指交易双方借助于 Web 网站提供的交易平台，通过不断变化的标价进行的交易行为。网上拍卖在范围、参与空间、结束方式、成本和中介机构的服务上与传统拍卖不同。网站的具体经营模式可分为网上拍卖型、网上竞价买卖型。拍卖方式有英式、荷兰式、密封拍卖、双重拍卖和集体议价五种。网上拍卖的营销策略应以客户的需要为中心，以客户能接受的成本定价，给客户交易提供方便和加强与用户的沟通和交流。

即时通信是以软件为执行手段，以多种信息格式（文字、图片、声音、视频等）沟通为目的，通过多平台、多终端的通信技术来实现的同平台、跨平台的低成本高效率的综合性通信工具。即时通信主要的价值在实时互动的多媒体沟通。即时通信在电子商务上的应用主要分为公众即时通信服务和企业即时通信服务。企业可以利用公众即时通信工具进行广告、在线客户服务、在线导购和病毒式营销等营销活动。企业即时通信可以用于企业内部沟通和企业间商务交流。即时通信的安全、互联互通和嵌入手机是即时通信发展的重要问题。

Web 2.0 并不是一个具体的事物，而是互联网的一个阶段，是促成这个阶段的各种相关原则、技术和应用的总称。Web 2.0 的关键原则包括以 Web 作为平台和社会网络。Web 2.0 的关键技术包括开放 API、AJAX、RSS 和 Tag。维基和社会网络服务是 Web 2.0 的典型应用。

 即测即评

请扫描二维码，在线测试本章学习效果

 思考题

1. 请解释下列概念：网上拍卖、英式拍卖、即时通信。
2. 网上拍卖的特点是什么？

3. 试比较网上拍卖型网站和网上竞价买卖型网站的区别。
4. 简述拍卖网站的基本营销策略。
5. 即时通信有哪些功能？
6. 简述公众即时通信的营销价值。
7. 简述企业应用即时通信的价值。
8. 如何解决即时通信工具的安全问题？
9. 简述 Web 2.0 的关键原则。
10. 维基的特点是什么？

小微信大智慧　经典微信营销案例 TOP5

当腾讯推出微信的时候，恐怕没有太多人想到，这样一个小小的手机 APP（移动应用程序）会在未来对看似无法撼动的移动运营商产生如此大的冲击。如今，微信已经有了相当的普及程度，它也在急剧地改变着我们交流的方式（见图 11-1）。

图 11-1　正在改变我们生活方式的微信

而当微信推出公众账号，将品牌和企业留驻其中时，就连传统的企业营销方式也面临着颠覆性的转变。现在的宣传已经不是过去的大撒网大广播式，而更注重品牌与单个用户的直接沟通。这种"点对点"地互动，可以借助微信提供的开发者平台完成自动回复、关键词调用等更多扩展应用来实现。让每一个消费者都不再只是信息的接收方，而是成为平等的参与者。同时也让品牌有了更加亲民的形象，拉近了其与消费者之间的距离。

可以说，只要策划得当，微信公众平台就是一个全功能的 App。它也可以成为一个一对一的客服中心，达到过去需要很高的成本才能实现的客户沟通效果——微信营销正在成为各大品牌、企业追捧的营销新手段（只是真正能游刃有余地玩转这一新营销方式的品牌还实在太少）。正所谓小微信有大智慧，这里我们就为大家带来2012—2013 年微信营销经典案例的 TOP5。

一、第 5 名：深圳海岸城的"微信会员卡"

深圳海岸城推出了一个有趣的新鲜促销，用户只需要用手机扫描商家专属的二维码，就能够得到一张电子会员卡。这张会员卡只存储在用户的微信账号当中，在消费时使用便能够得到特定商家的会员折扣服务。商家通过这样的方式对自己的产品和活动进行了有针对性的推广，成本不高、得到的消费者都是目标人群，定位更加精准。在短时间内就为品牌微信积累了大量忠实粉丝，对实现品牌口碑和用户量的长期积累颇有好处，见图 11-2。

图 11-2　海岸城的"微信会员卡"

而对于普通消费者来说，这样的方式当然是更有乐趣，同时也减轻了自己视觉上的负担——过去类似的宣传要么通过大幅广告来呈现，要么通过到处塞小广告来传播，哪种方式实际上都是对个人空间的粗暴干涉。现在在微信上来得到促销信息，有需要就去关注，没有需要就不会被打扰，这反而会让自己以更加轻松积极的心态去了解整个促销活动，如果觉得有必要还能直接以对话的方式与主办方取得联系，这被认为是微信与传统卖场结合的代表性案例。

二、第 4 名：1 号店的"你画我猜"营销活动

其实"你画我猜"的概念是来自于火爆的 App 游戏 Draw Something，而在 1 号店的"你画我猜"营销活动当中，游戏方式稍微有了调整。在关注 1 号店的微信账号之后，每天微信会推送一张图给用户，然后用户就可以通过回复答案的方式来参与到游戏当中，猜中并且在名额范围以内就有奖品，见图 11-3。

将猜图的有趣和抢答的紧张结合在了一起，用户以非常低的成本就能去博得实实在在的奖励。这样让手机端的用户与 web 端互动起来，1 号店以非常小的成本就实现了为电子商务平台导入大量有针对性的流量。

三、第 3 名：招商银行的"爱心漂流瓶"

这是技术性和创意性更强的微信互动案例，是招商银行（下文简称招行）为自闭症儿童提供帮助的慈善性质的营销活动。在活动期间，微信用户可通过"漂流瓶"功能捡到来自招行微信账户的漂流瓶，然后根据上面的提示完成一些配合，比如通过微信给自闭症孩子们说一些祝福的话，随后招行会根据用户的参与情况，

通过壹基金的"海洋天堂"计划来购买为自闭症孩子提供的专业辅导训练，见图11-4。

图 11-3　1号店的"你画我猜"营销活动

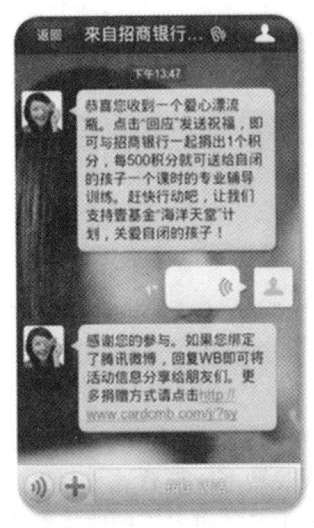

图 11-4　招商银行的"爱心漂流瓶"

为了这次活动，招行专门通过微信官方调整了漂流瓶的参数，让用户"捞到"来自招行的漂流瓶的概率大大增加。这也给很多企业提供了参考，营销方式多种多样，关键是看自己怎么来创意怎么来掌握，做出最适合自己品牌和营销目标的方案出来。

四、第 2 名：长虹微信聊天机器人

事实上，既然微信公众平台扮演的是品牌和用户直接、点对点、一对一的沟通平台的角色，那么只要充分加强这一功能，充分发掘这一功能更深的潜力，也同样能够得到用户的认可。但是在这个方向上要做好也并不是那么容易，很多品牌仍然用传统的方式——有多少回复多少，没有自己核心的思路，也没有统一的努力方向，会让回复变得凌乱且毫无意义，并且因为类似的工作都采用人工回复的方式，这还会加大维护成本，投入了却没有得到足够多的回报。

长虹的微信聊天机器人是这类营销方式当中呈现效果最好的一个，它通过对热点事件的掌握，以主题互动聊天的方式来和用户沟通交流。在这个过程当中，长虹将自己旗下的主流产品包装成性格各异的微信机器人，这些机器人通过自由设置的关键词回复功能最大限度地与微信粉丝进行点对点互动。既让官方与用户之间建立了亲密的关系，又让回复变得非常智能和贴切，还实现了对长虹产品的有效传播，见图11-5。

这项应用在雅安地震时更以互动直播的方式做到了极致，让用户得到更加直接的信息获取体验——只要向长虹微信查询地震相关关键词，它就会推送相关的实时信息。相比传统媒体上的单向内容，通过长虹微信聊天机器人来得到的信息更具有互动性、可参与性和实时性，因为沟通仍然是点对点的，它在灾害来时对每一个普通个体起到的作用，甚至超过了微博这样公众平台笼统的信息覆盖。

284　第十一章　社会化电子商务应用

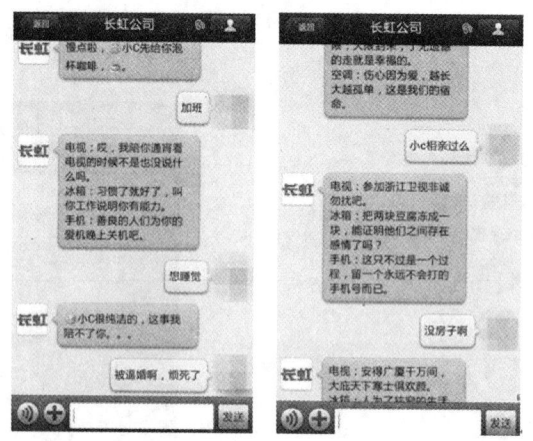

图 11-5　长虹微信聊天机器人

正所谓"做好一件事"就足够，很多时候并不需要特别多颠覆性的创意，将用户最习惯、最熟悉的操作进行细致周到的包装，也完全能够得到用户的认可。

五、第 1 名：星巴克的线上线下搭配互动案例

在微信公众平台的运营当中，星巴克堪称是最成功的典范，它们利用微信（以及线下的上千家门店）来完成大量的品牌与用户的互动，当中很多项目都给用户留下了印象。比如 2012 年星巴克《自然醒》专辑的推广，就是让用户通过关注星巴克的账号并分享自己当天的心情，再由星巴克微信账号从专辑当中挑选出最适合用户心情的一首歌来回应给用户，见图 11-6。

图 11-6　星巴克《自然醒》专辑

类似的案例还有非常多,星巴克充分利用了点对点传播的优势,将自己的促销优惠活动有针对性地推送到用户的手机端,当中加入的很多互动元素也得到很好的反馈。比如今年春节期间星巴克通过微信分享当日的点单优惠,线下门店也完全同步配合,极为出色的执行力成就了线上线下的搭配互动,最终让用户在趣味当中也得到了方便和优惠。

资料来源:中国新闻网,2013-05-07

讨论题
1. 请结合微信的发展,思考微信的盈利模式。
2. 微信给消费者和各种商家提供的核心商业价值是什么?

第十二章
其他电子商务应用

目前在旅游、金融、信息服务、教育培训、新闻出版、文化娱乐等领域的电子商务发展尤为迅速，引起了这些行业传统运作模式和经营方式的根本性变革，主要体现在三个方面：一是创新，网络的发展带来了一个新的产业，产生了如 ISP、ICP 等一批与互联网相关的服务业；二是融合，通过网络和电子商务改造传统的业务及运作模式。如银行、保险和证券电子商务等；三是取代，如用网上直销取代传统的分销模式。本章主要介绍这些行业的电子商务应用问题。

第一节　网络服务电子商务

一、网络旅游服务

电子商务与传统旅游业务相结合是旅游业的发展趋势，网络旅游正在成为电子商务发展的又一重要分支领域。

(一) 网络旅游的内涵

网络旅游亦称旅游电子商务。广义的网络旅游泛指以网络为主体，以旅游信息库、网络银行为基础，利用先进的信息化手段实现旅游业及其分销环节数字化运作的所有商务活动。狭义的网络旅游是指在旅游业中利用互联网、移动互联网实现旅游产品与服务活动的总称，它涉及旅游业的方方面面，不仅是通过网络进行旅游市场的交易活动，还包括旅游企业通过网络与供应商、各种服务机构以及政府相关部门建立业务联系的过程。

网络旅游的基本定位是满足旅游市场的发展要求，顺应旅游企业经营战略创新的趋势，探索新的旅游业务模式，建设有特色的、个性化的旅游电子商务，以降低成本，提高效率，寻求新的利润增长点。

网络旅游的基本目标是突破传统经营模式与手段，建立以 Internet 为基础的现代旅游管理信息系统，消除传统规模扩张的经营机构臃肿、管理效率低下的弊病，形成规模化、产业化、标准化的旅游发展新格局，使旅游业整体利益最大化和运作效率最优化成为可能。

综上所述，网络旅游是一个以信息技术服务为支撑的全球商务活动的动态发展过程。

1. 旅游业发展电子商务的条件

（1）旅游产品自身的特点适合发展电子商务。绝大多数旅游产品（资源）具有无形性和不可储藏性，其生产和销售的过程是在服务的过程中同时发生的，因此，目前在一些行业发展电子商务过程中遇到的物流配送等制约因素，对网络旅游却影响很小。

旅游产品具有不能流动、不可转移性。旅游业是将食、住、行、游、购、娱诸多产品要素组合在一起提供给消费者，旅游产品具有综合性的特点，表现在它是由有关企业为满足旅游者的各种需求而提供的各种服务的组合，既包括物质的、精神的劳动产品，又包括非劳动产品和自然物，而这其中大部分要素是以是信息形态呈现的，许多旅游产品的销售过程就是产品信息的传递过程，因此，尤其需要以电子信息化的运作方式来实现产品诸多要素的有机组合。同时，旅游产品具有不稳定的特点，受季节、时间、经济等因素影响十分敏感，这从客观上要求旅游企业能以最快的速度做出反应，并且以同样的速度将信息传递给潜在的客户。旅游产品的上述特征决定了旅游业是对信息化敏感度最强的产业之一，作为服务性行业的旅游业主要是人和信息的流动，非常适合发展电子商务。

（2）旅游产业和市场的发展需要电子商务。旅游业是由旅行社、旅游饭店、旅游景点以及银行、商店、娱乐、交通、通信等多个行业组合起来的高关联性综合产业。随着我国旅游市场的逐步开放，需要将分散的旅游景点、服务设施以及旅游者等旅游资源整合在一起，提高这些资源的整体附加值，降低运作成本。同时也需要各行业间的交叉联合，摒弃过去仅仅依赖规模经济扩大的传统发展模式，走新的系统经济的道路，形成旅游产品生产者、提供商、中介商、旅游者多方得利的共赢局面。

随着社会消费水平的提高，旅游市场开始呈现消费者越来越多的个性化、高层次的旅游消费需求，使旅游企业面临"面广、点多"为特点的新挑战。企业不仅要以最快捷、最有效的方式让潜在的客户知晓企业所能提供的产品，并且要让产品满足客户的需求。

电子商务与旅游业这种远距离、涉及范围宽泛、小额批量交易的服务性行业的发展有着天然的适应性，网络旅游不仅提高了企业的工作效率和业务透明度，降低了边际成本，而且凸显了旅游产品和市场个性化、时令化、信息化等特性，其优势会随着网络旅游的发展而日益显现。

2. 网络旅游的基本特点

（1）集成性。网络旅游通过网络平台把众多的旅游供应商、旅游中介机构和广大旅游者联系在一起。旅游相关行业借助于网络平台进行水平或垂直整合，进行集团化、网络化经营，实现优势互补，增强竞争力。如旅游景点、旅行社、旅游饭店及相关企业可利用同一个网站招徕客户或使用同一套应用系统进行经营，将原来市场上分散的利润点集中起来，提高资源的利用率。

（2）虚拟体验性。网络旅游通过网络和多媒体技术为消费者了解旅游产品提供了"身临其境"的虚拟体验的机会。这种全新的旅游体验，实现了无形的旅游产品的"有形"化，使足不出户畅游天下的梦想成真，并培养和壮大了潜在的客户群。

（3）综合服务性。旅游业是典型的综合服务性行业，服务也是网络旅游的基本宗旨，开展电子商务的企业均以在网站上提供不同特色和种类、多角度、个性化、高质量的增值服务来吸引各种不同类型的消费者，而且企业的竞争优势也将体现在信息服务的差异性上。

（二）网络旅游的发展

在适宜开展电子商务的行业中，旅游排名居首。据有关资料显示：旅游业电子商务销售额已占全球电子商务销售总额的 1/4 以上；全球在网上开展综合、专业、特色旅游服务的旅游企业已超过 30 万家。

我国网络旅游的兴起可追溯到 1996 年年初，中国经济信息网正式向全国推出了"中国旅游电子商务系统"的服务项目，此后不久，华夏旅游网、中国旅游资讯网（后更名为中华假日旅游网）相继开通，拉开了旅游网站大规模发展的序幕。由于当时我国的互联网用户有限，加上旅游企业对网络的认知水平较低，这一阶段的旅游网站仅限于发布旅游相关信息等业务范畴。我国旅游网站发展的第二个阶段始于 1999 年，在当时资本市场的运营下催生了一大批旅游网站，这些网站除提供旅游资讯外，开始了机票、饭店客房、旅游线路的网上预订业务，如携程旅行网（www.ctrip.com）、艺龙旅行网（www.eLong.com）、芒果网（www.mangocity.com）。2002年以后，国内网络旅游的发展进入第三阶段，以提供网上交易服务为主要业务，网站的经营者大多是传统旅游企业。如中青旅控股股份有限公司建立的"青旅在线"（www.cytsonline.com）、中国国际旅行社建立的"国旅在线"（www.cits.com.cn）等。

（三）网络旅游的基本功能

1. 信息查询、在线订购服务

旅游网站为旅游者提供了一个查询相关旅游信息、预订旅游产品、网上交易的平台。利用该平台，不但可以实现B2C的电子商务模式，而且旅游企业之间也可相互交换信息，实现B2B交易模式。一个完善的网络旅游系统的信息服务功能可概括为以下三种。

（1）旅游信息的传播、查询和处理。主要包括旅游服务机构相关信息（如旅行社、饭店以及交通线路等方面的信息）、旅游景点信息、旅游线路信息、旅游目的地的天气、环境、人文等信息的发布、旅游常识介绍、旅游观感和旅游者之间的信息交换、通过网络接受和处理消费者投诉等功能。

（2）旅游产品（服务）的在线销售。主要提供饭店客房、旅行机票、车票、旅行社旅游线路以及汽车、游船租赁服务等方面实时、动态的在线预订业务。目前，许多旅游网站上已开始提供在线旅游产品预订的客户端应用程序，客户可以与代理人（指旅行社、饭店、航空公司等相关旅游服务机构）进行实时的在线业务洽谈，管理自己的预订记录。

（3）个性化定制服务。完全依靠网站的指导，在陌生的环境中实现从网上订购车票、机票、预订饭店、查阅电子地图到观光、购物。这种以自定行程、网络导航为主要特征的自助旅游方式会成为人们旅游的主导方式。因此，能否提供个性化定制服务已成为旅游网站，特别是提供在线预订服务网站的必备功能。

2. 在线导游

网络旅游覆盖了传统旅行社的全部功能，包括其提供的导游服务。为了便于导游服务向专业化、规范化的方向发展，借助于互联网，可以把提供导游服务的功能独立出来，以信息化手段提供导游、咨询等专项服务功能。

在线导游也称电子导游（electric tour guide），除具有为旅游者提供景点介绍的传统导游服务功能外，还具有电子地图、电子定位等功能，可实现人网对话，一对一服务，满足旅游者的旅游个性化发展。近年来，随着无线数据服务及移动电商的发展，电子导游已经具备了可实现的基础环境。

3. 虚拟实境旅游（virtual reality travel）

虚拟实境旅游指以电子信息化方式实现的旅游资源开发与利用。所有旅游资源都以网上的信息流形式存在。与传统的旅游方式相比，它的空间距离也是虚拟的。但是，在诸如让旅游者获得不同经历的感受等方面它又具有与传统旅游相似的特点。根据其载体的不同，虚拟实境旅游分为两种形式。

（1）以空间实际旅游资源为载体的网上虚拟实境。该方式采用虚拟现实技术将各种旅游景点的图片、影像以三维的视觉效果呈现给网站的访问者。这种以空间实物为载体的网上虚拟实境延续了传统的旅游活动模式,是一种实物旅游资源在虚拟状态下的仿真。

(2) 以网络资源为载体的网上虚拟实境。该方式注重利用丰富的网络资源实现旅游资源的优化开发。网络资源的共享性和包容性等特点使网上虚拟实境旅游的活动形式具有充分的实现空间,如网络会议旅游、网络商务旅游、网络探险旅游等。网上虚拟实境旅游既依托于传统的旅游活动,又相对独立。通过这种旅游方式,既可丰富旅游活动的内涵,又能进一步拓展旅游消费市场。

(四) 网络旅游的主要经营模式和运作方式

1. 主要经营模式

按网站的业务性质,目前旅游网站的经营模式大致可分为三类。

(1) 产品(服务)直接提供商。这类模式主要有两种类型:一是提供与旅行相关的产品。如美国的 ITN (Internet travel network)、American Airline、United Airline 等通过网站提供目的地天气、环境与人文信息,航班、航线以及相关的旅游饭店信息与预订等,所提供的信息不仅数量多、准确性高、时效性强,而且组织的非常好。二是提供旅游景点的产品。据美国旅游协会(TIA)的调查,旅游者的旅游计划不是很早就作好的,其中约 1/3 的人是在两周前才上网进行预订的,这给旅游网站提出了一个课题,即必须随时提供景点、旅游目的地的即时信息、活动内容和旅游项目等,以增强产品的吸引力和网站的权威性。

(2) 中介服务提供商。与传统旅行社一样,目前旅游网站的中介服务主要从事在线预订服务代理,从中赚取折扣与佣金。在美国等国家,旅游产品的网上交易主要是预订服务,其中提供最多、运作机制比较成熟的是机票、饭店和汽车租赁等,如:Expedia、Travelocity、携程等都具有这类功能。定制服务也是旅游中介服务网站的必备功能。提供定制化服务,一方面可以避免在预订过程中的差错,提高工作效率;另一方面可以积累客户的消费记录(如飞行距离),以作为促销的依据,帮助企业更有针对性地推出新的旅游产品(服务)。

(3) 一般旅游信息提供商。几乎所有的信息门户网站都开辟了旅游栏目,如新浪、腾讯、搜狐和网易的旅游频道,这些栏目虽不以旅游预订为主要服务内容,但也提供了一些预订中介服务。

2. 基本运作方式

(1) 旅游网站与门户网站合作。此举是通过与门户网站的合作,扩大旅游网站的访问量。研究表明:旅游者在网上签订一份旅游合同之前,平均会登录三家旅行社的网站进行比较,因此在线旅游服务商的竞争也是相当激烈的。为吸引客户,旅游网站不仅要提供优惠的价格,而且还必须增加尽可能多的相关服务和链接。

(2) 品牌合作。目前,国际上一些知名旅游网站间的竞争已跨过了资金实力、信息丰裕程度和交互程度等阶段,进入品牌竞争时期。美国 6 家最大的在线旅游代理商都有其品牌合作计划,按照这些计划,允许任何一个网站成为自己品牌中的一部分,或者双方合作品牌。这些网站将根据访问量的高低,获得旅游代理商网站销售的回报。

(3) 优惠策略。在线旅游服务商可将各种优惠信息加以汇集使之有序化，让消费者通过网络实现快捷的检索和查询；并可根据消费者需求，为其选择或制定性价比最优的旅游线路和旅游消费方案，吸引人们购买或预订网站所提供的旅游服务。

(4) 网络广告。目前，国内外许多旅游服务网站纷纷在一些信息门户网站上投放大量的广告，此举不仅是激烈的市场竞争所致，也是旅游网站获得收益的一个重要来源，这种促销活动对促进零散交易的增长是十分有效的，同时也有助于培养客户的忠诚度。

(5) 交易佣金。一些旅游中介服务网站通过与旅行社、航空公司、旅游饭店、旅游景点以及汽车租赁等机构签署协议，利用自己的信息平台或航空公司的网站，让上述服务提供商加盟，提供可交易的产品或服务，从中获得交易佣金。

从国内外网络旅游的经营现状来看，以消费者为中心，以优质的产品、丰富的内容为消费者提供全方位、满意、周到的服务，将是网络旅游企业的生存发展之路。

二、证券电子商务

Internet 改变了传统金融业的发展进程，受其影响最为深刻的当属证券业，从证券的发行、交易、结算到市场的监管，已有 200 多年历史的证券业正受到 Internet 和电子商务带来的划时代、全方位和革命性的影响。

(一) 证券电子商务的内涵

证券电子商务从广义上讲是证券行业利用网络化的手段与方式为客户提供证券经纪业务。狭义的证券电子商务亦称网上证券交易，是指通过 Internet 来传递股市信息，为投资者和行业机构提供分析工具，进行证券交易，即信息无偿、交易有偿的一种商业服务。

从国外证券电子商务发展的情况来看，证券电子商务的基本内容包括：

(1) 为企业和投资者提供全方位的投资理财服务。

(2) 为投资者提供国际经济、政府政策、企业经营管理、市场发展态势等的分析以及证券动态与静态分析等资讯服务。

(3) 网上证券经纪交易业务，如提供国内外经济信息、证券行情、证券代理买卖、投资咨询以及外汇、期货交易等业务服务。

1. 证券电子商务的特征

(1) 经营开放化、虚拟化。在全国各地不同营业部开户的客户使用专用的客户端软件，通过券商的业务网网关接口便可实现便捷的网上交易，实现一个入口、通买通卖。所有业务均通过计算机系统自动进行，因此客户可以选择在任何一个券商的营业部开户，交易与服务不受地理位置的限制。

(2) 业务多样化、全方位。多样化是指证券电子商务的业务涵盖网上证券发行、证券交易、资金清算等多项服务，网上提供的证券品种不仅涵盖传统市场上的所有品种，而且券商的服务能力也得到了提升。利用 Internet，券商可为客户提供全方位、24 小时不间断的咨询、行情、理财等多种业务服务。

(3) 服务主动性与个性化。除提供网上交易的基本业务外，券商可借助网络充分施展其服务的艺术，以增值服务吸引客户。如为客户提供投资快讯、研究报告等的基本咨询服务；由投资专家组成的顾问团提供的网上咨询、股评报告、行业研究等专业咨询服务；由开户预约、个股诊疗、预约调研和投资组合方案组成的预约服务；营业部经纪人或经理的网上接待；模拟炒股、投资俱乐部、股民学校、股市沙龙等特色服务，其服务方式最大限度地体现出主动性与个性化。

(4) 无差异的优质化基础服务。证券电子商务为网上客户提供全面完善的行情浏览和委托手段。在让交易客户能享受到与现场客户无差异服务（操作界面相同、响应速度快、服务产品等）的同时，还能提供安全、快速、便捷的网上委托等服务，提高了券商的服务质量。

2. 证券电子商务的优势

(1) 无存储、无配送和无中间环节。证券交易的对象——有价证券是一种特殊的金融产品，它是虚拟的所有权或债权的份额代表。每份同一种类的证券在质地上并无差别，因此无须维护保养，也不涉及有形物质的配送问题，是一种特别适宜网上交易的"商品"。在我国，目前除少量的国债外，已基本不采用实物形式的证券流通，最重要的特权凭证是电子化的交易记录。证券的流通买卖只需在账户上进行电子清算交割，无须储存和配送，证券的交割和资金的过户均通过联网的计算机系统完成，客户一般并未得到实物形式的证券。由于买卖双方的交易不经过中间环节，因此，大大简化了交易的步骤。

(2) 降低了风险。网上交易只是为券商提供服务和投资者进行证券交易增加了一种新的手段，资金的清算仍在原有的体系下进行，并没有改变清算交割过程的实质。因此，与其他行业的电子商务相比，网上证券交易在减少信用风险和资金结算问题上有相当的优势。

(3) 资讯优势。券商通过 Interne 可在极短的时间内向所有客户发布和传递海量的信息。通过开放的在线数据库，客户可随时便捷地查询有关券商、证券市场、板块、个股等各种资讯，掌握全面的背景资料。这是传统交易方式所无法比拟的。

(4) 有利于客户资源的获取与维护。证券电子商务可以从成本和时空两方面增强券商获取与维护客户资源的能力。来自美国的数据表明，网上交易的推广可使交易成本降低到传统方式的 7%~10%。借助于互联网，分布在全球任何地方的投资者可不受时空的限制成为某家证券交易所的客户。网上交易不受固定营业场所或渠道的限制，能够使用互联网的客户可在全球任何能上网的地方完成交易。因此，与其他开展电子商务的企业相比，网上证券交易的客户资源要稳定得多。

(5) 成本优势。网上证券经营的虚拟性，大大节省了营业性场地和经营管理人员，同时技术的进步提高了信息处理的效率，有效地降低了证券公司的运营成本。

(6) 有利于券商的自身发展和经营能力的提升。在证券经纪业务由卖方市场转向买方市场，并进一步向智能化、咨询化方向发展的背景下，券商们纷纷提供更多更好的服务来吸引客户。券商可通过以下方式向投资者进行针对性网上服务，如根据客户要求有针对性地提出操作建议；咨询专家利用网络快速回答客户的疑问，为客户创建个性化交易组合提供建议和分析；代客理财，通过网络信息传递量大快捷的优势，为投资者理财提供最为快速的服务。券商服务质量的差别主要集中在获取信息的难易、服务价格和信息来源这几方面。网上业务的发展，将使传统的以营业部为载体的固定场地交易方式逐步让位于以网络为载体的交易方式，交易环境将逐步实现虚拟化。因此，证券电子商务对券商的自身发展和经营能力的提升有着至关重要的作用。

（二）证券电子商务的发展

虽然1971年初期建立的纳斯达克（NASDAQ）股票市场从一开始就运用信息化手段进行证券交易，但以证券经纪业务的网络化为主要特征的证券电子商务的广泛开展应归功于20世纪90年代中期券商的推动。1995年8月，摩根士丹利添惠（Morgan Stanley Dean Witter）控股的Discover Brokerage Direct公司开始向机构投资者提供及时行情和网上交易的网络证券业务。由于交易成本低、不受地域限制等特点，它很快受到投资者的欢迎，并得到迅速发展。

证券电子商务在我国的起步并不晚。1997年3月，华融信托投资公司湛江营业部率先在我国推出网上经纪服务。在此后一年多的时间里，国通、国信、申银万国、国泰君安、广发、平安、华泰、港澳、长城、华夏等多家证券公司相继开通了网上交易，并很快成为券商竞争的新手段，不少券商已通过这种方式获得了良好的经济效益。

2000年3月，中国证监会颁布了《网上证券委托暂行管理办法》，对证券公司开展网上证券交易在技术、业务、信息披露、资格申请等方面都做了规范，该办法的出台标志着我国网上证券委托交易开始步入规范发展的阶段。在政府的支持和规范管理之下，网上委托交易开始被广大股民从观念上接受，目前已成为主流的证券交易模式。

（三）证券电子商务的主要业务模式

1. 网上证券发行业务

（1）在线发行业务的发展。在线发行业务的发展经过了以下两个阶段。

① 网上分销阶段。1997年，美国Wit Capital公司首次推出网上发行，此后，E-Trade等一批网上券商相继跟进，把网上业务从在线交易拓展到在线发行。但这一阶段的在线发行只是网上分销，即网上券商作为第二级甚至第三级分销商，按上市前价格从主承销商手中认购少量股票，然后再将这些股票以在线方式出售给客户。显然，这些网上券商中的大部分并未能成为主导的承销商，而仅分得小比例的原始股，即传统发行方式以外，让一小部分投资者借助网络加入原始股投资的行列。

② 网上竞价发行阶段。1999年，W. R. Hambrecht公司推出网上直接认购（open IPO）。Hambrecht曾是著名高科技股承销商H&Q的创始人之一。Hambrecht用网络公开发行原始股，以高科技和网络聚集的量来压低原始股发行成本，抽成比例大幅下降到3%~5%。Hambrecht的网上首次公开招股成功后，美国一些地方政府的市政债券也开始尝试网上发行模式。

在中国，现阶段"涉网"的发行业务主要有上网定价发行和上网竞价发行两种。

① 上网定价发行方式是指主承销商利用证券交易所的交易系统，由主承销商作

为证券的唯一"卖方",投资者在指定时间内按委托买入方式进行证券申购。主承销商在"上网定价"发行前应在证券交易所设立证券发行专户和申购资金专户,申购结束后按实际到位资金由证券交易所的交易系统确认有效申购。

② 上网竞价发行方式。2001年5月中国证监会公布了《新股发行上网竞价方式指导意见》(公开征求意见稿)向公众征求意见,确定了上网竞价过程中最终发行价格的确定办法:在上网竞价过程中,由主承销商和发行人根据市场情况,自主选择以下办法之一或其他符合要求的办法确定最终发行价格:申购倍率改进法、基准价格法和完全竞价法。

证监会同时还对新股发行上网竞价方式提出了指导意见,指出:新股具体发行方式的选用,应由发行人和主承销商协商确定,并报证监会核准。

(2) 网上路演(online road show)。路演是投融资双方充分交流以促进股票成功发行的重要推介手段。其运作方式一般是证券发行人在发行前,在主要的路演地对可能的投资者进行巡回推介,展示所发行证券的价值,以加深投资者的认知程度,并从中了解投资人的投资意向,发现需求和价值定位,确保证券的成功发行。

网上路演也称"在线路演",它打破时空局限,以低廉的成本为证券发行人及投资者建立便捷、双向的信息交流平台,通过实时、开放、交互、快速的网上交流,使投资者认知企业的卖点和定位,了解企业管理人员的素质,准确反映企业内在的投资价值,是发行人销售证券的一种先进的推广手段。

2001年1月,中国证监会颁布了《关于新股发行公司通过互联网进行公司推介的通知》,明确规定新股发行公司在新股发行前,必须通过Internet采用网上直播(至少包括图像直播和文字直播)的方式向投资者进行公司推介,也可辅以现场推介。

目前,网上路演的功能已由最初的新股发行推介演绎为公司业绩展示、金融产品推介、上市抽签、上市仪式直播、重大事件实时报道、市场调查等诸多层面,形式也由单纯的文字形式发展到音频、视频的全程直播。同时,对网上路演的管理也趋于严格化、规范化。投资者可在网上看到更为直观、生动的路演场面,更加深入、全面地了解新股发行公司的方方面面,以避免投资的盲目性。

(3) 在线证券发行的特点。证券的在线发行和传统发行方式相比,具有明显的优势,见表12-1。

表12-1 传统发行方式和在线发行方式的区别

项目	传统发行方式	在线发行方式
发行公司选择券商	各券商纷纷登门造访发行公司,发行公司管理层选择而定	发行公司通过Internet向券商提问,通过比较其答案,确定最合适的承销商
尽职审查责任	券商通过研究发行公司材料,与发行公司经理、客户和银行代表面谈履行尽职审查责任	券商可通过Internet收集有关发行公司的各类信息:竞争对手、合作伙伴和顾客等有关资料

续表

项目	传统发行方式	在线发行方式
招股说明书的撰写	券商耗费大量精力和时间起草招股说明书，包括对发行公司、财务、规划和风险做出详细的描述	券商可在线起草，通过电子邮件快速传输，省时便捷
路演	券商和发行公司经理要巡回多个城市，向潜在投资者推介公司。周期长、费用高	管理层可在网上向潜在投资者推介本公司并答疑，直接交流
发行定价	券商向潜在的投资者进行调查，与发行公司一起确定每股招股价和筹资金额	采用竞价定价方式，因接触的投资者面广，故可消除定价的主观性
新股发售	机构和富有的投资者可捷足先登	网上认购，使新股发售更具公平性

2. 在线交易方式

随着互联网的发展，纽约、NASDAQ、伦敦、悉尼、东京、新加坡等世界主要证券交易所均采用了先进的电子交易系统。中国证监会于 2000 年 3 月颁布了《网上证券委托暂行管理办法》，从法律上确定了网上交易的合法地位，对规范网上证券交易业务、促进网上交易在全国的推广起到重要的作用。

在不同网络结构和不同服务平台环境下实现的证券服务方式有所不同。一个券商要为客户提供网络证券业务，首先要选择某种网上证券服务方式，然后才能进行平台建设。目前，常见的网上证券服务主要有以下三种方式。

（1）券商通过互联网公司网站提供证券信息服务。国内在开展在线证券业务的初期大都采用这种方式，即由证券公司全权委托互联网公司（包括 ISP、ICP、资讯公司等）或软件开发商，通过它们的网站为客户提供证券市场资讯，客户可从这些网站上实时获取股市行情和相关资讯。

（2）券商自建网站提供服务。这是目前国内券商普遍采用的服务模式，即券商通过自己开设的网站，直接为客户提供各种资讯报道、模拟操盘等个性化的服务。采用这种方式的投资者要在其计算机上安装行情接收、分析和委托下单的客户端软件，并在股市交易时间内随时启动委托下单程序，进行委托、撤单、查询等操作并接收券商发送的成交、交割清算等信息。由于券商要进行网站的建设，建立与 Internet 的专线接入，配置网上交易和行情服务器，开发网上证券交易服务软件，并进行网站的运营维护，因此该方式的安全性相对较高，同时经营成本也较高。

（3）券商与银行合作提供服务的方式。即券商设立转账服务器并与银行之间建立专线连接，在证券交易过程中实现在线查询、银行储蓄账户和证券保证金之间的即时划转等功能。该方式可充分利用银行的营业网点拓展客户，将投资者的资金账户与储蓄账户合一，客户只要在银行的任一网点办理开户手续后，便可通过银行柜台、电话银行、网络银行等方式进行股票交易。

3. 在线交易的监管

在线证券交易使券商和投资者面临一些传统市场上没有的风险，因此加强在线交易的监管是实现和保障证券电子商务有序进行的关键。目前国际上对网上证券市场如何进行监管的意见尚未统一。在网上金融市场发达的美国，金融市场的监管者分别是证券交易委员会（SEC）、商品期货贸易委员会以及其他政府指定的机构。一种意见认为，金融市场的有效作用取决于严格的管制，金融业务的网上交易会加大市场风险，应该限制网上证券交易活动的创新；另一种意见则认为政府应该鼓励网上证券交易的创新活动，监管者应该放松管制，以便于网上创新提高金融市场的效率。在我国，金融监管机构目前对网上证券交易的监管基本上比照传统证券交易的办法进行。

4. 网上证券结算业务

传统证券交易方式，要求投资者设立自己专门的账户进行证券交易，买卖股票的资金只能通过该账户出入。由于账户相对封闭，资金流动性较差，因此，该方式不利于投资者对自己资金的有效管理。为向投资者提供更完善的服务，网上证券交易中普遍采取银行与证券公司合作，发挥双方各自的优势，通过银证转账方式完成证券交易过程中的资金结算。

从技术实现的角度看，银证转账系统是运用计算机技术、语音处理技术、数字电话技术和通信网络等手段，为客户提供通过多种媒介方式进行银行账户和证券保证金账户间的实时转账服务。该系统充分利用银行和券商双方现有的网络，实现银行的综合业务网络与证券交易网络的对接。

从运作层面看，目前，国内的银证转账的具体实现方式主要有三种。

（1）通过银行卡进行银证转账。这是早期的银证合作方式，投资者可通过电话、手机、Internet 等方式实现银行账户和证券资金账户互相转账。

（2）用银行卡直接进行证券交易。该方式将投资者的资金账户和储蓄账户合二为一，投资者只要持股东代码卡、身份证到银行的任一网点，选择一家与银行合作的证券公司进行开户后，就可用其银行卡账户通过银行柜台、电话和 Internet 进行股票交易，包括开户、销户、修改账户、修改密码、买卖股票、挂失股票、存取款、查询等整个股票交易过程。

（3）通过联名卡进行证券交易。投资者通过商业银行和证券公司合作发行的联名卡直接进行股票交易，如中国工商银行和国信证券公司合作发行的"牡丹国信证券灵通卡"。

银证转账的出现，不仅极大地方便了投资者，同时，也为银行提供了一种崭新的金融服务手段，为券商吸收更多投资者提供了一种有效渠道，其推广应用取得了明显的经济效益和社会效益，受到银行、券商和投资者的普遍欢迎。

三、网络保险服务

保险作为一个业务范围宽泛、多专业部门协同工作、信息处理要求较高的行业，无疑具有实现电子商务的良好基础。随着互联网的普及，通过互联网络提供保险服务的网络保险应运而生，并日益显现出其强大的优势。作为一种低成本、高效率运作的保险业务模式和产品营销活动，网络保险发展前景广阔。

（一）网络保险的内涵

网络保险，也称网上保险或保险电子商务，是指保险公司或保险中介机构以信息技术为基础，通过Internet进行保险经营管理活动的经济行为。其内涵包含两个层次的内容：从狭义上讲，是指保险公司建立网络化的经营管理体系，通过互联网为客户提供产品和服务的信息，与客户进行交流并实现网上投保、核保、理赔、给付或赔偿等保险业务全过程的商业活动。从广义上讲，网络保险还包括保险公司内部基于互联网环境下的经营管理活动：对员工和代理人的培训，保险公司之间、保险公司与股东、保险监管、税务、工商管理等机构以及其他商业伙伴间进行多向信息交流等。总之，网络保险的目标是建立一个供保险公司和客户使用的网上保险体系，以实现保险信息资源在社会生活中的广泛传播，保险业务的全方位开展，保险行业内部利用网络全面实现经营管理的现代化。

1. 网络保险的特征

（1）业务运作虚拟化。通过Web网站即可实现包括保险信息咨询、保险计划书设计、投保、核保、缴费、承保、保单信息查询、保全变更、续期缴费、理赔、给付等几乎所有保险业务运作。此外，保险公司还可利用互联网络整合相关资源，为客户提供医疗咨询、法律咨询、汽车救援修理等增值服务，拓宽保险服务的范围。

（2）营销方式直接化、互动化。网络消除了传统环境中客户与保险公司之间相互作用的时空制约因素，使保险公司可随时根据客户的个性化需求提供"一对一"的个性化营销。客户也可以主动选择和实现自己的投保意愿，不必被动接受保险代理人的硬性推销，同时还可以在多家保险公司或多种产品中进行比较和选择，实现直接的互动营销。

（3）单证处理电子化。网络保险的业务均采用电子单证、数据传递、电子支付，实现了无纸化，消除了传统保险业务中纸面单证不宜保存、传递速度慢、业务处理周期长等弊端，实现了快速、准确双向式的数据信息交流，提高了企业的运营效率。

2. 网络保险的优势

（1）有利于企业业务范围的拓展。建立在"大数法则"基础上的保险经营要求将风险尽可能分散到更为广泛的范围，以避免大灾损失。通过Internet可将保险业务延伸到全球任何地区的任何一台联网计算机或移动通信设备上，为其用户提供全天候的保险服务，使保险业务突破时空的限制，不断扩大服务对象的范围，并在全球范围内有效分散风险，获得规模效应。

（2）有利于增强保险企业及产品的竞争力。互联网使保险市场的信息传输更快捷，加强了保险人之间的信息沟通与反馈，减少了保险市场各参与方之间的信息不对称，使保险信息更接近经济学意义上的全信息。这将有利于保险企业掌握市场动态，了解消费者需求的变化，了解国内外保险业的发展动向，以及更多的保险技术、保险资本和保险人才等信息，形成更完善的保险要素结合，从而改进产品，优化质量。还可通过网络了解竞争对手的情况，及时调整自己的产品线，提高企业及产品的竞争力。

（3）有利于客户获得优质的服务。客户利用网络可以获得保险公司为其提供的企业经营背景、保险知识、保险产品、最新险种及费率表等与保险相关的各种信息，与保险公司进行双向交流。投保人可以在自主的环境中通过网络完成投保、缴费、索赔等一系列工作。这种一对一的服务方式有利于保险公司与客户建立长期稳定的合作关系。另外，信息快速传输功能将大大减少承保的时滞性，提高服务质量。

（4）有利于提高企业运作效率，降低经营成本。网络保险减少了保险推销的中间环节，使企业的运作效率得到提高，同时也节省了用于分支机构、代理网点及营销人员方面的大量费用。此外，这些保险公司内部业务处理的无纸化、视讯会议以及内部各部门之间借助网络进行的数据传送，都将有助于提高企业内部的管理效率，节约管理成本。

（5）有利于保险市场监管和提高监管机构的监管水平。传统保险市场中，代理人在推销保险时对保险条款内容的误传、对保险责任范围的夸大而造成的保险合同纠纷屡屡出现。实施网络保险，保险企业可将不同的传播营销活动进行统一设计规划和协调实施，同时，保险监管部门也可通过网络实施电子化监管，这些都有助于减少这类事件的发生。此外，与传统监管方式相比，通过网络实施的电子化监管具有监管范围广、时效性强、科学性强和准确度高等优势，有助于提高保险监管机构的监管水平。

（二）网络保险的发展

1. 国外网络保险的产生与发展

20世纪90年代中期，欧美等国的一些保险公司即开始尝试利用Internet实现网上投保。1996年全球第二大保险公司法国安盛集团（www.axa.com）就试行了保险产品的网上直销。1997年，意大利RAS保险公司采用微软技术建立了一套网络保险服务系统，在网上提供最新报价。此后美、英等国也纷纷推出各种网上保险业务。1998年，美国86%的保险公司在网上开展保险业务，提供的服务涉及信息咨询、询价谈判、交易、解决争议、赔付等。保险的领域涉及健康、医疗人寿、汽车、财险等，几乎覆盖了保险行业的全部业务。

2. 我国网络保险业务的发展

1997年11月，由中国保险学会和北京维信投资顾问有限公司共同发起建立的保险网站——中国保险网（www.china-insurance.com）正式开通，拉开了我国网络保险的序幕。2000年3月，太平洋保险北京分公司与朗络电子商务公司合作开发的"网险"网站，真正实现了"网上投保"，成为国内首家保险电子商务网站。

此后，中国平安保险公司、泰康人寿保险股份有限公司、中国人寿保险公司等国内保险企业纷纷推出了自己的网络保险业务。与此同时，友邦保险等一批外资保险公司登陆内地后也纷纷创办自己的保险网站，提供保险业务服务。

（三）网络保险的功能与经营模式

1. 网络保险的功能

（1）产品推介。在线宣传成本低廉，而且可实现针对个性需求进行互动宣传。

同时通过与保险监管、评估机构及研究机构链接，让客户自己进行信息甄别、判断，达到传统方式无法实现的效果。

（2）销售与服务。投保人通过保险公司网站完成咨询、比较、选择产品等，所有步骤都以"自我服务"的方式进行。

（3）跟踪与了解市场信息。保险公司可利用Interne与客户交流沟通，收集、了解客户的意见，及时掌握市场需求的变化，调整和改进企业的经营策略。

（4）实现合作。保险公司可与保险代理机构、经纪机构、银行、咨询公司以及房地产、汽车经销商、证券公司等合作企业通过Internet实现虚拟经营，提供与保险相关的一揽子服务。此举不仅延伸了保险公司的业务范围，而且实现了与这些机构的资源共享。

2. 主要经营模式

目前国际上已出现六种保险电子商务模式：① 保险公司网站（单个保险公司的网站）；② 信息集合中心（网上保险经纪人）；③ 产品网站（金融和保险产品的综合性标准网站）；④ 网上风险市场（与商业伙伴分担大型风险）；⑤ 分类销售网站（通过不同主题网站销售保险）；⑥ 反向拍卖（拍卖保险）。

从我国目前的情况看，国内保险网站比较成熟的经营模式主要有四种。

（1）网上直销，也称全程网上交易模式。由保险公司创建网站，并通过此平台直接推销其保险产品，实现销售的全过程。它以专业化为特征，凭借企业拥有专业人才的优势，为客户提供专家级的咨询服务和个性化服务；同时依托保险公司的优势，提供及时的网上投保、核保、承保和理赔服务；宣传企业的经营发展理念、行业动态、保险法规等，也是这类网站的基本功能。该模式可在维系客户忠诚度、满足个性化服务、提高服务质量等方面发挥重要作用。

（2）网上保险经纪人，也称中介模式或网上保险超市，即网站作为中立机构，为众多保险公司、保险中介、其他相关行业和客户提供一个开放的、公用的网上服务平台。客户可在线发布的需求，各保险公司根据客户需求通过网站（代理人）提交产品方案供客户选择，并通过网站与客户进行沟通，进行后续的业务流程。网站通过将准客户介绍给保险公司向后者收取佣金。该模式能给客户一个公正的比较和分析各公司产品的平台，客户可以方便地利用各种保险信息和投资分析工具进行保险产品的比较；可免除推销带给客户的压力，较好地维护客户的利益；该模式产生的规模效应使保险公司能以较低的成本获得客户，但同时也加剧了保险公司间的竞争。

（3）网上金融超市。与网上直销模式相似，该模式为客户提供一个交易场所，客户在此可享受到集储蓄、信贷、结算、投资和保险多功能于一身的"一条龙"服务。该模式的产品与服务多样化有助于提高网站的知名度，培养客户忠诚度，实现规模效应。

（4）保险信息门户。由一些保险行业组织创办或协办的网站，或由一些综合信息门户以及专业财经网站开辟的保险频道，主要以政策宣传、保险知识普及等为特色，属于保险行业的"公益性"网站，如金融界（www.jrj.com）、和讯网（www.hexun.com）等。

3. 网络保险发展中面临的主要问题

（1）安全风险。网络系统的安全是网络保险的重要前提，任何不安全因素都可能造成信息资料的失真和丢失。除系统运行安全、信息安全等影响因素外，黑客攻击和计算机病毒等也将威胁网络保险的安全运营。

（2）法律风险。目前，许多国家或地区对于新兴的网络保险还没有相应的法律规范，开展网络保险有时可能会面临无法可依、无章可循的尴尬境地。

（3）道德风险。"最大诚信原则"是保险的基本原则之一，只有保险双方当事人都履行如实告知义务保险经营才能稳定。但网络保险中，违反此原则的可能性增大。在虚拟的网络环境中对投保人的评估比较困难，投保人就有可能利用这些因素在某些方面不履行如实告知义务，保险公司的内部人员了解系统密码和认证方式，也有进行越权操作的机会，这些都可能引发道德风险，给公司或投保人造成损失。

第二节　网络信息与知识产品服务

一、网络信息服务

网络信息服务是伴随 Internet 的发展出现的一种全新的电子商务模式。作为第四大传播媒体，目前 Internet 上的信息已经涉及政治、经济、科技、法律、文化及人类社会生活的各个方面，可以说在网上没有不提供信息服务的网站。Internet 催生了以提供信息为主的 Internt 内容提供商（ICP），而 ICP 的成长又加速了 Internet 的发展，尤其在我国，ICP 成长的历程就是中国 Internet 的发展历史。

（一）网络信息服务的基本功能

人们普遍认为，注意力是互联网上最稀缺的资源，谁能够获得更多用户的关注，谁就能赢得商机。因此吸引用户的注意力是网站提供信息服务的主要目的，即以提供特定的信息内容或服务来汇聚众多的忠诚用户，提高网站的访问量。

由于各网站的经营重点各有所不同，因此所提供的信息内容和服务方式也各不相同，但一般都具有以下基本功能。

1. 信息检索（search）

人们利用互联网络进行的最主要工作就是搜寻所需信息，搜索引擎因此成为网上最常用的基本工具之一，它包括网上信息的搜索、将搜索到的数据安排到目录中或提供实现相应链接功能的导航工具。在中国，百度（www.baidu.com）已成为广大网民青睐的信息查寻工具。不仅是专门的搜索引擎网站，就是一般的商业网站，为方便用户检索，也在自己的网站上建立了各种通用或专用的信息检索工具。

2. 内容（contents）

提供人类社会生活所需要的各种信息，如热点新闻、商业广告、产品信息、股市行情、体育赛事、歌曲音乐、游戏娱乐、生活趣闻、名人轶事、电子报刊、各类咨询以及各专业领域的知识和资料等。丰富和有特色的内容能大大提高网站的访问率，因此加大提供内容服务的力度，几乎成为所有网站始终在进行的工作。一些企业网站除

"公司简介"、"产品与服务"、"客户反馈"、"联系方法"等常规信息外，纷纷结合企业自身的特点，在网站上设置一些有特色，能够吸引人们注意力的内容。

3. 通信（communications）

这类服务主要提供电子邮件、Internet 电话、手机短信服务等信息交流手段。这些几乎已成为信息门户网站必备的功能。Yahoo 当年正是靠提供免费电子邮件赢得了 600 万用户，微软收购著名免费电子邮件提供商 Hotmail，看中的也是后者所拥有的 1 000 万注册用户。网易（www.163.com）是我国第一家向网民提供免费电子邮件服务的互联网公司，目前网易的免费电子邮件服务器拥有 6 000 多万邮箱账号。

4. 社区（community）

目前 ICP 越来越强烈地意识到其业务成功的关键将是发展"黏性"（stickiness），即建立忠诚的用户群体。由于许多人上网的目的是为了交流和沟通，因此，在网站上提供包括像 BBS 论坛、聊天室这类让用户自由参与的信息交流服务将有助于"黏性"的强化，因此，近年来汇集上述功能的网站社区、Blog、微博等应运而生，并成为各类门户站点和商业网站的主要服务功能之一。近年来，随着 Facebook、Twitter 以及我国的开心网、人人网等一批社交网络服务 SNS（social network service）网站的崛起，并在短短的几年间聚集起数以千万计的用户群体，SNS 网站不仅满足了人们沟通交流的需求，还逐渐成为消费者发表评论、交流消费信息的新渠道，社会化媒体（social media）的商业价值日渐凸显，社会化媒体不仅成为众多企业新的营销手段，也得到越来越多 ICP 提供商的青睐，如今微博不仅是信息门户网站的标配，企业官方微博也成为企业尤其是广大中小企业开展电子商务的基础之一。

（二）ICP 的经营策略

在 Internet 短短 20 多年的发展历程中，国内外已经涌现出不少成功的网络信息服务企业。纵观这些 ICP 的经营模式，虽然同处一个 Internet，但因经营环境的不同，可谓各有特色，但却没有一个标准的发展模式。任何一种模式都是探索的结果，要想成功就必须有自己独特的发展模式。

总结国内外网络信息服务企业成功和失败的经验，经营模式并不是决定企业成功的关键，一些在国外运作成功的模式，有人将其"克隆"到中国，却遭遇了失败。因此，模式可以借鉴，但更重要的是要采用有效的经营策略。对一个网络信息服务企业来说，其经营的最终目标是盈利，因此对提供的服务收取费用是 ICP 企业的主要收入来源。目前 ICP 企业的基本经营模式上都是通过提供各种免费的信息服务，来换取浏览量和广告客户。因此，ICP 的经营者千方百计地策划网站的内容，以求获得更高的访问量来提升自己网站的价值。

在内容建设方面 ICP 应当坚持四点：① 内容的丰富性。网站内容的丰富性不是一蹴而就的，必须通过日积月累的持续经营。② 内容的特色性。每个 ICP 的经营环境和目标不同，没有自己的特色，这也就难以形成长期稳定的访问群体。③ 内容的原创性。ICP 的主体应当是以原创为主，纵观那些昙花一现的站点大多没有自己的原创，充其量只是一个"文摘站点"，长此以往不但无法吸引更多的访问者，甚至会失去原有的用户。④ 服务的持续性。一些网站创建之初都能找出许多"杰出"的创意或"新概念"，但在后来的持续运营中，真正落到实处的东西很少。这种追求一时的轰动效应的做法，难以实现ICP网站的可持续发展。

对于ICP企业来说，以上四点的实现，需要长期的、持之以恒的努力，才能逐渐体现出效益。因此，ICP企业要在坚持自己发展方向的基础上，踏踏实实地做好内容服务，并努力向数据通信、电子商务、综合传媒等方向推进，以期整合各种社会资源，打开文化、娱乐、教育、金融等产业大门，使网络信息服务逐步切入人们的日常生活。总之，通过向用户提供公众信息、专业信息、广告、电子商务等信息增值服务来获取利润，将是中国信息服务型电子商务的主要发展策略。

二、在线出版与知识传播服务

在线出版与知识传播服务是继图书、报纸、期刊、音像制品和电子出版物后出现的又一种出版和知识传播方式。随着内容资源在互联网发展中的作用越来越突出，在线出版与知识传播也成为互联网上重要的商业活动之一。

（一）概述

在线出版与知识传播也称网络出版与知识传播，是出版商以互联网为流通渠道、以数字内容为流通介质、以网上支付为主要交易手段、通过网络向消费者提供除传统出版物之外的电子刊物。在线知识传播是图书馆、文化、科普知识传播机构通过互联网以数字内容的形式向公众传播各种知识的活动。

近年来，在线出版已经在出版业界引发了一场全新的革命，业内人士乐观地估计，到2020年，网络出版的产值将占整个出版业的50%。与此同时，网上书店、数字图书馆之类的在线出版与知识传播方式也改变着人们传统的文化消费与接受知识的习惯。

1. 在线出版与知识传播的特点

（1）先进的传播手段。主要体现在两个方面：① 多媒体化。目前，各种在线出版物都采用文字、声音、图片或图像等多媒体信息，信息的内容、表现形式以及获取方式都是传统出版物无法比拟的；② 即时交互化。在线出版物的发行商可利用互联网的交互功能，建立起与读者沟通的渠道，与读者展开全方位、全时段的网上交流。

（2）强大的服务功能。在线出版和知识传播可利用互联网特有的信息资源优势，针对消费者的不同需求，提供各种特定的服务。与传统的知识传播方式相比，在线传播可从所传播信息的广度和深度上提升服务质量。如除提供各种即时动态信息外，还可提供诸如背景性、分析性、预测性和知识性之类的信息，并以数据库的方式为用户的使用提供便利，这无疑提高了网络信息传播对全球受众的深层影响力。

（3）多元化的经营方式。主要体现在两个方面：① 由单一出版发行向综合媒体出版与传播模式拓展。目前国内外，一些有影响的出版机构已经从传统的单一图书出版走向了集图书、杂志、报纸、电视、广播、网络业务为一体的综合型媒体出版集团。有些甚至深入教育、电信和高新技术产业。② 与其他行业互相渗透。以高新技术为支撑的在线出版与知识传播的发展，促进了与相关行业的结合。早在2000年，微软公司就推出了网上出版计划：与31家美国最大的出版商合作，携手开发数字图书，提供电子阅读；与网上书店合作，建立数字图书馆。

（4）产品的职能发生变化。出版与知识传播提供的是文化产品，具有传承社会文明等方面的社会职能。以图书馆为例，传统图书馆作为国家文化建设的专门机构，其运营是以社会公益性为主，市场行为性相对较弱。数字图书馆是以 Internet 为运营基础，在市场经济的环境下，其经营行为以市场为导向，社会公益性相对弱化。产品社会职能的这种变化，需要出版与知识传播企业以参与市场竞争的理念来指导其经营和发展。

2. 发展现状与趋势

利用互联网来传播知识和信息几乎是与 Internet 的大众化和商业化同步实现的。20 世纪 90 年代初，美国时代—华纳集团（Time Warner）投资数百万美元，建立了两个网站，将旗下两大巨头媒体《财富》和《时代》杂志送上网，《华尔街日报》也以收费订阅的方式进入互联网。

1995 年 10 月，《中国贸易报》在中国新闻界率先将新闻信息搬上了互联网，拉开了中国大陆"第四媒体"新闻传播业的大幕，这与中国互联网对公众的开放几乎在同一时空维度发生。从 1995 年至今，我国网络出版和新闻传播业从无到有，从简单的相互模仿到各具特色的独立创新，无论是上网媒体的数量、种类、传播方式还是商业运作的模式，都在不断地优化和突破。目前，我国近 80% 的出版社、2 000 多家报刊和新闻传媒建立了自己的网站。出版社、报刊、广播、电视、通讯社已经在互联网上全面开发和提供在线出版、新闻与知识传播的各种服务功能。与此同时，许多高新技术企业也不断进入在线知识传播的经营领域，中国"第四媒体"的群体组合阵列已经形成。

3. 在线出版和知识传播经营的特殊性

在线出版和知识传播所提供的数字化商品，具有非物质性、无损耗性、共享性、累积性、再加工性、可复制性、效益滞后性和价值衰退等多种特性。此外还涉及知识产权等法律方面的问题。这使在线出版和知识传播的经营面临着一些与众不同的新问题。因此，尽管在线出版和知识传播的发展势头不错，但其经营模式尚未形成共识。美国麦肯锡咨询公司与美国杂志出版商（MPA）对 40 多家公司进行了深入的调研，根据所获得的数据资料，结合行业和互联网的数据、网站成本分析和经济模型研究，得出的结论是：在线出版属于"成本高、风险高和要求高"的行业。

在我国，对利用互联网提供在线出版和新闻传播服务有严格的要求。2000 年 9 月，国务院颁布的《互联网信息服务管理办法》规定：从事新闻、出版、教育、医疗保健、药品和医疗器械等互联网信息服务，在申请经营许可或者履行备案手续前，应当依法经有关主管部门审核同意。上述行业的监督管理部门，根据国务院法规的要求，在各自职责范围内依法对互联网信息内容实施监管。此后，信息产业部、新闻出版总署、国家版权局、国家广电总局等也陆续出台了《互联网出版管理暂行规定》、《电子出版物管理规定》、《关于加快我国数字出版产业发展的若干意见》等一系列行业政策和规章，对开展相关业务做了具体的规定。

（二）经营模式与策略

1. 主要经营模式

目前，从事在线出版和信息传播业务的企业，大体上可分为以下四种经营模式。

（1）传统出版商的在线运作模式，即出版商和传统媒体增加在线出版或传播业务，作为对传统出版和传播手段的补充。这类网站以提供图书、报刊、音像制品和电子出版物的网络版为主，并利用网络提供相关资讯服务，形成一个跨媒体的综合信息服务平台。如数字图书馆以分布式海量数据库为支撑，以智能检索技术查询，以宽带网络传递信息，实现了信息资源的全球共享，读者通过联网终端设备，即可随时上网获取所需的信息。

（2）专门从事在线出版的业务模式。这类网站主要从事财经、文学、艺术以及其他各类信息的网上传播，用户可以通过订阅来下载刊物的信息。另外也有传统出版社或媒体通过其网站出版专门的在线资讯。这种模式比较适合于专业或特殊发行对象的出版物。

（3）联合经营的专业信息服务模式。这种联合有两种方式：一是由多家出版部门或媒体联合创办，如哥伦比亚广播公司与Direct广播公司于1997年10月合资建立的企业Marketwatch（www.marketwatch.com）专门提供金融资讯，其对象是银行、证券、期货业界的中高阶层人士和投资者；二是出版部门或媒体与网络服务商合作创办，2000年，由北京日报等北京地区8家主要传媒共同发起和创办的国内第一家综合性新闻网站——"千龙网"（www.qianlong.com）①，由上海多家主要新闻媒体联合投资组建的大型综合性服务类网站——"东方网"（www.eastday.com）均属此类。两种方式的目标都是建立专业性的信息服务网站。

（4）网络服务商开辟的在线出版频道。由综合门户网站开辟的在线出版类栏目，如网络期刊、电子书专栏等。

2. 主要经营策略

在线出版和知识传播的目标市场也分为个体和组织消费者（包括学校、科研机构以及企事业单位、图书馆、文化馆等）两类。两者的需求特点、购买动机、获取产品的方式均有所不同。个体消费者作为产品的最终消费者，对在线出版物和数字知识的消费主要出于自己使用的需求。而组织消费者对在线出版物和数字知识的购买，主要是以较低成本来增加自己的资源，以便以更多的信息资源吸引读者，更好地为公众和社会服务。可见，组织消费者有点像其他行业的代理经销商，但又与通常意义上的代理经销商有所不同。因此，在线出版和知识传播的经营应当考虑目标市场的这一特征，采取切实可行的经营策略。

（1）依托传统资源优势，提供特色服务。依托传统媒体多年经营形成的专业化、地方化特色，以创办特色信息频道吸引个体消费者。因此，专注于某一方面的产品，是传统出版商和媒体在线经营时采取的基本经营策略。光明日报报业集团依托旗下拥有的《光明日报》、《中华读书报》、《博览群书》、《书摘》等资源，推出了光明网

---

① 2012年12月，千龙网将"中国首都网"写进品牌标志，迈上新的发展阶段。

（www.gmw.com），形成了品位高雅，学术文化气息浓厚的"雅、精、活"特色。《中国青年报》主办的中青在线（www.cyoi.net）利用中青报在青年中的优势地位，承袭了深受青年人喜爱传统风格，并在此基础上开拓网上留学、学生就业指导、青年创业等特色业务。

（2）免费与收费相结合。提供免费资讯与服务是商业网站吸引客户的主要手段之一，在线出版和知识传播的经营更应如此。随着互联网的全面商业化，1995年以后，美国的一些出版商网站开始向访问者收取订阅费，《华尔街日报》、《今日美国》（USA Today）等报纸杂志的网站也开始实施免费与收费订阅相结合的双轨制。目前，网上各种专业数据库都采用有偿使用方式。Forester Research咨询公司在线提供的研究报告其收费不菲。中国期刊网（www.cnki.net）、万方数据（www.wanfangdata.com.cn）等专业数据库均需付费订阅。

（3）准确的市场定位。在互联网上大量免费享用各种信息服务的环境下，准确的市场定位是在线出版商有偿提供产品策略成功的关键，尤其是对组织消费者。万方数据推出的《中国企业、公司及产品数据库》、《中国科技成果数据库》、《中国科技论文统计与引文分析数据库》、《中国学术会议论文数据库》、《中国学术会议论文集全文数据库》等信息产品，无论从信息的准确性、翔实性以及专业领域的覆盖范围等方面都是目前国内颇具权威性的数据库，成为各类企业、科研机构和高等院校的产品开发、科研和教学的重要信息来源。

纵观国内外在线出版和知识传播的经营现实、业绩和效果，在线出版不可能取代传统出版业，而只能是建立在传统出版业的基础上才能不断壮大；同样传统出版业也必须依托互联网才能持续创新，两者只有相互结合，取长补短，才能共同发展。

三、网络广播电视服务

Internet是与报纸、杂志、广播、电视等传统媒体并列的信息传播的独立媒介。它集各传统媒体的功能于一身，又可作为这些媒体的载体，并从信息量、覆盖面、传播速度等各个方面提出了挑战。基于互联网环境的电子报纸、杂志、广播、电视以其无法抗拒的魅力，正越来越多地影响着人们的生活。

（一）概述

网络广播是随着互联网的崛起出现的一种全新的广播模式，也称"在线广播"，是广播与互联网结合的一种复合型传播形态，即将数字化的音频、视频信息通过Internet传播的形态。网络广播的具体技术与大多数互联网技术一样，由服务器系统和客户端软件构成。其中服务器系统包括音视频文件制作系统、信息发布和监控系统。制作系统将音频或视频文件编码压缩成适合网络传输的数字化文件，或将实时音频和视频编码压缩成实时的数据流文件提供给音视频发布服务器，后者随时接受来自客户端的请求，并将所需内容提供给客户。服务器具备多用户并发功能，即同时响应多个用户的请求。监控系统负责监测当前服务器的运行和负载情况，并实时调整有关设置。客户端软件的功能是向服务器发出请求，并接收由服务器发送的数据内容。

网络广播主要以随时点播和实时直播两种形式，提供用户在线收听收看节目。后者在直播结束，也可立刻将内容转为点播形式，即将数字音视频内容以文件形式存放在网站上供用户下载。因此，网络广播可分为网络电视和网络电台两种。

1. 网络电视

网络电视（Internet protocol TV 或 Interactive personal TV，IPTV），也称交互式网络电视，是以宽带网为基础，以计算机或"普通电视机+网络机顶盒"为主要终端设备，向用户提供视频点播、web 浏览、电子邮件、网络游戏等多种交互式数字媒体服务的技术。

在"三网合一"（电信网、广电网、互联网）的大趋势下，在电信运营商、广电部门、网络设备商和节目提供商等 IPTV 产业链上各环节的推动下，掀起了全球范围内的网络电视热潮。自 2004 年以来，全球已有数十家电信运营商进入了 IPTV 市场，一些国家和地区的广电机构也相继进入这一市场。IPTV 的用户数持续增长，开始进入规模发展阶段。据中广互联等机构统计，2012 年年底，国内 IPTV 的用户数已达到 2 300 万。

2. 网络电台

网络电台是借助于 Internet 实现的数字语音信息的传播。很长一段时间，语音广播作为传统媒体在与电视等其他媒体的竞争中一直被视为弱势媒体。数字技术和互联网的介入，改变了这种基于传统环境下的竞争态势，使广播媒体拓展了既有的优势，充分弥补了传统传播环节中的不足，开始以一种全新的姿态参与传统媒体的竞争，而且能够参与信息业、通信业等领域的跨行业竞争。Internet 给了语音广播一个腾飞的契机。

3. 网络广播的特点

（1）互动性强，易于参与。互动式传播具有面对面的人际传播和大众传播媒体两方面的传播特性，但两者有所区别。目前，热线电话和手机短信是听众与传统广播电台联系的最直接方式之一，受节目播出时间长短的限制；网络广播则可利用电子邮件、网上论坛、聊天室等为受众提供发表意见的广阔空间，不仅能向受众提供充分的信息选择权，还能与传播者进行更密切、更快捷的沟通，在更大程度上发挥了广播同步互动交流的优势，最大限度地满足了受众参与节目的需求。

（2）播出形式多媒体化。网络广播改变了广播传统的播出形态。除保留了广播媒体原有的声音特征外，还赋予它新的功能：视觉化、文字化。网络广播能通过声音、文字、图像等多种媒体的表现手段，实现声画同步、动静结合，使信息的传播真正做到全方位、立体化，使网上受众接收信息的形式更加丰富多彩，不仅拉近了电台与受众的距离，也缩小了声音媒体与文字媒体的差异。

（3）受众的选择自由化。传统广播的受众是一个被动性较强的群体，他们收听收看广播节目往往是按电台安排的时间进行，自己无法自由选择。网络环境下受众获取信息的方式发生了根本的变革，受众作为媒体提供资源的使用者其主动性增强，可以按自己的意愿和需求自由选择要听或要看的内容。网络广播突破了传统广播电视节目"线性传播"实时收听收看的局限，既方便了受众，也提高了媒体资源的利用率。

（4）广播资源海量化。网络兼有平面媒体版面可无限扩充的优势，因此网络广播突破了传统广播时间和频率资源的局限，实现"无限扩张"的传播效能。例如一台存储空间为 10GB 的音频节目服务器，可储存将近 200 小时以 MP3 格式压缩的音频信息，这些信息可供受众随时方便地检索、下载、拷贝。目前一些在网上运作较好的电台都已建起规模不等的广播信息数据库，广播数据库的建立，大大扩展了广播的信息容量，不仅使媒体间的资源能实现共享，为受众点播提供了条件，同时也为受众提供了丰富的信息资料库。

（二）网络广播的运营

1. 播出方式

（1）直播电视（live TV）。IPTV 系统通过多点传送的方式向用户提供直播电视，其对网络带宽的利用效率最高；在网络没有开通组播支持的情况下，系统可以提供单播方式为用户提供服务。

（2）时移电视（time-shifted TV）。这种方式打破了用户按固定的节目时刻表收看电视节目的传统方式，用户可以根据自己的时间自由收看节目。在收看时移电视节目时，还可轻松地实现节目的暂停、后退、快进等播放方式。

（3）网络电台（online radio）。网络电台以流式传输方式提供语音广播节目。目前在网上传输音、视频信息主要有下载和流媒体格式（简称"流式"）传输两种方案。流媒体（streaming media）是指把连续的声音或影像信息经压缩处理后放上网站服务器，让用户一边下载一边收听、观看，而不需要等整个压缩文件全部下载到用户的计算机后才可以收听或观看的视频/音频传输与压缩技术。实现流式传输有两种方法：P2P 流媒体广播系统的实时流式传输（real-time streaming transport）和顺序流式传输（progressive streaming transport）。流式传输的实现需要两个条件：① 合适的传输协议；② 缓冲存储器，以消除时延和抖动的影响，确保数据包顺序正确，从而使媒体数据能够连续输出。用户通过 Real 播放技术，将接收到的音视频信号压缩、编码、转换后变成实时音视频信号进行播放。

（4）点播服务（on-demand）。在内容集成商的支持下，为用户提供各种在线语音、影视节目。分音频点播（audio on-demand）和视频点播（video on-demand）两种，一般是将节目压缩到专为 Net Player 提供点播服务的音频和视频服务器上，供观众下载收听和观看。

（5）虚拟频道（virtual channel）。系统后台将存储在硬盘中的 VOD 内容组织起来，以直播频道的方式进行节目轮播或循环滚动播出，以方便用户观看所需的内容。该方式也可以用于远程教育，将教学内容组织在一起，通过一个或几个频道直播的方式，供用户点播。

2. 经营方式

网络广播是传统广播在网络环境下的延伸，因此传统广播的内容经营、广告经营同样也适用于它，但网络广播和网上受众的特点使其在经营方式上具有更大的运作空间。

（1）内容经营。内容经营主要包括频道建设、节目制作、节目经营等，对网络广播来说是指广播内容的在线销售。目前网络广播的营收模式主要有三种：① 节目内容打包向其他网站或媒体销售；② 用户付费在线收听或收看；③ 用户付费进行数据库查询、下载相关内容。该方式的成功主要取决于以下几个方面：高质量的内容、内容的独特性、内容不易被仿冒及复制、支付方式的便捷与完善以及宽带网络（网速快）。

（2）广告经营。广告是传统广播最主要的盈利方式，在网络广播的经营中同样如此。网络广告与网络广播两者优势的叠加产生的效果将超过传统广播和互联网上其他形式的广告传播机制。

（3）平台经营。受众为进入媒体所经营的平台获取所需信息，要支付使用平台的费用，如收费电视、电台节目等，这也是平台经营的目的。网络广播是一个互动性的平台，因此平台的经营不仅要有助于信息的播放，而且要提供一些增值业务，由此带来的收益远大于广告经营，对内容经营和广告经营也有直接的促进作用。因此，网络广播在平台经营方式上不仅要借鉴传统广播，而且要有所突破，不断创新。

3. 经营策略

（1）经营的专业化与适位化。网络广播面对的受众是一个对信息传播有着相当自由选择权的群体。随着互联网信息服务业和网络广播的日益繁荣，受众可选择的范围和选择的自由度越来越大，受众需求的多样化使得受众的小众化、分众化和适位化倾向越来越明显。这种趋势的发展，迫使网络广播应尽可能地提供定位准、特性鲜明、服务周到的专业化和适位化的传播内容，能够被选、易于被选。

"受众适位化"是对受众的二次细分，是指同质媒介之间和内部的受众分化。受众适位化符合未来受众对信息获取的要求，是未来广播媒介发展的必然趋势。面对同一网络环境下信息内容服务商的竞争，要求网络广播媒介的经营者将节目内容的分类再度细化，以达到针对特定群体传播特定内容和资讯的需求，甚至为个人提供专门的定制性节目，实现一对一的传播。逐步树立品牌忠诚度和影响力，真正实现由广播向"窄播"的转变。

（2）注重"后广播产品"市场的开发。数字化、网络化和广播新技术带来的资源极其丰富，使广播可以不断提供专业化、多样化、个性化的市场服务。网络广播所处的虚拟空间对节目内容的需求量极大，不能仅靠原有的渠道来生产、制作和经营，需要借助社会和市场的力量，采取规模化、集约化、虚拟经营的模式。同时要注重"后广播产品"市场的开发，培育新的市场需求，提供新的业务和服务手段，使广播从单纯依靠广告，向广告、收费广播等多种盈利模式转变，以获取更大的利润。使网络广播真正成为"扬独家之优势，汇天下之精华"的新一代传媒。

第三节　网络体验式电子商务服务

一、网络体验与网络游戏

网络体验是指用户在互联网的环境下通过虚拟现实的技术，来感受到类似于真实世界中得到的满足和刺激。目前人们在网络游戏中所获得的身心体验真可谓淋漓尽致。Internet 的出现为电子（计算机）游戏行业发展注入了新的活力，凭借信息双向交流、速度快、不受空间限制以及真人的参与，提高了游戏的互动性、仿真性和竞技性，使参与者在虚拟世界里发挥出现实世界无法展现的潜能，让玩家体验到现实环境中难以感受到的满足和刺激。网络游戏的这些优势使其在电子（计算机）游戏行业中异军突起，成为与影视、音乐等并驾齐驱的全球最重要的娱乐产业之一，并形成了一个巨大的、具有独特商业运营模式的市场。

（一）网络游戏的内涵

1. 网络游戏的含义

网络游戏也称在线游戏，是电子游戏借助于网络技术衍生出来的一种新的游戏类型，可定义为：利用 TCP/IP 协议，以网络（局域网、互联网）为载体，多人同时参与的游戏活动。

网络游戏是网络与游戏的结合，它不仅具有娱乐性，更有普通计算机游戏所不能比拟的交互性和人际沟通特点。网络游戏的真正魅力来自在 Internet 上进行的游戏，它实现了人与人之间在虚拟空间中的远距离交流，较之普通计算机游戏更为丰富有趣，更具竞技性、刺激感和令人振奋。它满足了人们对新的休闲娱乐方式的社会需求，是高层次的交互和竞技性娱乐休闲的网络实现，因此，网络游戏自然而然具有强大的生命力和发展潜力。网络游戏将人们对人际沟通与数字娱乐结合的愿望变成了现实，进而拉动了网络游戏开发商、运营商、销售商以及其他服务与供给环节的发展，从而促成了网络游戏产业链和市场的形成与发展。

2. 网络游戏的主要类型

（1）角色扮演类。这类游戏有完整的故事情节，强调剧情的发展。参与者在游戏中扮演虚拟的角色，通过剧情来体验现实生活中无法触及的感受，或缓解现实社会给予自身的压力，以满足自己的愿望、梦想或成就感。尤其值得一提的是那些大型多人在线角色扮演游戏（massive multiplayer online role playing games，MMORPG）数以万计的玩家同时参与同一个游戏中，使得游戏变得生动有趣，极具互动性，而且这类游戏几乎没有结局，总有无穷无尽的任务等待玩家去完成。

（2）策略演绎类，包括各种动作类、模拟类游戏。参与者运用策略与其他用户较量，以取得各种形式的胜利。此类游戏多以历史或幻想题材为剧情，并侧重于战略和战术的使用。游戏多依托于网络游戏平台来运行。

（3）休闲对战类，包括棋牌休闲类和运动休闲类。制作者将棋类和牌类闲暇娱乐活动移植到网络上，形成一种基于互联网的竞技活动。参与者可以边下棋边聊天，探讨棋（牌）技，同时结识素未谋面的朋友。

（4）智力问答类。这类游戏一般以"提问—回答问题"、积累点数的方式进行，内容广泛而有趣，操作十分简单，从动漫、音乐到足球……处处给参与者以惊喜，娱乐的同时可增长许多知识，是一种寓教于乐的游戏形式。

（二）网络游戏产业链的特征

网络游戏是一个涉及开发商、运营商、游戏用户以及其他服务环节的产业链，其中环节最多、涉及面最广、链条结构最复杂的是网络游戏运营商。在整个网络游戏产业的价值链条中起关键作用的、处于中心位置的是网络游戏运营商。运营商从开发商那里买下一个游戏的经营权后,要购置服务器,向电信运营商或 ISP（互联网服务提供商）租用网络,与销售商合作销售点卡,到媒体做广告宣传,发展用户,为用户提供服务,所有环节都与运营商有着直接和互动的关系。

网络游戏产业通过提供数字娱乐方式,满足人们的精神消费需求,实现产业化的供给与需求互动。从整个网络游戏产业链的走向来看,产业链条中各环节的所有经济活动的最终目标是游戏玩家。他们是产业利益点所在。整个产业链的价值源泉是游戏用户的消费支出,因此,网络游戏产业发展的关键是相关企业如何通过针对消费者的营销策略,拓展用户规模并维系忠诚用户群的稳定。

网络游戏产业各环节存在着上、下游之间相互依赖、拉动和制约的关系。如运营商要受制于游戏开发商提供的游戏产品,获得代理权并与之进行运营收入分成,同时又依赖下游的经销商的宣传、推广和销售。运营商虽然具有较强的市场拓展能力,但在产品维护、升级以及利益关系中,受制于开发商,而且在运行平台、销售渠道、产品宣传等方面也受下游企业的制约。如电信运营商是以提供网络游戏运行平台方式参与市场的,其优势在于拥有垄断性的网络资源,可通过网络游戏增加流量,提高收益；其主营业务与网络游戏之类的非主营业务可以互补；不足之处在于具有明显的地区局限性。

因此,必须处理好网络游戏产业各环节之间的关系,实现整个产业链的优化整合,促使网络游戏产业形成优化高效的收入模式、产品模式、市场营销模式、利益分配共享模式、产业技术进步模式、风险分担机制等,进而促进产业链各环节的顺畅运行、持续健康地发展。

（三）网络游戏市场的发展

如今在一些发达国家,游戏产业已经对经济振兴起到了非常重要的作用。网络游戏对信息服务业以及相关产业的发展产生了直接的推动作用,它带动了电信业、移动通信、电子信息产业、软件业、文化产业和媒体等许多产业的发展。

在中国,自 2000 年国内网络游戏市场正式形成后,其普及和受欢迎的程度远远超出预期。据艾瑞咨询的统计,2013 年我国网络游戏市场规模达 891.6 亿元人民币,艾瑞咨询分析,中国网络游戏保持快速增长有三方面的原因：其一,组成网游市场的客户端游戏、网页游戏、移动游戏三者都保持了较快增长。其二,网游企业在积极维护国内新兴用户市场的同时,大力开拓海外市场。其三,创新型的商业模式与运营模式的推动。客户端游戏以重度游戏人群为主,吸引了大批高消费玩家,网页游戏也以重度游戏为主,但题材上差异明显,消费能力依然强劲,移动游戏则呈现多样化的特点,人群的普及性比 PC 端游戏更强。不同终端游戏面向不同的市场,形成互补格局。

中国庞大的网络人口基数和日益膨胀的网络游戏用户构成了网络游戏业持续发展的坚实基础。国内的网络游戏产业已初具规模,从上游研发到下游运营销售形成了一条完整的产业链。2003 年 8 月,我国将网络游戏软件的开发列入国家 863 高科技计划,可见国家对网络游戏发展的态度已经明确,中国网络游戏产业的发展潜力巨大。

二、网络游戏的盈利与经营

(一) 网络游戏的盈利模式

网络游戏的盈利模式主要有两种：直接收入盈利模式和间接收入盈利模式。

1. 直接收入盈利模式

直接收入盈利模式是指：网络游戏服务商的收入来自向游戏参与者收取的运营服务费用以及出售游戏道具。一款游戏产品经开发商开发成功后，主要通过游戏运营商提供持续的服务，吸引用户（即玩家）通过网络持续地参与游戏。目前网络游戏的主要服务收费方式有记点式和包时制两种。记点式适合于没有时间限制，长期上线的玩家；包时制适合于长时间上线游戏的玩家。

2. 间接收入盈利模式

这种模式是指：网络游戏服务商并不直接向游戏参与者收取运营服务费用或者出售游戏道具，而是通过其他渠道来获取收入，如向在游戏网站上发布网络广告的企业来收取网络广告费。由于游戏网站都拥有固定的用户，因此那些注册用户数量巨大的游戏网站成为网络广告的主要受益者。例如"联众世界"的三大收入来源之一就是网络广告，对网站的经营起到了很好的推动作用。

(二) 网络游戏的经营策略

网络游戏能否获利首先取决于产品自身和游戏运营过程中所提供的服务对用户是否具有足够的吸引力。对网络游戏来说，没有规模就没有利润。

1. 周到的服务

上万人同时在线参与游戏，这对网络游戏运营商的管理质量提出了严格的要求，为确保一个和谐、公平、轻松的游戏环境，游戏网管们需具有相当高的网络技能、道德素养、服务意识和游戏功底。不仅要对大量的网络故障、负载平衡、黑客攻击、程序作弊等现象做出快速响应，随时解决玩家们提出的各种问题，更重要的是要为玩家不断提供超值的服务或活动，以调动用户参与的积极性，提升其满意度和忠诚度。服务的好坏是游戏口碑形成的核心因素，也是支撑网络游戏长期发展和盈利的关键。

2. 以发展周边文化为特征的促销方式

一款好的网络游戏，将会形成一系列与其相关的周边产品和独有的游戏文化。日本和韩国许多成功的游戏产品都是数条产品线并行，除游戏本身外，还开发了大量漫画书、卡通片、玩偶、海报、贴纸、玩具、杂志等周边产品，不仅形式丰富多样、消费者喜闻乐见，而且与游戏本身联系紧密，形成一种系列的、独特的游戏文化。举办网络游戏大赛已成为国内外一种较成熟的网络游戏经营手段，在扩大企业及产品知名度的同时，也推销了产品，可谓一箭双雕。这些服务举措不仅吸引了以青少年为主的游戏玩家，也带动了周边市场的发展。

3. 全方位的销售体系

目前大型MMORPG游戏都采用客户机/服务器运作方式，客户端软件大多采用光盘方式发行，作用是让用户获得游戏的使用权，它给游戏企业带来了一次性收入；在网络游戏的运营中还有游戏点卡，它能为游戏运营商带来源源不断的收入。游戏产品的生命周期越长，收入也越多。因此，目前游戏光盘和游戏点卡都采用以下几种销售方式：① 网上和网下相结合的方式，即利用软件连锁店、书店、街头报刊亭、电话亭等传统渠道和网站等新渠道进行销售。② 寻找分销商，实现分销渠道共享。游戏厂商如果自己不具备自主营销的能力，应寻求合作伙伴与其合作。

4. 战略联盟

游戏运营商的利益是直接与电信运营商和 ISP 联系在一起的。网络游戏的沟通和竞技等特点对消费者有强烈的吸引力，可以延长用户上网的时间，这正是网络服务商们所期望的。共同的利益使游戏运营商与电信和 ISP 成为实际的战略联盟，各成员按以下四种方式进行利润分配：① 开放式。通过技术手段统计各位用户在网站上的游戏时间，按累计值进行分成。联众网与中国电信就是采用这种计费分成方式，目前此项收入在联众的各项收入中占第二位。② 封闭式。网络游戏与某个 ISP 的服务进行"深度捆绑"，即不仅是把上网卡与月费卡捆绑销售，而且在账号中内置 ISP 拨号程序让用户必须通过指定的 ISP 上网，或在网站上玩指定的游戏。③ 授权式。游戏开发商或运营商通过授权的方式直接在 ISP 或 ICP 处设立服务器，授权其使用自己的网络游戏产品。前者通过授权使用费来分得利润。④ 联营式。网络游戏运营商与移动通信运营商合作，推出以其注册用户为对象的移动短信息业务，开发针对 GPRS 和 CDMA 手机无线上网功能的新游戏。

此外，一些游戏厂商还实行了会员收费制、技术和产品转让等经营方式。

上述各种经营策略并非独立应用的，彼此之间的组合也很有必要，网络游戏公司和运营商可根据实际情况建立行之有效的运营模式，最重要的是，运营模式需要符合自身实际和市场的需求。

三、网络游戏经营的风险与规避

高利润的网络游戏产业，伴随着的往往就是高风险。随着一批批实力雄厚的企业进入网络娱乐产业，网络游戏市场中的竞争日趋激烈。投资商、开发商和经营者必须了解网络游戏经营的风险性，以规避和控制这些风险。下面主要从网络游戏运营的角度，分析网络游戏经营过程中面临的主要风险及规避与控制策略。

（一）不正当市场竞争产生的风险

盗版是目前网络游戏市场中主要的不正当市场竞争行为。假冒产品的销售、盗取账户密码等，已成为影响游戏行业市场发展的重要因素。其中影响较大的是网络游戏运营商中存在的模仿和技术剽窃行为。

不正当竞争风险属于可控风险。网络游戏运营商一方面应提高安全防范的技术水平，避免因技术系统的漏洞给账户密码盗窃者以机会；另一方面应加强运营过程的管理，避免工作人员有意或无意泄露密码。对于模仿和盗窃问题可与开发商联合开发个性化网络游戏平台，通过抬高技术门槛的方式规避风险。

（二）运营模式不清晰产生的风险

该风险主要表现为企业不能理智、详细、正确地理解所经营的网络游戏的运营模式，对其论证不足。一款网络游戏的成功运营是在一定环境条件下产生的，移植到另一个环境时需要重新进行考察和论证，否则可能会给企业的经营带来风险。该风险也属于可控风险，只要企业以科学谨慎的态度对待运营模式的论证，不是想当然地做出相关的决策，风险是可以避免的。当然，新构建的运营模式必须具有自己的核心竞争力，即必须具有一定的独创性，纯粹的模仿难以在网络游戏市场竞争中立足。

（三）应对私服之类的不正当竞争

私服（private servers）是一种私自建立的网络游戏服务器。一些经营者通过使用不正当途径获得网络游戏服务器程序，并将其装载到自己的服务器上向用户提供网络游戏服务。最初的"私服"只是游戏玩家按照自己的需求来修改游戏体系和规则，纯属个人行为。随着网络游戏市场的快速发展，一部分人认识到架设"私服"是一种生财之道，其逐渐演变为一种商业行为。目前，"私服"问题已不仅仅是个别私服商的营利性经营行为，而是正在逐渐形成一个产业联盟。从知识产权角度看，由于未经网络游戏开发商或运营商的授权，"私服"是一种直接损害游戏开发商和运营商利益的网络盗版行为，它扰乱了整个市场秩序，严重地影响了合法经营者的业务，理所当然应受到政府有关部门的严厉打击。如何应对"私服"之类的不正当竞争是网络游戏运营商面临的挑战。

（四）解决游戏外挂引发的问题

外挂（cheater）是网络游戏中的一个不和谐因素。与网络游戏一同诞生，让部分游戏玩家宠爱有加，让网络游戏公司深恶痛绝的游戏外挂是为达到某种目的，修改游戏系统，欺骗服务器的各种作弊程序的统称。外挂程序一般位于网络游戏主程序之外，直接作用于游戏主程序，帮助游戏玩家实现诸如"加速、看血、封包、增加游戏原来没有的功能"的意图。早期图形网络游戏（如 UO）的外挂是出于善意的，外挂能代替玩家实现某些重复性动作，达到长时间在线"练功"的目的，可使一些忙于工作的人也能够享受到网络游戏的乐趣，故被形象地称为机器人。这种外挂虽未对游戏服务器造成伤害，虽属良性或辅助性外挂，但它破坏了游戏的公平性，其广泛使用会影响游戏厂商的利益。另一类外挂则是利用游戏服务器端的漏洞进行攻击，如发送非常规数据包，以实现快速升级，此举很容易造成服务器运行不稳定，甚至崩溃，因此称为"恶性"外挂。此外，还有人利用外挂干起了欺骗、盗号等非法的勾当。

可见，外挂几乎成为破坏游戏规则的代名词，影响了由广大用户参与的网络游戏的公平性，对游戏经营者和正常用户造成了严重的损害，是制约网络游戏发展的一个痼疾，也是目前中国网络游戏运营商面临的棘手问题。它的"蓬勃发展"已严重影响到中国网络游戏产业的健康发展。因此打击外挂已成为衡量网络游戏运营商的服务质量的一个重要标准。许多网络游戏运营商和玩家已逐步认清了外挂的危害，纷纷采取措施来抵制外挂。但是与外挂的斗争，就像与盗版软件做斗争一样，是一个旷日持久的过程。

（五）规避政策法规导致的风险

由于网络游戏容易导致上瘾，影响了许多青少年包括大学生的学业，因此目前社会上对于网络游戏有着严重的抵触情绪和负面态度，这些可能导致法律法规对网络游戏进行一定的限制。作为网络游戏的开发服务商，在吸引广大玩家的参与创造经济效益同时，必须兼顾社会效益。同时，要注意规避政策法规的限制带来的潜在风险。如盛大游戏就尝试开发一些寓知识于娱乐的益智类游戏，同时对于一些玩家连续长时间不下线者实行强制断线。

小结

本章介绍了电子商务在旅游、金融、信息服务、教育培训、新闻出版、网络广播、网络游戏等领域中的应用。

旅游电子商务是利用互联网来实现旅游产品与服务交易活动的总称，与其他行业相比较，旅游业最适宜采用电子商务的运作模式。证券电子商务是指网上证券服务，包括：证券交易、有偿资讯服务、网上投资顾问、股票发行等多种服务。网络保险是指保险企业以信息技术为基础、以互联网为主要渠道来支持企业一切活动的经济行为。网络信息服务是随着Internet发展出现的一种全新的电子商务模式。信息服务型电子商务包括：信息检索，提供各种信息的内容服务，提供实现网民交流与沟通信息的通信手段。在线出版商以互联网为流通渠道，以数字内容为流通介质，以网上支付为主要交易手段，通过网络向消费者提供除传统出版物之外的电子刊物。网络广播是广播与互联网结合的一种复合型传播形态，即将数字化的音频、视频信息通过Internet传播的形态，可分为网络电视和网络电台两种。网络游戏是利用TCP/IP协议，以网络（局域网、互联网）为载体，多人同时参与的网络虚拟体系的游戏活动。网络游戏的主要收入来自向游戏参与者收取的运营服务费用以及出售游戏道具，同时也可以通过网络广告来获取收入。

 即测即评

请扫描二维码，在线测试本章学习效果

 思考题

1. 解释下列概念：旅游电子商务、虚拟实境游、证券电子商务、网上路演、网络保险、网络广播。
2. 为什么说旅游业最适宜采用电子商务的运作模式？
3. 旅游电子商务的主要经营模式有哪些？

4. 为什么说强者恒强的马太效应在证券电子商务中表现得更加明显？
5. 简述国内外证券电子商务的主要运作模式。
6. 网络保险的优势体现在哪些方面？
7. 简述目前比较成熟的保险电子商务网站的营运模式。
8. 网络保险发展中面临哪些主要的风险？如何防范和规避？
9. 为什么我国的 ICP 企业不能照搬国外 ICP 的发展模式？
10. 简述网络信息服务的基本功能。
11. 为什么说在线出版属于"成本高、风险高和要求高"的行业？
12. 企业如何利用虚拟社区开展营销？
13. 简述网络广播的主要经营方式。
14. 简述网络游戏产业链的特征。
15. 以你的亲身体验，谈谈网络游戏的魅力和可能产生的负面影响。
16. 简述网络游戏的主要类型。
17. 网络游戏市场面临的主要风险来自哪里？如何规避？
18. 目前网络游戏运营商采取的主要经营策略有哪些？

网易的游戏之道：匠人精神

2016 年 7 月 27 日上午，网易创始人兼 CEO 丁磊在中国国际数字娱乐产业大会上发表演讲。演讲中他表示不认同"手游寒冬"说法，整个游戏行业真正缺乏的是自主开发精品游戏的"匠人精神"，具备这种精神的游戏公司会"活得好好的"，他认为"匠人精神"应是游戏研发的核心，而非资本和投机。

一、国产游戏的尴尬

很多人都感叹"仙剑"系列过去后，国产网游也就辉煌不再。现在主要的大游戏公司的游戏分为代理系和参考系。这两大派系，都不同程度制约了国产游戏的崛起。代理系是因为大量引入外部游戏，使国内游戏市场遭受蚕食；而参考系则是排挤了大量的原创游戏，劣币驱逐良币。虽然有失偏颇，但是这一定程度上也反映了现在国产游戏的尴尬——技术已经达到一定高度但是并没有出现如"仙剑"系列这样的真正的游戏产品。

二、网易游戏的成长之路

网易 2001 年正式成立在线游戏事业部，经过近 20 年的快速发展，网易的品牌价值已超过 13 亿美元，并跻身全球七大游戏公司之一。作为中国领先的游戏开发公司，网易一直处于网络游戏自主研发领域的前端。2001 年，网易曾成功推出中国第一款大型多人在线游戏，这在中国网游发展史中具有里程碑式的意义。近年来，伴随着手游的强势发展，网易游戏加强了手游的研发力度，不断推出精品手游，并且多款手游获得百万玩家同时上线。

2015年网易游戏以"游戏热爱者"的口号重新诠释其形象,不仅仅定位于游戏平台和服务提供商,而是和所有的玩家一样,是一个有血有肉的游戏爱好者。在倡导"游戏的魅力,去热爱才会懂"的同时,网易游戏正在用自己对游戏的理解和热爱,去不断创作更多值得玩家热爱的产品。

一个游戏的成功与否有着很大的偶然性。从端游时代开始,巨头们虽然都有现象级的产品,但其他产品成功的可能性依旧极低,而手游时代的到来改变了这种状况,最重要的原因就是IP的价值被无限的放大,以IP具有的多重属性,如品牌影响力、粉丝经济、延展的可能性、变现的畅想空间等为核心,同时辅以手游的大众娱乐化、低门槛的进入角度等,建立在IP上的手游在一开始虽然不敢说成功,但保证了不会失败。

网易依旧延续之前的匠人精神,专注于手游产品的打造,这一努力也初见成效。在App Annie 2015年11月的数据报告上,网易一度超过腾讯,成为IOS渠道全球手游收入最高的公司。网易2015年推出的《梦幻西游》《大话西游》两款手游不仅实现了月均近8亿收入,《梦幻西游》更是霸占AppStore中国区畅销榜榜首超一年之久,直到2016年6月才被腾讯独家代理、巨人研发的《征途》挤到第二位。而与此同时,网易在中国区独立代理运营的《守望先锋》也宣布了全球销量700万份,预计收入超15.7亿元的好消息。

网易的优势在于其十多年的游戏研发经验和稳定的研发团队,网易凭借40多款手游和两款王牌产品成功驶入手游的快车道,已经证明其团队有足够的实力抗衡来自外部的挑战。而至于网易未来的手游产品战略,在Q3电话会议上网易同样提出了三条:即开发像《天下×天下》这类的自有IP产品、代理如《时空之刃》一类的国外作品,以及像《功夫熊猫》这样进行IP合作,"利用别人的IP来开发适合中国市场的游戏"。结合此前网易所提出的年内多款产品不同产品线的计划,可以认为网易的产品战略更像是对"精品化"三个字的加强诠释。

三、网易的匠人精神

(一)宽松的产品氛围

网易的创业氛围可能是互联网公司里最为宽松的,最大的体现就是KPI(关键业绩指标)文化的缺乏,前网易产品经理郭子威(蝉游记创始人纯银)曾在《为什么网易系擅长做产品》里面提到:在杭研的5年多,都没经历过KPI文化。立项是要报目标的,最后没完成,也不会把你怎么样。产品做得好与坏,主要靠产品经理的内心热情来驱动,不靠金钱驱动,更不会为了完成数字而打乱节奏,频出茅招。一个员工没有KPI压力靠自我驱动的公司,恐怕是现在的另类吧。

网易内部对于KPI的宽容带来的是产品经理自我驱动,生产出来的产品是解决用户痛点的产品而不是为了盈利而产生的,在产品创新和功能设计上也是从满足用户需求出发的。所以网易对新产品的宽容+门户的流量支持为网易产品诞生提供了条件。

(二)兴趣管理带来的放权效应

兴趣管理带来的是沟通不畅,游戏COO(首席运营官)詹忠晖的离职就是例证,但兴趣管理同样带来了非常好的结果,那就是放权。网易内部主要分为游戏、邮件、传媒(门户)、有道、杭州研究院等几个部门。每个部门都可以看成一个权力体系,每个权力体系下都有自己的决策权,特别是门户和杭州研究院。每个部门都可以去折腾创新的产品并不受到丁磊的制约,充分放权实际带来的是百花齐放的产品,从部门内成立项目组进行新业务创新,再借用门户流量进行种子用户积累成为网易小产品崛起之道。因为放权,所以可以更加专注于研究,不用迫于市场,将目标定于盈利,而是真正将重点放在产品上。

(三)管理层的保守策略

在吴晓波的《锵锵三人行》采访中丁磊是大富豪中唯一一个快乐的,丁磊保守的跟随策略让网易错过了多个互联网风口,但是这样保守的策略让网易通过《梦幻西游》把手游月流水拔高到10亿,并成为IOS榜全球收入最高的游戏公司。丁磊的产品思路一直与现有的互联网快速迭代、用利润换份额的大众做法不一样,从某种意义上说,网易的风格与大众点评、豆瓣、沪江这样的慢公司有异曲同工之处,但是这些互联网公司的发展都无法与快速的互联网派相媲美。当丁磊被记者问及:"你做了18年的互联网,你觉得有'互联网思维'这个概念吗?"丁磊回答:"我的互联网思维中'快'不是特别重要,精益求精、极佳的用户体验,这两个是非常重要的。"正是从高层开始的这种谨慎小心,虽然有可能会错失机会,但是多年的坚守最终会让网易成为"精品"的代名词,成为像任天堂一样真正的游戏公司。

(四)将IP与游戏内容相协调

网易也引进了一些IP,比如《功夫熊猫》等,但和别的公司囤IP不同,网易对于IP的理解是更看重其产品和内容能否和游戏保持一致,这也符合网易游戏一贯的精品化路线。另外值得注意的一点是,网易对于国外IP本地化这件事抱有浓厚的兴趣,成立影业公司可以看成是其中的一环,但更多的原因在于目前国内游戏对于IP本地化移植做得并不够好。至少从当前的布局来看,在对这些IP拥有绝对掌控权力的情况下,网易已更为自如地去进行跨平台、跨领域的合作,并以此为基础在同一IP下依托不同平台进行多边形的用户获取与沉淀。

(五)游戏人的态度——精益求精

每一个网易游戏人,都是狂热的游戏热爱者,同时也是最苛刻的玩家。网易对于每一款原创游戏产品的打磨,都经历了几近偏执的细节调整。每款游戏正式推出前,都要进行公司内测,接受可能是国内最为苛刻的内部玩家评审,不好玩的全部退回,没有商量余地。这样做并不是说网易有多了不起,而是从骨子里不能容忍有瑕疵的游戏产品的出炉。网易做游戏,不是看推出三个月能赚多少钱,而是着眼于一年后你在哪里,还能赢得多少玩家的口碑和信任,还有多少人会说你做得不错。

网易现在可以说是中国游戏界的第二,与腾讯相比,无论是规模还是营收能力都还有很大差距,是否网易将来会成为国产网游的代表,打造下一个"仙剑",让我们拭目以待。

资料来源:

[1] 水原瓜子. 谈到游戏网易丁磊又"愤青"了,称游戏研发需"匠人精神",投机是"要流氓".

https://www.huxiu.com.2016-07-27

[2] 王海艳，何慧伦．丁磊：用"工匠精神"做游戏．http://it.sohu.com.2015-05-21

[3] 彤管有炜．网易游戏王怡：信奉工匠精神　网易才敢言创新．http://news.17173.com.2016-12-15

讨论题

1. 网易的匠人精神在现在游戏更迭速度加快的趋势中，你认为是可持续的吗？
2. 查阅相关资料，网易游戏还有哪些值得改善之处？

附 录

附录1：教 学 实 验

一、电子商务网站的建设

1．实验目的

（1）熟悉商务网站建设的过程；

（2）熟悉 HTML 语言的特点；

（3）比较网页布局的方法；

（4）掌握电子商务网站建设的重点。

2．实验工具

（1）网络设备；

（2）计算机；

（3）网页设计软件。

3．实验步骤

（1）明确电子商务网站建设的目的，进行网站的需求设计；

（2）根据需求规划网站的栏目和框架；

（3）设计网站的页面（首页与二级页面）；

（4）申请网站的域名与空间；

（5）填充网站内容与上线测试；

（6）正式发布网站。

4．实验结果

发布一个网站（静态）。

二、电子商务支付方式的比较

1．实验目的

（1）熟悉不同的支付方式；

（2）比较不同支付方式实际运用的优、劣势。

2．实验工具

（1）购物网站；

（2）各种支付工具。

3．实验步骤

（1）选择购物网站；

（2）使用不同的支付方式进行支付。

4．实验结果

不同支付方式的比较表。

三、物流的流程

1．实验目的

熟悉物流的流程。

2．实验工具

（1）Fedex 的物流演示系统；

（2）多媒体设备。

3．实验步骤

（1）多媒体演示；

（2）网络搜寻物流流程的相关资料。

4．实验结果

物流流程总结报告。

四、数字证书的使用

1．实验目的

（1）熟悉 CA 中心；

（2）熟悉数字证书；

（3）掌握数字证书的使用。

2．实验工具

（1）数字证书网站；

（2）免费数字证书（试用数字证书）；

（3）邮件客户端软件；

（4）两个以上电子邮件地址；

（5）计算机；

（6）网络设备。

3．实验步骤

（1）查找数字证书网站；

（2）申请免费数字证书（试用数字证书）；

（3）下载安装免费数字证书（试用数字证书）；

（4）完成数字证书的邮件绑定；

（5）发送签名邮件；

（6）发送加密邮件；

（7）发送签名并加密邮件。

4．实验结果

发送签名并加密邮件。

五、电子商务网站的综合评价

1．实验目的

（1）了解电子商务网站的综合评价标准；

（2）比较不同电子商务网站的优、劣势。

2．实验工具

（1）不同类型的电子商务网站；

（2）计算机；

（3）网络设备。

3．实验步骤

（1）学习了解电子商务网站综合评价的指标；

（2）选择不同的电子商务网站；

（3）按照评价指标对电子商务网站进行综合评价。

4．实验结果

电子商务网站的综合评价比较表。

说明：由于电子商务发展很快，为保证实践环节的实时性，相关演示材料和教师指导书参见教学网站（http：//www.whueb.com；http：//www.cctc.net.cn）。

附录2：商业网站策划书

一、商业网站策划书的框架

网站策划是指在网站建设前对市场进行分析、确定网站的目的和功能，并根据需要对网站建设中的技术、内容、费用、测试、维护等做出策划。网站策划对网站建设起到计划和指导的作用，对网站的内容和维护起到定位作用。

一个网站的成功与否与建站前的网站策划有着极为重要的关系。在建立网站前应明确建设网站的目的，确定网站的功能，确定网站规模、投入费用，进行必要的市场分析等。只有详细的策划，才能避免在网站建设中出现的很多问题，使网站建设能顺利进行。

网站策划书包含的内容如下：

（一）建设网站前的市场分析

（1）相关行业的市场是怎样的，市场有什么样的特点，是否能够在互联网上开展企业业务。

（2）市场主要竞争者分析，竞争对手上网情况及其网站策划、功能作用。

（3）企业自身条件分析、企业概况、市场优势，可以利用网站提升哪些竞争力，建设网站的能力（费用、技术、人力等）。

（二）建设网站的目的及功能定位

（1）为什么要建立网站，是为了树立企业形象、宣传产品、进行电子商务，还是建立行业性网站？是企业的基本需要还是市场开拓的延伸？

（2）整合企业资源，确定网站功能。根据企业的需要和计划，确定网站的功能类型：企业型网站、应用型网站、商业型网站（行业型网站）、电子商务型网站；企业网站又分为企业形象型、产品宣传型、网上营销型、客户服务型、电子商务型等。

（3）根据网站功能，确定网站应达到的目的和作用。

（4）企业内部网（Intranet）的建设情况和网站的可扩展性。

（三）网站技术解决方案

根据网站的功能确定网站技术解决方案。

（1）采用自建服务器，还是租用虚拟主机。

（2）选择操作系统，用 Windows2000/NT 还是 Unix、Linux。分析投入成本、功能、开发、稳定性和安全性等。

（3）采用模板自助建站、建站套餐还是个性化开发。

（4）网站安全性措施，防黑、防病毒方案（如果采用虚拟主机，则该项由专业公司代劳）。

（5）选择什么样的动态程序及相应数据库，如程序 ASP、JSP、PHP；数据库 SQL、ACCESS、ORACLE 等。

（四）网站内容及实现方式

（1）根据网站的目的确定网站的结构导航。一般企业型网站应包括企业简介、企业动态、产品介绍、客户服务、联系方式、在线留言等基本内容。更多内容如常见问题、营销网络、招贤纳士、在线论坛、英文版等。

（2）根据网站的目的及内容确定网站整合功能，如 FLASH 引导页、会员系统、网上购物系统、在线支付、问卷调查系统、在线支付、信息搜索查询系统、流量统计系统等。

（3）确定网站的结构导航中的每个频道的子栏目。如公司简介中可以包括总裁致辞、发展历程、企业文化、核心优势、生产基地、科技研发、合作伙伴、主要客户、客户评价等；客户服务可以包括服务热线、服务宗旨、服务项目等。

（4）确定网站内容的实现方式。如产品中心使用动态程序数据库还是静态页面；营销网络是采用列表方式还是地图展示。

（五）网页设计

（1）网页美术设计要求。网页美术设计一般要与企业整体形象一致，要符合企业 CI 规范；要注意网页色彩、图片的应用及版面策划，保持网页的整体一致性。

（2）在新技术的采用上要考虑主要目标访问群体的分布地域、年龄阶层、网络速度、阅读习惯等。

（3）制定网页改版计划，如半年到一年时间进行较大规模改版等。

（六）费用预算

（1）企业建站费用的初步预算，一般根据企业的规模、建站的目的、上级的批准而定。

（2）专业建站公司提供详细的功能描述及报价，企业进行性价比研究。

（3）网站的价格从几千元到十几万元不等。如果排除模板式自助建站和牟取暴利的因素，网站建设的费用一般与功能要求是成正比的。

（七）网站维护

（1）服务器及相关软硬件的维护，对可能出现的问题进行评估，制定响应时间。

（2）数据库维护。有效地利用数据是网站维护的重要内容，因此数据库的维护要受到重视。

（3）内容的更新、调整等。

（4）制定相关网站维护的规定，将网站维护制度化、规范化。

（5）说明：动态信息的维护通常由企业安排相应人员进行在线的更新管理；静态信息（即没用动态程序数据库支持）可由专业公司进行维护。

（八）网站测试

网站发布前要进行细致周密的测试，以保证正常浏览和使用。主要测试内容：

（1）文字、图片是否有错误。

（2）程序及数据库测试。

（3）链接是否有错误。

（九）网站发布与推广

（1）网站发布方式的选择。

（2）网站的推广方案（包括目标、预算、方法）。

以上为网站策划中的主要内容，根据不同的需求和建站目的，内容也会增加或减少。在建设网站之初一定要进行细致的策划，才能达到预期建站目的。

二、商业网站策划书的综合作业

四个人组成一个小组，选定一个中小型企业，分析企业的情况，结合企业的实际，制作一份商业网站策划书，并设计出网站的首页和关键页面。

说明：由于电子商务发展很快，为保证实践环节的实时性，相关演示材料和教师指导书参见教学网站（http://www.whueb.com；http://www.cctc.net.cn）。

参考文献

主要参考书目

1. Efraim Turban, Dave King, Jae Kyu Lee. Electronic Commerce：A Managerial Perspective. 4th Edition. NJ：Prentice-Hall，2006
2. Gary Schneider. Electronic Commerce. MA：Course Technology，2006
3. Ronald J. Mann, Jane K. Winn. Electronic Commerce. 2nd Edition. NY：Aspen Publishers，2004
4. Ravi Kalakota, Marica Robinson, e-Business：Roadmap for Success. 2nd Edition. CA：Addison-Wesley Longman Inc.，1999
5. Ravi Kalakota, Andre B. Whinston. Electronic Commerce：A manager's guide. CA：Addison-Wesley Longman Inc.，1997
6. Ravi Kalakota, Andre B. Whinston. Frontiers of Electronic Commerce. CA：Addison-Wesley Longman Inc.，1996
7. Efraim Turban, Jae K. Lee, David King, Ting Peng Liang, Deborrah Turban. Electronic commerce 2010. 6th Edition. NJ：Prentice-Hall，2009
8. David King, Jae Lee, Ting-Peng Liang, Deborrah C. Turban. Electronic Commerce 2012：A Managerial and Social Networks Perspectives. 7th Edition. NJ：Prentice-Hall，2011
9. Gary P. Schneider. E-business. 9th Edition. Connecticut：Cengage Learning，2011
10. 黄敏学. 企业电子商务. 武汉：武汉大学出版社，2002
11. 范胡斯. 电子商务经济学. 刘悦欣，孙洪墨，译. 北京：机械工业出版社，2003
12. 黄敏学. 网络营销. 2版. 武汉：武汉大学出版社，2007
13. 齐爱民. 电子商务法原理与实务. 武汉：武汉大学出版社，2000
14. 黄敏学. 电子虚拟市场演进与交易模式. 武汉：武汉大学出版社，2002
15. 章剑林. 创新创业型电子商务人才培养的探索与实践：阿里巴巴商学院教学改革研究论文集. 北京：清华大学出版社，2013
16. 唐四薪. 电子商务安全. 北京：清华大学出版社，2013
17. 蔡志文. 电子商务安全. 北京：北京大学出版社，2013
18. 孙占利. 电子商务法. 厦门：厦门大学出版社，2013
19. 王丹. 电子商务法律实务. 上海：上海交通大学出版社，2013
20. 苏静. 传统企业电商之道. 北京：电子工业出版社，2013
21. 姜旭平. 网络营销. 北京：中国人民大学出版社，2011

22. Philip Crowder, David A. Crowder. 创建网站宝典. 李茂娟, 腾灵灵, 译. 北京: 清华大学出版社, 2010

23. 宋文官. 电子商务概论. 北京: 清华大学出版社, 2012

24. Elias M. Award. 电子商务: 从愿景到实现. 干红华, 蔡晓平, 译. 北京: 人民邮电出版社, 2009

25. 埃弗雷姆·特班. 电子商务——管理与社交网络视角. 7版. 北京: 机械工业出版社, 2014.

26. 王忠元. 移动电子商务. 北京: 机械工业出版社, 2015

27. 王红蕾. 移动电子商务. 北京: 机械工业出版社, 2015

28. 刘侠威, 赵晓萌, 寇尚伟, 龚康. 移动社交电商: 电子商务的下一个风口. 北京: 机械工业出版社, 2016

主要参考网站

1. 电子商务研究中心: http://www.whueb.com
2. AMT: http://www.amteam.org
3. 沃顿商学院: http://ecom.wharton.upenn.edu
4. 宾夕法尼亚州立大学: http://www.smeal.psu.edu/ebrc/index.html
5. 麻省理工学院电子商务研究中心: http://ebusiness.mit.edu
6. 网络广告署: http://www.iab.org
7. Forrester 研究所: http://www.forrester.com
8. JCMC 网上杂志: http://jcmc.indiana.edu
9. IT 经理: http://www.ceocio.com.cn
10. 德州大学奥斯汀分校: http://crec.bus.utexas.edu
11. Google Schorlar: http://schorlar.google.com

教学支持说明

  建设立体化精品教材，向高校师生提供整体教学解决方案和教学资源，是高等教育出版社"服务教育"的重要方式。为支持相应课程教学，我们专门为本书研发了配套教学课件及相关教学资源，并向采用本书作为教材的教师免费提供。

  为保证该课件及相关教学资源仅为教师获得，烦请授课教师清晰填写如下开课证明并拍照后，发送至邮箱 jingguan@pub.hep.cn 或 tongning@hep.com.cn，也可通过QQ：234904166 或 103639388，进行索取。

  咨询电话：010-58581020，编辑电话：010-58581966

证　　明

兹证明＿＿＿＿＿＿＿＿大学＿＿＿＿＿＿＿＿学院/系第＿＿＿＿学年开设的＿＿＿＿＿＿＿＿＿＿＿＿课程，采用高等教育出版社出版的《＿＿＿＿＿＿＿＿》（＿＿＿＿＿主编）作为本课程教材，授课教师为＿＿＿＿＿＿，学生＿＿＿＿＿＿个班，共＿＿＿＿＿＿人。授课教师需要与本书配套的课件及相关资源用于教学使用。

授课教师联系电话：＿＿＿＿＿＿＿＿＿＿　E-mail：＿＿＿＿＿＿＿＿＿＿

学院/系主任＿＿＿＿＿＿（签字）

（学院/系办公室盖章）

20＿＿＿年＿＿＿月＿＿＿日

郑重声明

高等教育出版社依法对本书享有专有出版权。任何未经许可的复制、销售行为均违反《中华人民共和国著作权法》，其行为人将承担相应的民事责任和行政责任；构成犯罪的，将被依法追究刑事责任。为了维护市场秩序，保护读者的合法权益，避免读者误用盗版书造成不良后果，我社将配合行政执法部门和司法机关对违法犯罪的单位和个人进行严厉打击。社会各界人士如发现上述侵权行为，希望及时举报，本社将奖励举报有功人员。

反盗版举报电话　（010）58581999　58582371　58582488
反盗版举报传真　（010）82086060
反盗版举报邮箱　dd@hep.com.cn
通信地址　北京市西城区德外大街4号
　　　　　高等教育出版社法律事务与版权管理部
邮政编码　100120